圖解

五南圖書出版公司 印行

船舶火災安全管理

盧守謙 / 著

閱讀文字

理解內容

觀看圖表

圖解讓
船舶火災
安全管理
更簡單

推薦序

　　爲培育出防火安全專業人力，本校於 2002 年首創消防系（所）（除警察大學外），建置了火災虛擬實驗室、火災鑑識實驗室、低氧實驗室、水系統消防實驗室、電系統消防實驗室、氣體消防實驗室、消防設備器材展示室及消防檢修實驗室等軟、硬體設備，也設置了氣體燃料導管配管、工業配管等兩間乙級技術士考場；也擁有全方位師資團隊，跨消防、機械、化工、電機、電子、土木及理化等完整博士群組成，每年消防系設日間部四技 3 班、進修部四技 1 班、進修學院二技 1 班、碩士在職專班 1 班，目前亦申請博士在職專班，爲未來消防人力注入所需的充分能量。

　　船舶作爲水上運輸工具，承擔著大量乘客與貨物運輸，扮演社會經濟發展極爲重要之角色。隨著現代技術進步，船舶規模更大，功能更齊全，種類樣式亦趨於多元化。由於具特殊性，使船舶爲高風險之行業，安全工作涉及面廣，影響因素又多，致安全管理難度大。儘管現代船舶在防火設計上採取了相當措施，惟仍存有大量易燃問題（燃料油）。事實上，火災、沉沒與碰撞是船舶安全之三大威脅，其中火災占全球每年海難之高比例，也是船上人員傷亡之首要原因。在探討現代船舶結構上，多爲傳熱快速之鋼鐵材質，爲防止下沉，設計了許多隔牆和艙間，火災發生時雖可發揮類似防火區劃之功能，對於防止火煙擴張有其極大的作用，然而，卻造成熱煙排放困難，並使逃生動線趨於多元且複雜化，致全船陷於濃煙黑暗之險地。因此，船舶相關管理人員能具有防火安全意識及技能，則必可使船舶火災安全之管理更爲有效。

　　本書作者盧守謙博士任本校教職前，擔任港務消防副隊長一職近 10 年之久，累積豐富之港務救災經歷，期間曾奉派至英國消防學院接受 3 週船舶火災進階課程，對於船舶防、救災有其相當專業之見解。而本書也解析了大量原文及納入了相當多船舶火災案例文獻，使資料完整的結合理論面與實務面。相信能提供讀者在船舶火災防治上有更深層之認識，本人在此極為樂意為序，並祝大家閱讀及學習愉快。

吳鳳科技大學　校長

蘇銘宏

自序

　　船舶火災和一般建築物火災情況不同，且具相當特異性。船舶是一個相對獨立之流動個體，由於自身功能限制，形成內部空間狹小、設備集中以及多元複雜環境。一旦發生火災時，因結構立體多層且狹窄封閉，內部通風不易且濃煙難以驅散，設置緊湊燃料儲備量，區劃熱傳導性能強，燃燒實體多難以接近搶救，活動範圍亦會受到多方之限制，使船舶消防救災上呈現相當難度；且船舶上可能又有危險物質、油汙擴大、語言（外國船）障礙、射水限制及船體穩度等不同因素考量，易使消防作業衍生競合而無法有效開展。

　　因此，船舶火災牽涉之層面即深且廣，在船舶穩定度、複雜多樣化、深層化環境及救災作業競合中為能適切對應，整體搶救戰術即顯得相當重要。一般而言，災害指揮決定是一種動態過程，船長／事件指揮者如何依現有力量，將即時可動用資源作最佳化運用是不可或缺之要素。如孫子兵法有云：「知己知彼，攻無不克」，所謂知己就是能掌握所擁有滅火戰鬥能力，不知己就不會正確使用力量；而滅火戰鬥能力不僅是裝備器材、滅火藥劑與救災人員數量之表現，而且還有整體組合及發揮之程度。而知彼更是要完全掌握滅火作戰對象（構造及屬性）、潛在危險程度與對象物可資利用之救災資源等等。就某種意義上而言，只有在知己知彼的情況下，平時船舶防火管理，異常時指揮正確事件與整合技術發揮，船舶火災防治工作才有其明顯實際效果。

　　本書以國際災害管理架構，進行分類編排，第一篇預防篇（第 1 章至第 3章）、第二篇整備篇（第 4 章至第 7 章）、第三篇應變篇（第 8 章至第 12 章）及第四篇檢討復原篇（第 13 章至第 14 章），涵蓋了 SOLAS 國際相關規定及英美船舶滅火基本課程與進階課程教學內容，這些重要知識與技能，是海上航行之重要課題，無論是船方、海洋相關單位及岸上消防單位，厥為不可或缺之專業知能，以期在船舶火災防治應變上，能更加有效率與安全地進行作業。

　　本書非常感謝日本 JTSB、德國 BSU、美國 NTSB、加拿大 TSBC、英國MAIB、丹麥 DMA、紐西蘭 TAIC、澳大利亞 ATSB 及美國 Seattle 消防局等單位，不吝提供及同意引用其資料及照片。此外，也非常感謝臺中港務局、船務公

司、臺中港務消防、海巡署第三海巡、長榮國際儲運、萬海貨櫃與中國貨櫃等單位諸多協助，以及在港務消防隊服務期間，能持續登上各類不同船舶，實地深入了解及進行船長等高級船員訪談，使資料內容更符實際狀況，在此一併誌以誠摯謝忱。倘若本書對教學與實務上有些微貢獻，自甚感榮幸，這也是筆者孳孳不倦之動力來源。

吳鳳科技大學消防系
盧守謙

CONTENTS 目錄

推薦序
自序

第一篇　船舶火災預防篇

第1章　火災科學

1-1　氧化與起火　4
1-2　燃燒與爆炸　6
1-3　吸熱與潛熱　8
1-4　活化能與化學反應　10
1-5　理想氣體定律　12
1-6　火四面體（一）　14
1-7　火四面體（二）　16
1-8　滅火原理（一）　18
1-9　滅火原理（二）　20
1-10　熱傳導（一）　22
1-11　熱傳導（二）　24
1-12　熱對流　26
1-13　熱輻射（一）　28
1-14　熱輻射（二）　30
1-15　直接火焰接觸與熱慣性　32

第2章　火災分類與燃燒原則

2-1　火災分類（一）　36
2-2　火災分類（二）　38
2-3　燃燒機制　40
2-4　燃燒形式　42
2-5　物質燃燒危險性　44

2-6　物質燃燒原則　46

2-7　物質燃燒速率　48

第3章　發火源與船舶火災原因

3-1　電氣發火源　52

3-2　化學發火源　54

3-3　物理發火源等　56

3-4　船舶電氣起火（一）　58

3-5　船舶電氣起火（二）　60

3-6　油輸送作業起火（一）　62

3-7　油輸送作業起火（二）　64

3-8　油輸送作業起火（三）　66

3-9　船上燃油系統（一）　68

3-10　船上燃油系統（二）　70

3-11　化學反應熱（一）　72

3-12　化學反應熱（二）　74

3-13　貨物裝卸（一）　76

3-14　貨物裝卸（二）　78

3-15　船上瓦斯爐火　82

3-16　船上菸蒂　84

3-17　船上菸蒂與縱火　86

3-18　熱工作業　88

3-19　船修廠作業　90

3-20　船舶碰撞　92

第二篇　船舶火災整備篇

第4章　船舶滅火系統

4-1　水系統滅火原理（一）　98

4-2　水系統滅火原理（二）　100

4-3　船舶消防栓系統（一）　102

4-4　船舶消防栓系統（二）　104

4-5　船舶自動撒水滅火系統（一）　106

4-6　船舶自動撒水滅火系統（二）　108

4-7　船舶水霧滅火系統　112

4-8　船舶泡沫滅火系統（一）　116

4-9　船舶泡沫滅火系統（二）　118

4-10　船舶泡沫滅火系統（三）　120

4-11　船舶乾粉滅火系統（一）　122

4-12　船舶乾粉滅火系統（二）　124

4-13　船舶二氧化碳滅火系統（一）　126

4-14　船舶二氧化碳滅火系統（二）　128

4-15　船舶二氧化碳滅火系統（三）　130

4-16　船舶海龍（替代）滅火系統（一）　132

4-17　船舶海龍（替代）滅火系統（二）　134

4-18　手提式滅火設備　136

第5章　船舶火災警報系統

5-1　偵煙式火警探測器（一）　142

5-2　偵煙式火警探測器（二）　144

5-3　偵溫式火警探測器　146

5-4　火焰式火警探測器　148

5-5　火災警報系統種類　150

5-6　火警受信總機　152

5-7　緊急電源　154

第6章　船舶火災應變計畫

6-1　火災應變計畫意義　164
6-2　蒐集資訊（一）　166
6-3　蒐集資訊（二）　168
6-4　火災應變計畫調查（一）　172
6-5　火災應變計畫調查（二）　174
6-6　整合火災應變計畫及評估　176

第7章　船舶火災應變演訓

7-1　防火規劃　182
7-2　新進船員職前訓練　184
7-3　緊急應變演訓（一）　186
7-4　緊急應變演訓（二）　188
7-5　緊急應變演訓（三）　190
7-6　制定課程（一）　192
7-7　制定課程（二）　194
7-8　制定課程（三）　198
7-9　教官課程編製　200
7-10　教學：消防／緊急訓練課程（一）　202
7-11　教學：消防／緊急訓練課程（二）　204
7-12　消防演訓規劃　206
7-13　機組成員訓練評估　208
7-14　指揮角色訓練（一）　210
7-15　指揮角色訓練（二）　212
7-16　國際公約規定（一）　214
7-17　國際公約規定（二）　216

第三篇　船舶火災應變篇

第8章　船舶火災發展過程

8-1　船舶火災行為　222

8-2　船舶火災發展原則　224

8-3　船舶火災初期　226

8-4　船舶火災成長期（一）　228

8-5　船舶火災成長期（二）　230

8-6　船艙燃料與通風控制火災（一）　232

8-7　船艙燃料與通風控制火災（二）　234

8-8　船艙火災閃燃　236

8-9　船艙火災爆燃　238

8-10　船艙火災閃燃與爆燃差異　240

8-11　船艙火災閃燃與爆燃徵兆　242

8-12　船艙火災最盛期　244

8-13　船艙火災衰退期　246

8-14　火災成長與時間平方成正比（一）　248

8-15　火災成長與時間平方成正比（二）　250

第9章　船舶類型火災戰術指南

9-1　散裝和散貨船火災（一）　254

9-2　散裝和散貨船火災（二）　256

9-3　貨櫃船火災（一）　258

9-4　貨櫃船火災（二）　260

9-5　駛上駛下船、汽車運輸船與渡輪火災（一）　262

9-6　駛上駛下船、汽車運輸船與渡輪火災（二）　264

9-7　駛上駛下船、汽車運輸船與渡輪火災（三）　266

9-8　油輪火災（一）　268

9-9　油輪火災（二）　270

9-10　客輪火災（一）　272

9-11　客輪火災（二）　274

9-12　液化氣體船火災（一）　276

9-13　液化氣體船火災（二）　278

9-14　化學品船火災（一）　280

9-15　化學品船火災（二）　282

9-16　漁船與小艇火災（一）　284

9-17　漁船與小艇火災（二）　286

第10章　船舶空間類型火災戰術指南

10-1　住宿空間小型火災　290

10-2　住宿空間中型火災　292

10-3　住宿空間大型火災　294

10-4　廚房小型火災　296

10-5　廚房中型及大型火災　298

10-6　機艙與機械空間小型火災　300

10-7　機艙與機械空間中型火災　302

10-8　機艙與機械空間大型火災　304

10-9　排氣管道火災（一）　306

10-10　排氣管道火災（二）　308

10-11　小型船貨艙火災　310

10-12　大型船貨艙火災　312

10-13　油輪甲板火災　314

10-14　油輪油槽火災　316

10-15　電氣室火災　318

第11章　船舶滅火問題特殊考量

11-1　熱煙層流問題　322

11-2　燃燒產物問題　324

11-3　支援船問題　326

11-4 特殊設備與滅火相關問題（一） 328

11-5 特殊設備與滅火相關問題（二） 330

11-6 滅火期間操作和控制船舶轉向問題 332

11-7 船舶火災後活動問題 334

11-8 燃燒船隻進港和移動問題 336

11-9 滅火活動期間積水問題（一） 338

11-10 滅火活動期間積水問題（二） 340

第12章　各國船舶火災海事戰略

12-1 德國船舶火災海事戰略（一） 344

12-2 德國船舶火災海事戰略（二） 346

12-3 德國船舶火災海事戰略（三） 348

12-4 日本船舶火災海事戰略（一） 350

12-5 日本船舶火災海事戰略（二） 352

12-6 韓國船舶火災海事戰略（一） 354

12-7 韓國船舶火災海事戰略（二） 356

12-8 英國船舶火災海事戰略（一） 358

12-9 英國船舶火災海事戰略（二） 360

12-10 英國船舶火災海事戰略（三） 362

12-11 英國船舶火災海事戰略（四） 364

12-12 美國船舶火災海事戰略（一） 366

12-13 美國船舶火災海事戰略（二） 368

12-14 美國船舶火災海事戰略（三） 370

12-15 愛爾蘭船舶火災海事戰略 372

12-16 加拿大船舶火災海事戰略 374

第四篇　船舶火災檢討復原篇

第13章　無外援船舶火災案例

13-1　卡呂普索號客輪火災（一）　382

13-2　卡呂普索號客輪火災（二）　384

13-3　卡呂普索號客輪火災（三）　386

13-4　卡呂普索號客輪火災（四）　388

13-5　卡呂普索號客輪火災（五）　390

13-6　卡呂普索號客輪火災（六）　392

13-7　公主星號客輪火災（一）　394

13-8　公主星號客輪火災（二）　396

13-9　公主星號客輪火災（三）　398

13-10　新阿姆斯特丹號客輪火災（一）　402

13-11　新阿姆斯特丹號客輪火災（二）　404

13-12　Yeoman Bontrup號散裝貨船火災（一）　408

13-13　Yeoman Bontrup號散裝貨船火災（二）　410

13-14　Yeoman Bontrup號散裝貨船火災（三）　412

13-15　Yeoman Bontrup號散裝貨船火災（四）　414

13-16　Algocanada號原油輪爆炸（一）　416

13-17　Algocanada號原油輪爆炸（二）　418

13-18　尼爾斯B號雜貨船爆炸（一）　424

13-19　尼爾斯B號雜貨船爆炸（二）　426

13-20　尼爾斯B號雜貨船爆炸（三）　428

13-21　Punjab Senator號貨櫃船爆炸火災（一）　430

13-22　Punjab Senator號貨櫃船爆炸火災（二）　432

13-23　Punjab Senator號貨櫃船爆炸火災（三）　434

13-24　馬士基新港號貨櫃船火災（一）　436

13-25　馬士基新港號貨櫃船火災（二）　438

13-26　馬士基新港號貨櫃船火災（三）　440

13-27　馬士基新港號貨櫃船火災（四）　442

13-28　瀚智號汽車船火災（一）　444

13-29 瀚智號汽車船火災（二） 446

第14章　有外援船舶火災案例

14-1　超級弗萊特號客輪火災（一） 450

14-2　超級弗萊特號客輪火災（二） 452

14-3　超級弗萊特號客輪火災（三） 454

14-4　心醉神迷號客輪火災 456

14-5　漢薩聯盟號客輪火災 458

14-6　特快2號客輪火災（一） 460

14-7　特快2號客輪火災（二） 462

14-8　特快2號客輪火災（三） 464

14-9　特快2號客輪火災（四） 466

14-10 哥倫比亞號渡輪火災（一） 468

14-11 哥倫比亞號渡輪火災（二） 470

14-12 哥倫比亞號渡輪火災（三） 472

14-13 哥倫比亞號渡輪火災（四） 474

14-14 麥克連堡號滾裝客輪火災（一） 476

14-15 麥克連堡號滾裝客輪火災（二） 478

14-16 麥克連堡號滾裝客輪火災（三） 480

14-17 麥克連堡號滾裝客輪火災（四） 482

14-18 馬士基多哈號貨櫃船火災（一） 484

14-19 馬士基多哈號貨櫃船火災（二） 486

14-20 馬士基多哈號貨櫃船火災（三） 488

14-21 馬士基多哈號貨櫃船火災（四） 490

14-22 美森蘭妮號貨櫃船火災 492

14-23 三井繁榮號貨櫃船火災 494

14-24 ○○號貨櫃船火災 496

14-25 大使號散裝貨船火災（一） 498

14-26 大使號散裝貨船火災（二） 500

14-27 ○○號散裝貨船火災 502

14-28 ○○號雜貨船火災 504

14-29 ○○號水泥船火災 506

14-30 ○○號礦石船火災（一）　508

14-31 ○○號礦石船火災（二）　510

14-32 斯堪地亞號拖船火災　512

專業術語（中英文）　515

參考文獻　543

第一篇
船舶火災預防篇

第1章
火災科學

　　大多數人對火和燃燒是可以互換使用這兩個名詞，但與火相關工作人員應理解其差異性。燃燒（Combustion）是一種燃料快速氧化（化學反應）自我維持，並產生熱和光的過程（物理現象），其可能沒有火焰，如燃燒在局部或近燃料表面，僅與氧氣接觸，沒有產生火焰之燃燒，如燒炭或悶燒現象；而火（Fire）則是一種燃料反應生成二氧化碳、水蒸汽等很熱的混合物，進行快速氧化反應，使其具有自行傳播特性，也是一種燃燒的結果。火是一種劇烈化學反應，而不是物質！火災實際上是一個較大規模燃燒過程中之副產物（Byproduct）。

1-1 氧化與起火

氧化反應

　　由碳和氫構成的物質才能被氧化，而大多可燃性固體有機物、液體和氣體，就是以碳和氫爲主成分。最常見氧化劑是空氣中的氧，空氣約由 1/5 氧和 4/5 氮組成。氧化性物質如硝酸鈉（$NaNO_3$）和氯酸鉀（$KClO_3$）是一種易於釋出氧，此種分子中含有氧，反應時無需外界氧，遇熱能自行氧化燃燒。

　　氧化（Oxidation）是一種放熱反應，由於氧化速度不同，如蘋果削好一些時間表面泛黃，或報紙久置數年形成泛黃，此種氧化速度慢，發熱量小，沒有明顯熱及光之物理現象。人類呼吸作用就是氧化葡萄醣，使得葡萄醣中的氫被氧取代，氧化發熱至 37℃。基本上，氧化是一種有機化合物與氧分子發生的自由基鏈反應，於金屬物質特別容易自動氧化，如鐵生鏽、鋁陽級氧化（Anodization）產生蝕洞或銀表面喪失光澤。爲防生鏽，以油擦拭金屬或擦油漆，使金屬表面隔離空氣中氧，致其不能氧化反應；又如油性乳液林在臉部肌膚上產生抗氧化效果，以保青春，其理在此。

　　生活中許多有機物易於自動氧化，橡膠與塑膠的老化變質，常是緩慢氧化過程的結果，如橡皮筋於一段長時間慢慢氧化（發熱）變黏。假使船艙中貨物自動氧化產生熱量，如不散失就會自行升溫（Self-Heating），甚致自燃。多孔性固體物質如煤更是如此，因空氣能滲入到內部自動氧化，卻因物質多孔的空氣隔熱屬性（空氣爲不良熱導體），而能有效蓄熱，致形成自燃現象。

起火

　　起火（Fire）是溫度與時間的一個函數，能自行持續的一種燃燒過程；若沒有外界引燃源而本身起火係爲自燃現象。物質的起火溫度是指某一可燃物質達到起火的最低溫度，通常物質遭到外界熱源引燃溫度顯著低於其自燃溫度。

　　因此，可燃物質起火現象，不僅包含複雜化學過程，也含熱物理過程如熱傳導、對流及質傳過程，以及這些過程之相互作用等。一般而言，燃料和氧分子產生化學反應之前，需先在一定溫度以上激發成活性狀態。

氧化與燃燒異同

項　目		氧化	燃燒
相異點	氧化速度	慢	快
	化學反應	慢	快
	產生熱量	小	大
	產生光亮	無	有
	發生要素	氧、物質	氧、可燃物、熱量
相同點		皆為氧化反應	

有機化合物與空氣氧所產生熱量如不散失就會自行升溫

固體起火是一個複雜物理化學過程，分 4 階段過程

一、釋出水分之吸熱過程，當熱源與可燃物反應時，可燃物表面結構分子會吸收熱量，表面溫差形成溫度梯度，表面分子熱物理運動使分子間距加大，在此階段之內部水分，會逐漸蒸發至完全釋出。

二、熱解之吸熱過程，表面分子熱物理運動加劇，溫度梯度一直升高，使各原子間熱力平衡產生斷鍵，各原子間脫離又重新組合，形成更小之分子，如此經歷熱裂解及分解過程，產生微量有機可燃物如 CO、NO_X、SO_2 等，以及非可燃性 CO_2、Cl_2、HCl、H_2O 等生成物。

三、煙之放熱過程，熱解範圍擴大，可燃物本身分解更多氣相產物，這些氣相分子聚合較大直徑之多環高分子化合物，進而形成碳顆粒。由於氣體分子熱對流作用，使得有機物氣化後殘留碳顆粒，大部分也隨之揮發。這種初始顆粒子是人類視覺無法察覺，隨後會形成有色煙霧粒。而煙霧顏色根據可燃物質分子結構不同，由白色（水蒸氣）至微黃（可燃揮發物）直至黑色（碳粒）。

四、火焰之放熱過程，因熱解物理運動加劇化學反應，致煙霧越來越濃，氣化產物越來越多，伴隨氣化產物產生二次分解，並與氧反應形成無焰之悶燒，繼續蓄熱至震盪火焰出現，並逐漸形成穩態之火焰燃燒。

1-2 燃燒與爆炸

燃燒

　　燃燒（Combustion）是一種可燃物受熱分解或氧化、還原，解離爲游離基，在高溫中游離基具有比普通分子動能更多活化能，易與其他分子進行反應而生成新游離基，或者自行結合成穩定分子。此種化學過程中也伴隨物理之效應。熱量是在化學過程中所釋放出的物理能量。光是一種存儲在煙灰粒子能量之物理結果。燃燒與一般氧化作比較，差異如 1-1 節所示。

　　許多自發性反應之速率緩慢，分子化學鍵需被打斷，而打斷化學鍵需要額外能量來啓動，才能自行持續地連鎖反應，這種啓動化學反應的能量爲活化能。而燃燒涉及固相、液相或氣相燃料，一種發熱反應現象。固態和液態燃料在燃燒前需氣化；有些固體燃燒可直接是無焰燃燒或悶燒，如香菸、家具蔫墊或木屑等具多孔性，空氣能滲入至內部空間，以固態方式產生無焰氧化燃燒，其主要熱源係來自碳之氧化作用。另一方面，氣相燃燒通常伴有連鎖反應，形成可見的火焰，若燃燒過程被封閉在某一範圍內，因氣體分子不停地碰撞壁面而產生壓力，致壓力會迅速上升，形成一定壓力波現象，則爲爆炸。

　　燃燒、火災與化學性爆炸現象，在實質上是相同的，主要區別在於物質燃燒速度，後者是極短時間完成之瞬間燃燒，唯一不同的，爆炸是帶有壓力波現象。而顆粒大小直接顯著影響物質燃燒速度，如煤塊燃燒通常是緩慢甚至是悶燒，但磨成煤粉時，則煤粒子表面積與體積比大，能產生大面積氧化反應，而產生極快速之粉塵爆炸狀態。

爆炸

　　從歷史上看，以爆炸（Explosion）爲術語是很難精確界定其定義。物理性爆炸通常由純物理（溫度、壓力及體積）之一定高壓氣體之釋壓現象；而化學性爆炸是一種非定常燃燒，也是一種發焰燃燒中之混合燃燒現象。與火災不同的是，大多數的火災需先分解出可燃氣體或蒸氣，再與氧氣混合後燃燒；而化學性爆炸往往是可燃氣體或蒸氣已與氧氣預先混合，產生一種極快速燃燒現象，當燃燒變爲強烈時，會產生壓力波，當壓力波變爲充分強力時，便會形成爆轟（Detonation）現象。

　　因此，火災與化學性爆炸差異，主要是燃燒速度與有無壓力波之形成。亦即，化學性爆炸是爆炸前，燃料和氧化劑已混合。因燃料和氧化劑不需進行逐一混合，故燃燒反應能不延遲而迅速地進行。若預混合的氣體被局限在一定範圍，燃燒升溫膨脹，可導致迅速升壓爆炸。火災情況與此相反，燃料和氧化劑混合，受燃燒過程本身所控制（燃料需先高溫氣化），火災燃燒速率低得多，不會發生帶有壓力波之特徵。

燃燒與火災異同

項目		燃燒	火
相異點	火焰	可能沒有	一定有
	連鎖反應	可能沒有	一定有
相同點		皆為燃燒且快速氧化反應	

火災與化學性爆炸異同

項目		火災	爆炸
相異點	氧化燃燒速度	相對慢	極快
	化學反應	相對慢	極快
	壓力波	無	有
	燃料和氧化劑	未預先混合	已預先混合
	階段	艙內火災初期、成長、最盛及衰退期	瞬間
相同點		皆需氧化劑、可燃物、熱量及連鎖反應	
		皆有可能是固、液或氣體狀態	
		總燃燒熱值二者是相同的	

爆炸類型

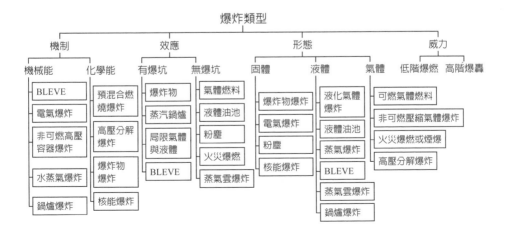

1-3 吸熱與潛熱

吸熱和放熱化學反應

物質固體受熱熔化（物理變化）爲液體（化學變化），液體再受熱蒸發（物理）爲氣體（化學）；或固體直接受熱分解昇華（物理）爲氣體（化學），上述化學過程皆爲吸熱反應（Endothermic）；反之過程，則爲放熱化學反應。

以乙炔而言，是一種吸熱化合物，在組成乙炔時需吸收大量熱，一旦乙炔分解時，就放出其在生成時所吸收熱：

$$C_2H_2 \rightarrow 2C + H_2 + 226.4 \frac{J}{mol}$$

乙炔在化學上分解時有固態碳及氫氣，如果是密閉容器內，分解產生放熱反應使溫度升高，壓力增大致形成爆炸之危險。因此，乙炔在物理上常溶於丙酮或酒精等液體儲存，這類似二氧化碳溶於水中，形成碳酸氣泡水一樣。當打開鋼瓶閥門，壓力下降，蒸發（液體至氣體）潛熱吸收大量熱。工業上，乙炔配合氧氣，使其更完全燃燒，形成氧乙炔火焰，能高達攝氏 3200 度，以進行快速切割金屬作業。

潛熱

物質從固態轉成液態，或液態轉成氣態，所吸收的熱量稱爲潛熱（Latent Heat）；潛熱可分爲熔化熱及汽化熱。與之相反，從氣態至液態或從液態至固態轉變過程中，則會放出熱量。潛熱是物質在液相與氣相之間轉變（蒸發潛熱）或固相與液相之間轉變（溶解潛熱）時吸收的熱量，以單位質量內焦耳數[註1]計量。水在沸點（100℃）下的汽化潛熱爲 2260 J/g（539 cal/g），使水是所有物質中具有最高蒸發潛熱，這正是水能快速冷卻，作爲有效滅火劑之主因；使水在火焰中高溫氣化時吸走燃燒中大量熱量。以現今一般消防車是裝水，假如未來有比水更經濟有效物質，屆時消防車就有可能不裝水，而改裝此物質。

[註1] 焦耳（Joule, J）爲功（Work）或能量之單位，爲每一單位力（1 牛頓），移動物體至單位距離（1 公尺）之能量（或功）。1 焦耳能量相當於使 1g 的水溫度升高 0.24℃，1 卡 ＝4.184 焦耳。

物質潛熱比較

物質	熔化潛熱 J/g	熔點 ℃	汽化潛熱 J/g	沸點 ℃
乙醇	108	−114	855	78.3
氨	339	−75	1369	−33.34
二氧化碳	184	−78	574	−57
氫	58	−259	455	−253
氧	13.9	−219	213	−183
甲苯		−93	351	110.6
水	334	0	2260	100

物質轉變之吸熱及放熱

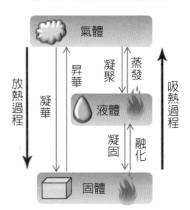

吸熱與放熱例

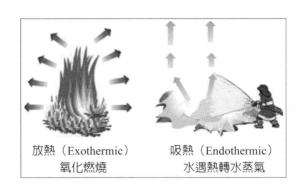

放熱（Exothermic）
氧化燃燒

吸熱（Endothermic）
水遇熱轉水蒸氣

物質三態潛熱變化與乙炔潛熱

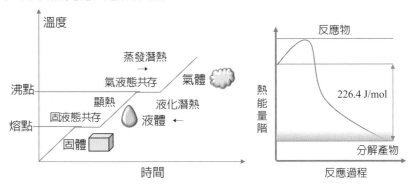

1-4 活化能與化學反應

活化能

　　燃燒過程本質是激烈化學反應過程，而化學反應本質是分子或原子間碰撞之結果。然而，並不是碰撞就會發生化學反應，有的碰撞只是交換能量而已。欲使氧化反應發生，首要條件就是分子相互之間碰撞，但這些分子沒有足夠能量來產生氧化反應，只有當一定數量分子獲得足夠能量後，才能在碰撞時產生顯著振動，使分子中原子間結合弱化，分子各部分重排才有可能，並引向化學反應。反應物質不能全部參與化學反應，只有其中一部分活化分子才能參與反應；這些具有足夠能量在碰撞時會發生化學反應的分子，稱為活性分子。而使普通分子轉變為活性分子所必須最低能量稱為活化能（Activation Energy），其是一種與反應物能量之差值。

　　把活化能想像成一座山頭能量，要發生化學反應，反應物分子必須越過山頭。每一個化學反應都對應著不同高度山頭。亦即反應物分子必須達到「山頂」，活化分子才能轉化為生成物。所以，活化能實際上是分子反應時所必須越過之門檻。顯然，山頭愈高，所需能量愈高，即活化能（山頭）愈大，分子活化愈困難，反應速率也就愈小。

化學反應

　　化學反應（Chemical Reaction）依反應形式分類：
1. 化合反應：二種以上物質生成一種物質，如 $C + O_2 \rightarrow CO_2$
2. 分解反應：一種物質分解成二種以上物質，如 $C_2H_2 \rightarrow 2C + H_2$
3. 置換反應：一種物質化合反應，生成另外一種物質，如 $CuO + H_2 \rightarrow Cu + H_2O$
4. 複分解反應：一種化合物和另一種化合物反應，進行互相交換成分，而反應物質必須可溶於水。如 $Na_2CO_3 + 2HCl \rightarrow 2NaCl + CO_2 + H_2O$

　　在反應速率上，物質分子反應是藉著相互間碰撞產生的，愈多碰撞則反應速率愈快。增高溫度能使分子化學反應速率加快，如鐵與煤炭之空氣中氧化，在常溫時緩慢，但在高溫時進行甚速。而化學反應係反應物原子之間重新排列組合，形成新的，如甲烷與氧氣燃燒反應生成二氧化碳與水。此過程僅是原子之重新排列組合而已。

$$CH_4 + 2O_2 \rightarrow CO_2 + 2H_2O$$

　　左邊原子種類與右邊完全相同，僅組合方式不同，其中某些鍵被破壞，某些鍵又生成，並不是消滅某原子而產生新原子。所以方程式平衡必須遵循原子不滅原理。

$$從\ 16g\ CH_4 + 2\ (32g)\ O_2 \rightarrow 44g\ CO_2 + 2\ (18g)\ H_2O$$

$$即反應物\ 16 + 64 = 80g \rightarrow 產物\ 44 + 36 = 80g$$

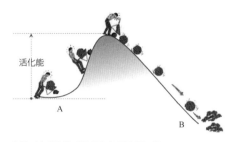

活化能

A

B

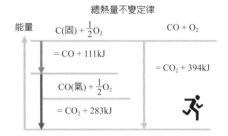

總熱量不變定律

能量　　C(固) + $\frac{1}{2}O_2$　　　　　CO + O_2

= CO + 111kJ

= CO_2 + 394kJ

CO(氣) + $\frac{1}{2}O_2$

= CO_2 + 283kJ

活化能與化學反應關係式

活化能與化學反應速率常數（k）關係式：

$$k = A \times \exp^{\left(\frac{-E}{RT}\right)}$$

A = 碰撞頻率因子，與溫度無關一種常數（J cm^{-3} sec^{-1}）
E = 活化能（J mol^{-1}）；R = 氣體常數（J mol^{-1}K^{-1}）
T = 絕對溫度（K）
反應速率常數（k）是隨著溫度（T）升高，而溫度會使分子間相互碰撞，使能量重新分配，具有高能量分子數增多，提高化學反應速率，活化能（E）所需能量降低。

反應速率常數與溫度關係圖

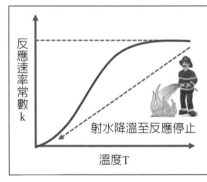

反應速率常數 k

射水降溫至反應停止

溫度T

當溫度以算術級數增加時，反應速率則以e$^{\left(\frac{-E}{RT}\right)}$幾何級數急增著至某一定值。這是個規則，不是一個定律。相反，降低溫度會使反應速率下降，如迅速降溫甚至使化學反應停止，這常用於消防射水滅火方法。

反應過程能量示意

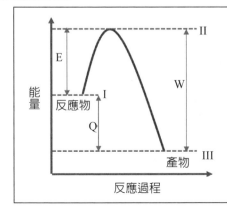

II

E

W

I

能量　反應物

Q

III

產物

反應過程

初始狀態I反應物吸收一定活化能E後，達到活性狀態II，則反應可進行，而生成狀態III之產物，並釋放出能量W，則W=Q+E，如果狀態II>狀態III能量，則Q>0，為放熱反應，反之則吸熱反應。

1-5 理想氣體定律

理想氣體定律（Ideal Gas Law）近似氣體的實際物理行為，以其變量多（溫度、壓力、體積及氣體莫耳數）、適用範圍廣而著稱。理想氣體定律是建立在波以耳定律、查理定律、亞佛加厥定律基礎：

1. 波以耳定律：在 T（定溫）、n（定量）下，$V \propto \dfrac{1}{P}$
2. 查理定律：在 P（定壓）、n（定量）下，$V \propto T$
3. 亞佛加厥定律：在 P（定壓）、T（定溫）下，$V \propto n$

上述也共同顯示壓力（P）、絕對溫度（T）與莫耳數（n）對氣體體積（V）的影響。理想氣體狀態方程式為

(1) $P（atm） \times V（L） = n（mole） \times R（氣體常數 0.082） \times T（K）$

(2) $P（kpa） \times V（m^3） = m（kg） \times R（氣體常數 \dfrac{8.314}{n}） \times T（K）$

$$PV = \frac{W}{M}RT \qquad\qquad M = \frac{\rho RT}{P}$$

式中莫耳數（n）為 $\dfrac{重量（W）}{分子量（M）}$，為使二邊值相等，引入一比例常數 $R\left(0.082 \dfrac{L \times atm}{K \times mol}\right)$。

依查理定律，在定壓下，溫度每升降 1℃，體積增減在 0℃時體積的 $\dfrac{1}{273}$。在定容下，溫度每升降 1℃，壓力增減在 0℃時壓力的 $\dfrac{1}{273}$。因此，溫度與壓力之關係曲線如右頁圖示。

而空氣主要為氮氣（N_2）與氧氣（O_2）組成，以一莫耳空氣有 28.92 g（$28 \times 77\% + 32 \times 23\% = 28.92$）

例 1. 在 0℃及 1atm 之理想氣體下，求 1 莫耳體積？

解 $V = \dfrac{nRT}{P} = \dfrac{1\,mol \times 0.082\dfrac{L \times atm}{K \times mol} \times 273K}{1atm} = 22.42\ L$

例 2. 由實驗得知壓力 1atm，溫度 0℃時，一莫耳氣體的體積約為 22.4 公升，則理想氣體常數（R）為多少，始能使 PV = nRT 之二邊值相等？

解 $R = \dfrac{PV}{nT} = \dfrac{1atm \times 22.4L}{1mole \times 273K} = 0.082\dfrac{L \times atm}{K \times mol}$

例 3. 在 25℃及 1atm 之理想氣體下，求 1 莫耳體積？

解 $V = \dfrac{nRT}{P} = \dfrac{1mol \times 0.082\dfrac{L \times atm}{K \times mol} \times 298K}{1atm} = 24.4\ L$

例 4. 一甲烷氣體在 25℃下體積為 4.1 公升，等壓下受熱至 200℃時體積為何？

解 從理想氣體定律得知 $\dfrac{V}{T} = \dfrac{nR}{P}$，$\dfrac{V_1}{T_1} = \dfrac{nR}{P} = \dfrac{V_2}{T_2}$，$V_2 = \dfrac{T_2 V_1}{T_1} = \dfrac{473 \times 4.1}{298} = 6.5\ L$

氣體常數 R 值

R 值	單位
8.314	$\dfrac{J}{K \times mol}$
0.082	$\dfrac{L \times atm}{K \times mol}$
1.985	$\dfrac{cal}{K \times mol}$

溫度與壓力成正相關

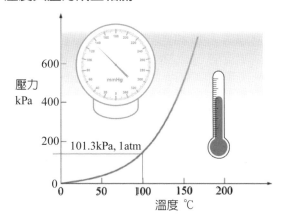

理想氣體運算

艙內環境溫度為 20℃、壓力為 1bar，求空氣密度為多少？如果不考慮其他因素，艙內火災達到全面閃燃時之溫度 600 ℃，求定壓下空氣密度為多少？（R = 8.2×10^{-5} m³·atm/K·mol）（1bar = 0.987atm）（Drysdale, 2008）

解 從理想氣體定律得知 $\rho = \dfrac{n \times MW}{V} = \dfrac{P \times MW}{RT}$（為空氣之莫耳重量 28.95g、T 為 293K）

於溫度 20℃時，$\rho = \dfrac{0.987 \times 28.95}{8.2 \times 10^{-5} \times 293}$，$\rho = 1.19$ kg/m³

於溫度 600℃時，$\rho = 0.39$ kg/m³

溫度和密度間之關係式，可由理想氣體定律得出，決定密度和溫度間之關係式。煙的主要成分為空氣，假設 27℃煙的密度為 1.18 kg/m³，請問 427℃煙的密度約為多少？

解 $\rho = \dfrac{353}{T}$

$\rho = \dfrac{353}{300} = 1.18$ kg/m³

$\rho = \dfrac{353}{700} = 0.50$ kg/m³

試問於標準狀況（0℃及 1atm）下之空氣質量為多少？（標準狀況空氣密度 = 1.29kg/m³）

解 由 $PV = nRT \rightarrow P\dfrac{M}{D} = nRT$

101325 N/m² $\times \dfrac{M}{1.29} = 1 \times 8.31$ J/K.mol $\times 273$ K

$M = 0.0289$（kg）

1-6 火四面體（一）

　　燃燒爲一種化學過程（Combustion Chemistry），可歸類有焰或無焰燃燒，爲一種分子的反應，如以木材爲例，空氣中的氧分子結合纖維素和木質素（Lignin）的分子，從而使固體的大部分改變到氣體中；這些氣體是不同物質的分子，其已不再是纖維素和木質素。這種物質的變化已是化學的，而不是物理。當這些變化發生在一快速比率，衍生出熱和火焰，該過程稱爲起火現象。當你看著燃燒的基本原理，則會發現化學過程中有 3 個基本不可或缺的因素。只有三個元素能完全控制化學反應，這些組合稱爲火三角；分別是熱量、氧氣與燃料。

熱量

　　起火之熱量必須足夠使燃料提高至其起火點（Ignition Point）。於地球上能形成火災之熱量以各種形式存在，物理上的熱能，如物體摩擦、機械能（撞擊、壓縮……）火花；化學上的熱能，如爐火、線香、蚊香、煙蒂等；電氣上的熱能（電氣、閃電、靜電……）；太陽能、核能等。古代人類以鑽木取火，其中熱量是採取鑽木摩擦方式產生火（可燃物是木頭、氧氣在空氣中）。燃料需以氣態發生有焰燃燒，大塊木料於有焰燃燒後形成固態之純碳粒或表面直接氧化形成無焰燃燒。因此，燃料先有足夠熱能，才能轉爲蒸氣形成氣相原子與氧原子混合。而船艙中供給燃料之熱能引起燃燒的方式有多種，人爲之蓄意或意外疏忽如煙蒂、用電不愼，或天然之太陽熱能等。其中又如玻璃瓶和其碎片會使太陽光聚焦產生高熱點，導致甲板上或舷窗附近可燃物起火，但這種起火機率在實務上似乎相當小。

燃料

　　燃料爲文明生活之基本條件，人類使用燃料經長期之演變，由古時唯一燃料之木材（固體）開始，之後使用煤炭、再發現石油系（液體）並發展至汙染性較低之氣體燃料，甚至應用核能燃料。

　　燃燒發生時必須質量傳輸，即燃燒產物將不斷離開燃燒區，使燃料與氧化劑不斷進入燃燒區，否則，燃燒將無法繼續進行下去。有機化合物爲含碳之化合物，碳因有 4 個鍵，易與其化學元素結合而產生燃燒，故可以燃燒的有機化合物種類很多。然而，含碳化合物不會燃燒，僅有 CO_2。

　　燃料受熱後主要裂解成原子形態，將結合氧原子迅速氧化後，足夠產生熱。燃料係指常態下能被氧化物質，起燃時所需活化能（Activation Energy）需使可燃物分 / 原子被活化後，始能與氧氣反應。但氧化熱小物質因不易維持活化能量，此屬難燃物如防焰物品。也就是，假使沒有燃料可以燃燒，火災就無法開始。如船艙中無任何物質，這樣是不會發生火災也不會延燒。因此，當船舶充滿了可燃材料，如貨物中有機物質，這些大多能作爲火災之燃料，因此船上防火管理就顯得格外重要。

火四面體：燃料、熱量、氧化劑與化學鏈反應

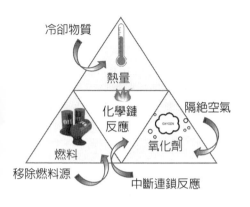

火三角與防火安全教育

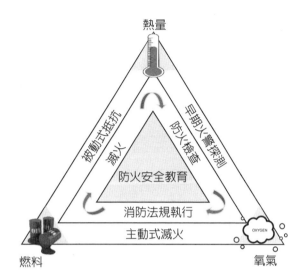

地球上燃料

1. 氫類
2. 碳類（煤、木炭）
3. 含有大量的碳和氫化合物（也就是碳氫化合物）
4. 碳水化合物（Carbohydrates）
5. 其他有機化合物
6. 硫化物（Sulfur）

如果將燃料之可（易）燃程度進行排序，則上述1 > 3 > 4 > 2 > 6，硫化物雖然可燃，燃燒時呈現藍色火焰，有惡臭並產生SO_2，遇水產生H_2SO_3（亞硫酸），由於產生酸性性質的氣體（當其與水結合，如酸雨），所以很少被視為是一種生活中燃料。

火災與粉塵爆炸

1-7 火四面體（二）

氧氣

氧氣（Oxygen）與燃料中釋出氣體分子接觸，進行氧化起火現象。氧氣存在於地球表面任一空氣中。基本上，空氣中氧含量約為 1/5（21%，相當於 210,000 ppm），空氣中 4/5 為氮氣。就目前所知，在整個太陽系行星中，唯獨地球有氧氣而已，其他如金星（Venus），空氣成分為二氧化碳以及一小部分氮氣；離地球較近之火星（Mars）亦是如此，大部分為二氧化碳，根本沒有氧氣。所以，僅地球上有火（古代雷電使森林起火）；且地球上動物都需要氧，當動物消耗氧，植物行光合作用，吸收空氣中二氧化碳轉換出氧；如果地球上沒有植物，所有動物也將會耗氧而滅亡。

物質氧化速度慢就沒有明顯光熱出現；而燃燒是快速氧化結果，生活中常見的，如瓦斯燃燒就是甲（丙）烷與氧發生劇烈的氧化現象，形成火焰情況。基本上，氧化反應必要條件是可燃物和氧化劑同時存在。物質是否能進一步氧化，取決於該物質之化學性質。實際上，由碳和氫構成的物質能被氧化；而大多可燃性固態有機物、液體和氣體，都以碳和氫為主成分。燃燒工程師之鍋爐設計和操作設施，大多是透過控制火三要素之一。基本上，火需供氧形成自然浮升對流，產生向上使其生成物能遠離火焰本身，而氧氣能從底部供應。當其火焰成長延伸時，也基於供氧而產生向外或向大空間位置進行。在船艙火災時，關閉船艙及舷窗，就是最佳初期應變策略。滅火時，當我們投擲汙物在燃料上，以減少氧氣接觸面，是能降低其燃燒反應。但是，潮濕或乾燥的土壤覆蓋在燃料表面上時，其主要的好處是能透過減少氧氣供給。假使水有足夠量來施加在燃料的表面上，以形成薄膜也能發揮同樣的滅火原理，尤其是泡沫所產生窒息火勢作用。

分子鏈式連鎖反應

由於大多數可燃物質燃燒是在蒸氣或氣體狀態下進行的。所以，如上揭所述，燃燒有兩種基本模式：火焰燃燒（Flaming）和無火焰之悶燒（Smoldering）。教育學家曾使用火三角（Fire Triangle）來代表悶燒的燃燒模式，直到被證明除了火三要素共同存在外，於火焰燃燒還有另一因素涉及，即不受抑制之化學鏈反應，因而發展出火四面體（Fire Tetrahedron）。基本上，無焰燃燒以火三角來表示，應是合理的；但對於有明火燃燒，在燃燒過程中存在未受抑制之分解物（游離基）作為介質，來形成有明火之鏈式反應（Molecular Chain Reaction）。

地球、金星與火星空氣組成

地球 金星 火星

連鎖反應階段

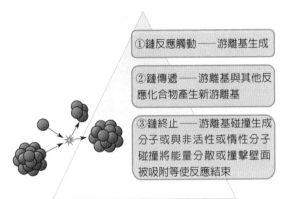

①鏈反應觸動──游離基生成

②鏈傳遞──游離基與其他反應化合物產生新游離基

③鏈終止──游離基碰撞生成分子或與非活性或惰性分子碰撞將能量分散或撞擊壁面被吸附等使反應結束

如$H_2 + Cl_2 \rightarrow 2HCl$：

$Cl_2 + M \rightarrow 2Cl + M$ (1)

$Cl + H_2 \rightarrow HCl + H$ (2)

$H + Cl_2 \rightarrow HCl + Cl$ (3)

....

$2Cl + M \rightarrow Cl_2 + M$ (4)

在反應(1)中，靠熱、光、電或化學作用產生活性組分──氯原子，隨之在反應(2)、(3)中活性組分與反應物分子作用而交替重複產生新的活性組分──氯原子和氫原子，使反應能持續不斷地迴圈進行下去，直到活性組分消失，此即鏈反應。反應機制可分三階段：

A. 鏈觸動階段：反應開始需要外界輸入一定能量，如撞擊、光照或加熱等，使反應物分子斷裂活化反應，產生自由基的過程，如反應(1)。

B. 鏈傳遞階段：上述作用產生新的鏈和新的飽和分子的反應，如反應(2)、(3)；意即游離基反應的同時又產生更多的游離基，使燃燒持續甚至擴大。

C. 鏈終止階段：游離基相撞失去能量或者所有物質反應盡了，沒有新游離基產生而使反應鏈斷裂，反應結束成了穩定性物質，如反應(4)。

1-8 滅火原理（一）

　　滅火是可以多元的，只要使其四缺一，無論缺哪一個，火即熄滅。亦即，滅火可透過四種方法：降低溫度（冷卻法）、拿走或關閉燃料（移除法）、隔離氧氣（窒息法）、抑制化學鏈之連鎖反應（抑制法）。

冷卻熱量

　　滅火最常用的方法之一，就是用水進行冷卻，此即冷卻法（Temperature Reduction），如各國消防隊最常使用水滅火，以裝載 3000 公升水箱車及 8000 至 12000 公升之水庫車或是街道室外消防栓，以大量水進行火災搶救。基本上，1 公升的水可吸收 2500 K 焦耳熱量，故其針對 A 類火災滅火能力相當佳。但油類或通電之電氣火災，就不能使用水來滅之，如油鍋火災即是。在船舶方面，如引擎機艙等高溫表面，需與油類燃料管路有效隔開，或採取防護隔板措施（Shielded）。在重要艙房方面，使用隔熱棉等措施（Insulated），不使高溫透過艙壁熱傳侵入另一艙房。滅火時降低燃料溫度，使其分子反應速率驅緩至不會產生足夠揮發氣體（Vapor）來維持燃燒。固體和具有高閃火點液體燃料，能使用冷卻方法來進行撲滅。涉及低閃火點液體和易燃氣體，是無法透過水冷卻滅火的，因水較重會至油下方，以及水是不能充分地阻擋氣體之連鎖反應。用水滅火時，溫度的降低可取決於水流應用（Application），以形成火災室一個負值（吸熱）的熱平衡情況（Negative Heat Balance）。當射水時能以大面積小水滴形式（Droplet Form），如水霧，其能涵蓋更多的表面積，而得到最佳吸收熱量之效果。

移除燃料

　　在某些情況下，有效地滅火是經由移除燃料源（Fuel Removal），停止流動的液體或氣體燃料，並除去火災路徑上固體燃料，使其無燃料供應。移除燃料的另一種方法，拋入海中（不環保）或是讓火自行燃燒，直到其消耗掉為止。

　　在陸地上，森林大火因難以控制，往往是移除可燃物，即開設防火線，進行連續性燃料隔離。又陸地上成排機車縱火事件，滅火時移除左右兩邊機車（即開設防火線），來控制及防止成排機車捲入大火中。在孫子兵法中以火攻火戰略，如臺灣山坡地雜草每至冬季時，常因煙蒂引燃，滅火時考慮風向，在大火行進方向前點燃成排小火燒過去，先燒除大火所需燃料，使其無以為繼，意即以火攻火。在船舶方面，引擎機艙是船舶火災重點處所，非必要性可燃物品皆應移出，一旦起火後盡速關閉油類管路燃料供應，來控制可能之火災成長。

滅火原理係針對火四面體其中之一

熱量： 水冷卻法	燃料： 移除法 （關閉）
氧氣： 鍋蓋窒息法	連鎖反應： 粉末抑制法

手提滅火器使用要領

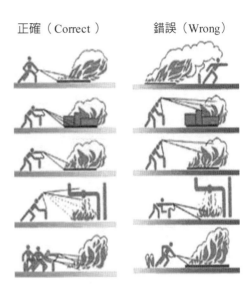

正確（Correct） 　　錯誤（Wrong）

冷卻熱量與移除燃料

冷卻溫度

噴水

隔離燃料法

關閉閥門

滅火器使用調查

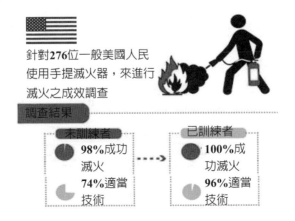

針對276位一般美國人民
使用手提滅火器，來進行
滅火之成效調查

調查結果

未訓練者
98%成功
滅火
74%適當
技術

已訓練者
100%成
功滅火
96%適當
技術

1-9 滅火原理（二）

稀釋氧氣

　　窒息法（Oxygen Exclusion）是將空氣中氧氣濃度 21% 降至 15% 以下，致火缺氧就甚難繼續而熄滅，因火對氧氣比人類還迫切需求。所以，許許多多滅火方法中都是針對氧氣來滅火；如油鍋起火以鍋蓋、電視機起火以棉被覆蓋或是當身體衣服起火了，在地上滾幾圈即可將火熄滅。在船舶方面，關閉船艙空調、舷窗及艙門，使其燃燒自行耗氧至 15% 以下，且燃燒生成二氧化碳無法排出，使火勢發展停滯；這是船舶火災一個相當有效的滅火方法，因其區劃完整，且艙門都是金屬防火門；這是建築物火災所無法比擬之滅火優勢。

　　因此，利用燃燒過程耗氧量，可減少火災的增長，並隨著時間的推移，能完全使火勢達到熄滅之目的。或使用惰性氣體釋放來淹沒（Flooding）船艙空間火災，如固定式二氧化碳系統，釋放後稀釋氧氣，而窒息火災成長燃燒過程。此外，使用泡沫滅火形成燃料表面覆蓋層，隔離氧氣，亦是此理之應用。但這些方法遇到會自我氧化（Self-Oxidizing）之金屬類（D 類）火災，即無可見效。

抑制連鎖反應

　　化學抑制作用（Chemical Flame Inhibition）需使用滅火藥劑，能與游離基結合的物質，產生破壞或阻礙分子連鎖反應之作用。在滅火劑方面，如乾式化學劑和鹵化烷劑，如海龍（Halons），能中斷化學鏈反應進行，停止燃燒中火焰。對氣體和液體燃料滅火這種方法是有效的，因其需有火焰燃燒。但這些滅火劑並不易撲滅固體深層悶燒火災（Smoldering Fires），如成捆棉花或電纜線圈。在船艙使用非常高的滅火劑濃度和長時間的應用是必要的，才能達到撲滅悶燒中火災。在抑制火勢作用原理如次：
1. 乾粉或鹵化烷捕捉自由基，使活化分子惰化，抑制連鎖反應。
2. 鹵系阻燃劑利用燃燒過程中釋放鹵（HBr）與 HO 自由基反應生成 H_2O，使自由基減少，達到阻燃作用。

　　因此，艙內物質起火，熱量就會從燃料中產生；而滅火措施則是基於火三角或火四面體之間的連結打斷；因此，機組成員在船舶滅火應用上，應熟稔各種滅火原理，以利火災應變時達到有效果與效能之滅火活動。

滅火方法有物理法與化學法

隔絕氧氣窒息法與抑制連鎖反應

窒息滅火　　　　　　　　抑制連鎖反應

滅火方法以抑制連鎖反應

氣體與液體燃料更有效　｜不容易撲滅無焰火災｜對悶燒火災無效

手提滅火器滅火最佳距離

8~12吋
(2.4~3.7m)

油與水不相溶

加水至熱油鍋產生水蒸汽增加濺起或飛沫致油表面積成指數成長，形成危險狀態

1-10 熱傳導（一）

火災是一種熱量傳遞之結果，對熱量或能量轉移之熱傳理解，是了解火行為和火災過程之關鍵。從火三角的概念可知熱能是燃燒必要條件之一，燃燒一旦開始，重要的是了解火如何藉熱能傳遞而持續進行。熱傳之基本條件是存在溫度差異，根據熱力學第二定律，熱傳之方向必往溫度較低移動，溫度差就是構成熱傳之推動力。

在區劃空間如船艙能夠透過熱傳 4 種方式中的一個或多個進行傳輸：即傳導、對流、輻射和火焰直接接觸（Impingement）。事實上，熱傳對一物質而言，是一種熱損失。於固體的傳熱方式主要是傳導；熱從高溫的物體傳到低溫的物體，即固體溫度梯度內部傳遞的過程。基本上，在固體或靜止流體（液體或氣體）中，熱傳導是由於物體內分子、原子、電子之無規則運動所造成，其是一分子向另一分子傳遞振動能的結果。各種材料熱傳導性能不同，傳導性能佳者，如金屬，其電子自由移動，熱傳速度快，能做熱交換器材料；傳導性能不良者，如石棉，能做熱絕緣材料。以物質三態熱傳導性，為固體 > 液體 > 氣體。依傅立葉定律（Fourier's Law）指出，在熱傳導中，單位時間內通過一定截面積的熱量，正比於溫度變化率和截面積，而熱量傳遞的方向則與溫度升高的方向相反。

以下思考一下！把 1 張 A4 紙完全貼在牆壁上，以打火機進行引燃 A4 紙，卻無法使其點燃，為什麼？又引燃 1 張拿在手上 A4 紙時，從邊緣或中央位置何者較易點燃？為什麼？如果你可正確回答此問題，表示你已具某種專業知識。貼在牆壁紙張受打火機之熱量，接收到熱量一直被牆壁大面積熱傳導擴展出去，無法使熱量累積至紙張能點燃或是自行延燒程度。又紙張從中央位置起燃，其熱量透過四面八方擴散出去，但以邊緣位置熱傳面積有限（空氣為熱不良傳導體），而易以點燃。

熱傳導影響因子

1. 溫度差（ΔT）

溫度差是熱傳之推動力，溫度差與熱傳導量成正比，火場燃燒速度愈快，溫度增加愈快，一旦發生閃燃艙內溫度遽增，火勢即難以控制（閃燃請見 8-8 節部分）。

2. 熱傳導係數（或傳導率 k）

傳導佳如金屬，其電子自由移動熱傳快，能做熱交換器材料；傳導不良能做熱絕緣材料。在熱傳導率，固體以金屬熱傳導最好，如銅熱傳導幾乎是木材的 2000 倍，銅為一理想傳導體，常作為電線使用。依此，氣體難以散熱而最易燃燒，塊狀比片狀較難燃燒。纖維物質如毛氈、布和紙是不良導體，所以相對易於燃燒。空氣也是不良導體，所以保溫杯以雙層內含空氣，進行隔熱保溫作用。又如棉絮內（Batting）多含氣囊（Air Pockets）能成為良好衣物保溫材料。

炒菜時靠金屬鍋面及鍋內油進行熱傳導，使鍋內食物煮熟；又將食物切的很細，以增加其熱傳之表面積，因而較易煮。在鍋子把手需以不易熱傳導之非金屬材質（如木塊或塑膠等），避免燙傷人員，其理在此。

熱傳方式

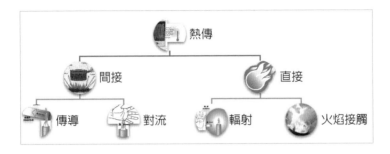

熱傳導：因從火焰熱量造成分子運動，溫度沿著金屬桿上升

傳導（Conduction）

熱（Heat）

金屬桿
（Metal Rod）

固體物質受到外來熱量之熱傳導

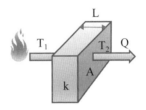

炒菜以熱傳導方式使金屬鍋內菜煮熟

熱傳導公式

依傳立葉定律（Fourier's Law）指出熱傳導公式

$$\dot{Q} = kA\frac{T_1 - T_2}{L}\ (W)$$

Q＝熱傳導量（W）；k＝熱傳導係數（W/mK）；A＝垂直於傳熱方向之截面積（m^2）；L是從溫度T$_1$到溫度T$_2$之溫度梯度傳輸之距離或厚度（m）
如衣服濕了，將會增加衣服與人體接觸截面積，易造成熱傳失溫。

1-11 熱傳導（二）

3. 截面積（A）

依傅立葉定律，單位時間通過一定截面積，正比於熱傳量，如滅焰器（Flame Arrester）是化工廠內常用之防火防爆設備，如裝在車輛排氣管，此種使高溫氣體排出，防止不完全燃燒火星，由滅焰器內部金屬網（良好熱傳），以擴大接觸面積吸收熱能，達到防火防爆之功能。又炒菜鍋面之與火接觸截面積愈大，熱傳導熱量傳輸也就愈快。

4. 厚度或距離（L）

依傅立葉定律，固體物質厚度與熱傳量成反比，如金屬鍋底愈厚，熱容愈大，熱傳量將較慢。

熱傳導與火災

在建築物火災中熱傳導之熱量相當有限，主要是以火災之起火期階段為主，電線設備、菸蒂、線香、火星等熱源，接觸可燃物進行熱傳導，導致起火。在臺灣建築物係屬鋼筋混凝土結構，且牆壁厚度相對厚，依傅立葉定律，固體物質厚度與熱傳量成反比，而難以熱傳導；但在船舶結構如同鐵皮屋火災一樣，金屬牆壁薄，比熱容小，易於熱傳，這也導致鐵皮屋或船舶火災鋼製邊界層扮演熱傳重要因素，尤其是上面屋頂（艙頂）面會有溫度最大傳導熱量。

又依傅立葉定律，熱量傳導與距離成反比，所以火災蔓延常以相鄰空間，有一定距離之防火巷，火勢擴大規模是有限的。

以防火塗料而言，使用熱傳導係數（k）低之無機材質，噴灑在鋼結構之厚度愈厚，保護效果愈佳，即增加上述公式之 L（厚度）使 Q（熱量）減小；有些防火塗料利用在高溫下生成一層比原塗層厚十倍難燃炭層，且其熱傳導係數低，也是同樣增加 L，減小 k，以隔絕火焰對底材加熱，達到防火之目的。

船舶如同鐵皮屋火災有顯著熱傳導問題

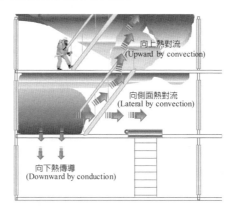

排氣管滅焰器：內部金屬網增加熱傳導面積快速吸收熱能達到冷卻火氣噴出

熱傳導計算例

例1. 在一穩態熱通量（Steady-State Heat Flux）下通過玻璃面板（厚度為 5×10^{-3} m、熱傳導係數為 0.76×10^{-3} kW/mK），如果面板溫度內部 5℃ 和外部 25℃，求熱傳導之熱通量？（Drysdale, 2008）

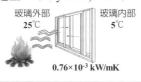

解 $\dot{Q} = k\dfrac{(T_1 - T_2)}{L} = 0.76 \times 10^{-3} \times \dfrac{(298 - 278)}{5 \times 10^{-3}} = 3.04$ kW/m² （註：k = 0℃ + 273）

例2. 假設有一建築物磚牆厚 10cm，牆的兩側溫度分別為 15℃ 及 25℃，磚熱傳導係數為 0.7 W/m.K，磚牆是均勻材質，根據傅立葉熱傳導公式，則該牆面 1 平方公尺的熱傳導量約為多少（W）？

解 $\dot{Q} = kA\dfrac{(T_1 - T_2)}{L} = 0.7 \times 1 \times \dfrac{(298 - 288)}{0.1} = 70$ W

1-12 熱對流

　　液體和氣體傳熱主要是對流（Convection）。由於流體整體運動引起流體各部分之間發生相對位移，從熱移到相對冷部分而產生能量傳輸，且較密到較疏位置，進行質量傳輸，此種冷熱流體引起相對位移之熱傳過程為熱對流。不同的溫度差導致整體密度差，是造成對流的原因。對流熱傳因牽扯到動力過程，所以比熱傳導迅速。當手掌置在火焰上方會感覺到熱量的原因，即使手沒有與火直接接觸，這是熱對流之作用所致。

對流分類

　　引起對流原因可分自然對流與強制對流；依流動介質可分氣體對流與液體對流。

1. 自然對流與強制對流

　　• 自然對流（Natural or Free Convection）：透過溫差造成的密度差而產生能量傳遞者，如自然排煙作用，又穿衣服來減低體溫（37℃）與外界冷空氣自然對流；睡覺時蓋棉被主要是可防止棉被內外空氣的對流而保持住體溫；或水煮蛋後置於桌面上蛋之自然冷卻。

　　• 強制對流（Forced Convection）：透過外力如電風扇或幫浦去帶動流體者，如機械排煙，或水煮蛋後使用吹風機，蛋以電風扇吹達到快速冷卻作用。

2. 液體對流與氣體對流

　　• 液體對流：液體受熱後，體積膨脹密度變小而上升，溫度較低者則下降，此種運動過程伴隨著熱量傳遞。

　　• 氣體對流：根據牛頓冷卻定律（Newton Law of Cooling），傳遞熱量與溫度差成正比，意即燃燒愈猛烈，溫度成長愈快，對流熱愈大，且火煙因對流作用會往上方發展；所以火煙是往上的，如往下就違反物理對流原理。

對流影響因子

　　於穩態熱傳（$\dot{Q}$）基本方程式，熱對流公式如次：

$$\dot{Q} = hA(T_1 - T_2) \ (W)$$

　　其中
h = 對流係數（W/m^2K）　　　　A = 垂直於傳熱方向之截面積（m^2）
T = 溫差（K）

　　根據牛頓冷卻定律，溫度高於周圍環境的物體向周圍介質傳遞熱量逐漸冷卻時所遵循的規律，即對流熱通量（Heat Flux）與流體和固體表面間的溫度差成正比，其比例常數稱為對流熱傳係數。與熱傳導係數不同，對流熱傳係數本身不是物質本身參數，而是與流體性質（熱傳導係數、密度、黏性等）、流體參數（速度和流動狀態），以及固體的幾何性質有關。對於自然對流，典型的對流熱傳係數介於 $5 \sim 25W/m^2K$ 之間；而強制對流介於 $10 \sim 500W/m^2K$ 之間。

熱對流：從受熱液體或氣體之熱能轉移

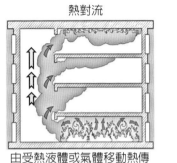

熱對流

由受熱液體或氣體移動熱傳

偵溫探測器或撒水頭靠對流產生感知

強制與自然對流例

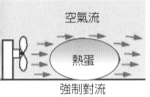

空氣流

熱蛋

強制對流

空氣

熱蛋

自然對流

如沒有對流，燃燒產物無法帶走

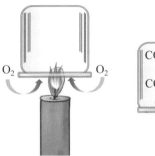

O_2 O_2

CO_2

CO_2

吹風機為強制對流使用例

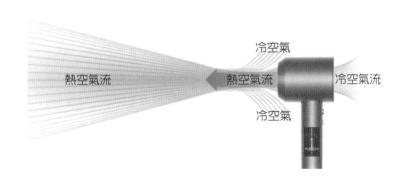

熱空氣流

冷空氣

熱空氣流

冷空氣流

冷空氣

1-13 熱輻射 （一）

對流與火災

燃燒的氧化劑是來自週圍的空氣，靠重力加速度來產生對流，將燃燒產物帶走，並且補充氧氣，使其繼續燃燒。若沒有對流，燃料起火後會立刻被周圍的燃燒產物及空氣中不可燃的氣體包圍，火會因沒有足夠氧氣而熄滅。

當船艙火災時空氣受熱，體積變大（壓力差），密度變小，對流是由溫度差引起密度差驅動而產生的。以艙內而言，對流作用形成火羽流，後又形成艙頂板噴流，艙頂板溫度是最高的，而地板則相反。因空氣受熱密度變小，體積變大膨脹上升，火勢蔓延主要是透過對流向上的方向（火煙是往上層發展）；火煙蔓延透過管道、走廊、電梯井（Up Elevator Shafts）、向上管道間、向上樓梯間等，此為熱對流所造成，此因火煙氣體移動是採取阻力最小之路徑進行（Least Resistance）。

就油槽火災而言，輕質油類不易產生熱對流作用，但重質油類則會對流導致熱波形成，出現危險之沸溢（Boilover）與濺溢（Spillover）現象。在船舶火災，對流主要在艙頂板位置，比傳導或輻射更具影響力。火災時偵溫式探測器或撒水頭之感知作動，靠熱對流傳遞到其設備感知面，受熱後再熱導至感熱裝置作動。而自然排煙也是靠熱對流所產生動力達到排煙之作用。所以，上述消防安全設備主要裝置目的是火災成長階段，藉由熱對流進行使艙頂板消防設備動作，以保護船舶安全為目的。

熱輻射

物體因自身溫度而具有向外發射能量之特性，不需任何物質當媒介（Medium），以一定頻率（電磁波）進行熱傳稱為輻射（Radiation）。當物質內原子或分子中之電子組成改變時，能量以電磁波（Electromagnetic Waves 或光子 photons）傳輸；以手掌靠近至火焰側邊，即會感覺到熱輻射之威力。太陽熱量傳達至地球表面，即使是不直接與地球接觸（傳導），也不是以氣體加熱之方式（對流），而是透過電磁波的形式進行傳輸，其熱是相類似於光波（Light Waves）之屬性，但輻射與光波間之區別在於週期的長度。熱輻射波（Heat Waves）有時也被稱為紅外線（Infrared Rays），比光波更長；如紅外線火災探測器之應用。

· 輻射特點

A. 輻射以光速（3×10^8 m/s）進行，即使是真空環境也是一樣。

B. 所有在絕對零度（0K，−273℃）以上之物體都具電磁能形式輻射能量，這是物體因其自身溫度而發射出的一種電磁輻射。

C. 任何物體不但能自身發射輻射熱、轉換輻射能，進行能量轉換，也能同時吸收其他發射輻射能，再轉換為輻射熱，形成火災室之輻射能相互回饋增溫現象，使火災成長加速。

輻射例：不需介質，以電磁波能量傳輸

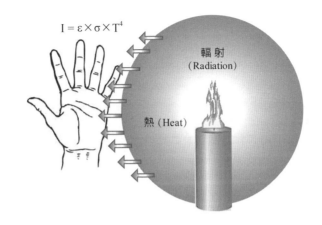

$$I = \varepsilon \times \sigma \times T^4$$

輻射
(Radiation)

熱（Heat）

電暖器：輻射能轉換熱能

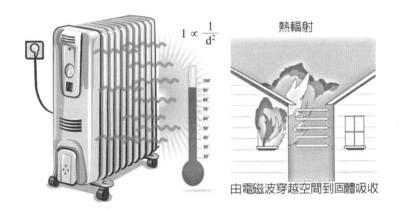

$$I \propto \frac{1}{d^2}$$

熱輻射

由電磁波穿越空間到固體吸收

區劃空間輻射熱回饋理論

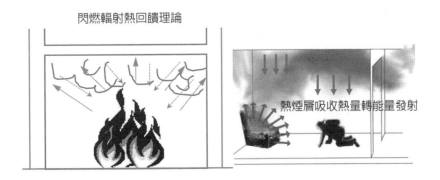

閃燃輻射熱回饋理論

熱煙層吸收熱量轉能量發射

1-14 熱輻射（二）

熱輻射影響因子

根據玻茲曼（Stefan-Boltzman）定律，絕對溫度 T 物體單位時間發射能量為

$$I = \varepsilon \times \sigma \times T^4$$

I 為輻射總能量（稱輻射強度或能量通量密度），W/m^2
T 為絕對溫度，K
ε 是輻射係數（Emissivity）若為絕對黑體則 $\varepsilon = 1$
σ 是斯蒂芬一玻茲曼（Stefan-Boltzman）常數（5.67×10^{-8} W/m^2K^4）

1. 溫度

電磁波輻射傳輸速度取決於熱源絕對溫度，溫度愈高輻射愈強，且輻射與溫度 4 次方成正比。

2. 距離

輻射與距離平方成反比，即 $1 \propto \dfrac{1}{d^2}$；假使一物體距離 2 m，輻射強度 8 kW/m^2，當物體移動至 4m 遠，則輻射強度為 2 kW/m^2（1/4 倍強度）。

3. 截面積與方位

輻射與截面積方面，即接受熱量之表面積成正比，或表面愈粗糙則表面積愈大，接收熱量愈多；又輻射面與受軸面成平行時，即輻射角度為 0 時，承受熱量最高，如向日葵向陽光移動著，或是使用太陽能板必須對著太陽光源，其理即此。

4. 顏色與材質

物體顏色愈深且材質愈粗糙，輻射係數會愈大，如冬天穿黑色（ε 接近 1）較暖和，夏天則穿白色（ε 接近 0.7）涼爽。

熱輻射與火災

船舶火災直徑超過 30 cm 時，熱輻射將成為艙內火災的主要傳熱方式。而熱輻射與溫度之 4 次方成正比，這就意味著火災室溫度提高 1.5 倍，從 298K（25℃）成長到 447K（174℃），熱輻射強度將上升為 5.1 倍。火災時火顏色，主要是燃燒不完全的粉狀物質及碳素微粒子所形成，而火焰的輻射熱，亦是由於這些物質熱放射的結果。在艙內火災成長至一定程度時，透過空間輻射熱進行傳輸，熱輻射遇到不透光物體（Opaque Object），會從其表面依次回饋返回，形成艙內火災輻射能回饋效應。

	項目	傳導	對流	輻射
相異點	介質	固體	流體	不需
	熱傳	間接	間接	直接
	接觸	需要	需要	不需
	火災階段	起火初期	成長期初	成長期末至最盛期
	一場火災熱傳量	較少	次之	最多
相同點	皆為熱量傳遞			

船艙火災熱傳方式

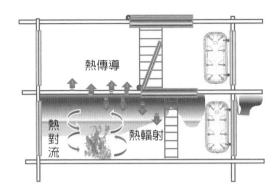

熱輻射計算例

例 1.　已知史蒂芬波茲曼常數為 5.67×10^{-11} kW/m² K⁴，若一物體之溫度為 300℃，輻射係數為 0.9，請問熱輻射強度為多少 kW/m²？

解　$I = \varepsilon \times \sigma \times T^4 = 0.9 \times 5.67 \times 10^{-11} \times (300 + 273)^4 = 5.46$ kW/m²

例 2.　一般電暖器安全設計運作溫度為 260℃，請問此輻射強度為多少？如附近置一黑色木質椅子（輻射係數 1.0），假使電暖器安全設計零件因長期使用過熱，致內部運作溫度增加至 500℃，請問電暖器是否能引燃附近範圍內椅子？（Drysdale, 2008）

解　(1) $I = 1.0 \times 5.67 \times 10^{-11} \times (533)^4 = 4.6$ kW/m²（註：K = 0℃ + 273）
　　　(2) $I = 1.0 \times 5.67 \times 10^{-11} \times (773)^4 = 20.2$ kW/m²（此值足以自動引燃艙內可燃物質）。

例 3.　輻射熱受「輻射物體」與「受輻射體」之相對位置所影響，若輻射角 θ 為 0 度時，「受輻射體」受到之輻射熱量為 Q，則若輻射角度為 60 度時，其受到之輻射熱量 Q 為多少？

解　輻射角 θ 為 0 度時為 Q，輻射角度 60 度[註2] $= Q \times \cos(60) = 0.5Q$

【註2】

θ	0	30	45	60	90	120	135	150	180	270	360
cos	1	$\frac{\sqrt{3}}{2}$	$\frac{\sqrt{2}}{2}$	$\frac{1}{2}$	0	$-\frac{1}{2}$	$-\frac{\sqrt{2}}{2}$	$-\frac{\sqrt{3}}{2}$	-1	0	1

1-15 直接火焰接觸與熱慣性

直接火焰接觸

　　火焰是反應生成之氣體及固體混合物，釋放可見光、紅外線甚至是紫外線之現象；如燃燒木頭形成熟悉的橙紅色火焰，這類火焰的光譜為連續光譜。完全燃燒時會形成淺藍色的火焰，因分子內各種電子移動時，產生單一波長輻射。當直接火焰接觸（Direct Flame Contact）時，則由傳導、對流和輻射之組合熱傳作用。

熱慣性

　　熱慣性（Thermal Inertia）為固體燃燒程度的一種指標，描述物質熱傳能力之 k、代表物質內部緊密程度之 ρ、及物質吸熱或散熱能力之 c，三者之乘積。

1. 熱傳導係數（Thermal Conductivity, k）

　　熱量藉由分子的振動或自由電子的傳遞，由高溫的地方傳到低溫的地方。熱傳導係數（k）指材料傳導熱量的能力，k 值愈大導熱效果愈好，此 k 值大，能廣泛用於鍋子、散熱器等，而 k 值愈小則作為保溫、熱絕緣。k 值大小依次：金屬固體 > 非金屬固體 > 液體（k 值 0.09～0.7）> 氣體（k 值 0.008～0.6）。熱傳導係數的倒數為熱阻抗率（Thermal Resistivity），其為任何管路或容器隨著使用時間的增長，其表面將因流體所攜帶之雜質或表面之腐蝕或氧化作用而形成結垢物，對熱傳遞造成額外的阻抗。

2. 比熱（Special Heat Capacity, c）

　　比熱（c）又稱比熱容，是熱力學中常用的一物理量，表示物體吸熱或散熱能力。比熱容愈大，物體的吸熱或散熱能力愈強，即比熱愈小，愈易引燃。

3. 熱慣性（kρc）

　　熱慣性（Thermal Inertia）高代表物質有高的熱容（儲存熱量能力）。在物質熱傳能力之熱傳導係數 k（W/m×K）（k 值愈小愈易引燃）、密度 ρ（kg/m³）（ρ 值愈小愈易引燃），以及物質比熱 c（J/kg×K）（c 值越小越易引燃）[註3]，低密度物質可做成較佳絕熱材料，物質具有較高之比熱，則需要較多之能量來提高溫度。

　　因此，從上述三者之乘積，即為左右物質是否容易因受熱而燃燒的指標，為物質之一種熱阻抗。假使物質 kρc 愈高，物體內部愈容易熱傳，則需更多的能量才能被點燃，反之 kρc 愈低愈少傳熱，使內部易於達到燃點；如木塊較聚苯乙烯更難著火，其原因在於木塊具有較高之熱慣性。於防火工程中將物質之熱慣性，視為防火材料之選用指標；而在消防撒水頭，即使用不同材質（熱慣性），設計出所謂標準型、快速反應型之撒水頭元件。當火勢達到定常溫度時，密度及比熱對於熱傳導即顯得較為不重要。因此，熱慣性之作用主要是表現在火災之初期至成長期階段，如防焰材質遇到全面閃燃階段，則照樣快速捲入火焰燃燒。

[註3]　比熱（J/g·℃）是一公克物質的熱容量；熱容量（J/℃）是一定量物質在一定條件下，溫度升高 1 度所需要的熱量。二者關係式：熱容量＝比熱 × 質量（g）。

火焰接觸食物使熱傳加速

熱傳方式

傳導　　　　　對流　　　　輻射

熱傳導公式

熱傳導係數（k, $\frac{W}{m \times k}$）依Fourier's Law計算如次：

$$k = \frac{\frac{\Delta Q}{\Delta t} \times L}{A \times \Delta T}$$

$\frac{\Delta Q}{\Delta t}$是單位時間傳導熱量（W）、L是長（厚）度（m）、A是接觸面積（m^2）、ΔT是溫度差（K）。其中，Q與L成反比，愈厚材料的Q值就愈小。

物質熱傳導係數（Wm^{-1}K^{-1}）

物質	固體									液體	氣體
	保麗龍	岩棉	人體皮膚	水泥牆	鐵	鋁	黃金	銅	鑽石	水	空氣
係數	0.032	0.29	0.37	0.56	80	237	318	401	2300	0.6	0.024

　　可見保麗龍保溫效果良好，而銅比鐵熱傳導快四倍，則作為鍋子將能省瓦斯，但銅之熔點較低，會有重金屬問題。

不同材質熱慣性

物質	k（W/m×K）	ρ（kg/m^3）	c（J/kg×K）	kρc（W^{2}s/m^{4}K^2）
刨花板片（Chipboard）	0.14	1400	600	120000
木纖維片	0.05	2090	300	32000
聚氨酯（Polyurethane）	0.034	1400	30	1400

Note

第2章
火災分類與燃燒原則

　　燃料為文明生活之基本條件，人類使用燃料經長期之演變，由古時唯一燃料之木材（固體）開始，之後使用煤炭、再發現石油系（液體）並發展至汙染性較低之氣體燃料，甚至應用核能燃料。

　　燃燒係某一物質與氧氣生成較簡易化合物，以及能量釋放，形成發熱也發光之燃燒現象。物質危險性第一個特徵，是該物質燃燒時所產生的熱量，即燃燒熱（Combustion Heat）。燃燒熱愈大溫度也愈高，則該燃料潛在危險愈大。燃燒時必須質量傳輸，即燃燒產物將不斷離開燃燒區，燃料與氧化劑將不斷進入燃燒區，否則，燃燒將無法繼續進行下去。了解火災與燃燒原則，對船上機組成員在應變火災時，扮演能否有效快速滅火之關鍵因素。

2-1 火災分類（一）

A 類火災

A 類（Class A）火災涉及普通可燃性物質，如木材、布、紙、棉毛、橡膠、多種塑料等可燃性固體所引起之火災。船舶中如住宿區、客艙、辦公艙房、普通貨物艙類等火災。

只有固體燃料物質會產生灰（Ash-Producing）物質，並可以形成悶燒狀態（Smoldering Combustion）。基本上，A 類火災以水來滅火冷卻或浸濕燃燒物質至低於其起火溫度。船上使用添加 A 類滅火泡沫，有時稱爲濕水（Wet Water），如此可以提高水去撲滅 A 類火災的能力，特別是那些深層（Deep-Seated）在散裝物料，如捲紙、煤炭、鐵屑（Iron Filings）、木條、貨櫃內服裝等。A 類泡沫滅火劑可降低水的表面張力，使其能更容易地滲透到整堆的物質上。A 類火災使用氧氣排除（Oxygen-Exclusion）是難以撲滅的，也就是窒息法，其對 B 類（油類）火災較有效。

B 類火災

B 類指石油類、有機溶劑、油漆類等易燃或可燃性液體及液化石油氣、天然氣、乙炔等可燃性氣體所引起之火災。亦即 B 類火災涉及易燃與可燃液體和氣體，如船上引擎機艙油類、幫浦、汽油、機油、油漆、塗料、礦物油、醇類（Alcohols）、危險貨物艙或油輪等石油系燃料、潤滑油、潤滑油脂是常見 B 類火災的燃料。以氧氣排除所產生窒息（Smothering）或覆蓋（Blanketing）作用，是最有效的滅火，也有助於減少額外的蒸汽產生。其他滅火方法包括移除燃料、溫度冷卻、乾式化學劑（乾粉）中斷化學鏈反應等。

基本上，氣體燃料不需要汽化（Vaporization），直接支持燃燒，而需要較少輻射熱反饋（Radiative Feedback），來保持正值燃燒熱平衡（Positive Heat Balance）。以燃料蒸發汽化容易度爲揮發性（Volatility），於船舶中如機艙火災，一般液體燃料比固體燃料更容易汽化。採用滅火策略時，對液體燃料中比重（Specific Gravity）和溶解度（Solubility）爲消防活動所需重要考量因素。液體比重小於滅火藥劑時，將漂浮在滅火藥劑頂部，並可能會繼續燃燒，而滅火無效。海水的比重爲 1.025，而大多數易燃液體的比重是小於 1.0。如果易燃液體在水中是可溶性的，其能稀釋液體至一定程度，使其不能燃燒。碳氫類燃料（Hydrocarbon Fuels）不溶於水，但可溶於醇類（Alcohols）和一些溶劑，上揭知識是滅火時特別需要考量的。

滅火藥劑與火災分類關係

		A 類火災	B 類火災	C 類火災	D 類火災
水		○	×	×	×
泡沫		○	○	×	×
二氧化碳		Δ	○	○	×
鹵化烷（海龍等）		Δ	○	○	×
惰性氣體		Δ	○	○	×
乾粉	ABC 類	○	○	○	×
	BC 類	×	○	○	×
	D 類	×	×	×	○

註：○ 表示適用；Δ表示可適用，但不是好選項；× 表示不適用。

A 類燃料：日常所見可燃物如，木、紙、塑膠等

住宿艙火災

B 類燃料：易燃性與可燃性液體

船舶引擎機艙火災

2-2 火災分類（二）

C 類火災

C 類火災是指帶電之電氣設備火災，如船上配電盤、電動機、電纜、電氣配線、變壓器、工程開關設備、電腦設備、交換機電路（Circuitry）和元件等。

不導電的滅火劑如海龍（Halon）、乾粉或二氧化碳等，能控制 C 類火災。最快的滅火程序是先採取電氣設備或電路之斷電措施，然後依所涉及的燃料，採取適當地滅火。基本上，當電源被斷電時，一般 C 類火災將成為 A 類火災。

D 類火災

D 類火災是指可燃性金屬，如鋁（Aluminum）、鎂、鈦、鋯、鈉和鉀（Potassium）。這些物質粉末的形式是特別危險的。

在空氣中有濃度金屬粉塵，如有一合適起火源，可引起強烈粉塵爆炸。一些燃燒金屬會產生極高的溫度，致使用水和一般常見滅火劑無法見效。船舶中危險貨物艙，因其火勢易發生且難以撲滅。這些金屬如以固體形式，必須高於其引燃溫度（Ignition Temperature）才維持燃燒；但以粉末或細屑（Fine Shavings），則能自我一直維持燃燒現象（Self-Ignition）。鋁粉末和金屬氧化物的混合物之熱反應燃燒，所產生極端高熱，使用水和其他常見滅火劑，達不到滅火之效果（Ineffective）。目前並沒有一個能有效地控制所有可燃性金屬火災。特殊滅火劑僅可控制某一特定金屬火災，並明確地標記為該金屬滅火器。事實上，使用 ABC 類滅火劑可能會導致可燃性金屬火災發生劇烈反應。一些 D 類滅火劑是採取覆蓋燃燒物，以形成窒息方式來控制火災。

歐洲火災分類（European Classification of Fires）

A 類火災
　普通固體有機成分（Organic Origin）的可燃性燃料（木材、紙張、紡織品等）；
　燃燒通常形成熾熱的餘燼（Glowing Embers）。
B 類火災
　易燃和可燃性液體燃料或液化固體（Liquefied Solids），如可燃燒液體、油、脂肪、油漆等。
C 類火災
　易燃氣體燃料。
D 類火災
　易燃性金屬燃料，如鎂（Magnesium）、鈉、鈦（Titanium）、鋯（Zirconium）等。
E 類火災
　帶電的電氣設備或線路燃料（Wiring Fuels）。

C 類燃料：通電中設備物質

船舶電氣設備

D 類燃料：可燃金屬（鋁、鎂、鈦等）↔ CO_2 滅火器構造

CO_2 滅火器

虹吸管

手提滅火器使用

拉插銷　　對準火焰基部
壓手把　　左右掃射

2-3 燃燒機制

　　燃料能以 3 種狀態之任何形式存在：即固體、液體或氣體。原則上，只有蒸汽或氣相時才能著火燃燒，因燃燒爲氧化，燃料需以原子等形式，才能與氧原子相結合，只有少數物質可以固態形式直接燃燒，如炭、鎂等表面燃燒形態。基本上，液體或固體燃料燃燒，需透過熱量轉換成蒸氣或氣體狀態。燃料氣體演變可以是從固體燃料的熱裂解過程（Pyrolysis Process）【註1】，昇華爲氣體，或是物質透過熱傳進行化學分解（Chemical Decomposition）再蒸發爲氣體現象；或熔點低，可燃固體會先溶解爲液體，或固體先溶解再加上分解爲液體；也可以從液體的蒸發汽化（Vaporization）或先分解再蒸發至燃料氣體。這些過程最後是相同的，就如水沸騰蒸發或在陽光下的水蒸發，在這些情況下，皆是受熱導致氣（汽）化之現象。

　　在熱回饋機制上，液體受熱汽化、固體受熱進行熱裂解。從液體沸騰或固體裂分解中產生可燃性分子，在火焰中發生化學鍵斷裂，而更容易與空氣中氧氣進行混合。熱裂解是一種複雜非線性行爲，在熱量作用下固相可燃物發生熱裂解及化學分解，致發生揮發性產物，包括可燃性與非可燃物成分。高溫時化學反應速率加快，致能分解同時產生可燃非揮發性炭，上述揮發性產物於固體表面上發生氣相氧化反應，有一部分可燃性氣相揮發會被空氣迅速帶離，從而濃度不足以燃燒，而存在固相燃燒之殘留炭現象。

　　進一步言之，大部分固體可燃物隨著熱解與燃燒進行，會有相當量殘留物覆蓋在固體表面，此即是灰燼（炭）層，會使表面熱阻增大，較少受外部空氣冷卻，而表面溫度上升，形成內部梯度，從而影響燃燒速率，如木材燃燒或拜拜燒金紙就是一顯著例子。

　　液體燃燒過程中，比固體熱裂解過程所需熱量低，亦即液體燃料蒸發過程顯然較少的熱量輸入，因此，液體燃燒速度勢必大於固體。又對氣體燃料火災滅火是困難的，因其更易再形成複燃引火。氣體燃料是最危險的，因其是處在所需起火之自然狀態，而無需再進行燃料熱裂解或氧化之轉換過程。因此，氣體燃料也是最難以抑制的，也是危險的，以燃燒速率快之爆炸型態呈現。

　　所以，無論可燃物是以哪一種型態，絕大部分是以蒸氣或氣體狀態來燃燒。又如紙張分解燃燒，其實不是紙本身在燒，而是紙上方之揮發可燃氣體在燒，因其需由固體轉換成氣體才能燒；另如蠟燭亦是需先轉換成液體（蠟油）再轉換成氣體才能燃燒（由白色棉繩藉虹吸作用吸取蠟油氣化）。在液體方面，如汽油燃燒不是液體，是由液面上油氣在燃燒，如溫度愈高其蒸氣壓愈高，油氣愈多，燃燒愈旺。所以，車禍會導致油箱爆炸，其油箱存油絕對不是滿的狀態，滿的油箱（皆爲液體）頂多形成漏油火災，而無從爆炸。所以，任何油類容器內油愈少，則內部的油氣較多，也就是說，容器內液體快沒了是更危險的狀態（內部充滿油氣）。

【註1】可燃物在燃燒前會熱裂解爲簡單的分子，分子中共價鍵在外界因素（如光、熱）影響下，裂解而成化學活性非常強的原子或原子團，此稱爲自由基，此種原子方式，始能與空氣中氧原子結合，形成氧化燃燒。

火柴棒熱裂解：受高溫裂解起火過程

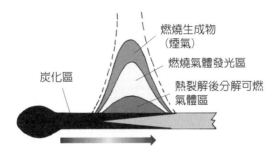

固體：高溫熱裂解及化學分解可燃氣體與氧氣結合之火焰型態

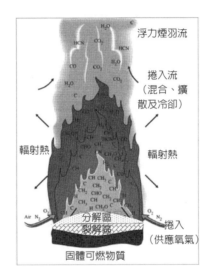

船艙燃燒質傳與熱傳

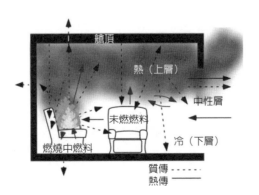

2-4 燃燒形式

1. 擴散燃燒

　　為氣體燃燒型態，其能直接與空氣中氧結合，不需像固體、液體類經分解、昇華、液化、蒸發過程；如氫、乙炔或瓦斯等可燃氣體與空氣接觸直接燃燒。氣體燃燒僅分擴散燃燒及混合燃燒兩種，混合燃燒就是所謂化學性爆炸，不以一般火災燃燒形式作探討。擴散燃燒就是可燃氣體一邊擴散一邊燃燒的情形，如瓦斯爐之爐火燃燒一樣；假使瓦斯點火一直沒點燃（代表瓦斯已與空氣中氧混合），待點燃時會形成混合燃燒之小型爆炸似。

2. 蒸發燃燒

　　為液體類燃燒，油類燃燒後所產生之熱釋放率，能迅速地達到穩定狀態。因液體燃燒並非是液體本身在燃燒，液體火焰並不是緊貼在液面上，而是液面上方空間位置，也是液體蒸氣壓所生之蒸氣在燒，此種火焰大小取決於液體蒸發速度，而蒸發速度則取決於本身蒸氣壓及液體從火焰區所吸收到熱量多少，此決定液體之閃火點與著火點。固體方面，熔點較低之固體類，受熱後熔融液化，蒸發成蒸氣而燃燒，如熱塑性塑膠、硫磺、瀝青、石蠟等固體，則先熔融液化，形成蒸發燃燒型態。液體物質若於開口容器內發生火災時（液體表面積小），較易處理，但若容器破裂時（液體表面積大），會導致大面積燃燒；所以需有防液堤之設置。

3. 分解燃燒

　　為固體類燃燒，大多數固體可燃物係屬分解燃燒型態，固體受熱時先失去水分，再起熱裂解與化學分解可燃氣體原子，與氧原子結合後產生燃燒，最後分解往往僅剩炭質固體及殘留無機之灰燼物質。固體可燃物具較大分子結構，如木材、紙、布、熱固性塑膠、合成塑膠、纖維等，或高沸點之物質，於受熱後不發生整體相變，而是逐一相變之化學分解產生燃燒。絕大多數高分子材料都是可燃的，受熱後熔化，產生熔滴形成分子斷裂，由大分子裂解成小分子，裂解中不斷釋出 H_2、CH_4、CO 等可燃性氣體。

4. 表面燃燒

　　為少數類固體燃燒，這種固體受熱後不生化學分解和相變，也不熔化及不氣化型態，僅在其接觸空氣中氧，可燃物（固相）直接吸附氧（氣相）產生氧化反應熱，燃燒區域高溫熾熱形成兩個相態（氣／固相），不生火焰之非均一系反應，燃燒緩慢，燃燒後仍保留原狀，如結構穩定熔點較高之木炭、焦炭、鐵絲、鋁箔等；此類燃燒易生成一氧化碳，如燒炭自殺。

5. 自己燃燒

　　為少數類固體燃燒，一些可燃性固體之分子含有氧原子，不需外界氧供應，如大多數火藥、賽璐璐、硝化棉、硝化甘油或固體推進劑，如人造衛星打入無氧之外太空，靠本身氧維持旺盛燃燒等，此種反應速度快，燃燒速度較迅速，甚至有爆炸性燃燒，如黑火藥（硝、硫、炭比例 10:1:3）、爆炸物等。

擴散與混合燃燒區別

燃料	氧	燃料＋氧（混合）
（擴散火焰）		（混合火焰）

正常瓦斯爐火　　　　瓦斯爆炸現象

（擴散燃燒前燃料與氧分開；混合燃燒則燃料與氧已混合）

液體蒸氣壓與溫度成正相關

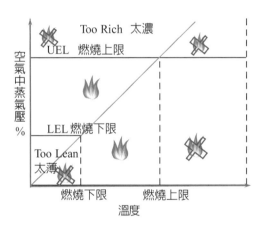

液體蒸發燃燒

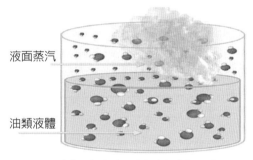

液面蒸汽

油類液體

（液面上方油原子與空氣中氧原子混合成氧化燃燒）

氣體擴散燃燒

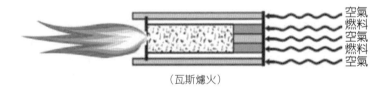

空氣
燃料
空氣
燃料
空氣

（瓦斯爐火）

氣體混合燃燒

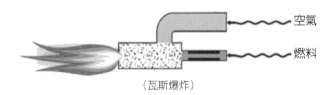

空氣

燃料

（瓦斯爆炸）

2-5 物質燃燒危險性

物質危險性（Burning Hazard of Materials）是物質燃燒時所產生的熱量，即燃燒熱（Combustion Heat）。燃燒熱愈大溫度也愈高，則該燃料潛在危險性愈大。燃燒熱大小由物質化學屬性（Chemical Composition）決定；而燃燒速率則取決於物理屬性；如細刨木片（Excelsior）與等重木塊相比，二者燃燒熱量相等，但燃燒速率顯然是前者較快。

有機物

只要討論到物質危險性，就必然會談到有機物（Organic Materials），即含碳物質；這無非是因有機物普遍存在地球各處。有機物之碳具有 4 個鍵，易與其他元素結合而產生燃燒，故可燃的有機化合物種類很多，唯獨含碳化合物不會燃燒者僅有 CO_2。

有機化合物較無機化合物不安定，易起變化，多數能燃燒，加熱即行分解。最簡單的有機化合物如甲烷（CH_4）和丙烷（C_3H_8），此為商業上普遍使用的燃料；而有機液體如溶劑等。但種類最多的是有機固體，如木材、紙張、紡織品、大部分塑膠，無不都是有機固體。上述這些物質都以碳為主成分，幾乎又含氫，許多還含氧、氮等元素，只是含量不盡相同。

小分子連接成長鏈叫聚合（Polymerization），聚合的產物叫聚合物。最簡單的聚合物如塑膠。非常大分子通常是天然的，如纖維素之木材、棉花和羊毛。此外，也能是人工合成的，如塑膠之聚乙烯由數千個乙烯分子（C_2H_2）的化學鍵連接一起，並形成一大塊聚乙烯。因此，聚合物不論是天然的還是合成的，與簡單的固體、液體、氣體相較，有一主要區別：固體物必須在一定程度上分解，才能氧化產生揮發物質，但聚合物的分子太大，不能照原樣轉化為氣相，必須把存在的化學鍵打破，但這要消耗能量，也就是活化能。

能量產生

大部分有機物能易於燃燒，燃燒後的產物是 H_2O（氫氧化物）與 CO_2。有機物質可分為兩大類：烴類（Hydrocarbon Based）與纖維素類（Cellulose Based）。從某種意義而言，纖維素類在自然狀態下已部分氧化了。所以，這兩類有機物經燃燒而成二氧化碳和水時，纖維素類耗氧量較少，且產生熱量也較少。

以等量（Equivalent）生成氧化物而言，烴類物質耗氧量要多 50%，產生的熱量也大 50% 左右。如以重量為基礎，則差異更大，烴類物質產生的熱要比等重的纖維素所產生的大 100% 以上。因此，從能量觀點而言，油類或天然氣燃料比木材好，因木材主要是由纖維素所組成。天然烴類幾乎全是工業用的化學品或者是商業燃料，如大多數塑膠是用烴類而不是用纖維素製造，這樣烴類燃燒高熱對於船舶或建築防火安全而言，就是一個非常重要之課題。

有機類燃燒過程

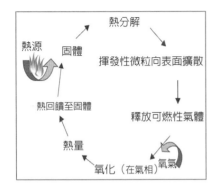

液體燃燒

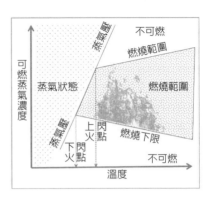

液體及氣體燃燒範圍

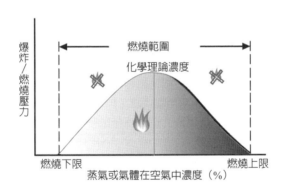

物質之燃燒屬性（NFPA, Fire Protection Handbook）

物質	化學式	分子量	ΔHc 淨燃燒熱（MJ/kg）	沸點（℃）
碳	C	12	32.8	4200
氫	H_2	2	130.8	−252.7
一氧化碳	CO	28	10.1	−191
甲烷	CH_4	16	50.3	−162
乙炔	C_2H_2	26	48.2	−84
乙醇	C_2H_6O	46	26.8	78.5
丙烷	C_3H_8	44	46.3	−42
尼龍	$C_6H_{11}NO$	113	29	−
聚丙烯	C_3H_6	42	43.2	−
鋁			31.0	
鐵			7.4	
鈦			19.7	

因碳沸點非常高（4200℃），火場（1100℃）常見煙薰濃度（碳）。

2-6 物質燃燒原則

　　燃燒是一種可燃物或助燃物先吸收能量，受熱分解或氧化、還原，解離為游離基，游離基具有比普通分子平均動能更多活化能，在一般條件下是不穩定的，易與其他物質分子反應而生成新游離基，或者自行結合成穩定分子。基本上，許多自發性反應之速率緩慢，因分子起反應之前，分子化學鍵需被打斷，而打斷化學鍵需要額外能量來啟動，才能自行持續地連鎖反應，這種啟動化學反應的能量為活化能。燃燒過程通常（並非必然）與燃料被大氣中氧化有關，並伴同發光。

　　也就是說，固態和液態燃料在燃燒前需氧化；有些固體燃燒可直接是無焰燃燒或悶燒，如香菸、家具蓆墊或木屑等具多孔性，空氣能滲入至內部空間，可以固態方式悶燒；此種無焰燃燒方式之主要熱源來自焦碳之氧化作用，所以悶燒之船艙內部更能生成有毒性物質。另一方面，氣相燃燒通常伴有可見的火焰，若燃燒過程被封閉在某一範圍內，因氣體分子不停地碰撞壁面而產生壓力，致壓力會迅速上升，形成壓力波或衝擊波現象，稱為爆炸。

　　然而，有一基本的準則，以爆炸性的速度而言，在試圖預測分子鏈式反應情況，燃料含水量是一重要因子，因其是水分含量，不是質量（Mass），也非體積（Volume），也沒有尺寸（Size），也沒有燃料的排列問題，其為首要判斷森林火災是否能真正出現爆炸似燃燒之要素，因其森林中燃料（林木）呈現連續性接連狀態。

　　因此，燃料起火，火的起火和擴散受熱解、熱傳和燃燒的物理化學過程控制。如上所述，只有當熱源、燃料和氧化劑三者同時存在於相同的物理空間中，在足夠高的溫度下才能發生分子反應觸動燃燒的啟動步驟。當船艙上可燃物超過一定的「起火」溫度（300～400℃），物質以高速釋放易燃的氣體燃料：這是熱裂解過程（Pyrolysis Process）。氣體原子料與氧原子反應，這是火焰燃燒釋放熱量過程（Releasing Heat）。基本上，在起火之後及從其熱傳到相鄰燃料的熱量足夠高，才能使其起火，進而形成火災蔓延情況（Fire Spread）。

　　此外，根據質量守恆定律，火不會使被燃燒物的原子消失，燃燒物只是從化學反應轉變了分子型態。基本上，火為可燃物與助燃物（還原性物質與氧化性物質）二者起化學反應，此種需為放熱反應，且放熱大於散熱之速度，如此則能使反應系之溫度上升，至發出光現象。

　　因此，燃燒是許多類型的氧化過程之一。此過程將含有碳氫化合物的燃料與氧氣結合起來，產生二氧化碳、水和能量。氧化是光合作用的逆過程，植物光合能量是與二氧化碳和水結合，來產生有機物質的。氧化速度可以從塗料中亞麻籽油塗層的緩慢硬化，到石油化學產品的瞬間爆炸，而形成不等變化。而燃燒必須在高溫下，才能產生迅速的連鎖式反應。

氧化速率變化

氧化速率

化學爆炸

易燃液體火災

自體發熱

生鏽氧化

Oxidation

非常快

數秒

數小時

非常慢（數月）

燃燒可能非常慢或非常快

物質表面積與起火

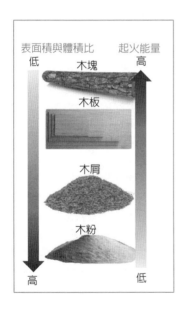

表面積與體積比
低
木塊
起火能量
高

木板

木屑

木粉

高　　　　低

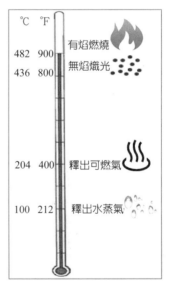

℃	℉	
482	900	有焰燃燒
436	800	無焰熾光
204	400	釋出可燃氣
100	212	釋出水蒸氣

可燃物質燃燒流程

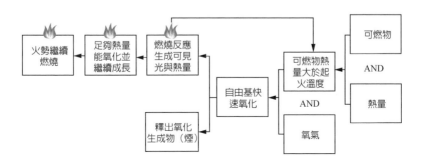

火勢繼續燃燒 ← 足夠熱量能氧化並繼續成長 ← 燃燒反應生成可見光與熱量 ← 自由基快速氧化 ← 可燃物熱量大於起火溫度　AND ← 可燃物　AND　熱量

釋出氧化生成物（煙）

氧氣

2-7 物質燃燒速率

可燃物與氧必須在原子接觸條件下，才會產生所需的化學作用，這就意味著燃燒是一種氣相（Vapor-Phase）現象。亦即火焰是一種氣化燃料和空氣間所發生反應之區域地帶。一般情況，熱輻射通常是在此區域釋放出來，其以一黃色熾光型態出現。然而，也有以藍色光替代黃色光，如某些醇類。含碳量低之醇類燃燒效率是非常高的，其僅形成少數煤煙顆粒，並以藍色熾光。

燃燒速率的快慢主要取決於：可燃物與氧的化學反應速度；可燃物和氧的接觸混合速度。前者稱化學反應速度，後者稱物理混合速度。化學反應速度正比於壓力、溫度、濃度有關，其中壓力增高使分子間距離接近，碰撞機率增高，使燃燒反應更易進行。而物理混合速度取決於空氣與燃料的相對速度、紊流、擴散速度等。在高揮發性（Highly Volatile）液體和固體的燃燒，常受到燃燒區內氧的流入速率所影響，特別是貧乏通風條件。而氣體分子間是極易相互混合在空氣中燃燒，如氫或甲烷，是一種非常快速之過程。但固體與液體是比氣體分子間較為濃縮緊密（Concentrated），燃燒時必先揮發（Volatilization）轉化為氣態，此過程需吸收相當多熱能，以分解較多揮發氣物質，此如本書第 1 章第 1-4 節活化能之概念。

可燃性物質一般受高熱先形成裂解，再分解成揮發性氣體於燃料表面，此時需空氣中氧氣參與混合後，再形成燃燒行為，而空氣中氧氣濃度與燃料受熱揮發成氣體濃度，與該燃料表面之距離為一種函數關係。亦即，愈靠近燃料表面之可燃氣體愈濃，而氧氣濃度愈少。也就是說，可燃物必須受熱才能引發燃燒，所接受的熱量需使燃料氧化（Vaporize）到一定的量，才能觸動燃燒反應，且熱量足以加速此種化學燃燒反應的速度，直到其能自身持續下去。基本上，起火所需的熱量，在很大程度上取決於可燃物的物理狀態與周圍環境的熱傳屬性。因此，粉塵狀的可燃物，有一較大與氧接觸之表面積與體積比（Surface-to-Volume Ratio），所以氧化燃燒非常容易，甚至爆炸，而塊狀固體的同樣物質，卻連起火也很難（起火能量需非常大，如火炬噴槍）。

固體與蒸氣（或氣體）比較，可燃固體物的危險性一般較小，因固體物既不易蒸發，在正常的環境溫度與大氣壓力下也不分解出易燃氣體。所以，固體可燃物的起火，需要熱源與該可燃物接觸的時間足夠長，產生熱裂解氣體，以致釋出可燃氣分子。而液體表面上早已存在易於起火的蒸氣，與固體和氣體一樣，三者皆需有足夠氧氣混合。但悶燒是個例外，像木炭這樣的物質，不蒸發或分解也能發生熾熱之悶燒行為。

燃燒速率是氧化發生之化學反應如何快速的一種函數，有時化學反應速率很快而物理上混合速率相對慢時，則燃燒速率必然取決於物理混合速率；如混合火焰（Premixed Flames），即燃燒前可燃物與氧在物理上已混合，則決定燃燒速率只是物質化學反應之固有速率。這種速率一般很高，在預混合情況下火焰以每秒幾公尺的速度傳播。正因如此，空氣與可燃蒸氣的接觸極為危險，此過程一旦起火，除非在有專門封閉空間；否則，因極其快速，要中止這種燃燒過程，事實上是不可能的。

固／液體燃燒形態

船艙火災蔓延

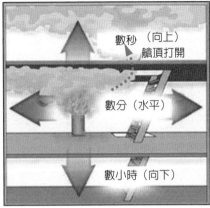

物質燃燒速率比較

A. 燃燒速率能比音速快，每秒進行數公里之速度（km/s）如高階爆炸（Detonation）。
B. 每秒進行數公尺之速度（m/s），如低階爆燃（Deflagration）。
C. 每秒進行數公分之速度（cm/s），如火災或悶燒情況（Smolder）。
D. 每秒進行0.01～100毫米速度（mm/s），如自動氧化（Auto-Oxidation）。

物質燃燒速率方程式

物質燃燒速率（$\dot{m}$）能由以下表示：

$$\dot{m} = \frac{Q_F - Q_L}{L_V} \times A$$

$\dot{m}$[註1]是燃燒速率（g/s）。
Q_F是從火焰到燃料表面的熱通量（Heat Flux），此是熱獲得（kW/m²）
Q_L是從燃料表面熱損失的熱通量（如輻射傳導），此是熱損失（kW/m²）
A是燃料表面積（m²）
L_V是氣化熱（相當於液體蒸發潛熱）（kJ/g），通常固體 > 液體 > 氣體
【例題】
有一開放式直徑0.5m、高度2m圓形斷熱容器，內置甲苯，燃燒時產生60 kW/m²的輻射熱通量時，甲苯氣化潛熱為351 J/g，求其燃燒速率為多少？（假設容器沒有熱傳損失）

$$\dot{m} = \frac{Q_F - Q_L}{L_V} \times A = \frac{60 - 0}{351} \times 0.196 = 0.0335 \text{ kW.g/J} = 33.5 \text{ g/s}$$

[註1] $\dot{m}$ 於 m 上面一點是表示隨著時間而變化。

Note

第3章
發火源與船舶火災原因

　　有句英國老諺語：「一盎司之預防是勝過一磅之治療」（An Ounce of Prevention Is Worth a Pound of Cure），以一場火災而言，沒有什麼比這句話更真實不過了。在重大火災上，甚至一盎司可能更值得一噸了。因此，本章背後的理念是，船上預防火災的關鍵是治療船上火災之問題。發生火災時，機組成員可以依靠早期偵測系統，以盡快應變減少其造成的損失。固定式自動滅火系統（Fixed Automatic Fire Suppression Systems）也能使火勢受到大幅抑制（Check）或熄滅掉。如果這些滅火的努力都失敗，一場發展中火勢沒有被停止，一個受過良好訓練的、擁有適當的裝備並有組織的消防隊伍，將需要介入來進行火勢攻擊。

　　雖然所有這些資源和計畫是很有必要的，但負面是船上火煙傷害已經發生時，他們才開始進行滅火操作；也就是說，此種甚至是被動的補救措施。而快速、有效的滅火活動可能是船上最小損失（Minimal Loss）與船沉沒巨大損失（Total Loss）之極端區別。

3-1 電氣發火源

　　船舶火災原因，是由某種熱能造成的。首先，溫度是一種來測量物體間熱流有關的量度，而熱則是能量的形式，用來維持或改變物質的溫度。發火源是一種熱能，我們知道熱是提高溫度一種能量的形式，熱也能使物質分子（Molecules）運動加速的一項條件。所有物質在絕對零度（0K，–273℃）以上都含有一定熱量，因分子是不斷在移動著。

電氣發火源

1. 發熱裝置（Heat-Producing Devices）

　　發熱裝置是電氣設備周遭可燃物質直接受熱起火原因。電熱裝置火災原因常見有：衣服與電燈接觸、可燃物落入電氣設備、發熱設備忘關掉、油炸鍋或電鍋溫度控制失敗、可燃物放置太靠近白熾燈或電暖器等發熱裝置。

2. 電阻發熱（Resistance Heating）

　　電阻發熱是熱量透過電流在一導體上所造成的火災，電阻發熱現象包括短路、電路過載、電氣設備過載、連接不良、高電阻錯誤、中性線未接等現象。

3. 電弧發熱（Heat From Arcing）

　　電弧發熱是發生在電流的流動被中斷，和電力在電路中的開口或間隙產生跳躍現象。電弧溫度非常高，能熔化導線體；電弧發熱現象包括高壓電弧、分離電弧（串聯）、積汙導電（並聯）、電弧跨越碳化路徑、火花（平行、高電流）及靜電（粉塵或可燃氣起火）。此外，閃電係屬靜電一種，其常造成相對濕度較低之國家，如加拿大、美國、澳洲等森林火災原因。

　　在工業中常使用電弧焊接機（Arc Welder），利用焊條（導體）使金屬熔化接合，過程中噴濺火花顆粒，是造成各國工業火災重要原因，如2005年高雄港一艘客輪在電焊維修引發火災，最後船舶沉沒造成鉅額損失。

　　在靜電方面，由正電荷（Positive Charge）和負電荷堆積情況。在臺灣相對濕度較高，所以靜電火災問題相對比歐、美、日較輕微。靜電是導致可燃液體火災的原因之一，尤對於苯、汽油、二硫化碳等引火性液體，因其電阻顯著極高，易引起靜電火災。又當容器內液體轉移，如船上轉移易燃液體所使用貨物軟管和金屬臂，必須裝有絕緣性法蘭（Insulating Flange），或以非導電性軟管，以確保船舶與岸邊之間電力是不連續之現象。

　　在介質發熱（Dielectric Heating）方面，介質發熱是一種以直流（DC）或交流電流（AC）所產生脈衝（Pulsating）的現象，是一種高頻率（Frequency）非導電性物質所產生結果。如微波爐是利用介質發熱之原理，利用高頻電流（比如密封包裝）之電介質加熱物質的情況。在漏電流發熱（Leakage Current Heating）方面，當一條電線非良好絕緣，有一些洩漏電流到周圍物質上，產生熱致火災情況。

發火源種類：造成火災爆炸原因

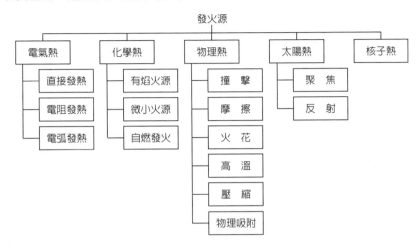

電氣火災原因分類

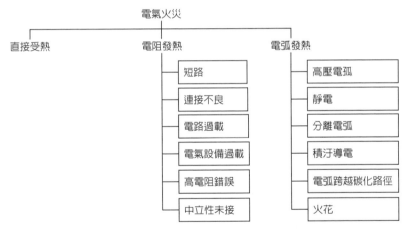

電氣火災例

電線不當捆綁電阻發熱累積起火　　　　電氣短路現象

3-2 化學發火源

1. 有焰火源（Flame）

　　有焰火源即明火，物質的燃燒或氧化反應會生成熱，燃燒物質所生熱量是取決於物質本身；這也是為什麼物質有耐燃一級（不燃性）、耐燃二級及耐燃三級之分；如船上某些貨艙隔間鑲板（Paneling），一旦火災能耐火比其他更持久。在燒焊等施工不慎常造成火災，因氧乙炔火炬等超高溫（2200～3500℃），作業時產生高溫火星、塊狀火花掉落及噴濺情形，極易造成周遭及下方可燃物質引燃。

2. 微小火源（Small Fire Source）

　　無焰之微小火源如菸蒂、線香、蚊香、燃燒火星等化學性火源，以及火花之物理性火源。微小火源著火危險性往往取決於時間，其著火環境條件，必須蓄熱大於散熱，使可燃物能產生溫升情況，進而悶燒達到熱裂解及分解出可燃性氣體，且有足夠量，始能著火。一般，焊接或熔接之掉落火星幾乎能引燃一般可燃物，其他微小火源能容易使棉製品或沙發等纖維類，產生悶燒進而引燃，而紙張較難以引燃，因熱量容易傳導散熱，需視其微小火源之大小狀況而定。

3. 自燃發火（Heating）

　　自燃發火是有機物質沒有受到外部熱量而本身所生熱量。一些危險物質會標示如引火性（Pyrophoric）、自燃（Spontaneous Combustible）或當潮濕狀態是危險的之準自燃發火性物質，以及兩種以上接觸產生混合發火等。自燃發火大多是通風不良環境，所生熱量不易分散掉，其熱是屬較低等級（Low Grade）化學分解（Chemical Breakdown）過程中所生熱量。如油抹布，將其揉成一個球狀，扔在某一角落地面。若通風不足（空氣循環）使熱散逸掉，最終油抹布將蓄熱引燃。這也說明一些船舶或工業火災，講究良好的內務管理作業程序是重要的。又裝鐵屑（Iron Filings）貨艙，其能在密閉空間內進行氧化生熱，因其熱量不易消散。又如煤炭堆、含亞麻仁油、沾油漆紙張等氧化發熱至引起火災，在世界各地案例不勝枚舉。在自燃分解熱（Heat of Decomposition）方面，熱分解也是化合物的一種分解，如腐爛通常是由於細菌作用所釋放出的熱量。在某些情況下，這些化合物是不穩定的並能自行釋放熱量。又濕褐色（軟）煤堆裝入貨艙，能自己進行分解，而導致船上貨艙起火。類似的情況亦如在船上較低層之尖艙（Lower Peak Hold），當有水泡過成捆棉質布團（Cotton Rags），當逐漸乾燥於幾個月後，其內部會大量蓄熱致發火。在混合發火之溶解熱（Heat of Solution）方面，溶解熱是物質在液體中的溶液（溶解）所釋放熱量。一些酸類（Acids）物質溶解（Dissolved）在水中時，能產生激烈反應，致產生噴湧（Spewing）與爆濺出容器外之危險狀態。

微小火源

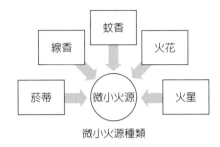

微小火源種類

貨物自燃

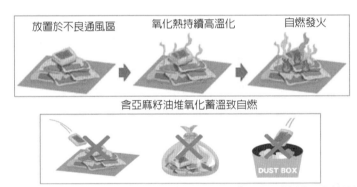

含亞麻籽油堆氧化蓄溫致自燃

含油漆布料、油浸紙等可能會自燃，分開放入容器中，然後將其放入塑料袋中使其發熱無法累積

有焰火源

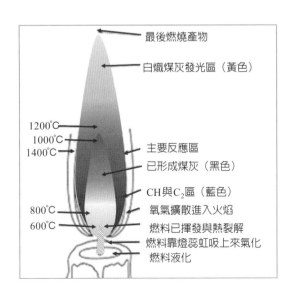

3-3 物理發火源等

物理發火源

物理發火源（PhysicalHeat Energy）係屬於機械性產生的熱量，如撞擊、摩擦、機械火花、壓縮（Compression）及物理吸附等。撞擊及摩擦熱是由彼此運動的兩個表面體所產生熱量或形成火花，這些熱能使易燃性氣體或蒸氣，發生火災或爆炸現象。在撞擊熱方面，如槍之子彈殼內火藥，以扣板機引燃擊發。

摩擦方面如船舶在海上波浪劇烈晃動，就可能使貨物與船殼摩擦，或貨物間摩擦產生足夠熱而引燃。在壓縮熱方面，是氣體被壓縮時所產生的，這一原理解釋柴油引擎僅汽缸內混合氣壓縮到 17～23kg/cm^2 而溫度自然升高至柴油發火點（壓力與溫度成正相關），不必使用到火星塞（Spark Plug）之理。又如空氣呼吸器（SCBA）鋼瓶充滿氣體後，以手碰觸鋼瓶都會有熱溫感覺；或自行車輪胎以打氣筒打氣，打氣筒產生壓力導致溫度升高，也是這種原因。

在高分子聚合物或工業上使用物質受到強烈震動，造成內能積聚而自行發熱，如地震後造成一些工業上震後火災現象。此外，物理吸附是一種放熱反應，如矽膠或活性碳吸附發火之物理性現象。在高溫熱傳上，主要接觸高溫固體如火爐、熱水器、蒸汽管或壁爐等，長期熱傳導致升溫起火。

太陽發火源

太陽熱能（Solar Heat Energy）是來自太陽電磁波長輻射形式所傳輸能源。典型的太陽能是相當均勻地分布在地球表面，本身並不會引起火災。然而，當太陽能集中在一個特定區域或點，如日本東京 1994 年 3 月，太陽光照射建築物玻璃面反射至街道上摩托車引擎油漬，致高溫氧化起火。或是透過一放大鏡（無論是凹或凸），它能引燃其聚焦位置上可燃性物質。

又日本曾有火燒車案例文獻指出，停在露天停車場上，於車內儀表板上置放一保特瓶水，因近中午時分太陽光穿透車內擋風玻璃後，太陽光波形成較高能量之短波長，密閉車內呈現溫室效應，太陽短波長穿透保特瓶圓柱體，形成焦距作用（Focus），導致火燒車事件。

核熱源

核能（Nuclear Heat Energy）較少成為火災爆炸原因，因其少及使用非常嚴謹。基本上，核子是當原子進行分裂之裂變（Fission）或合併融合（Fusion）時所生成熱能。在受控環境，原子裂變過程可用來加熱，以驅動蒸汽渦輪機產生電力。

物理發火源

海上波浪劇烈晃動貨物對船舶結構摩擦發熱著火

絕熱壓縮

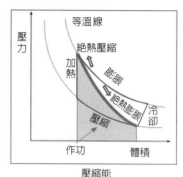

柴油引擎點火原理

太陽發火源：太陽電磁波長輻射傳熱

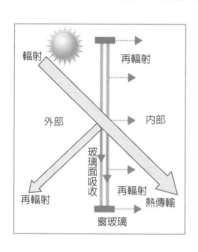

火災分類

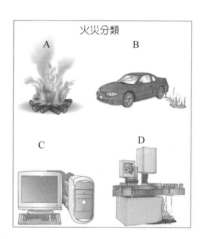

太陽能焦距起火

防止靜電起火

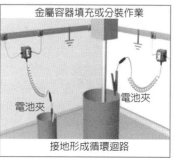

3-4 船舶電氣起火（一）

　　船上火災原因可採取預防措施，來減少火災發生的可能性。火災可能原因情況，及採取預防行動，是所有船上成員的共同責任。一些火災可能是純粹偶然的，可能會超出人員所能控制情況下造成的。但許多火災往往是船上機組成員的行為或不作為（Omissions）的結果。由於疏忽、不負責任或不明智的行為（Advised Actions）可能會導致災難性的火災。不作為或忽略，是指危險的情況已被發現，卻沒有採取適當的預防措施，而導致火災的發生。不管船上火災如何開始，它可能會導致船隻的損失，甚至船上人員生命喪失。這是極其重要的，船上的成員對可能會導致火災的情況，應時刻作警惕。

　　船舶沒有標準的電力系統。電壓可能是非常高的（380V、440V、4100V、6600V，甚至更高）和電流可以是交流電（AC）或直流（DC）。有線電氣設備進行適當的絕緣，具有電力源傳送之安全及方便的。然而，當電氣設備誤用致磨損（Wears Out）或形成不良線路狀態，電能將轉換為熱能。然後使設備成為起火源，從而引起火災。基於這個原因，電氣設備維護測試和維修，需由合格人員按照現行規定來進行安裝。用電量的另一個普遍關注的是，電源線和電纜常被忽略或不承認其潛在的危險。連接延長線至手提燈／設備和連接到岸上電源和／或發電機，由於磨損及海水的接觸與連接不良，所可能危害。在臨時性質電路，這些潛在的危害常常被忽視。其他潛在的觸電危險情況下，如臨時連接、外露燈泡裝置、氣密性固定裝置、瑕疵電動馬達和充電中蓄電池。引擎機艙內是具有許多電源和燃油管路之潛在多重危險的環境空間，機組成員皆應有防火警覺。

1. 更換零件和設備（Replacement Parts and Equipment）

　　在海上環境之標準住宅規格或工業電氣設備，使用年限不會持續很久。如易燃材料在設備附近，結果是設備或其線路過熱或產生電弧，引起火災。由船級社（Classification Society）批准建造的船舶或船旗國的電氣設備，是專門為船上使用所設計和建造的。合理的維護，能承受在海上艱困的條件。因此，在船上只能使用已經批准的零件和設備。有關安裝維修使用或此設備的維護，如有任何懷疑，應諮詢求教於輪機長（Chief Engineer）。

2. 接線和保險絲（Wiring and Fuses）

　　電氣線路的絕緣層，特別是用於家電、電動手工具、貨物垂降燈等，是無法維持長久的。隨著使用年份的增長，可以成為脆性和裂紋。振動的船隻可能會在摩擦情況下，使其絕緣產生惡化或濫用，故可能導致斷裂情況。不管絕緣層被破壞是如何發生的，後果是裸露的電線將是危險的。單一的裸露電線對任何金屬物體會產生電弧現象（Arc）。如兩條導線暴露，因船舶搖晃碰觸將導致短路極高溫情況。電線任一種情況下，能產生足夠的熱量來點燃絕緣層之線路或其他附近一些可燃材料。更換不適當或磨損能防止火災之絕緣層導線。如在一過大特定電路上保險絲或電路斷路器，將不會跳脫切斷電路。相反地將會增加電流和使整個電路體產生過熱情況。

船舶常見火災原因種類

1. 　電氣能
(1)　電氣設備。
(2)　油輸送作業靜電。
2. 　化學能
(1)　瓦斯爐火（有焰火源）。
(2)　縱火　（有焰火源）　。
(3)　抽煙行為（微小火源）。
(4)　燃油系統和傳送燃料，如加油（微小火源）。
(5)　動火作業（微小火源）。
(6)　岸上工人登船進行貨物運輸、修理和維護（微小火源）。
(7)　修船廠作業（微小火源）。
(8)　化學反應（自燃發火）。
3. 　物理能
(1)　貨物裝卸（撞擊摩擦）。
(2)　船舶碰撞（撞擊摩擦）。

船上電氣設備劣化原因

(1)　空氣中鹽分的腐蝕。
(2)　船隻的振動。
(3)　非依使用規則之操作（Erratic Operation）或由船結構鋼體所引起的短路。

船上電氣防護措施

適當防護之電泡裝置　　　　氣密防護能遠離水分防爆型照明燈

3-5 船舶電氣起火（二）

3. 臨時連接導線（Makeshift Connections）

簡易的電源插座裝置（Rigging）如多孔插座，以滿足額外的電器使用，尤其是在船員宿舍和廚房使用，這是一種危險的作法。每一電路設計有其一定之最大載量。高溫的電線能引燃附近可燃材料。住宿艙能由這樣的火災而燒毀掉；船上應避免使用臨時電氣連接的需要。因此，船上艙房定期檢查是很重要的。

4. 裸露燈泡（Exposed Light Bulbs）

可燃性材料若接觸到裸露點亮之燈泡能引燃起火。在無人的宿舍內開燈的情況下，許多火災發生時，機組成員皆已離開。由於船隻捲起窗簾或其他易燃材料，當直接接觸到熱燈泡，將會被引燃。在露天甲板上高強度照明燈，通常使用帆布或塑膠蓋作為防護蓋。當燈光不使用時，這種防護物是理想的。但當使用燈光時，如果防護蓋未取下，將會達到高熱而引燃起火。不正確防護吊燈或貨物燈，這在平靜的海面上似乎是安全的情況，但船隻駛入波濤洶湧大海上，則很快成為危險情境。

5. 氣密裝置／設備（Vapor Tight Fixtures/Devices）

氣密裝置／設備設計是為防止海運或空運影響。氣密防護能遠離水分，但它能一直擁有一定熱量，使裝置／設備之絕緣層比一般環境設備更易加速其乾燥開裂。氣密固定裝置／設備應要求經常檢查和更換，以防止短路和可能造成的絕緣層起火。蒸汽密封能防止爆炸性氣體進入裝置／設備之電氣觸點，而產生點火之火花。在含有易燃蒸氣的環境中工作時，這些類型的固定裝置／設備，也稱為防爆型（Explosion Proof）或安全型（Intrinsically Safe）。這些裝置／設備如電燈、無線電、手電筒、探測器和風扇，點火時必須為無電氣火花之設計。

6. 電氣馬達（Electric Motors）

電動機不正確維修保養或超過其使用壽命時，可能會導致問題。電動機需作定期檢查，測試潤滑和清潔。假使電動機的線圈形成短路、漏電流或馬達內電刷沒有順利運作。因潤滑不足，會導致電動機軸承過熱，也能點燃其他材料。

7. 引擎機艙（Engine Room Machinery）

機艙特別容易受到電氣危險。從破裂海水管線，造成水滴在電動機配電板和其他暴露電氣設備上，可能會導致嚴重短路和電弧現象，以致引燃絕緣和附近可燃材料。破裂的燃料和潤滑管線，如在電氣設備上方及其附近則將產生更嚴重的威脅性。一位警覺性高的工程技術人員不斷地監控可能洩漏油路管道。

8. 蓄電池（Storage Batteries）

蓄電池在充電過程中會釋放出高度易燃之氫氣。氫氣比空氣輕，產生後會上升。電池充電應在通風良好的區域，以防氫氣火災。如果無法提供通風的環境，氫氣會往上聚集在艙頂板，也就是電池充電室之最高點，一旦有任何火源，就可能導致爆炸和火災。

電池充電：釋出氫氣與氧氣等氣體

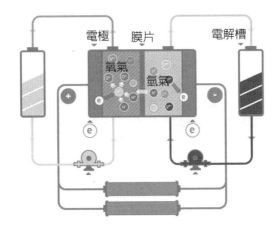

過載電流

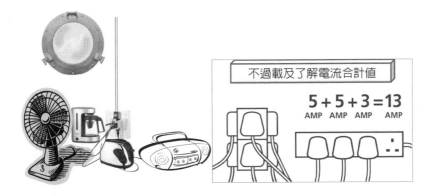

電氣重要設備維護與監控

電動機定期測試潤滑和清潔

警覺性高人員會不斷監控可能洩漏油路

3-6 油輸送作業起火（一）

　　油輪作業涉及可（易）燃液體，從船舶到岸上、岸上到船舶、船舶到船舶間之貨物傳輸移動。粗心（Carelessness）、疏忽（Neglect）、對職責注意力不集中（Inattention to Duties）、設備差（Poor Equipment）或者違反作業規定，都會產生可怕之後果。油輪事故將導致船舶的破壞、人命的損失和對環境的汙染。造成火災和爆炸是如此嚴重，以致岸上設施也會受到嚴重波及影響。在油管每個端口進行油料傳送操作時，必須有人員在場，知道授權人員或油輪主管人員（Person in Charge），和根據法規的培訓、認證標準及船員（Seafarers）值班監視（Watch-Keeping）規定，來履行船上人員職務和責任。在許多國家控制的水域上，有嚴格的規章制度，如從 STCW95、SOLAS、美國海岸防衛隊與相關航運和導航規定，來管制油輪相關作業。

　　在貨物輸送至軟管、船舶到船舶傳輸貨物轉移期間，需設置有如適當碰墊（Fendering）或緩衝（Cushioning）、協調和溝通程序，是重要貨物傳輸業務項目。在傳輸過程貨物膨脹（Cargo Expansion）、靜電、明火或火花來源情況下，也操作需嚴格注意。機組成員還需具備對泵房、貨油加熱系統，以及在油艙清洗等方面的危害認識。

　　訂定貨物傳送計劃及密切配合整個操作過程。船上負責人必須負責確保延伸到船隻周邊地區，以及海上設施和其他船隻之傳送操作安全。貨物傳送時操作人員需與負責人進行緊密合作。在進行傳輸開始前，應與負責人協調溝通緊急關機之測試程序。船上負責人必須能夠透過專用（No Other Purpose）通信系統，進行傳達關閉油料傳輸作業；且在船上和岸上皆必須提供緊急關閉系統。

　　負責人應能有效地控制傳輸系統作業，即使是一時的疏忽，都能使船上、船與船之間、碼頭上、海面上及所有可能地點，發生漏油事件。且錯誤或忽略，更可能會導致火災或爆炸的情況。一旦岸上設施和船舶（或船舶之間）檢查後，必須測試通信連絡及緊急關機程序，滅火設備進行布置定位，貨物傳輸始可開始，並注意碰墊作業、貨物輸送軟管業務、貨物油氣膨脹、靜電或明火或火花、泵房運轉等，注意在整個傳輸過程之潛在危害。在船舶與船舶油料傳輸之間，需要一些額外預防措施。

　　任何易燃液體或其他危險品進行傳送轉移之前，許多規範要求負責人需共同和獨立（Jointly and Independently）檢查船隻和岸上設施。在這雙方簽署及完成檢驗項目清單（Listing），是很正規的檢查。此清單上項目抽樣如下：

1. 在預期的條件下，繫泊線（Mooring Lines）是足夠的。
2. 確認貨物傳輸軟管和（或）輸油臂，是達到預定可使用之時間。
3. 貨物軟管有足夠的支持，以防止連接頭（Couplings）產生過度接合應力（Strain）。
4. 傳輸系統的液體排放或接收有正確對齊。
5. 連接頭能提供足夠的洩漏抑制作用（Spill Containments）。
6. 洩水孔（Scuppers）或其他船外排水是關閉狀態及建立通訊連絡系統。
7. 緊急關閉（Shutdown）系統是可用的和可操作的。
8. 工作區和主管道區（Manifold Areas）有提供充足的照明。

油類傳輸

任何油類傳輸操作進行前，應確保滅火設備已準備就緒及能使用，並採取下列步驟：
1. 敷設消防水帶（Fire Hoses）在甲板上，並將其連接到消防主水管（Fire Main）。
2. 將滅火器置於甲板上側的燃油輸送歧管（Manifold）附近。
3. 甲板上泡沫槍（Foam Monitors）是打開和準備操作。
4. 將主消防泵（Main Fire Pumps）加壓水至消防主水管上。

油類傳輸作業

（從船舶到岸上、岸上到船舶、船舶到船舶間貨物傳輸作業）（二艘油輪之間緩衝物）

甲板上洩水孔

甲板上洩水孔（Outlet）是必要的，以及甲板洩水孔必須堵住密封以避免汙染，最簡單的方法，是透過水帶噴嘴瞄子（Anchor）釋放出水來進行沖刷（Washes）。因此，消防主水管在沒有使泵過熱的壓力情況下保留水壓。如發生火災時，在有充分壓力打開消防栓，能瞬間出水進行沖刷，並能即時關閉水帶噴嘴瞄子。此方法還可在極冷天氣環境，防止水管受到冷凍情況。

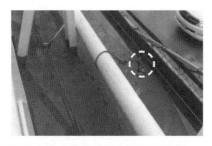 

甲板洩水孔必須堵住密封以避免汙染

3-7 油輸送作業起火（二）

碰墊

在兩個物體之間進行油料傳輸，若使用不正確或不適當碰墊（Fendering），則可能會產生火花，尤其是在船舶到船舶傳輸期間。由於石油產品所揮發之蒸汽比空氣重，外洩到大氣往往會漂移下降到海面上，在該位置能由不適當碰墊（Cushioning），從金屬對金屬碰觸所造成火花，囤積汽油蒸氣予以點燃大火。

貨物輸送軟管

無論是船隻、岸上設施或船舶對船舶間進行油料傳送，可使用貨物輸送軟管（Cargo Transfer Hose）。然而，負責人必須檢查，以確保軟體質量和穩定性。採取以下的預防措施，在傳輸過程中以防止或抑制油料洩漏情況：

1. 在船隻和碼頭或船舶間之貨物輸送軟管，其位置不能被擠壓到（Pinched）。
2. 貨物輸送軟管必須有充足的空間，以便在潮汐改變條件下，能減輕（Lightening）其負載狀態。
3. 不要將貨物輸送軟管置放在熱表面附近（Hot Surface）。
4. 由吊桿（Derrick）或起重機（Crane）來支持輸送軟管，以防其摩擦受損。
5. 經常檢查貨物輸送軟管在傳輸過程中有無洩漏，如有必要，隨時能準備關閉傳輸操作。
6. 使用適當的防護設備，如洩漏托盤（Spill Trays）。此永久設備是根據歧管位置，臨時性洩漏托盤必須置放在貨物輸送軟管之法蘭（Flanges）下方位置。

靜電（Static Electricity）

在貨物傳輸期間，必須採取預防措施，以防止產生靜電火花。參與油料傳輸人員所穿的服裝和鞋類必須是不生靜電型。最好的辦法是確保電氣絕緣（Electrical Isolation），以防止在傳輸過程中的火花。在貨物軟管配備絕緣法蘭（Insulating flange）提供電氣絕緣，以便船隻和岸上設施能防止電弧（Arcing）。一艘船或岸上連接電纜如不能具備有效的安全裝置，將可能會導致危險。負責人應負責確保絕緣（Isolation）是正確的。

某些貨物如煤油噴射燃料（Kerosene Jet Fuels）與分餾油（Distillate Oils），當其在進行傳輸時可能會產生靜電。這些貨物在海面上懸浮時，產生靜電火花的可能性增大。當開始傳輸時以低裝載流率（Low Loading Rate）進行，以允許水能容易沉降到槽底。避免使用合成管線（Synthetic Line）、液面距測鐵捲尺（Steel Ullage Tapes）、金屬採樣罐（Metal Sampling Cans）、金屬量油杆（Metal Sounding Rods），當這些靜態的油品被裝載後，如再裝載（Loading）至少應有 30 分鐘之緩衝時間。暫停的緩衝等待時間可讓水沉澱和靜電消散。濺到或噴灑的油可能成為靜電荷。由於這個原因，透過一個開放的貨物傳輸軟管傳送油進入空油槽，因油品飛濺在開口周圍易生靜電現象，應特別予以注意。

靜電原因

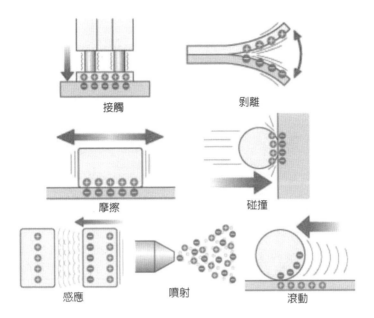

接觸

剝離

摩擦

碰撞

感應

噴射

滾動

碰墊火花

碼頭上碰墊避免火花

提供足夠碰墊及兩艘船漂流效應

防靜電衣服及傳輸穩定性

服裝和鞋類不產生靜電類型

貨物輸送軟管檢查穩定性

3-8 油輸送作業起火（三）

明火或火花

在傳輸過程中的操作，明火或火花（Open flames or Sparks）能起火易燃性蒸氣，這是最明顯的火災隱患。安全的措施包括張貼標誌，指示無線電設備、鍋爐和廚房區執行時機控制，控制焊接工作和其他維修工作，確保通風和空調進氣口及固定（Securing）貨艙區域之門和端口（Ports）。

1. 吸煙材料。
2. 鍋爐和廚房操作。
3. 無線電設備。
4. 焊接和燃燒。
5. 機械操作。
6. 在船上生活區（Living Quarters）電氣設備。
7. 未經批准的手電筒或移動式電氣設備。
8. 在上漆塗裝前（Painting）切削和磨削金屬製品。
9. 附近的船隻或岸上起火源。
10.能產生火花的工具。
11.能產生靜電的服裝或鞋類。

貨物膨脹

貨物溢出的原因之一，是溫度升高所造成的貨物體積膨脹（Cargo Expansion）。這個問題是能由正確裝載程序的預留擴展空間（Room）所預防。大多數貨物裝入油箱容量是不會大於 98% 的空間，在某些情況下可能會裝載較少，如在北美和歐洲冬季裝載，但在熱帶地區進行貨物卸載（Unloading）或釋放。

水泵房危害

因此處是蒸氣所積聚處，油輪之貨泵（Cargo Pump Room）是最危險的區域（Pump Room Hazards）。為了確保在貨物轉移時蒸汽能被移除，在泵房的通風系統應不間斷地運轉。為安全起見，在進入泵房之前應確保通風系統至少運行 15 分鐘。在水泵房內，除非絕對必要，不允許有維修工作。事實上，適當的保養，有助於在管道和泵密封處避免維修及洩漏現象發生。任何可能產生火花的設備是被禁止的，因其會起燃積聚蒸氣的可能性。

船舶到船舶傳輸作業

當進行船舶到船舶的傳輸作業（Vessel- to-Vessel Transfers）時，應採取下列額外的預防措施：

1. 提供足夠的碰墊（Fendering）。
2. 預測天氣、海上和潮流情況之變化。
3. 清楚了解每艘船是誰在負責操作。
4. 考慮兩艘船之漂流油氣的效應（The Effect of Drifting Vapors）。

油類蒸發燃燒型態

船艙火災發展與時間關係

3-9 船上燃油系統（一）

　　船舶推進器所使用的燃油系統（Fuel Oil Systems），是存儲在引擎機艙之雙層底艙油槽（Double Bottom Tanks）、深油槽（Deep Tanks）、橫燃料艙（Cross Bunkers）、每日量油槽（Day Tanks）或供應油槽（Service Tanks）。這些油槽的容量，取決於船舶的大小，以使用柴油為例，可高達 24000 桶（2900 公噸）。基本上，船上常用的燃料是 6 號燃油、邦克 C（Bunker）和柴油。其中，在邦克 C 和 6 號燃油都是沉重的焦油狀物質，需要預熱才能傳送（Transferred）或燃燒。兩者的閃火點（Flashpoints）約 66℃，起火溫度為 368～407℃範圍。雙層底油艙和深油艙都配有蒸汽管網（Pipe Grids），吸油口加熱盤管（Coils Near The Suction Pipe）來進行預熱燃料油。而柴油在傳送和燃燒前則不需要先行加熱，柴油閃火點為 110℉（43℃）、起火溫度為 500℉（260℃）。柴油燃料和潤滑油在使用前，必須用離心機（Centrifuge）或分離器（Separator）進行淨化與分離。該淨化與分離可位於一個艙房，或在一個平臺，通常在引擎機艙內的部分甲板上。但該區域具有極高的火災隱患，在船上大量的燃油需要合適的傳輸和機組成員的維護程序，以防止火災。油燃燒器的維護和柴油引擎操作，還需要危險的警覺意識和防火措施。對艙底區域的油洩漏問題，是需要不斷地監測。

　　油料補充（Refueling）或加油（Bunkering），是任何船隻一種常見的操作，無論其是在岸上和船舶間或是船舶與船舶間之進行。此種行為有嚴格的法規適用於大多數港口。燃料轉移之前需進行檢查傳輸系統，以確保過濾器（Strainers）是在正確位置和有適當擰緊法蘭連接螺栓（Flanged Joints）。在有壓力下進行傳送燃油，如沒有出現錯誤，液體燃料本身是沒有火災的危險。仔細觀看輸送軟管，以免汙染或洩漏而發生火災。燃油蒸氣可能被釋放是非常危險的。燃油存儲和加熱之後，如有必要它隨後會被抽至供應油槽或沉澱油槽（Settling Tanks）。從那裡又傳輸到一個重力油槽（Gravity）或每日量油槽或到燃料油服務泵，再進行泵入到燃油燃燒器（Fuel Oil Burners）或柴油引擎（Diesel Engines）。檢查系統連續泵送過程中的洩漏情況。在傳輸系統的油槽過滿溢出（Overfilling）和洩漏情況，將會使火災形成的危險性大幅增加。

溢出

　　油槽燃料過滿（Overfilled）而上升通過溢流管（Overflow Pipe），最終會經由排氣管（Vent Pipe）在頂側（Topside）終止的。此種溢出現象除了可能造成火災的危險，也可能造成海洋汙染問題。監控機艙船員仔細處理油料傳輸情況，並隨時注意以防止其過滿。然而，發生油料過滿溢出事件時，應嚴格控制現場的火焰、火花和吸菸的行為，以防火災事故。

液體閃火點與發火點

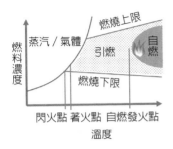

船艙火災艙門開與關

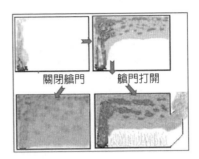

易燃液體計算例

> 例 1.　設某易燃液體純蒸氣比重為 2，在 38℃蒸氣壓為 10.1kPa 或 1/10 大氣壓，求此液體在 38℃及其蒸氣 / 空氣混合氣之密度（蒸氣比重）？

解　$\dfrac{(76)(2)}{760} + \dfrac{(760-76)}{760} = 0.2 + 0.9 = 1.1$

> 例 2.　無鉛汽油電導率為 45 pS/m，以 60 mm 管徑進入一容器槽體水平對角線長度為 0.6 m，求最大安全流速值應為多少以下（m/s）？

解　$V \times D = 0.25 \sqrt{\sigma \times L}$
$0.06\, V = 0.25 \sqrt{45 \times 0.6}$
$V = 21.7$ m/s

> 例 3.　若一大氣壓下乙醇之沸點為 78℃、比重為 0.8，試問其液體變為氣體之理論膨脹比為多少？

解　$PV = nRT$
$1 \times V = (1/46) \times 0.082 \times (273 + 78)$，$V = 0.63$ L $= 630$ mL
$630 \times 0.8 = 504$（倍）

油類傳送有靜電危險

機艙油櫃（槽）具極高火災風險　　二艘油輪貨物輸送應注意潮汐變化及靜電

3-10 船上燃油系統（二）

傳輸系統洩漏（Transfer System Leaks）

如有加壓下燃料（Pressurized Fuel）在輸送管道中洩漏，將經由裂口噴射出來。噴出燃料會傾向形成霧化（Atomize）情況，於較小的顆粒是極易引燃。因此，若管路有裂口（Line Breaks）是在蒸汽管道（Steam Pipes）、電動馬達（Electric Motors）、電氣盤（Electric Panel Boards）等地區，是非常危險的。就如潤滑油洩漏在蒸汽管道附近一樣危險，如於 1966 年紐約港 SS Hanseatic 號客輪發生一嚴重機艙火災，就是一個柴油管路裂口火勢，從機艙燃燒向上蔓延，使船隻每層甲板都捲入火勢之中。

1. 油燃燒器維護（Oil Burner Maintenance）

油燃燒器噴嘴（Oil Burner Tips）為能適當地執行霧化，需要定期清洗和維護。不正確操作的油燃燒器噴嘴，可能會導致燃料不完全燃燒（Incomplete Burning）和未燃燃料（Unburned Fuel）在鍋爐風箱（Wind Box）中的積聚。這些燃料最終將會被點燃。如果現場出現火焰時有足夠的燃料，火勢傳播距離能越出鍋爐範圍，火勢亦將捲入其他材料和設備。安裝燃燒器噴嘴應小心，因為安裝不當也可能導致油料累積和起火。

2. 柴油引擎運作（Diesel Engine Operations）

現代船用柴油引擎都配備了防止大火（Blast）或防爆門，在曲軸箱超壓（Crankcase Overpressure）情況下以防止機械損傷引擎。如果這些引擎機艙門故障，將可能發生火災。在柴油引擎燃油系統的洩漏，通常是柴油推進式之機艙火災的普遍原因。

3. 艙底區檢查（Bilge Area Inspections）

火災發生在船的艙底地區，由於油質的積累。在艙底面和周圍區域會有油質膨脹與易燃蒸氣積聚情況。一旦這些蒸氣與空氣中混合於正確濃度比例下，現場的火花易點燃此混合性氣體，並引起火災。又艙底火災在機械和管道周圍區域，移動之速度非常快，因為此原因，故其不易受到控制的；這類火災比大多數引擎和鍋爐房火災更難以熄滅。油洩漏到艙底，是從一個燃料或潤滑油管路未檢測之洩漏情況所造成的。定期仔細檢查油管路，直到發現洩漏，或經常檢視油 / 水分離器，以防止溢出，並密切監控艙底面之油累積現象（Oil Accumulations）。

油蒸氣壓是溫度之函數

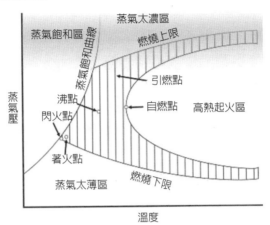

油燃燒器維護柴油引擎運作

燃料在鍋爐風箱中積聚且受點燃風險

柴油引擎都配備了防止大火或防爆門

船上非不尋常一種災害組合

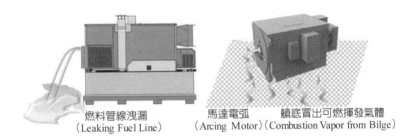

燃料管線洩漏
（Leaking Fuel Line）

馬達電弧
（Arcing Motor）

艙底冒出可燃揮發氣體
（Combustion Vapor from Bilge）

燃料管線洩漏在船艙底累積，可燃性揮發氣體從艙底混合空氣並朝向電氣馬達之電弧現象。由馬達使可燃性混合氣起火造成一種爆炸或火災情況。

3-11 化學反應熱（一）

　　陸海空運輸的許多貨物，是有足夠能量來產生化學反應的。許多化學反應的發生是經由兩種或多種物質所相互作用，通常其中之一就是空氣或水。在國際貨物規則用於裝載許多危險品物質，所要求的預防措施，其中就是先仔細審視船上貨物艙單（Manifests），以確定是否存在危險物品。如氯（Chlorine）會與某些有機物質相結合，而產生劇烈的反應；又一種常見化學肥料之硝酸銨（Ammonium Nitrate），是一種非常強烈固體氧化劑（Oxidizer），其與石油液體或其他有機物質汙染後，將成為一種爆炸性的氣體。

　　一些貨物在運輸過程中被混合，或與船舶建造材料反應而導致爆炸。船上所載運許多不相容性產品，如具爆炸性物質和氧化劑抑制聚合物，如丙烯腈（Acrylonitrile）等。檢查所裝載的危險貨物與其他貨物相容性，並按照國際海事組織（IMO）國際海運危險品貨物（IMDG）法規進行存放。自燃起火是海洋環境所遇到的一種常見化學反應，是在船上往往被人員所忽視之火災原因。然而，船上所載運貨物和操作使用物質，如蔬菜油或油漆浸泡過的抹布（Rag），被丟棄在工作艙儲放區或引擎機艙之一個角落處。該空間區域是溫暖的，往往沒有足夠的通風散熱。抹布上的油脂開始氧化，能與其周遭溫暖空氣中的氧氣發生化學性反應。經過一段時間後抹布開始發熱，溫度足夠到形成明火現象。船上另一個常會導致一般自燃情況，是把扁平的紙箱置在油漆室（Paint Locker）甲板上，以吸收油漆洩漏或流出的作法。隨著時間的推移，紙板浸漬油漆、溶劑和其他易燃性液體混合物質，在合適的條件下，形成自燃火災。即使是打包的有機物質（Organic Products），如衣衫破布、黃麻（Jute）、棉花、秸稈（Straw）和褐煤，如與水浸泡情況在數日、數週甚至數月後，會產生自燃現象。

　　雖大部分船隻是不易成為火勢致災性，但若擅自修改原來船舶設計，將會減少火災預防效果。警覺到船載貨物所產生化學反應，對船上每一成員而言是相當重要的。

1. 船舶材料（Vessel Materials）

　　一些材料通常是不自燃的，但能在一定條件起火。如木材像所有其他物質一樣，必須加熱到一定溫度後才能點燃並開始燃燒。船上大多數蒸汽管道沒有高溫到足以把木頭點燃起來。然而，如果一塊木頭是在不斷接觸與蒸汽管或類似的熱源，即可能產生自燃現象。為何連木頭也會產生自燃？這是木材長期受熱後第一個改變，內部形成多孔性木炭（Charcoal）。在蒸汽管道環境，然後可以在比木材燃點低之低溫情況下，來點燃木炭。即使從木材到木炭的變化可能需要數天甚至數月後發生，其很容易被船上人員所忽視。這種問題的第一個徵兆是從木材內部發出的煙霧、悶燒或小火焰現象。另一例子是冷藏貨艙，由木材和覆蓋鑲板，內襯軟木作保溫（Cork Insulation）之材料。在惡劣天氣期間的船舶結構框架（Frames）受到海浪擺動，對木材等物質引起移動並產生週期不規則持續摩擦，最終導致起火。因其在隱藏或深層空間，是很難去接近發現的，亦不易熄滅這些類型的火災。為了防止此類火災放置可燃物品要遠離任何熱源。如果不能，則使用具有防護效果之熱絕緣材料（Heat Insulating Materials）。

自燃化學反應分類

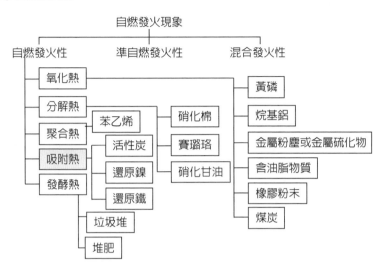

船上自燃起火

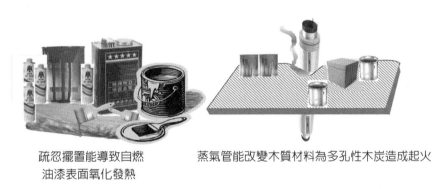

疏忽擺置能導致自燃　　　蒸氣管能改變木質材料為多孔性木炭造成起火
油漆表面氧化發熱

化學反應自燃

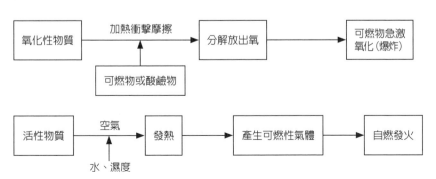

3-12 化學反應熱（二）

2. 貨物（Cargo）

船上載運的貨物有許多材料是自燃的。一個防止貨物自燃的遵循原則，注意油類或水分不要接觸貨物。防止貨物火災的其他方法於本章的貨物裝卸一節（Stowage）有進一步的討論；以下是一些例子：

氯（Chlorine）

正如前述提及的氯是一種強烈氧化劑，當與細碎的金屬或某些有機材料（Organic Materials）接觸，特別是乙炔（Acetylene）、松節油（Turpentine）和氣態氨（Gaseous Ammonia）結合時，會產生一劇烈反應之情況。因此，氯應裝載在通風良好的貨艙，且不能置放在有機物質貨物之同一貨艙內。

金屬（Metals）

金屬鈉（Sodium）和鉀（Potassium）與水能形成劇烈之反應，當其位於潮濕環境時，是一種危險情況。金屬粉末如鎂（Magnesium）、鈦（Titanium）、鈣和鋯（Zirconium）等，在空氣和水分下能迅速氧化及產生熱量。在某些情況下，它們能產生足夠的熱量而起火。大多數金屬粉末，在濕度環境能加速氧化速度，以致其必須時時保持乾燥狀態。當金屬保持乾燥時是不容易產生自燃的。然而，成堆的油性金屬如鑽孔的刨花屑（Shavings）和金屬細片（Cuttings），會產生自燃而引起火災。因此，在容器內含油碎布或工作艙間金屬鑽孔含油刨花，皆會有氧化現象，產生氧化熱。在蓄熱大於散熱的情況下，一直持續到最後有足夠的高溫，即可使金屬的細碎引燃起火。粗糙的金屬屑和其他可燃材料，如果成堆引燃，將成為複雜的火災問題（D類火災）。船上金屬屑（Metal Shavings）應受到管制，如同是危險品，且必須遵守特殊規定進行存放。

煤炭（Coal）

煤炭亦與金屬屑一樣受到相同法規的監控管制。軟煤炭（Soft Coal）能自燃發火，依據以下幾個因素：
1. 煤產地之地理上水分含量（Geographic Origin Moisture Content）。
2. 煤顆粒纖細度、煤塊體積與表面積比（Fineness of Particles and Ratio of Fine Particles to Lump Coal）。
3. 煤化學成分含有雜質（Chemical Makeup including Impurities）。
4. 煤塊碎裂後時間長度（Length of Time since Coal Was Crushed）。

其他產品（Other Products）

其他產品具有自燃性質者，亦可能引發火災問題，如苜蓿草粉（Alfalfa Meal）、木炭（Charcoal）、魚肝油、油性染料、玉米粉飼料、魚粉、魚油（Fish Oil）/魚屑、亞麻籽油（Linseed Oil）、所有種類之油和色素處理過織物（Oiled and Varnished Fabrics）、北美印第安人花生（Redskin Peanuts）及油桐果粉（Tung-Nut Meals）等。因此，對貨艙裝載艙單（Manifest）再次審視，篩選出明顯的列管貨物，並進行妥善處理。

煤炭自燃形成過程

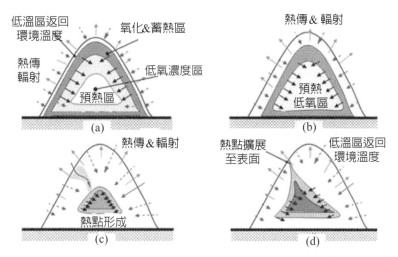

（Sasaki *et al.* 2014）

煤炭層自燃起火過程

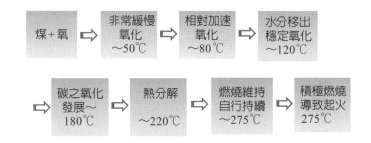

煤層含碳量、升溫速度及分解速度關係

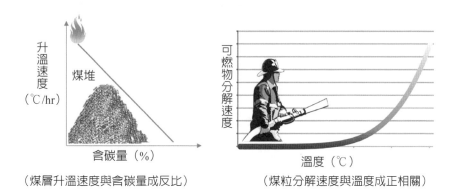

（煤層升溫速度與含碳量成反比）　　（煤粒分解速度與溫度成正相關）

3-13 貨物裝卸（一）

　　一艘船上積載空間始終有高價保險（Premium）。「有條不紊才能各得其所」（A Place For Everything and Everything In Its Place）是一個很重要的概念。火災能由於存放材料之鬆軟與掉落，或惡劣天氣下在甲板滑來滑去。鬆的裝備（Loose Equipment）能使燃料管線破裂、必要的機械損害、撞擊電氣設備而造成短路。此外，控制已經鬆動的重型設備，在波濤洶湧的大海環境是困難和危險的。重要的是為所有類型的設備和材料，有妥善儲存設施（Storage）結構。即使是最危險的貨物，如正確的包裝和存放，也能安全進行海上運輸。另一方面，船員以為安全的貨物，如不小心存放，也可能會引起火災的。一些貨物是包裝在貨櫃，在許多情況下適當的支撐（Shoring）與支持，如貨墊、墊架等是必要的，以防止貨物隨意移動。因此，在裝載和卸載程序上，對船上防火方面特別是關鍵。

1. 臨時搭建結構（Makeshift Construction）

　　當非技術人員試圖建造裝載設施的結果，通常是不盡如人意。事實上，臨時儲物架（Racks）是極其危險的。一般而言，這些機架結構是薄弱的、無法支持材料或其設計的，易使材料掉落或滑動。如此搭建，往往安全性並不是其首要選項。以往案例顯示，臨時儲物架的材料下位置，造成了嚴重的火災，如配載角鋼（Stow Angle Iron）施力點最嚴重的地方之一，就是置在電氣機械之大物體上，如發電機設施。

2. 管制／非管制貨物（Regulated/Non-Regulated Cargo）

　　船上所載運貨物可分為兩類：受法規管制的及非受法規管制的。受管制貨物通常稱為「危險品」。受管制貨物的處理和運輸，依法規分類的包裝標識與標籤，可能會因不同司法管轄而有所差異，但其有一個共同的目的：即是保護所載運船舶及其工作人員。該法規規定危險品存放在客輪和貨運船隻上，有非常清楚明確地說明。有關與其他貨物間隔離（Segregation）和適當的濕度、溫度及通風要求。船上每一個成員應注意這些法規的目的和違規（Noncompliance）之嚴重後果。貨物，沒有特定明確的規定稱為非管制貨物。如果其本身或其包裝是可燃性的，非管制貨物即呈現出火災隱患。這可能是產生自燃發火、不小心吸煙或有故障的電氣設備等造成引燃起火。

3. 裝載／卸載操作（Loading/Unloading Operations）

　　船長或代表人必須全程監視裝載作業過程，即使港口人員在船舶抵港前編訂配載計畫（Stowage Plans）。仔細觀察貨物裝卸作業，警惕並密切監測顯得尤為重要。貨物裝載過程中應即時堵絕（Reject）洩漏，這是重要的。移除或以其他方式，即使是無害任何液體，都有可能洩漏進入貨艙狀態。如果貨物在貨運處理期間，使其撞擊至艙口圍板（Coamings）、框架體（Frames）或其他貨物體，包裝（Packaging）可能會受到損壞。在裝載作業，如果貨物放置貨艙是大致放置或掉落式放置，其包裝也將受到損害。這種損害可能在船舶離開港口後仍未被發現，然後會造成嚴重的洩漏問題。岸上人員在貨物裝載或卸載後就離開該船隻，因此，他們往往不會去關注船上的防火問題。由岸上工人不小心之行為，可能在數小時或數天後，導致船上火災。

船載貨物自燃

棉花捆包

植物油洩漏到成捆棉布或其他纖維材料上導致自燃

船載貨物裝卸作業

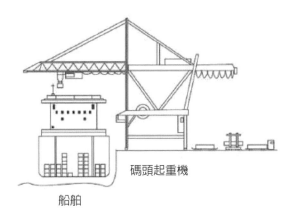

碼頭起重機

船舶

全程監視裝載作業，警惕並密切監測

貨櫃標示與監視

船載危險品貨櫃標示所具之理化屬性

緊密監視船上貨物裝載與卸載操作

3-14 貨物裝卸（二）

4. 支護（Shoring）

船隻在海上可以不同的方向移動。正確支撐貨物，防止其在波濤洶湧的大海中移動，這是船舶穩定性之重要主題。從消防安全的角度來看，這也是很重要的事項。如果裝載貨物可以讓危險品物質移動，然後與不相容的物質（Incompatible）進行混合至自燃發火，或釋放出可燃性氣體，甚至成捆的貨物上金屬箍（Metal Bands），還可使其互相摩擦而產生火花，一個金屬火花足以點燃一些易燃性混合氣體。船上重型機械如果沒有適當的支撐力固定，也可能產生火花或損壞包裝，從而釋放出危險性物質。作為預防措施，危險品物質的船舶在航程中移動洩漏與其他材料可能的混雜，必須經常作檢查。這些要求包括在適用的法規，如國際海運危險品貨物準則（IMDG Code）、美國第 49 聯邦法規法典（CFR）及加拿大運輸危險品準則（TDG）。

5. 散貨（Bulk Cargo）—化學反應熱

鬆散物料存儲在貨艙之散雜貨無論其固體，如糧食、礦石或煤等；或是液體，如油、糖蜜或化學品等，必須考慮其是否有具體的危害。如是化學品，如甲苯二異氰酸酯（TDI），其所具危險性則是顯而易見的，但有些貨物危險性不太明顯，如牛脂（Tallow）或穀物。一般散裝貨物的危害如下：

(1) 流動性（Liquidity）：任何船上貨物如果不正確地存放，所造成的流動可能影響船隻穩定度。如果貨艙水分含量過高，即使是礦石和其他固體都可形成流動狀態。

(2) 揮發性（Volatility）：由許多物質所揮發出的易燃或有毒氣體。物質沸點有關環境溫度是物質蒸氣壓（Vapor Pressure）的一個因素。

(3) 靜電（Static Electricity）：由貨物所產生的許多粉塵（Dust），如穀物（Grain）可能會因產生靜電而爆炸。經由管道輸送液體的移動也會與固體之管壁間產生靜電，並可能提供引燃之靜電火花。

(4) 化學不穩定性（Chemical Instability）：一些化學品本質上是不穩定的。單體（Monomers）就是一種例子，如丙烯腈（Acrylonitrile）。在貨物運輸前加入抑制劑（Inhibiting Agent）可防止其受熱而快速啟動聚合反應，可避免引起火災爆炸。

(5) 反應（Reactivity）：與其他物質接觸可能會導致危險性反應，即使是接觸到小量殘留物。例如，散裝肥料下圍板的痕跡，可能在往後的貨物，如與柴油相結合，能形成爆炸性混合物。在可燃的散裝貨物如糧食，若未能遵行必要的預防措施，則是很危險的。在照明電路中的貨艙裝載斷電配電盤或面板，對這些電路通電時，在面板上應張貼警告標誌。此外，定期檢查，以防止意外地重新接通電路。由於從燃料貨物的釋放氣體累積，在一些燃料的潛在爆炸性是顯著危險的。例如，煤受到蓄熱時會釋放出甲烷氣（Methane）。當船上運煤時，貨艙內甲烷和氧含量的監測是必要的，因此，適當的通風是必要的措施。採取預防措施，以防止人員吸入（Inhaling）任何釋放的煙霧或蒸汽。

貨物裝卸船舶作業結構

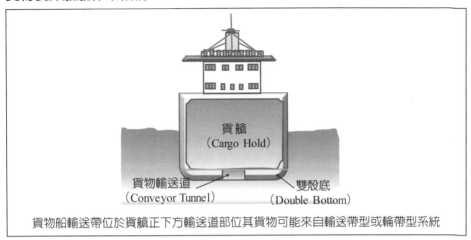

貨艙
（Cargo Hold）

貨物輸送道
（Conveyor Tunnel）

雙殼底
（Double Bottom）

貨物船輸送帶位於貨艙正下方輸送道部位其貨物可能來自輸送帶型或輪帶型系統

貨物船輸送帶型傳輸系統

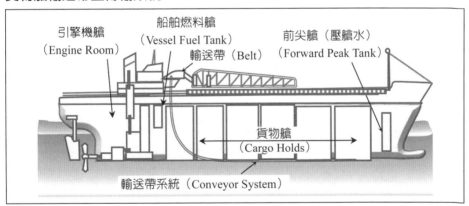

引擎機艙
（Engine Room）

船舶燃料艙
（Vessel Fuel Tank）

輸送帶（Belt）

前尖艙（壓艙水）
（Forward Peak Tank）

貨物艙
（Cargo Holds）

輸送帶系統（Conveyor System）

貨物船輪帶型傳輸系統

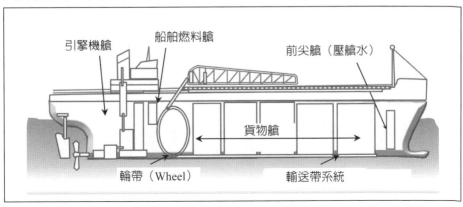

引擎機艙

船舶燃料艙

前尖艙（壓艙水）

貨物艙

輪帶（Wheel）

輸送帶系統

聯運貨櫃危險貨物

貨櫃（Cargo Containers）

聯運（Intermodal）貨櫃（適用於多個運營商）在目前已實施仔細地審查（Scrutinized）。因貨櫃通常從裝運點僅數公里路程至碼頭貨櫃場上裝上船，船人員對貨櫃內容幾乎沒有控制權（Control）。這種缺乏控制，使貨物貨櫃的安全受到十分地關注。因此，涉及貨物貨櫃及其貨物的內容，採取以下的預防措施，以減少火災的發生：

1. 所托運貨物具有危險貨物內容屬性，則按照適用的危險品物質法規處理，如「國際海運危險品貨物準則」（IMDG Code）的規定內容。
2. 如已顯示有任何洩漏或櫃內貨物移動（Shifting）的跡象，即不可讓該貨櫃登船。
3. 如果貨櫃有某些原因必須打開內部，在有潛在性危險的火災、爆炸或有毒氣體發展的條件情況下，要格外小心。
4. 考慮有顯著性損壞之貨櫃，是否仍要進行裝載。

多聯式貨櫃裝載潛在危險傷害

起重機操作員能見度會受到某些限制

散貨裝卸作業

船上起重機在救災時吊運裝備至船上或搬移熱曝露物

乾散貨具有粉塵爆炸問題

船艙初期火焰發展

艙房中央火焰長度（較短）

靠一艙壁火焰長度（較長）

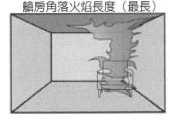

艙房角落火焰長度（最長）

熱傳導危險（透過艙壁）

汽柴油危險

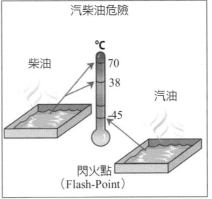

閃火點
（Flash-Point）

液體蒸氣壓

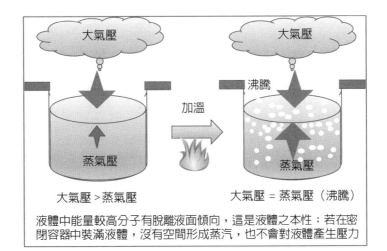

液體中能量較高分子有脫離液面傾向，這是液體之本性；若在密閉容器中裝滿液體，沒有空間形成蒸汽，也不會對液體產生壓力

3-15 船上瓦斯爐火

船舶的廚房是一個繁忙之處，無論是在一小拖船上（Tug）或大型客輪，有一個非常大的潛在火災可能性，如廚房內之瓦斯／燃料之明火、燃料管路、食品、包裝垃圾（Packaging Rubbish）和油脂積累等，都增加了火災的危險性。由於這些原因，永遠不要離開一個正在烹煮使用中的廚房，而無人值守。廚房正常操作期間，在船上防火安全值班應巡視這些空間。額外關注有能源的範圍和油炸鍋場所尤為重要。

1. 能源（Energy Sources）

烹飪最常見的能源是電力。一般較小的船隻使用柴油和液化石油氣（LPG）。電灶（Electric Ranges）如同其他電氣設備同樣的危險：短路、絕緣線路、脆化（Brittle）與裂紋（Cracked）、電路過載（Overloaded Circuits）、維修不當危險（Improper Repairs）。當液體燃料用於烹飪時需要格外小心，以免意外損壞燃料管路。所有廚房人員，應警惕洩漏的燃料管路和接頭，知道燃料管路切斷閥（Shutoff Valves）的位置。緊急切斷閥必須易接近。

2. 多爐爐灶（Ranges）

多爐爐灶呈現出一些火災隱患。首先是操作爐灶之熱量，可能會輕易導致廚房火災。在爐灶周圍之衣服、毛巾、抹布及其他織物、紙張等，能很容易地點燃。不要放置任何材料在爐灶之上方，當船隻在海上時，任何時候皆需使用防止爐灶上鍋子移動之固定框板（Range Battens），以防鍋子翻出後造成燃料管路捲入燃燒造成火災發生。當燃料開關打開時主燃燒器（Main Burners）必須迅速點燃。如果點火器（Pilot Lights）沒有正常運作，則管路易燃氣體可能洩漏至廚房。任何火源，就可能導致爆炸和火災。如果發現有氣體洩漏，熄滅所有的點火器和其他火源，然後關閉緊急切斷閥門。

3. 油炸鍋（Deep Fryers）

油炸鍋（也稱深底油炸鍋）是廚房火災中熱能和燃料的來源。在操作油炸鍋過程中，必須仔細監測並謹慎使用。油炸鍋保持固定，因此其不能隨船舶運動而移動。不要將任何東西放置於油炸鍋上方處。烹調時不要將過濕的食物放入油炸鍋，因為水分會導致熱油飛濺。如果鍋子裡裝得過滿，油脂也會濺出（Splatters）或溢出（Overows）。一旦引燃油脂將會燃燒迅速。最重要是不要離開油炸鍋。

4. 內部管理措施（Housekeeping Practices）

廚房活動產生大量的熱量和燃料，致形成火災可能性很高。因此，良好管理特別是關於廚房油脂積累的清潔和垃圾的處理。將用過的盒子、包裝袋、紙和吃剩的食物（Leftover Food）等，置於有蓋子之不可燃材質之垃圾桶內，當不小心丟棄的火柴或其他高溫煙蒂，是不會被點燃的。其他渣滓（Refuse）與所有垃圾，必須進行打包隔離之妥善處理。在爐灶周圍油脂的積累，尤其是油煙機的過濾器（Hoods Filters）和導管管壁（Ductwork）之油煙渣燃料。如果導管管壁積累厚油脂（Heavy Grease）形成火災，也極易延伸至其他區域和甲板。因此，對油煙機的過濾器和管道，應定期進行徹底清潔。撲滅管道系統油脂火災，使用固定式滅火系統是最有效的。

鍋內油滑出

煮食或油炸時應時注意鍋內油滑出　電氣能源應防電路過載及維修不當危險

油炸鍋監控

操作油炸鍋過程中請仔細監控並謹慎使用　廚房垃圾不燃性金屬桶容器

油炸鍋發展（370℃發火）

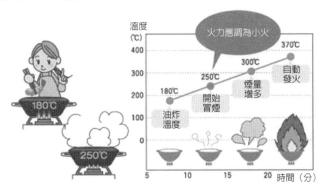

廚房自動滅火系統

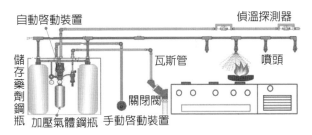

3-16 船上菸蒂

　　船上火災最常見的原因是不當的吸菸行為、不正確的丟棄吸菸材料／燃燒中火柴棒。一個灼熱（Glowing）香菸含有足夠熱量能點燃可燃性物質，如紙製品、服裝、床上用品、部分塑料、繩索和大多數木材為基礎的產品。在船隻危險地區必須執行禁菸的規定，如貨艙、露天甲板、機艙和鍋爐艙（Boiler Rooms）。吸菸如在住宿艙或床上是特別危險的，可能是致命的。一隻點燃香菸接觸鋪墊材料就可以開始一場悶燒火災（Smoldering Fire），由此產生的煙霧，在火災被發現之前，內部人員可引起嗜睡（Drowsiness）和可能窒息（Asphyxiation）。一個簡單但重要的規則可以防止此類火災，即不要在任何情況下於床上有吸菸行為。

1. 吸菸材料處理（Disposing of Smoking Materials）

　　灼熱的灰燼或煙草中含有足夠的熱量，去引燃附近可燃性材料，如日常用品、紙張、硬紙板、木屑、繩索和類似的材料。

　　要求在每個指定吸菸區置放不燃性容器，如菸灰缸，以裝納吸菸的材料。放置這些菸灰缸的地方是允許吸菸的。丟棄前用水浸泡吸菸材料，這也是一個良好的行為，如能浸泡水或砂堆則提供了額外的保護，以防止發生火災。菸灰缸內是不包含任何發紅的灰燼，並浸泡一下水，確保冷卻。然後，倒進有蓋的不燃性容器內，如不鏽鋼垃圾桶。

2. 吸菸和酗酒（Smoking and Alcohol）

　　飲酒的人往往會有不小心之人類行為舉動，如果又加上吸菸行為，這是非常危險的。喝了 1 或 2 瓶酒精性飲料，將仍發紅的菸頭灰燼從船上管路扔下，或是人離開了菸蒂未熄滅，或點燃中香菸置於菸灰缸上，這種行為當事人似乎不覺得重要。但在這些情況下，實際上是船上小火之源頭，如其接觸到與附近的易燃材料，如窗簾或掛鉤上長的工作服（Coveralls）會隨著船舶移動而隨之擺動，可以碰觸到仍灼熱的菸頭。一個抽菸者行為應仔細地留意，及其所產生的影響。每個人都有責任留意正在抽菸者之行為，是不是會危及到船舶和船員及乘客之安全。

3. 非吸菸區（No-Smoking Areas）

　　船隻的某些地區被指定為非吸菸區，因其包含潛在危險性。必須告知船上所有人員包括乘客，船上哪些區域能吸菸，哪些區域是被禁止的。

菸蒂溫度比較

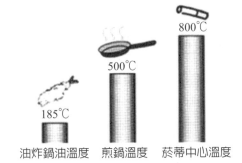

185℃　油炸鍋油溫度
500℃　煎鍋溫度
800℃　菸蒂中心溫度

菸蒂防火

菸蒂不正確擺置形成起火源　菸蒂浸泡砂堆提供額外保護以防火災

吸菸與喝酒結合危險

吸菸與喝酒是一種危險組合　疏忽菸蒂引起小火至大火

非吸菸區

油輪露天甲板之非吸菸區

引擎機艙非吸菸

3-17 船上菸蒂與縱火

貨艙和露天甲板（Cargo Holds and Weather Deck）

貨船之貨艙區及艙口被打開時之露天甲板上，是禁止人員吸菸的。指定貨艙為非吸菸區以防止可能之火災。散貨船貨艙（Break Bulk Cargo Vessels）在裝載或卸載情況下，是特別容易受到火災威脅的。貨艙在裝載或卸載操作時應密切監控，以確保符合船上防火之相關規定。某些貨物如穀物或煤炭所產生的粉塵（Dust），一旦被引燃，即可能會發生爆炸。直到船隻出海之前，在貨艙內悶燒之火勢可能一直沒有被人發現，或有時會在好幾天以後才被發現。屆時會有更多貨物被捲入火勢燃燒，火災程度可能是很難撲滅或予以控制的。

引擎和鍋爐艙房（Engine and Boiler Rooms）

機艙和鍋爐房設置有大量的石油系產品，如燃油、潤滑油和潤滑脂。即使是厚油脂，這些產品往往能與發動機室或鍋爐房內暖空氣進行揮發汽化並與空氣混合。點燃火柴或灼熱中香菸，以人員手指這種擺盪的火點（Volatile Fire），是可以點燃這種易燃性的空氣混合物。機艙火災是難以撲滅的，使機艙人員陷入非常危險的情境。如果此處火災是嚴重的，這意味著船舶即將失去重要之推進和控制系統，使船隻處於一種非常危險的情況。由於這些原因，在機艙和鍋爐房是嚴格規定禁止吸菸的。此外，在貨艙內亦是禁止吸菸的，這些空間在貨物裝卸過程中是受到監控的。

儲存與工作空間（Storage and Work Spaces）

儲藏室和工作室是禁止吸菸的。這些空間如油漆、繩索、儲物櫃和木工間，含有大量的可燃材料。在某些情況下，僅僅存在一點火源（Ignition Source）亦可能是一場毀滅性的大火所需之起源。

縱火

大多數船上之火災，皆是人為因素所引起的。在某些情況下，此一人為因素是最小的，但在某些情況下，它是單一的，且為最大起火的因子。蓄意放火或惡意縱火（Incendiary or Arson）是蓄意破壞財產和故意漠視人命安全。一個人蓄意造成的火災結果，從若干動機有以下的原因：

1. 一種心理障礙之縱火狂（Pyromania）。
2. 自殺未遂（Attempted Suicide）。
3. 懷恨報仇（Revenge）。
4. 圖利詐欺（Profit Fraud）。
5. 恐怖主義（Terrorism）。

這些原因都可作為縱火的藉口，但只有縱火犯可以解釋他們的行為。由一適當的主管機構負責進行調查，以確定出火災之真正原因。

化學能

機械能

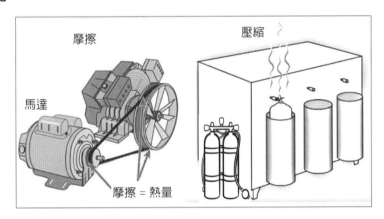

電能

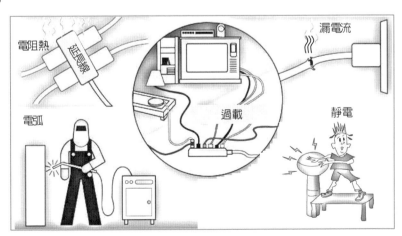

3-18 熱工作業

熱工作業是指任何操作中，需要高熱才能進行工作或在工作期間產生的熱量，最常用就是焊接（Welding）或切割（Cutting），但也包括燒焊（Burning Brazing）和金屬研磨（Grinding）。焊接作業是由易燃氣體和氧氣的混合物燃燒，或由電力所完成；此種溫度是非常高的。氧乙炔（Oxyacetylene）火炬可以產生一個溫度為 3316℃之極高溫火焰。火花和熱焊渣物（Hot Debris）在水平面可滾落至 35 英尺（10.7 公尺）之遠處。

熱加工作業過程中的操作，在以下條件能造成船上火災：

1. 高溫熱傳導至鄰近區域。
2. 在工作區域或鄰近區域之可燃性物質之起火。
3. 消除環境中易燃蒸氣、氣體或粉塵濃度作業，仍不足之情況。
4. 焊接或切割設備的故障或誤用。

開始動火作業之前，應採取以下預防措施：

1. 拆下焊接作業時熱傳導能涵蓋之可燃材料，或是使用防護材料作隔離。
2. 測試工作區空氣中，以及相鄰的空間易燃蒸氣的濃度。
3. 清除在工作區域或相鄰空間易燃蒸氣。
4. 確保整個操作過程中的空間能遠離易燃性蒸氣。
5. 具有適當類型的手提式滅火器和已充滿水隨時可開啟使用的消防水帶（Charged Fire Hose）。
6. 提供一個圍繞整個動火作業區域，包括在艙壁另一面有受過訓練的消防值班（Fire Watch）人員，進行密切觀察可能發生火災的行為，直到所有的材料冷卻，可能至少需 30 分鐘時間。

只允許合格的個人進行焊接和燒焊。在許多港口焊接和燒焊操作，定有嚴格的法規。一些港口的要求甚至比聯邦國家規定更嚴格。在某些港口，工人必須通過資格考試才獲發牌照來執行燒焊設備。船上必須檢視當地港口的法規，然後才可允許岸上工人至船上進行焊接或燒焊作業的。在某些司法管轄區於爆炸物貨物的船隻上或水域設施，進行處理（Handing）、儲存（Storage）、積載（Stowing）、裝載（Loading）、卸載（Discharging）或運輸（Transporting）期間，是禁止使用氧乙炔燒焊或類似的焊接作業行為。此限制適用於無論是設施的人員或貨物的船隻。

例外情形是按個別情況，只能由有管轄權的機構個別授權認定之。熱工作業許可證（Hot Work Permit）的發放，意味著可以執行此項工作，並能安全地完成。對於安全執行的操作員和助理，必須遵守許可證所有的安全要求規定。預防火災的程序和警覺常識，是每一位焊接或燒焊的操作員所必具備之知識。岸上人員或機上成員如沒有焊接專業知識、船長或執行法規代表授權，是不能進行焊接或燒焊的作業，以確保安全之規定。高溫熔融金屬、焊渣和燃燒產生的火花是極其嚴重的火災隱患。

燒焊：氧乙炔焰溫度結構

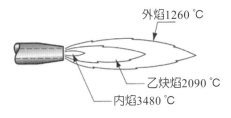

外焰1260 ℃

乙炔焰2090 ℃

內焰3480 ℃

電焊：區域結構

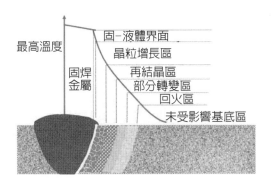

最高溫度

固焊金屬

固-液體界面

晶粒增長區

再結晶區

部分轉變區

回火區

未受影響基底區

熱工作業高溫焊渣飄散（範圍 11m）

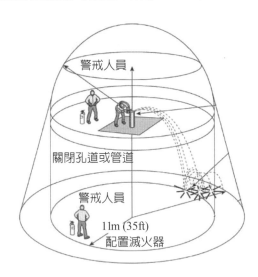

警戒人員

關閉孔道或管道

警戒人員

11m (35ft)

配置滅火器

甲板上焊接高溫焊渣飄散

電焊操作時未能移除可燃性物質或制定有效防火監視體制是造成火災主要原因

3-19 船修廠作業

船修廠作業（Shipyard Operations）潛在危險是相關岸上工人進行船上維修／維護作業的危害，且是更大規模的程度。通常船舶是放置在船廠進行大修、改裝（Refitting）或轉換（Conversion），此操作超出了船員的能力。因此，船上可能會擠滿了岸上工人，出現不善工地管理習慣（Poor Housekeeping Habits）和冷漠的態度，往往增添了火災隱患之問題。

1. 貨油加熱系統（Cargo Heating System）

在低溫條件下高黏度（High-Viscosity）貨物變得較厚重，因此需要加熱才可抽取傳輸。蒸汽管道或盤管（Coils）操作是通過加熱該液體槽的底部。這些液體被加熱至何種溫度的管控是至關重要的。過熱是危險的，因為危險的可燃氣體可以生成和釋放。槽加熱系統必須得到良好的維護。在槽底的蒸汽洩漏可以導致相同的問題，因為過熱產生化學反應（Chemical Reactions）和危險的易燃氣體。貨物也可能洩漏進入蒸汽盤管（Steam Coils）與同樣產生爆炸危險的結果。許多海上人命安全公約（SOLAS）或國際海事組織（IMO）規定的限制加熱燃料油儲槽最大溫度為 120°F（49℃）。

2. 清艙作業（Tank-Cleaning Operations）

一艘船舶在進行清艙操作過程中，最易受到火災之威脅，因為艙內空氣是在易燃性爆炸範圍內。在油艙含有揮發性的貨物如汽油，其在艙內氣體中含量相當高。在清艙過程中，使艙內油氣體量降低至沒有油氣存在之乾淨空間。如果在油槽的空氣成分是仍在爆炸性範圍內，此時有任何火源或靜電探針（Electrostatic Probe）進入，就可能會形成爆炸情況。在清艙過程中使用惰性氣體系統（Inert Gas System），以確保安全運行。無論是從氣體發生器，或是從主引擎之排氣所產生惰性氣體系統，其被導入進油艙內，直到艙內氣體成分中氧氣濃度是少於 8%，通常氧濃度會少於 3%，這使得油艙起火爆炸更不可能發生。

由於船機組成員必須承擔在海上遭受火災威脅的責任，因此監看岸上工人作業的防火程序，機組成員應採取以下一般安全預防措施：

(1)確保工作區域是沒有可燃垃圾和廢棄物。

(2)執行禁止吸菸的規定。

(3)測試由承包商所修復的任何機械或設備。不正確的維修設備，特別是電氣設備，可以是稍後問題的根源。

(4)檢查手持式電動工具接地插頭（Grounding Plug）是否為正確的類型及接線是否出現磨破（Frayed Wiring）情況。

(5)檢查和測試任何固定式偵測或滅火系統已維修，並確保有正確地進行維修。

船廠廠業務作業有其規定，但其本身並不能保證工人會完全遵循。在疏忽、冷漠、缺乏知識、監督或故意違反規定，將形成在船修廠火災隱患的條件。

船修廠火災風險（一）

船修廠作業內容潛在火災風險

1. 整艘船舶進行焊接和燒焊的作業。
2. 為執行修復，會臨時修改或關閉火災偵測和滅火系統。
3. 僅少數幾名機組人員監看工人的工作程序和安全注意事項。
4. 船上受限或沒有動力之電源系統、通風和照明系統，這樣的條件下簡稱為呆船狀態（Dead Ship）。

船修廠火災風險（二）

船修廠一些潛在火災危險條件

1. 乾船塢的船舶，在未經相關主管單位事先批准的情況下，進行重大之改造。
2. 在修理或改裝後未按檢查之要求程序進行。
3. 安裝未經批准的或不合格的設備，其不適合在船上予以使用的。
4. 艙壁和甲板上執行不當或不善工藝，破壞其耐火屬性。
5. 在槽體、艙壁等隱密空間，進行不善維修，並實施不足壓力測試情形。
6. 在船修廠維修未完成前，船舶火災偵測和滅火系統設備，大多是處於受限或關閉情況。
7. 在同一時間關閉所有消防設備進行測試，讓船隻處於無防護狀態。
8. 未建立供水作業，從而使船舶的消防主水管（Fire Main）是乾管的情況。
9. 進行切割船體和艙壁之孔口，從而使固定式滅火系統失效。
10. 在維修後未更換水密門。
11. 違反消防安全標準，進行艙壁開口作業。
12. 因工作軟管從門通過，使防火門無法保持關閉，失去防火煙效果。
13. 門是打開情況下，未使用防火簾門（Fire Curtains）。
14. 為進行艙壁焊接，在開始焊接或燒焊之前，未能將槽體、管道與相鄰槽體進行通風換氣（Gas Free）作業。
15. 燃油管在壓力下即進行拆卸作業。
16. 實務上使用不當的電氣配線，如次：
    (1) 使用電線材的規格（Gauge）不足以進行預期的電流負載。
    (2) 忽視電氣過載保護作業（Bypassing Overload Protection）。
    (3) 延長電線（Extending Wires）通過艙底或其他區域之供水管道附近。

3-20 船舶碰撞

船舶碰撞物理熱

　　船舶碰撞所引起之火災，特別是油輪，在過往歷史上已造成嚴重的傷害和巨大的財產及生命損失。在過去的一些碰撞事故，是超越船員所能防止的能力範圍，且學習到許多重要的經驗教訓。故而相繼訂頒出條例，可允許易燃或化學活性物質（Reactive Substances）之容許裝載數量，執行禁止吸菸的要求和其他管控之手段，以防止意外事故的發生。

岸上人員登船

　　一般岸上人員是較不會關注（Much Concern）、或不會如機組成員般關注船舶之防火安全。這種情況是可以理解的，因為許多岸上的工人沒有充分認識到在船舶火災事件中，所涉及的危險。這種無所謂的態度和對防火措施的漠視，可能會導致船隻失火。當岸上人員們登船時，部分船員密切地監督和提高警覺性（Extraordinary Alertness）是必要的，特別是在執行涉及貨物運輸的維修及保養時。

1. 貨物運輸（Cargo Movement）

　　岸上人員經常登船，因其職責之性質、訪視船隻的貨艙和其所處理的材料等因素。因此，需要密切監督岸上人員。有關貨物裝卸處理的危害前述已討論，但其對船舶防火是重要的，足以概括如下：

　　(1)在進行貨物裝載和卸載期間，在貨艙或甲板上有違法吸菸行為，或是在吸菸區有疏忽不小心之行為產生。

　　(2)不小心丟棄吸菸的材料和火柴。

　　(3)不小心處理和裝載致貨物受損。

　　(4)貨物的積載不當，以致在惡劣海況下是危險的。如果兩種不相容類型的貨物移動致混合時，能形成自燃發火現象（Ignite Spontaneously）。

2. 維修及保養（Repairs and Maintenance）

　　承包商登船進行維修或維護工作，特別是焊接燃燒或其他熱工作業，需要密切和加強監督。按照前述所討論的安全性措施和分配船上成員監督岸上人員任何不安全的作法，並及時報告。指定一名機組成員陪伴每一個登船之工作團體（Work Party），永遠不要離開在船上無人監督的岸上人員。

維修及保養

承包商到船上進行維修需要密切監督

岸上人員登船

岸上消防人員登船因其職責訪視船隻貨艙等安全

船舶碰撞物理熱

歷史案例

Sea Witch號與Esso Brussels號兩船舶碰撞事件

1973年6月2日，紐約港1艘Sea Witch號貨櫃船失去了轉向（Steering）系統，撞及錨定中的Esso Brussels號油輪。在水域上兩艘船造成熊熊大火，船上漏出大量油質一起漂向（Verrazano Narrows）海峽大橋，參與搶救的許多機構、拖船和其他船隻，也同遭火勢波及。而事故船肇因於轉向系統的失效，其原因為一個小插銷（Small Pin）故障。由此事件讓人們關注到船上轉向系統、獨立的備份系統、應變系統（Emergency Systems）的測試與應變程序（Emergency Procedures）等方面問題的考量。

船舶安全管理

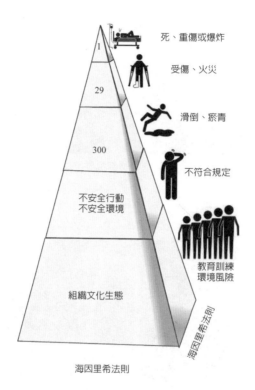

海因里希法則

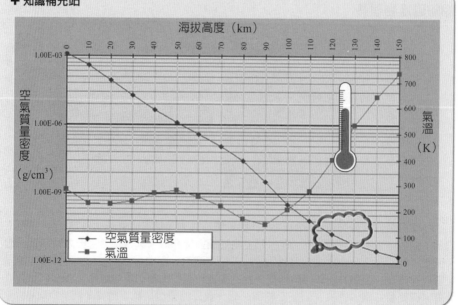

第二篇
船舶火災整備篇

第4章
船舶滅火系統

　　船舶滅火設備，基本上與陸地上建築物是類似的，僅存有一些差異。例如，船上消防水主管（Fire Main）必須具有一定放射水壓，但僅能利用船上幫浦，沒有陸地上建築物之屋頂重力水箱或社區消防栓之水壓。而岸上消防機關為供應水壓，其水帶瞄子配件必須能與船上構件相連接配合，所以有岸上國際通岸接頭。在船舶固定式滅火設備種類，比陸地上建築物多元，這些為船舶滅火之消防利器（Best Weapon）。

　　1974年國際海上人命安全公約（SOLAS）發布後，所建造貨船使用的可燃材料大大減少；建造油艙則完全禁止使用可燃材料。另外，規定新建油艙必須配備甲板泡沫滅火系統和惰性氣體系統。國際海事組織在國際海上防火安全方面對氣墊船、水翼船和移動式海上鑽探油設施，以及危險品運輸等，都有專門規定。SOLAS建船規定，主要強調結構被動防火而不是主動撒水滅火。不管如何，撒水系統的數目可按艙室分隔程度加以減少。對於車輛甲板，例如渡輪上的車輛甲板，撒水系統應按船舶結構的完整性進行設計；這樣可將火災限制在發生區域。

4-1 水系統滅火原理（一）

1. 穩定性佳：在常溫下，水是一種不活潑相當穩定性的液體。水的黏度在溫度1～99℃範圍內都能保持一致，這使得水在滅火時，能安全運輸和加壓送水。
2. 比熱大：每磅水比熱有1.0BTU，即溫度升高1磅水所需的熱量。因此，1磅水從0℃升高到100℃就需100 BTU熱量。
3. 汽化熱大：在一大氣壓和一定溫度，1磅（0.45 kg）水變成水蒸氣需2260 kJ/kg熱量，或100℃時一克水蒸發成水蒸氣吸收539卡熱量。
4. 溶解熱大：從0℃固態（冰）到液體水改變相態，能吸收333.2 kJ/kg熱量。
5. 具表面張力：水具高密度使得消防瞄子能射出相當長距離；因水最大表面張力值為72.8 mN/m，使用上不同型態，從水滴到水柱流，也使水滴能保持相對穩定性。
6. 蒸氣大量膨脹：當水由液體轉變為蒸氣時會大量膨脹，在一大氣壓下體積增加1700倍，這樣大體積水（飽和蒸氣）置換火災相當體積空氣，而減少氧氣空間。
7. 經濟便宜：沒有一種易於得到物質，具有水上述之物理特性。

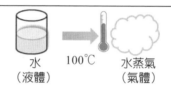

水
（液體）　　100℃　　水蒸氣
（氣體）

水轉變水蒸氣將大量膨脹，依理想氣體定律計算：

$$PV = nRT$$

P為一大氣壓 101325 Pa
V為體積，水的密度在 20℃（293.15 K）為 998kg/m³（998000 g/m³）
n為莫耳，水分子質量為 18 g/mol
R為理想氣體常數 8.3145 J/mol.K
T為溫度（單位 K），水的沸點在大氣壓力為 100℃（373.15 K）
在 1 莫耳（n）純蒸汽（100℃）的體積 V（m³）

$$V = \frac{nRT}{P}$$

$$8.3145 \frac{J}{mol} \cdot K \left(\frac{1 \times 373K}{101325Pa} \right) = 0.306 \ m^3 \ （100℃時）$$

而 1 莫耳水質量為 18 克。密度為質量（g）/體積（m³），所以 100℃蒸汽的密度，可以計算（$D = \frac{M}{V}$）如下：

$$\frac{18 \ g}{0.306 \ m^3} = 588.2 \ g/m^3$$

在 100℃蒸汽密度除以水密度，決定水特定質量在此溫度下汽化膨脹比

$$\frac{998000 \ g/m^3 \ （20℃時）}{588.2 \ \frac{g}{m^3} \ （100℃時）} = 1696.7$$

所以，水從 20℃至 100℃蒸汽體積將擴增 1696.7 倍

水系統滅火原理

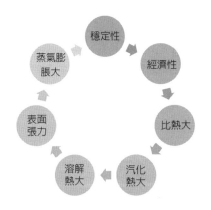

穩定性、經濟性、比熱大、汽化熱大、溶解熱大、表面張力、蒸氣膨脹大

水三態特性

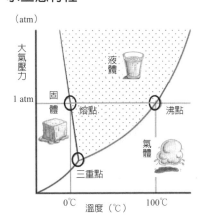

水滅火應用型態

水分子粒徑	每公升水膨脹表面積	滅火設備
1 mm	2 m^3	自動撒水
0.1 mm	20 m^3	水霧設備
0.01 mm	200 m^3	細水霧設備

水、水蒸氣及煙物理比較

	水	水蒸氣	煙
密度	在 20℃時 1000 kg/m^3	在 100℃時 0.59 kg/m^3	在 500℃時 0.71 kg/m^3
比熱能力	4.2 kJ/kg	2.0 kJ/kg	1.0 kJ/kg
蒸發潛熱能力	2260 kJ/kg	-	-
理論冷卻能力	2.6 MJ/kg	-	-

水系統轉化為蒸汽能吸收熱量計算表

1. 以1加侖水（8.33 lb）至沸騰所需的熱量：

$$212°F - 68°F（室溫）=144\Delta°F$$
$$144\Delta°F \times 1 \text{ BTU/lb} \times 8.33 \text{ lb} = 1200 \text{ BTU}$$

2. 水從1加侖（8.33 lb）液體到蒸氣所需的熱量：

$$970.3 \text{ BTU/lb} \times 8.33\text{lb} = 8083 \text{ BTU}$$

1 加侖水吸收總熱量是 1200 + 8083 = 9283 BTU／加侖

出水量100 GPM[註1]，1分鐘後將完全轉化吸收928300 BTU/min熱量。
同樣地，如此水量將完全轉化成22300 ft^{3}水蒸汽。

[註1] GPM 為每分鐘加侖（Gallon）數，即加侖／分。

4-2 水系統滅火原理（二）

　　水是船上取用方便（海水）且最爲廉價的滅火材料。用水冷卻是最普通的滅火方法，其滅火時氣化潛熱可大幅吸收火勢熱量，產生的蒸汽亦可阻止氧氣接近火源，從而抑制燃燒的進行；水還可以滲入熾熱體的深處，流到燃燒體的下面，以局限火災的蔓延。水系統滅火設備（Water-Based Fire Extinguishing Systems）是 SOLAS 規定船舶的必備滅火裝置，運作時透過系統消防泵從海底閥泵入舷外海水，經消防主水管及各支管路輸送至各消防栓等出水口。

水滅火系統的滅火原理

項目	內容
冷卻作用	1. 水冷卻燃料表面及水分滲入燃料內層。水引入至火勢促進熱傳作用，造成燃燒熱損失。當熱損失超過火勢熱獲得，燃料表面將降溫到火焰熄滅。 2. 水冷卻而減少輻射熱通量，降低燃料熱裂解（Pyrolysis）速率。當水沫吸熱率接近火災總熱釋放率，則火災會受到壓抑熄滅。
窒息作用	1. 當水施加至火勢形成水蒸汽，使空氣中氧氣遭到稀釋，如此窒息作用達到火勢抑制。在細水霧系統（Water Mist Systems），能作為一種替代撒水系統或某些氣體滅火系統，已證實其能透過冷卻／窒息作用來達到滅火目的。 2. 如果燃燒物質表面被冷卻到不能釋放出足夠的可燃氣體，則火將被撲滅。
乳化作用	1. 當兩種不能相溶液體一起攪拌，其中一液體分散於另一液體時，即形成乳化層（Emulsion）。這種滅火方法是將水沫射至具黏性液體上，使液體表面形成冷卻作用，阻止蒸氣繼續釋放來達到滅火作用。 2. 當水用於有深度的液體時，由於起泡現象可使燃燒的液體體積膨脹而超越容器壁流出，如危險之沸溢或濺溢現象。因此通常是將一股相對粗大泡沫，流於液體表面形成乳化作用。滅火時應避免使用直線水柱流，因其將引起激烈的起泡現象。
稀釋作用	1. 水具有低沸點及高汽化熱，汽化熱為液體受熱後蒸發為氣體所需吸收的熱量。因此，水本身為極性分子，在某些情況下，對付水溶性易燃液體火災可以透過稀釋燃料來滅火。例如，能使水和酒精充分混合，即能以稀釋方法成功地撲滅乙醇（Ethyl）或甲醇（Methyl）火災。 2. 如果是儲槽，則稀釋不是一種滅火的好方法。因需大量水，同時混合物被加熱至水的沸點時，會從底部產生起泡（Frothing）冒出，使液體溢流出槽外之危險。

水系統滅火作用

水系統滅火水所具滅火作用

水系統滅火冷卻

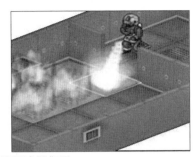

水系統滅火上降溫冷卻作用

水系統滅火水滴應用

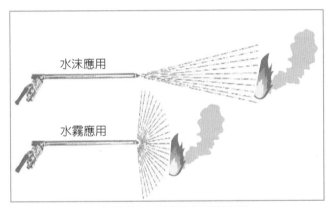

水系統滅火上稀釋氧氣窒息作用

水系統滅火乳化與稀釋作用

水系統滅火上乳化作用　　　　混合水溶性燃料之稀釋作用

4-3 船舶消防栓系統（一）

　　船上消防栓（Fire Hose）之設置，乃是火災發生時，能直接出水進行滅火，是船上必備的消防供水專用設施。消防栓較滅火器射程遠，凡水管所及範圍均能發揮效果；整體設備由水源、加壓水泵、消防栓、配管、水帶、直線水霧兩用瞄子、消防栓箱及指示燈組成。一般艙內消防栓內都會有二條水帶及一支直線噴霧兩用的瞄子。平時水帶及瞄子均已接好，掛在水帶架上，發生火警時，拉出瞄子水帶，打開止水閥（開關）就可以救災。一般救災時，對較遠距離可將瞄子前端轉動調成直線水柱，如果濃煙密布，可先用水霧排煙。系統主要組成構件如次：

1. 消防泵（Fire Pump）

　　消防泵是消防給水系統的重要加壓設備，是整個系統的核心。就其工作原理而言，它與其他用途的清水泵沒什麼差別。根據 2005 年 11 月國際消防安全系統規則，指出在船上機械處所內設有 1 台或數台消防泵時，應在機械處所之外易於到達並站得住的位置裝設隔離閥，使機器處所內的消防主水管能與機械處所外的消防主水管隔斷。依 SOLAS 公約規定，船舶應要求配備獨立驅動的消防泵。

2. 消防主水管（Fire Main System）

　　滅火系統是向整船提供滅火和消防用水的管道系統，同時也是船上所有消防系統的支柱。滅火系統的供水量取決於該系統水泵的功率。大部分船舶要求配備兩臺消防泵，分別配有吸水口、能源等輔助設施。這兩臺水泵應安放在船上不同部位，這樣，一旦發生火災，兩臺水泵不會同時失效。如將兩臺水泵放在一處，則必須得到特別許可，同時必須在安放水泵處配備二氧化碳滅火系統。這種安排往往只有在非常情況下許可，如將兩臺水泵分開安裝並不能增加安全係數時。在小型船舶上，兩臺水泵往往安放在同一部位。水泵大小取決於船舶噸位和類型，還取決於船舶管道分布情況。於 1000 總噸以上的客輪消防主水管和消防水管的直徑，應足以有效地從兩臺同時工作的消防泵輸送所需的最大水量，但對其直徑僅需足以排送140 m³/h 水量的貨船除外。消防主水管之消防栓應適當安放，以使兩條管路的水流可通向船舶所有部位，便於乘客和船員在航行中使用。由於必須保證兩條管路中有一條通水，管道應有足夠長度，可將水送到船艙各個部位。

3. 水系統輸送管網

　　水系統管網（Water Piping）把水從消防泵輸送到各消防栓，由消防主水管（Fire Main Piping）和各支管路組成。因水的輸送距離有長有短，輸送方向有集中也有分散。所以，在管道上還需要設置各式各樣的管件、附件、閥門等。根據 SOLAS 要求，在貨物船（Cargo Vessels）或其他類似船舶之消防主管路水壓，必須具有二支最遠端消防栓同時打開，水壓達到 50 Psi（345 kpa）以上。在油輪（Tank Vessels）消防主水管路壓力必須具有二支最遠端消防栓同時打開，水壓達到 75 Psi（517 kpa）以上。

船上消防泵數

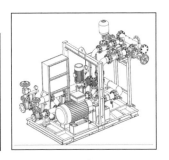

客輪		貨船	
總噸數	消防泵數	總噸數	消防泵數
4000 以上	至少 3 臺	1000 以上	至少 2 臺
4000 以下	至少 2 臺	1000 以下	至少 2 臺（其中之一應為獨立驅動）

船上消防泵及發電機

船上消防泵及發電機

船上消防主水管

整船提供滅火和消防用水的管道系統之消防主水管及水壓

船上消防栓水帶

船上消防栓水帶（棉織塗膠材質）連結　　直線水霧瞄子射水之船上消防栓

4-4 船舶消防栓系統（二）

4. 消防栓

消防栓（Fire Hydrant）是消防水系統的終端取水裝置，由逆止閥和快速接頭組成。於 1000 總噸以上的客輪，依 SOLAS 公約規定至少從內部位置的任何消防栓上，可立即噴出一股有效的水柱，並確保由 1 臺所要求的自動啟動的消防泵持續出水。而消防栓的數量和位置，應布置成至少能有兩股從不同消防栓噴射出的水柱，其中一股應僅靠 1 條消防水帶的長度可射至船舶在航行時乘客或船員經常到達的任何部分、任何貨物處所空艙時的任何部分、任何滾裝處所或任何車輛處所，在後者的情況下，兩股水柱中每股應僅靠 1 條消防水帶的長度射至該處所的任何部分。此外，上述消防栓應位於靠近被保護處所的出入口處。

根據 SOLAS 要求，受熱易於失效的材料不可用於消防主管和船上消防栓。這就要求，消防管墊片需要防火證明，意即消防栓內部密封面材質需要為銅質等，不可以是橡膠等不能耐火的材質。

此外，對船載危險貨物方面，海上人命國際安全公約規定，消防栓的數量和位置應為所要求 4 支水柱中的至少 2 支水柱在由一條消防水帶供水時，空艙時可射到裝貨處所的任何部分；而所有 4 支水柱在各由一條消防水帶供水時，每股可射到火載量（Fire Loading）較重處所的任何部分；有關其接頭依照國際海事組織規定。

5. 消防水帶（Fire Hose）

消防水帶的材料分為麻織、棉織塗膠和尼龍塗膠三種。依 SOLAS 公約指出，在載客超過 36 人的客輪各內部處所，消防水帶應一直保持與消防栓相連接。

6. 瞄子

瞄子（Nozzle）是一種獲得射程和改變水流形式的射水工具，分為直流水柱、水霧之射水形式。根據 SOLAS 公約相關規定，標準瞄子的尺寸應為 12 mm、16 mm 和 19 mm，或盡可能與之相近。在機器處所和外部場所，瞄子口的尺寸應是在滿足 SOLAS 公約要求壓力下的兩股水柱中，能從最小的泵獲得最大限度的出水量，但不必使用大於 19 mm 的瞄子口。

7. 國際通岸接頭（International Shore Connection）

1974 年 SOLAS 公約在專門裝備一款中，特別規定了國際間船岸消防設備之對接。該款要求船舶配備專門的接板，可將船上主滅火系統與岸上管道相接。這個接板可避免船上管道與岸上設施匹配不當。該款公約並未強制規定岸上消防部門必須配備這種接板，但實際上這種接板對負責海上滅火的組織來說也是至關重要的。基本上，其接頭的一端為標準法蘭接頭，另一端適合於與船上消防栓與水帶連接的快速接頭，此二接頭組合成一體，平時應存放於規定的處所，並隨時可取得。

船上消防栓水壓

船上消防栓在兩臺泵同時透過瞄子射水時，所有消防栓應維持最低壓力

船舶種類	噸數（T）	壓力（Mpa）
客輪	T ≥ 4000	0.31
	1000 ≤ T < 4000	0.27
	T < 1000	經主管機關同意
貨船	T ≥ 6000	0.27
	1000 ≤ T < 6000	0.25
	T < 1000	經主管機關同意

船上消防水帶長度

船上消防水帶至少為 10 m 但不超過下述長度

處所	水帶長度
機器處所	15 m
其他處所和開敞甲板	20 m
開敞甲板最大寬度超過 30 m	25 m

國際通岸接頭

船上水帶使用國際通岸接頭

國際通岸接頭

船上消防栓動作流程

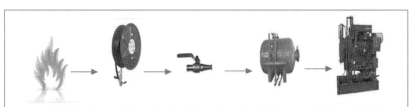

船上火災發生　拉出水帶　噴嘴開關釋放　壓力槽感應管內水流變化　泵啓動加壓

消防主水管及各支管路輸送至各消防栓等出水口

4-5 船舶自動撒水滅火系統（一）

項目	內容
水滴大小與滅火應用	在滅火所需的水量，取決於火災熱輸出。如何迅速撲滅火災，取決於能有多少水，以何種形式來應用水。假使要透過冷卻來實現滅火，最好是熱能最大量被吸收。水轉換成水蒸汽（Steam）時將能吸收最多熱量，且從較小的液滴、水沫比固體水柱流更容易地轉化為水蒸汽。
水滴與滅火能力	撒水頭水滴未落至燃料面早已被火羽流（Fire Plume）蒸發掉，除非用大水滴。水滴愈小，水吸收火災熱量速度將會較快。因此，所使用水量就較少。從艙內火災燃燒放出所有熱量，只要水能吸收 30%～60%，就足以將火災撲滅。計算水滴最佳滅火直徑在 0.3～1.0mm，且水滴大小相當均勻性。
火羽流動量	為了有效到達燃料面，水滴必須克服火羽流上升動量及氣流影響。如撒水頭釋放，小水滴會受高溫蒸發在艙頂板上，小水滴也沒有足夠的質量（Mass）與動量（Momenturn），能夠穿透火羽流到達地板之燃燒表面。所以高火載量高艙頂板，需使用大水滴撒水頭。
稀釋作用	當水噴撒到火勢形成水蒸汽，能圍繞燃料使空氣中氧氣供給遭到稀釋，來達到火勢之抑制（Suppression）。水蒸汽和水滴也繼續透過冷卻作用，以及水滴繼續蒸發火勢前端區（Heated Area）周圍，而達到完全滅火。
窒息作用	當水噴撒到火勢會形成水蒸氣，則空氣（氧）就能被稀釋（Dilution），某些物質的火災是能透過窒息作用來熄滅的，要是所產生的水蒸氣能夠持續籠罩在燃燒區內，則這種窒息就更具作用。當水蒸氣開始冷凝時，水蒸氣吸熱過程便告結束。當這一情況發生時，會形成水蒸氣的可見浮雲狀物。如果這樣的冷凝發生在火的上面，則對燃燒物質沒有冷卻作用。但水蒸氣浮雲狀物還是可以從火勢上面帶走輻射熱量。

項目	內容
冷卻作用	冷卻作用是撒水設備最大滅火機制，尤其是水霧撲滅易燃物火災，一般透過水的冷卻作用得到熄滅，而不是透過水蒸氣發生所引起的窒息作用來熄滅，雖然後者可能抑制火焰，但往往不能撲滅上述的火災。 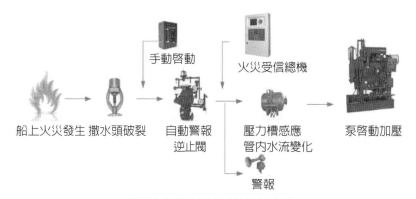

船舶自動撒水系統

船上火災發生 → 撒水頭破裂 → 自動警報 逆止閥 → 手動啟動 → 火災受信總機 → 壓力槽感應 管內水流變化 → 泵啟動加壓

警報

船舶自動撒水滅火系統動作流程

艙頂撒水頭

撒水頭

艙頂撒水頭充滿酒精之玻璃柱因火災熱膨脹將玻璃撐破釋出壓力水流

4-6 船舶自動撒水滅火系統（二）

　　自動撒水滅火系統是廣泛使用於全球各種建築物之火災防護；在船上則大多使用於有人活動區域（Passenger Areas）之空間，如船艙（Cabins）和餐廳。其具有能感應火災發生之感知撒水頭（Sprinkler Head），感應火災發生原理有兩種，一種是採用熔絲（老式），設定於某一溫度即能自動熔化的方式；即撒水頭裝設熔絲，因火災產生的高熱而使熔絲熔化掉，牽動平衡桿來開啟撒水口，噴出的加壓水衝擊到下方迴水板反彈，成圓盤狀向四周圍撒水；另一種為酒精玻璃管。

　　在系統構造上，船上使用管路、控制閥與撒水頭等，與陸地上建築物幾乎是一樣的；惟船上沒有屋頂水箱，故多使用壓力水箱與幫浦。而壓力水箱通常是箱內 2/3 為水，1/3 為壓力空氣，當撒水頭一旦釋放水後，水箱內空氣壓力會驅使箱內水經管路流至被打開之撒水頭。另玻璃管撒水頭，管壁很薄，管內裝置酒精或乙醚，利用酒精或乙醚受熱影響膨脹至管壁脹破。意即，撒水頭的作動主要受到火場執對流熱煙影響。在船舶某一空間發生火災後，熱煙氣產生後會往上竄升至艙頂板，並沿著艙頂板下方擴散，而艙頂板撒水頭也會被熱煙流所包圍。

　　因撒水頭含有一個熱感測元件，此熱感測元件以對溫度變化反應較靈敏之材質製作，當熱煙流到達撒水頭位置時，熱感測元件會被迅速地加熱直到損壞。當熱感測元件損壞之後，即發出火警訊號及自動啟動消防泵浦，即可發揮自動滅火效果，將加壓水噴灑下方空間，並將火勢予以控制或撲滅。一般自動撒水設備系統可靠度高，從而提供長期可靠的保護。其操作機構相較於其他自動滅火系統的作動機構則簡易許多，而使用之滅火介質（水）具穩定性且易取得，根據美國防火協會（NFPA）統計，大部分火災均可在 3～6 個撒水頭作用下即可獲至控制。

　　在所有的消防安全設備中，可依操作方式區分為「手動」及「自動」。自動撒水設備顧名思義，其歸類當屬「自動」模式。而撒水設備之所以能「自動撒水」，其關鍵乃在於「撒水頭」之構造；一般「撒水頭」之動作原理均屬於「先破壞、後撒水」；而依其破壞方式則大體可分為兩種，一種為「酒精玻璃柱破裂式」，其原理乃利用充滿酒精之玻璃柱作為撒水頭之前端阻水元件，當其受外力作用致使玻璃柱破裂或因溫度上升（如火災）導致玻璃柱內之酒精因熱膨脹效果而將玻璃柱撐破，此時，水自然得以由該開口放流而出，達到滅火之功效。而撒水頭之另一種形式，則為「熱熔金屬式」，其原理乃是利用可熔性金屬封住撒水頭前端作為阻水元件，當火災溫度上升達該金屬之熔點時，則將行熔化，終至脫落，致使開口暢通、水流湧出。

　　因自動撒水系統作動時將產生電子（機）裝備短路等危害，恐將對艦艇航安造成影響，故最終評論自動撒水系統並不適合裝設於船機主要艙間中，作為火災防護之用。意即，依自動撒水系統所產生的大量積水、造成電子（機）裝備短路損壞以及人員發生電擊傷亡等危害評估，實不適裝設於船機主要艙間作為火災防護之用。2005 年 11 月，根據國際消防安全系統規則，撒水頭應設於所需空間防護處所頂部位置，並保持適當間隔，使撒水頭所保護的額定面積，保持不少於每分鐘 5 L/m^2 平均出水量。

自動撒水設備分類

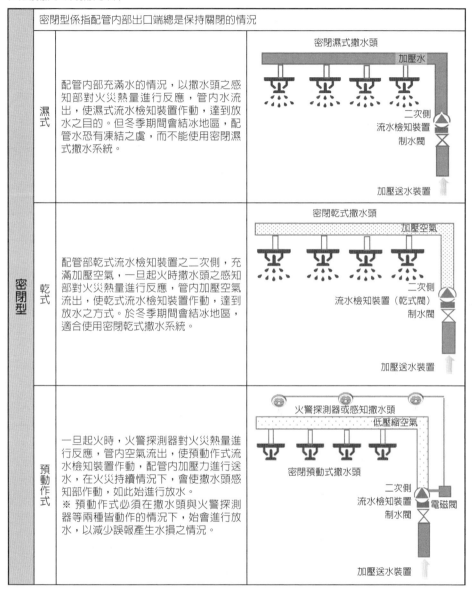

密閉型		密閉型係指配管內部出口端總是保持關閉的情況
	濕式	配管內部充滿水的情況，以撒水頭之感知部對火災熱量進行反應，管內水流出，使濕式流水檢知裝置作動，達到放水之目的。但冬季期間會結冰地區，配管水恐有凍結之虞，而不能使用密閉濕式撒水系統。
	乾式	配管部乾式流水檢知裝置之二次側，充滿加壓空氣，一旦起火時撒水頭之感知部對火災熱量進行反應，管內加壓空氣流出，使乾式流水檢知裝置作動，達到放水之方式。於冬季期間會結冰地區，適合使用密閉乾式撒水系統。
	預動作式	一旦起火時，火警探測器對火災熱量進行反應，管內空氣流出，使預動作式流水檢知裝置作動，配管內加壓力進行送水，在火災持續情況下，會使撒水頭感知部作動，如此始進行放水。 ※ 預動作式必須在撒水頭與火警探測器等兩種皆動作的情況下，始會進行放水，以減少誤報產生水損之情況。

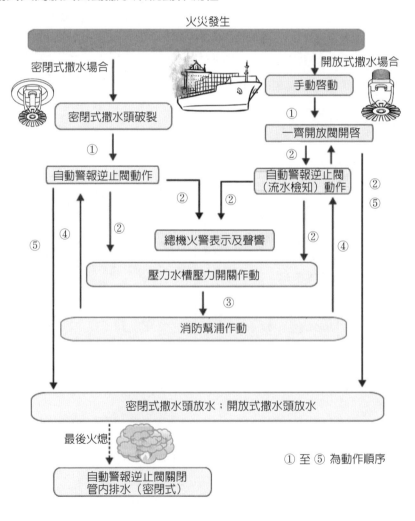

| 開放型 | 開放型係指二次側管內未有水,而配管出口端總是保持開放的情況。
開放式撒水頭工作原理,係結合火警探測器等,或者是透過手動打開,使一齊開放閥,排出水的方式,來達到滅火之目的;使用開放型往往考慮防護對象物,一旦起火時,火勢規模可能較大,如舞臺、艙內停車場或可燃性物品儲存倉庫等。 | |

火警探測器或感知撒水頭 / 一般空氣 / 開放式撒水頭 / 二次側 / 一齊開放閥 / 電磁閥 / 制水閥 / 加壓送水裝置

密閉式與開放式自動撒水系統動作流程

火災發生

密閉式撒水場合 → 密閉式撒水頭破裂
① → 自動警報逆止閥動作
② → 總機火警表示及聲響
壓力水槽壓力開關作動
③ → 消防幫浦作動

開放式撒水場合 → 手動啓動
① → 一齊開放閥開啓
② → 自動警報逆止閥（流水檢知）動作

密閉式撒水頭放水；開放式撒水頭放水

最後火熄

自動警報逆止閥關閉 管內排水（密閉式）

① 至 ⑤ 為動作順序

自動撒水設備火災計算

假設艙內溫度（T_0）為25℃，泡棉椅火災熱釋放率（Q）為500 kW，燃料頂端至艙頂板高度（H）3.50m，艙頂板快速反應玻璃球型撒水頭，防護半徑（r）2.50m，請計算該撒水頭啟動時間（t_{act}）？（撒水頭標示溫度（T_a）為71℃，船艙內對流熱傳係數（χ_c）一般為0.7）

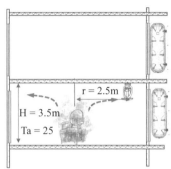

公式：$t_{act} = \dfrac{RTI}{\sqrt{u_{jet}}} \ln\left(\dfrac{T_{jet} - T_o}{T_{jet} - T_a}\right)$

解：依題意所示

　Q = 熱釋放率（穩態Steady State）為 500 kW

　r = 火羽流中心線至撒水頭半徑距離或撒水頭防護半徑距離為 2.50m

　$T_{activation}$ = 撒水頭啟動溫度為71℃

　RTI = 撒水頭快速反應時間指數，查表為42（m-sec）$^{1/2}$

　H = 燃料頂端至艙頂板高度距離為3.50m

　T_a = 環境初始溫度為25℃

　χ_c = 對流熱釋放率係數（Convective Heat Release Fraction）一般為0.7

①計算防護半徑對艙頂板高度之比

　r/H = 2.5/3.5 = 0.71

②計算艙頂板熱煙流溫度T_{jet}（℃）

　$T_{jet} - T_a = 16.9 Q^{2/3} H^{2/5}$　在r/H ≤ 0.18情況

　$T_{jet} - T_a = 5.38 \dfrac{\left(\dfrac{Q}{r}\right)^{2/3}}{H}$　在r/H > 0.18情況

　$T_{jet} = 77.57$（℃）

③計算艙頂板熱煙流速u_{jet}（m/sec）

　$u_{jet} = 0.96 \left(\dfrac{Q}{H}\right)^{1/3}$　在r/H < 0.15情況

　$u_{jet} = \dfrac{0.195 Q^{1/3} H^{1/2}}{r^{5/6}}$　在r/H = >0.15情況

　$u_{jet} = 1.349$（m/sec）

④計算撒水頭啟動時間t_{act}（sec）

$$t_{activation} = \frac{RTI}{\sqrt{u_{jet}}} \ln\left(\frac{T_{jet} - T_0}{T_{jet} - T_a}\right) = \frac{42}{\sqrt{1.39}} \ln\left(\frac{77.57 - 25}{77.57 - 71}\right) = 75.2 \text{（sec）}$$

4-7 船舶水霧滅火系統

　　船上水霧或水沫（Spray）滅火設備，有時是設計為防護（Protection）及降低火災輻射熱之影響，而不是作為控制（Control）或撲滅（Suppression）火勢之用途。船上一般水霧是設於儲存槽（Storage Vessels）、救生艇、油管路等火災防護，利用特殊設計之水霧噴頭，使水量微粒霧狀均勻噴出，達到防護客體之冷卻，避免受火勢輻射熱之高溫破壞之消防安全設備。

　　目前在陸地上建築物盛行高壓水霧（細水霧）滅火設備。但高壓技術在海面上有其風險，特殊條件下在海上的船舶，安全是一個非常重要的問題。如客輪安全問題的關鍵，當然是船上的人命安全。船舶上火災的危險是遍及船上整個範圍，這意味著防火保護在船上必須是更有效的。畢竟，在發生火災時，在海上避難逃生不是那麼容易，從外部可提供消防援助是不能被計算在內的。

　　高壓水霧（High-Pressure Water Mist）已被證明在防護渦輪機艙（Turbine Enclosures）、小型發動機室或類似的空間是非常有效的，其可代替傳統的氣體如二氧化碳或 Argonite 滅火系統。除此之外，目前亦在船上一些空間應用細水霧滅火系統來保護船上人員及重要設施，如客艙、公共區（Public）、儲存區（Storage Areas）或機械室（Machinery Spaces）等。

　　當細水霧系統啟動後，撒水幫浦控制單元組件自動發送「供水持續中」的訊號至艦橋（Bridge）處；並顯示火災警報訊號，傳到受起火處影響的地區。

　　依據 NFPA 750 規範，細水霧自動滅火系統，係距噴頭下方 1 m 處，進行水霧液滴尺寸的量測，在最小設計操作壓力下能產生的液滴，其累積體積分布之 99% 水粒子粒徑小於 1000 微米的細水霧系統。故細水霧系統乃是藉由壓力及特殊的噴頭設計，將加壓的水透過噴頭產生極微小的霧狀液滴，此微小之液滴，遇熱可快速蒸發，以蒸發熱取代熱傳導冷卻，可快速冷卻火焰及煙層溫度，並可隔絕降低氧氣的持續供應，減少熱輻射效應等，以控制或消滅火源。

　　系統的主要滅火原理是降低火源周圍的輻射熱，以蒸發的水蒸氣包圍火源四周以隔絕氧氣供應，以及直接冷卻火源。意即，充分的利用水的能力，經由特殊的噴頭設計，循環式的放射方式及以防護空間的配置，使細水霧系統在燃燒過程中藉由極小之細水霧粒子顆粒（200～500mm），增加了水分子吸收熱量的總體表面積，故可比一般水系統更能達到瞬間冷卻的效果，提供更有效之冷卻作用及隔離作用，大大提升細水霧系統的滅火能力。當細水霧系統作動時，即便船艙內通風、抽風未停用情況下，亦不影響其抑制火災之效能，且能迅速有效地移除火場大部分的熱量、煙粒子及減少毒性氣體的產生，達到防護人員或是裝備之目的。

水霧滅火設備滅火原理

項目		內容
主要滅火機制	熱移除	區劃空間內釋放水霧能充斥大量水霧粒子，水之蒸發潛熱為 539cal/g，能顯著降溫達到冷卻作用。
	稀釋氧氣及可燃蒸汽	水霧遇到火災熱後，蒸發為水蒸汽，大量膨脹表面積效應，氧氣受到排擠作用，使燃燒區域氧氣大為縮減。
	可燃物表面濕潤與降溫	使可燃物表面濕潤，吸收其熱能，使其難以熱裂解及分解，新氣相燃料之生成遭到抑制，火勢難以再成長。
次要滅火機制	降低輻射回饋	大量水霧粒子產生遮蔽及吸收輻射熱，使其難以有熱量反饋。
	流場動態效應	水微粒體積小重量輕，易受熱對流循環，可延長水微粒在空氣中之漂浮時間，並藉由流場動態效應，到達所遮蔽的火源。
優勢	應用廣泛	能有效使用於 A 類、B 類、C 類火災及噴射氣體之火災。
	水量需求小	可降低對敏感設備水損問題。假使相同條件之火災環境，細水霧系統水量為 45 Lpm，而一般撒水頭則需達 70～100 Lpm。
	成本低	兼具氣體與水滅火特性，不具毒性，且比化學系統成本低。
	避免復燃	氣體替代品的濃度，若無法維持充足的時間，區劃內則可能發生復燃情況，但水霧無此之問題。
	易於清潔	冷卻作用及較少清潔時間，允許火災後能短時間恢復使用。
	管徑小	對於空間與重量要求上，具有明顯空間使用之優勢。
	洗滌效果	大量霧化水微粒之吸附效應，將濃煙懸浮微粒物質溶入沉落於地面，產生洗滌濃煙之效果，尤其是減少煙對文物損壞。
使用限制	大空間	對於開放空間或挑高空間，滅火效果會受到限定。
	遮蔽	火焰受到遮蔽，滅火效果會受到限定。
	快速火災	快速成長之火災，火羽流旺盛，細水霧難以到達火焰本身。
	禁水性	不能使用與水產生劇烈反應之物質，如金屬類、矽烷類火災。
	液化氣體	不能使用於低溫之液化氣體。

船舶配管閥門類型表

閥門型式	線性運動（Linear Motion）	旋轉運動（Rotary Motion）	1/4轉（直角轉）（Quarter Turn）
閘閥（Gate Valve）	✓	—	—
球閥（上下動）（Globe Valve）	✓	—	—
塞閥（Plug Valve）	—	✓	✓
球塞閥（左右動）（Ball Valve）	—	✓	✓
蝶閥（Butterfly Valve）	—	✓	✓
擺動式逆止閥（Swing Check Valve）	—	✓	—
隔膜閥或針閥（Diaphragm Valve）	✓	—	—
管夾閥（Pinch Valve）	✓	—	—
安全閥（Safety Valve）	✓	—	—
減壓閥（Relief Valve）	✓	—	—

船上水霧滅火設備動作流程

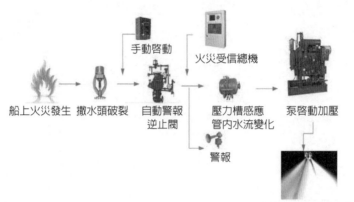

手動啓動　火災受信總機

船上火災發生　撒水頭破裂　自動警報逆止閥　壓力槽感應管內水流變化　泵啓動加壓

警報

高壓水霧噴頭撒水霧

一般水霧滅火設備動作流程

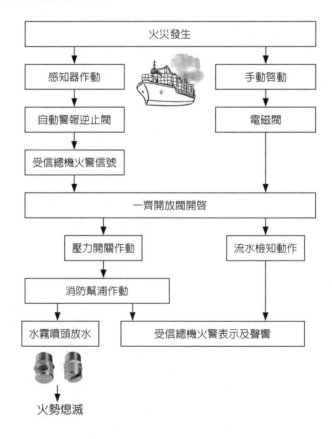

火災發生

感知器作動　手動啓動

自動警報逆止閥　電磁閥

受信總機火警信號

一齊開放閥開啓

壓力開關作動　流水檢知動作

消防幫浦作動

水霧噴頭放水　受信總機火警表示及聲響

火勢熄滅

水霧滅火設備噴頭種類

種類	內容	圖示
縱橫紊流式	高壓水至噴頭內部擴大區劃空間垂直角大灣流時，形成紊流動態水粒流，高壓撞擊斜度限流孔，引流擴大水霧粒子流。	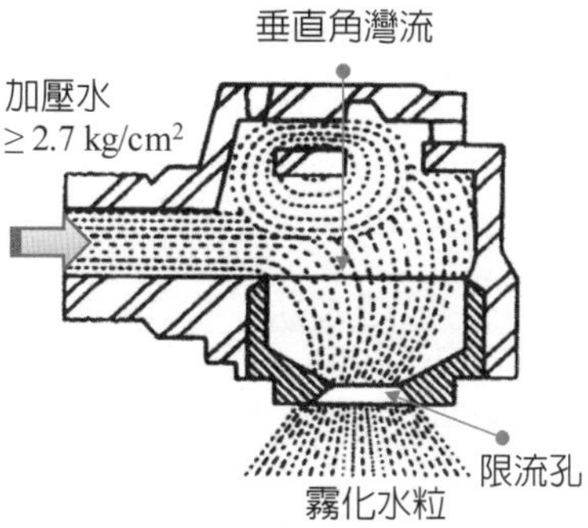 垂直角灣流 加壓水 ≥ 2.7 kg/cm² 限流孔 霧化水粒
外齒形迴水板式	高壓水至噴頭內部直流，高速直接撞擊斜度外齒形迴水板，引流擴大水霧粒子流。	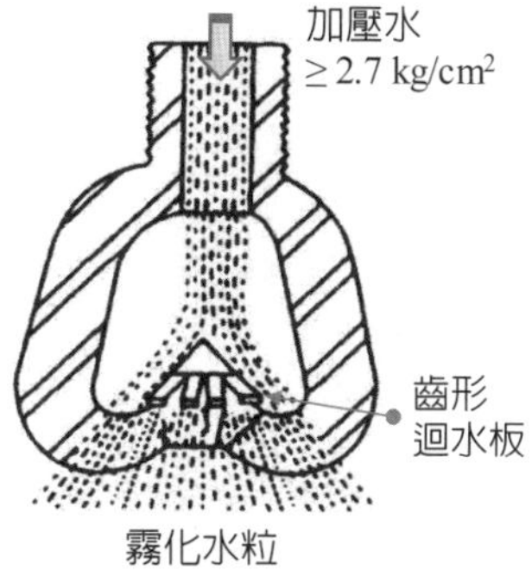 加壓水 ≥ 2.7 kg/cm² 齒形迴水板 霧化水粒
交叉螺旋片式	高壓水至噴頭內部螺旋室時，產生高速螺旋水流撞擊斜度限流孔，引流擴大水霧粒子流。	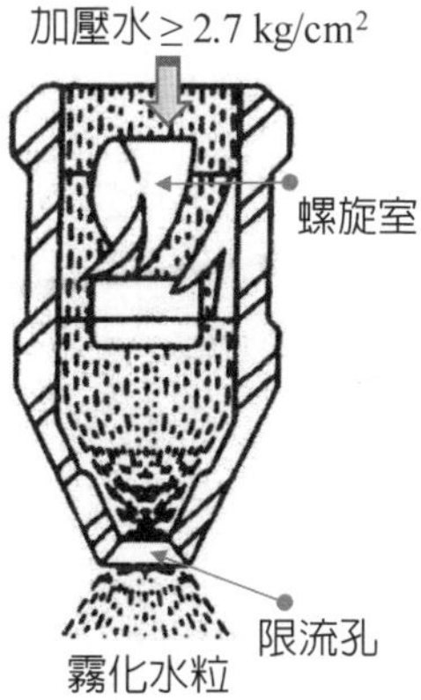 加壓水 ≥ 2.7 kg/cm² 螺旋室 限流孔 霧化水粒

4-8 船舶泡沫滅火系統（一）

1. 一般泡沫滅火系統

泡沫原液是一種專門配方濃縮泡沫液的水溶液，能產生充氣泡（Gas-Filled Bubbles）的聚合體（Aggregate），pH 值範圍在 7～8.5，pH 值愈大對腐蝕及導電性均會增加。由於空氣泡沫比產生泡沫水溶液輕，也比易燃液體輕，能浮在所有的易燃或可燃液體的上面，形成隔絕空氣（Air-Excluding）、冷卻、連續封閉蒸氣層（Vapor-Sealing），來阻止或防止燃燒情況。

產生泡沫的方法，是以適當的濃度泡沫原液（1%～6%）來混合水（94%～99%），然後對溶液充滿空氣（Aerating）並攪拌（Agitating），形成氣泡結構。某些泡沫液稠而黏，在燃燒液體的表面和垂直的面積上形成黏著的、耐熱的覆蓋層。某些泡沫比較稀薄，而擴散比較迅速；某些能在液體的表面，形成表面性封閉蒸氣水溶液薄膜；有些泡沫如中膨脹或高膨脹泡沫，則以大體積濕氣泡的形式，用於淹蓋（Inundating）低窪區域（Cavities）之火勢。

泡沫原液與水混合使用之濃度方面，依法規指出，在蛋白質泡沫原液 3% 或 6%；合成界面活性泡沫原液 1% 或 3%；水成膜泡沫原液 3% 或 6%。在泡沫保水性方面，以 25% 還原時間[註1]為指標，時間愈長保水性愈佳，形成膜愈能保持抗熱。

泡沫系統滅火對象主要是 B 類之油類火災為主，也可撲滅 A 類火災，尤其是深層火災（Deep-Seated Fires），但不能撲滅通電中之 C 類火災與燃燒中會自動產生氧氣之 D 類金屬性火災，如鈉、鈦、鉀、鎂、鋯等火災。系統是利用水與泡沫滅火藥劑混合，遇空氣或藉由化學變化，使其膨脹，利用窒息的原理，將泡沫覆蓋於燃燒面，完全阻絕空氣的供給，產生窒息作用將火勢撲滅。

泡沫可按發泡膨脹比率加以定義，分成三類如次：

> A. 低膨脹泡沫 - 發泡膨脹比低於 20：1
> B. 中膨脹泡沫 - 發泡膨脹比為 20～200：1
> C. 高膨脹泡沫 - 發泡膨脹比為 200～1000：1

上述膨脹比（Expansion Ratio）為泡沫原液之容積（V_1），與空氣混合後完全變為空氣泡後所得氣泡容積（V_2），計算如次

$$E = \frac{V_2}{V_1}$$

泡沫應用種類

泡沫主要分為化學泡沫和空氣泡沫（或機械泡沫），化學泡沫主要以碳酸氫鈉（$NaHCO_3$）與硫酸鋁（$Al_2(SO_4)_3$）混合液，作為發泡劑進行化學反應，形成大量細小的泡沫，生成二氧化碳、膠狀氫氧化鋁及硫酸鈉，使泡沫具一定黏性於物體上，泡沫中氣體為二氧化碳。

$$6\,NaHCO_3 + Al_2(SO_4) \rightarrow 3\,Na_2SO_4 + 2Al(OH)_3 + 6\,CO_2$$

[註1] 25% 還原時間射出泡沫還原至全部泡沫水溶液量 25% 止所需之時間。

泡沫發泡原理

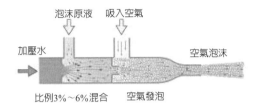

泡沫原液與水混合百分比

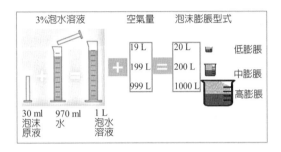

泡沫滅火原理

泡沫種類

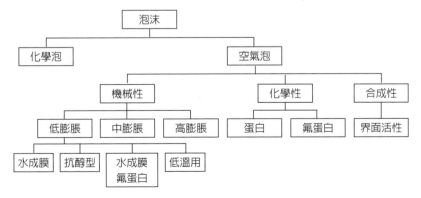

4-9 船舶泡沫滅火系統（二）

空氣泡沫是以泡沫原液的水溶液與空氣在泡沫產生器機械混合生成，因泡沫內氣體爲空氣，爲機械泡沫，因其泡沫中所含氣體爲空氣，稱爲空氣泡沫。因其比可燃性液體輕會浮於液面上形成與空氣中氧無法結合，適合大規模油類火災。有許多種類的泡沫原液（Foam Concentrates）是對付某種火災專門設計的。在不使用自給式呼吸保護器具（Self-Contained Breathing Apparatus）的情況下，不要試圖進入充滿泡沫的通道。大量的泡沫還會降低視力和聽力，進入充滿泡沫地區必須使用安全引導繩（Life Lines）。

實驗顯示，發泡膨脹率約 500：1 泡沫，能成功地使用於控制 LPG 火災和減少其繼續洩氣的蒸發（Vaporization）。隨著水慢慢地從泡沫中少量地引流（Drains），其在 LPG 上形成懸浮薄冰層（Thin Ice Layer），可支承高倍泡沫覆蓋層。

泡沫滅火系統主要是針對易燃性液體火災。基本上，船上一些高風險區域（High-Risk Areas），如引擎室、鍋爐或幫浦房，可以高膨脹倍數泡沫系統（High-Expansion Foam, 1000:1）作爲火災防護，依照 SLOAS 第 9 條 II -2, Part A 規定指出，高膨脹泡沫系統有能力在 1 分鐘放射泡沫量，能含蓋單一防護最大空間之地面 3.3 呎（1 m）深度。而低膨脹泡沫（Low-Expansion Foam, 12:1）是有效的滅火劑，對油輪、艦載飛機（Freight Carrier）和直升機甲板等室外大規模開放區，如在艙內區劃空間依照 SLOAS 第 8 條 II -2, Part A 規定指出，低膨脹泡沫系統有能力在 5 分鐘內放射泡沫量，能含蓋單一防護最大空間之地面 6 吋（152 mm）深度。船上泡沫滅火系統應用方式：有全區放射（Total Flooding，與 CO_2 不同的是內部可以有人處所）、局部放射（Local Application）、甲板泡沫系統（Deck Foam）三種。

2. 甲板泡沫系統

於 1962 年 1 月 1 日之後建造的所有油輪，SOLAS 規定需配備甲板泡沫滅火系統。機械泡沫是由一定量的泡沫原液劑，注入水流後再與空氣混合而成。船用泡沫原液劑通常經劑量控制器排放，泡沫滅火劑溶液透過固定的管道由泵抽吸至噴口、噴嘴等處。泡沫滅火劑溶液則是在噴口與空氣混合。甲板泡沫系統旨在撲滅甲板上任何部位發生的火災，泡沫站（噴口或管站）設在甲板各防護部位的後部，既能噴出事先確定的劑量，又能在某部分管道被火燒斷後，不會影響其他管道繼續噴出泡沫。如機械、泡沫泵設施和劑量控制器都設在各消防區的後部，就可以由後向前有效地撲滅任何部位火災。儘管機械泡沫滅火系統的濃縮滅火劑，適用於大部分易燃液體運輸船，但不能用於某些易燃液體運輸船的滅火。例如，酒精、酯、酮和醚（一般稱爲水溶性或極性溶劑）產生的火災，此不能用普通濃縮泡沫滅火劑來滅火。酒精類濃縮泡沫滅火劑可用來撲滅水溶性易燃液體引起的船舶火災。另一種酒精類火災的撲滅方法，是用水噴灑稀釋易燃液體並冷卻火災周圍地區。而酒精型泡沫劑可用來撲滅極性溶劑火災，也可用於撲滅非極性溶劑火災。

船舶泡沫動作流程

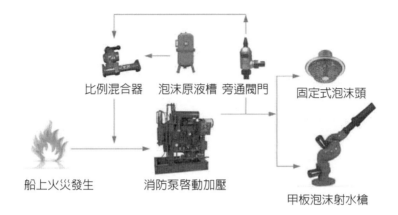

船載泡沫射水槍

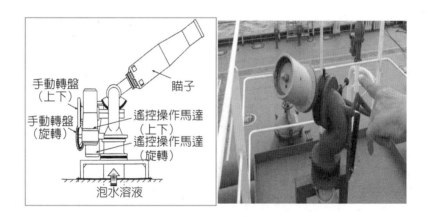

泡沫頭放射示意圖及管路 Y 型過濾器（過濾管路中雜質）

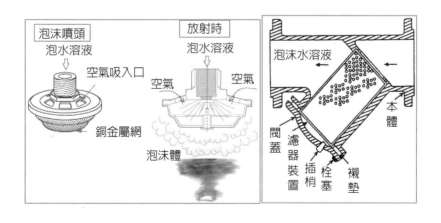

4-10 船舶泡沫滅火系統（三）

若遇火災發生而系統尚未動作，此時應打開該區之手動啟動箱，拉下箱內之開關扳手，一齊開放閥即動作噴出泡沫；當火勢撲滅後，可將手動開關扳回，泡沫頭即不再噴出泡沫，系統停止。因泡沫原液會強烈腐蝕管路，所以每次泡沫噴放過後管路皆需清洗，清洗前先將泡沫原液槽上之二只閘門關閉，打開手動啟動讓水流出（此時不再噴出泡沫），待清洗完畢，關閉手動開關，再打開泡沫原液槽二只閘門。

系統測試必須遵照國際海事組織（IMO）規定項目，且系統設計必須根據 SOLAS 公約規定。而泡沫原液濃度（Foam Concentrate）需符合歐洲理事會（European Council Directive）96/98 海洋設備（MED）規定。泡沫發生器工作壓力一般是 6 Bar，系統可以使用新鮮水或海水。其裝設位置往往在受保護空間的最高位置，泡沫可直接藉由重力（Gravity）涵蓋整個受防護的空間，如甲板等。

在固定式甲板泡沫所需壓力，根據 2005 年 11 月國際消防安全系統規則，指出按所需輸出量操作甲板泡沫系統時，需同時從消防主水管，按所需壓力噴射所需最少數目的水柱。只有在以泡沫槍工作壓力從共用管路供給泡沫液時，可由一名人員實施有效控制的前提下，才能接受消防主水管和甲板泡沫管路採用共用的管路。當要求泡沫系統同時向兩支泡沫槍供液時，應增加泡沫供給量。此確保在全船甲板上、起居處所、服務處所、控制站和機器處所內所需最少數量消防水能同時使用。

新式泡沫出現一種稱為熱泡沫滅火系統（Hot Foam Fire Extinguishing Systems），系統使用機械空間內的空氣，來生成高膨脹倍數泡沫所需空氣量，使該空氣氧氣量可額外降低，意即其熱泡沫發生器具（Hot Foam Generators）是吸入機械室火災時之熱空氣，來導入系統內作發泡所需空氣，來形成發泡倍數（Expansion Ratio）達到 600 倍左右。其能取代對人命有危險之二氧化碳全區釋放系統（total Flooding System），使用在船上一些機艙空間。現新式油輪在甲板泡沫系統即是採用熱泡沫系統，可減少成本維護和船上操作人員培訓。且與二氧化碳不同的是熱泡沫是無毒，在緊急情況下，人員仍可進入操作機械開關，繼續使用。

一般泡沫滅火使用注意事項，如下表所示。

滅火泡沫使用注意事項

未受汙染水	水含洗淨劑、油或腐蝕抑制劑等，會對泡沫體產生負面影響。
壓力範圍	所有泡沫產生裝置超過其壓力限度，泡沫體品質將會降低。
不混合	混合泡沫、乾粉等，可能會破壞原有所具之滅火特性。
導電性	泡沫是黏著的，使泡沫噴霧比水沫的導電性更大。
表面張力性泡沫	泡沫需足夠大體積量，供應率大於損失率，確保液體上有足夠泡沫層。
不穩定性	泡沫由物理的或機械力極易破裂如射流。化學品蒸氣也會破壞泡沫。紊流空氣或火災燃燒氣體上升氣流，會驅使泡沫從燃燒區轉向他處。

甲板泡沫射水槍

甲板泡沫射水槍放射率

油輪甲板上防護油槽，其泡沫放射率如次：

A. 於貨物艙空間（Cargo Tank），幫浦每分鐘射至艙間最大長度與船寬（Beam Vessels）邊界處，泡沫出水量有0.6 L/m^2。

B. 於單一油槽空間（Single Tank），每分鐘射至最大寬邊與長邊處邊界處，泡沫出水量有6 L/m^2。

C. 最大泡沫射水槍（Largest Monitor）所防護面積，每分鐘泡沫出水量有3 L/m^2。

D. 上述船上應有足夠泡沫原液（Concentrate），假使船上同時配備惰性滅火氣體（Inert Gas），應有20分鐘泡沫出水量；假使沒有配備惰性滅火氣體，應有30分鐘泡沫出水量。

熱泡沫系統

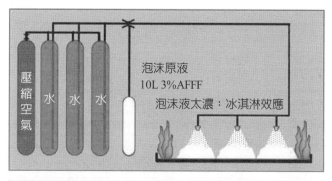

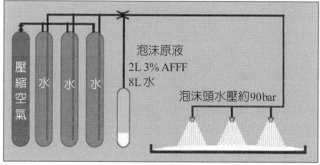

高膨脹倍數生成泡沫達到600倍之熱泡沫系統

4-11 船舶乾粉滅火系統（一）

項目		內容
抑制連鎖	斷鏈機制	由乾粉中無機鹽分解物，與燃燒生成自由基，發生化學抑制和副催化作用，其表面能捕獲 H+ 和 OH- 使之結合成水，而破壞鏈鎖反應，有效抑制火焰中 H+、OH- 等自由基濃度，導致燃燒中止。
遮隔	輻射熱遮隔	噴撒乾粉形成乾粉雲霧，產生輻射熱遮隔作用（Shielding Factor）。
窒息	釋放 CO_2	釋放 CO_2 達到窒息作用，正如乾粉受熱時能釋放水蒸氣一樣。但氣體並不是乾粉滅火之主因。第 3 種乾粉能分解磷酸銨在燃燒物上留下偏磷酸（Metaphosphoric Acid），產生黏附殘留體。
冷卻	分解吸熱	分解乾粉所需熱能作用是相對小，任何乾粉必須是熱敏感的，並因而吸收熱量以成為化學活性（Chemically Active）。
皂化 [註2]	表面塗層	對於廚房、抽油煙管和油炸鍋等火災防護，常使用乾粉及濕式化學藥劑，此種滅火機制是基於一過皂化過程。皂化在暴露於高熱則易分解。但乾粉沒有實質性冷卻效果，於一小段時間後，會有高溫再起火現象，滅火時應注意這種特性。

乾粉使用局限性

項目		內容
悶燒火災	冷卻有限	用於 A 類或悶燒火災，應撒水以防止再蓄熱，如深層或捆包儲存區。
精密儀器	受熱發黏	乾粉高熱時變得發黏難以清除，不建議在精密機器。
高熱表面	重新復燃	乾粉不能在易燃液面上形成持久惰性氣體層，易重新復燃。
電子產品	絕緣特性	乾粉不可使用於電子區域（如變換機和電腦機艙），使其無法再使用。
微腐蝕性	物品受損	乾粉略有腐蝕性，滅火後應進行清除。
含氧物質	無穿透性	乾粉不能穿透深處火勢，或燃燒物本身含氧物質之火災。
空氣泡沫不相容	斥水性	乾粉與大多數空氣泡沫是不相容的。

[註2] 皂化是化學轉化脂肪酸（Fatty Acid）過程中，以肥皂或泡沫來形成表面塗層，達到覆蓋滅火。皂化值是透過 1 克脂肪皂化反應所消耗氫氧化鉀數量之一種量度（mg）。

船載移動式乾粉滅火設備

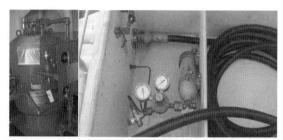

自動或手動啓動之乾粉儲存鋼瓶及甲板上手持式乾粉高壓軟管

移動式乾粉滅火設備

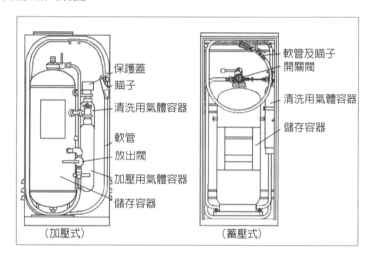

（加壓式）　　　　　　　（蓄壓式）

固定式乾粉滅火設備

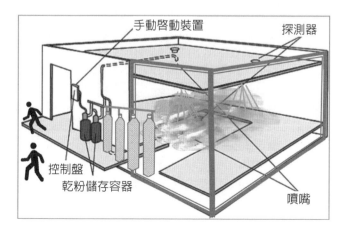

4-12 船舶乾粉滅火系統（二）

在船上乾粉滅火系統（Powder Fire Extinguishing Systems）是適用於需立即壓制（Knock-Down）的火勢，以減少大量輻射熱之防護對象物。且對象物受到滅火劑所產生汙染或損害較不敏感者（Irrelevant），如液化石油氣船或液化天然氣船之甲板上貨物或設施。因其滅火後會產生汙染，以及乾粉在海上環境會有受潮濕硬化之虞，造成維修保養不易。因此，各類船舶選擇乾粉系統作爲火災防護設備是較少的。

乾粉滅火劑是一種乾燥且易於流動的微細粉末，由具有滅火效能的無機鹽和少量的添加劑，經乾燥、粉碎、混合而成微細固體粉末組成。乾粉種類有碳酸氫鈉乾粉、鈉鹽乾粉、鉀鹽乾粉、磷酸二氫銨乾粉、磷酸氫二銨乾粉、磷酸乾粉和氨基乾粉滅火劑等。系統鋼瓶在加壓氣體作用下，噴出的粉霧與火焰接觸、混合時，發生物理及化學作用而予以滅火，一是靠乾粉中的無機鹽的揮發性分解物，與燃燒過程中燃料所產生的自由基或活性基團，形成化學抑制和副催化作用，使燃燒鏈反應中斷而滅火；二是靠乾粉的粉末落在可燃物表面，發生化學反應，並在高溫下形成一層玻璃狀覆蓋層，從而隔絕氧窒息滅火。此外，乾粉還具部分稀釋氧和冷卻作用。

當滅火裝置接到啓動信號時，鋼瓶內氣體活化劑被啓動，殼內氣體迅速膨脹，鋼瓶內部壓力增大，將噴嘴薄膜衝破，超細乾粉向保護區域噴射並迅速向四周彌漫，形成全區放射滅火狀態，火焰在超細乾粉抑制連鎖之物理、化學作用下撲滅火災。乾粉系統方面，其控制盤與指示燈爲一體，主機需爲電子式積體電路，並具備有偵測信號、聲音警示、延遲動作、外接輸出控制等功能。系統動作方式採用交叉式雙迴路確認動作模式（Cross Zone），及雙迴路同時偵測到火警信號時，經倒數計時後，乾粉藥劑釋放，此時控制盤上紅色 LED 指示燈亮，且防護區之警示燈需不停閃爍。具有警鈴、蜂鳴器靜音開關，能切斷音源。延遲釋放裝置可設定於 0 至 60 秒範圍內，各偵測迴路並需具備各種偵測與確認火災功能；由選擇閥送至所需防護空間。

系統設置緊急暫停開關在自動偵測火警狀態下動作時，控制盤可復歸至原設定之秒數。乾粉系統控制盤必須提供之燈號及開關如下，以指示控制及確認狀況。控制盤面應有下列狀態指示燈：電源燈、系統故障燈（Trouble）、火警警報燈（Alarm）、警報靜音燈等。而控制盤盤面應有下列開關：系統復歸開關（Reset）、系統警報靜音開關（Silence）、系統控制盤在額定電壓 86～109% 變動範圍內，其性能應保持正常。在鋼瓶之製造、檢驗、測試需依照美國 DOT 標準規定製造。此外，需有手動啓動裝置與緊急暫停裝置，於每一保護區之主要入口處均需備有本裝置，以供現場人員緊急情況時以手操作，以釋放或中斷（在系統釋放前）滅火藥劑之放射，爲避免不當之誤動。手動啓動開關需爲雙動作式（Dual Action），並爲鑰匙復歸型，且可以鑰匙作測試，緊急暫停開關，並爲可自動復歸式（即放開押鈕後自動復歸）。

碳酸氫鈉乾粉化學式 $2NaHCO_3 \rightarrow Na_2CO_3 + H_2O + CO_2$

磷酸二氫銨乾粉化學式 $NH_4H_2PO_4 \rightarrow NH_3 + H_3PO_4$

乾粉滅火設備動作順序

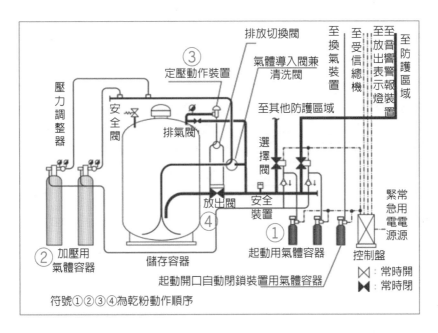

符號①②③④為乾粉動作順序

固定式乾粉滅火設備防護區域

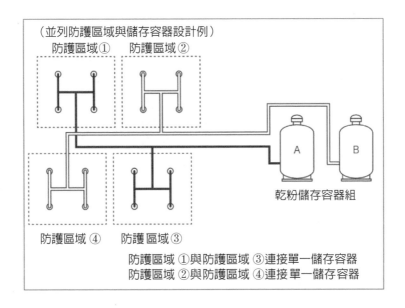

4-13 船舶二氧化碳滅火系統（一）

　　CO_2 用於滅火已有很長的歷史，本身具有許多特性，使其成爲一種理想的滅火劑。它不與大多數物質發生反應，且本身能提供壓力從儲存容器中直接釋放出。由於 CO_2 是一種乾淨的氣體，密度爲 1.96 g/L（0℃, 1atm），可滲透並蔓延到火勢區域所有部分。無論 CO_2 爲氣體或爲固體之乾冰皆不導電；因此，可以在帶電設備中使用，不會留下殘留物，爲一種良好的滅火設備。

CO_2 滅火劑物理特性

項目		內容
釋放特性	形成氣霧	液態 CO_2 釋放，由於瞬間蒸氣中帶有非常細的乾冰，而呈現白雲霧狀外觀。由於低溫，一些水蒸氣會從大氣中凝結，產生額外氣霧，這種氣霧在乾冰粒子沉降或昇華後會繼續存在一段時間。對溫度極爲敏感的設備，CO_2 要避免強射流之直接噴射方式。
累積靜電	必須接地	CO_2 自管口高速噴均不會帶電，但含有粉塵或霧滴而呈氣霧態時，則可明顯帶電。從以往各火案例，顯示容器內部鐵鏽粉末，隨著噴出氣體接觸容器壁急速流出帶電所致。爲了防止人員觸電危險，或靜電放電於潛在爆炸環境。所有釋放噴嘴必須接地。
蒸氣密度	覆蓋窒息	相同溫度下 CO_2 氣體是空氣密度 1.5 倍。冷的 CO_2 有較大的密度，這就是能覆蓋著燃燒表面，保持窒息性原因。因任何 CO_2 和空氣混合物都比空氣重，所以含 CO_2 濃度最高氣層沉在最下部位。
生理效應	安全措施	每一 CO_2 滅火系統必須設計到足夠的安全預防措施。在釋放過程所產生乾冰能讓人體凍傷。由於極低的溫度，工作人員應被警告不要釋放後處理殘留的乾冰；必須隔一段相當長時間方能進入。

CO_2 滅火劑滅火特性

項目		內容
窒息滅火	減緩氧化速率	在任何火災中，熱量是由可燃物快速氧化所產生的。這種熱量的一部分用以提升燃料溫度至其起火點，而大部分則透過輻射和對流而散失，特別是表面燃燒（Surface Burning）的物質。CO_2 能大量稀釋空氣中氧氣至火勢，產生熱量獲得速率就減慢，直到其低於熱量損失速率。當燃料冷卻至起火溫度以下時，火勢就會衰退熄滅。
冷卻滅火	避免復燃	雖 CO_2 釋放溫度能接近 −79℃，如等重水冷卻能力比較，CO_2 算是相當小的。在低壓儲存液態 1 磅的 CO_2 潛熱，約 120 BTU。以局部應用 CO_2 直接噴射至燃燒物質（如液體槽），冷卻效果是較明顯的。如果是密閉全區應用能迅速覆蓋達到窒息火勢。在噴放射流中存在乾冰粒子能幫助冷卻燃料，從而防止噴射後燃料區再度復燃。

CO$_2$ 滅火設備安全裝置

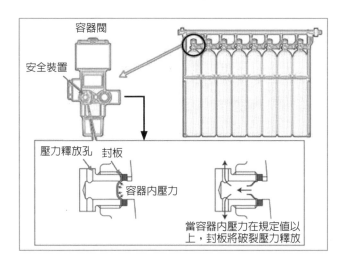

CO$_2$ 鋼瓶釋放選擇閥與安全裝置

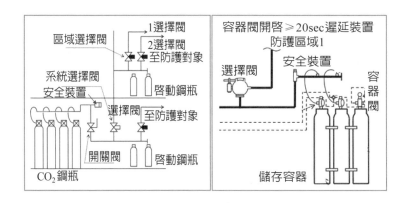

CO$_2$ 滅火設備動作流程

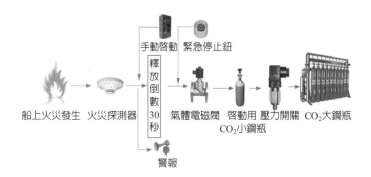

4-14 船舶二氧化碳滅火系統（二）

　　CO_2 滅火系統（Carbon Dioxide Fire Suppression System）滅火對象是 B 類之油類火災與通電中之 C 類火災爲主，此外，也可撲滅 A 類火災，尤其是可燃物堆積狀之深層火災（Deep-Seated Fires），但無法撲滅燃燒中會自動產生氧氣之 D 類金屬火災，如鈉、鈦、鉀、鎂、鋯等。CO_2 有其優點，是滅火後不留痕跡，對於貴重的儀器、發電機等亦不致引起絕緣不良的效果，受到各類船舶廣泛使用迄今，應用防護空間大多爲：

A. 機艙（Turbine Engines）

B. 幫浦室（Pump Rooms）

C. 貨艙（Cargo Holds）

D. 柴油發電機艙（Generators）

E. 機械室（Machinery Spaces）

F. 船艏推進器室（Bow Thruster Compartments）

　　CO_2 亦廣泛受各類型船舶所使用，如挖泥船（Dredge Vessels）、漁船、駛上駛下型渡輪（Ro/Ro Vessels）、汽車船（Vehicle Carrier）、拖船（Tugboats）、遊艇（Yachts）、客輪（Passenger Vessels）、研究船（Research Vessels）、化學品船（Chemical Vessels）、多用途船（Multi-Purpose Vessels）。

　　因此，CO_2 是廣泛應用於船上重要空間之火災防護；基本上，系統應用方式可分於封閉區劃空間重要防護對象物之全區放射方式（內部不可有人區域，但泡沫可內部有人）（Total Flooding）及針對特定火災危險之局部放射應用方式（Local Application）或小規模 B 類火災之手持軟管放射方式（Hand-Hose Line）等三種。系統組成包括探測器、控制單元、藥劑儲存瓶（Agent Storage Cylinders）、管道和放射噴嘴（Nozzles）。氣態 CO_2 迅速壓制火勢藉由冷卻和氧氣稀釋（Oxygen Displacement）之作用組合。而系統設計上必須根據 SOLAS 與 IMO 規定。

　　CO_2 如超過臨界溫度，則壓力驟增，因此儲存容器應置於 40℃以下，溫度變化較少的處所。充填時需注意不宜超壓，以免危險。一般 CO_2 儲存容器充填比至少應在 1.5 以上。依照 SOLAS 公約指出，固定式氣體滅火系統施放前，預警報應能自動啓動，如打開釋放箱櫃的門來啓動，自動延時裝置應能保證在滅火劑施放前，至少警報 20 秒緩衝時間，讓內部尚未撤離人員仍有出來之機會。

　　以 CO_2 作爲船用滅火劑是比較理想的。CO_2 滅火劑本身是乾淨的，不會造成貨物損壞和船舶機械損壞，滅火後也不會留下任何需加以清除的殘留物。即使船上供電停止，船用 CO_2 滅火系統也可將滅火劑送往艙內所有部位。船上一般配備兩個 CO_2 滅火系統。商船用固定式 CO_2 系統分爲兩類，分別是貨物式系統與全區式系統。

CO_2 三態

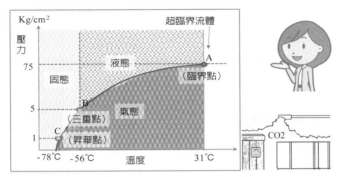

CO_2 常溫下壓力 75kg/cm^2 即可液化，呈現三態特性

CO_2為一種物理性滅火機制，是空氣中常見的化合物，由兩個氧原子與一個碳原子共價鍵連接而成，是一種無色、無味、非導電性的氣體，密度約1.98 kg/m^3、分子量44，比重比空氣重1.5倍。

$$CO_2 + H_2O \rightarrow H_2CO_2$$

CO_2於常溫下壓力約75kg/cm^{2}即可液化，於–78.51℃時昇華成固態CO_2（乾冰）（圖中C點），在圖中A點時溫度及壓力，都大於其臨界溫度及臨界壓力時，液體和氣體間無明顯界面，形成既非氣相也非液相的另一種均勻相，為超臨界流體。

CO_2 噴頭與鋼瓶儲存室

CO_2 鋼瓶藥劑失重顯示及小鋼瓶與機艙使用

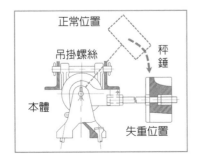
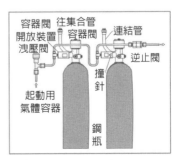

4-15 船舶二氧化碳滅火系統（三）

在貨物式系統方面，貨艙內 A 類貨物（普通貨物）引起的火災一開始往往是悶燒，同時產生大量煙氣。而快速燃燒只有在足夠熱量能使固體貨物，大量延燒的情況下發生。所以，相對而言悶燒時燃燒速度緩慢。發現艙內悶燒，由於氧氣和其他因素的影響，從悶燒變成火焰燃燒的時間至少需要 20 分鐘，在此期間完全有足夠的時間採取滅火措施。方法是關閉貨艙，並一次注入數罐 CO_2 滅火劑，從而使艙內氧氣含量降到無法助燃的程度，以達到滅火效果。全區式系統機艙與類似艙室中發生的火災，通常屬於 B 類火災（即易燃液體火災），這種火災發生後升溫很快。

一般船舶的安全在很大程度上取決於機艙內的設施，故一旦機艙內發生火災，應盡快採用氣體滅火手段滅火。快速釋放 CO_2 滅火劑可防止隔艙壁燒壞。如果隔艙壁燒壞就很難將 CO_2 滅火劑限制在機艙內。快速釋放 CO_2 滅火劑還可防止結構部件升溫，並阻止火焰上竄而帶出 CO_2，從而減輕設備損壞程度。按設計要求，CO_2 滅火系統必須在 2 分鐘內排放出整個系統的 85% CO_2 滅火劑（在滾裝船上則要求 2 分鐘內，必須排出整個系統 100% 的 CO_2 滅火劑）。發生 B 類（油類）火災時，貨物式系統的慢速排放可能無法達到滅火效果。為防止不慎釋放，對人命安全產生威脅，應配備雙重安全控制器，一個控制釋放最小劑量滅火劑，另一個控制開關閥門和方向閥門。

貨船和客輪上的夜貨艙，可配備貨物式系統的 CO_2 滅火系統。油艙滅火系統既不是蒸氣窒息滅火，也不是甲板泡沫滅火系統。它是油艙上配備的最為普通的一種滅火系統。這種系統可在 5 分鐘內排放出額定的 CO_2 滅火劑。船艙內 CO_2 滅火劑排放量，是根據排放量係數 30 而定的（每 30 立方英尺排放 1 磅 CO_2 滅火劑，或每立方米排放 0.43 公斤 CO_2 滅火劑）。操作說明書必須明確表明，油艙內液貨所需 CO_2 滅火劑的最少瓶數。

全區放射（Total Flooding）CO_2 不應使用在一般人員常駐空間（Normally Occupied Spaces），除非能確保在 CO_2 釋放前人員安全疏散（Ensure Evacuation）。同樣的，限制也適用於通常不是人員常駐空間，但其中人員可能為維修或其他目的進入之空間。若空間大、出口以任何方式受到障礙物或通路複雜受阻（Complicated Passageways）等，可能難以確保人員進行安全避難。一旦 CO_2 釋放開始所產生噪音、CO_2 氣霧大幅降低能見度，以及 CO_2 濃度可能使人員生理效應協調混淆（Physiological Effects Confuse），甚至使人員逃生（Escape）更加困難。

還應考慮到大量 CO_2 氣體漏入或流入諸如地下空間（Cellars）、隧道或坑洞（Pits）等未加防護的地下室。在這種情況下，有關人員在發生危險事故之前，往往看不到和覺察不到窒息性氣體存在，此危險情況應加以注意。

船舶 CO_2 系統實例

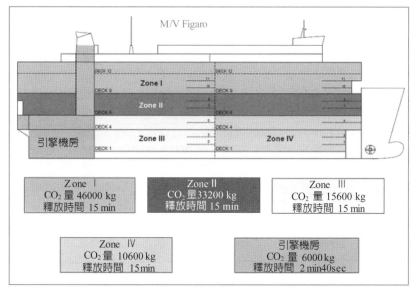

汽車船 （M/V F igaro 號） 固定式 CO_2 系統實例

CO_2 系統釋放量計算例

例 1. 在一船艙密閉空間釋放 CO_2 量 0.75 kg/m^3，請問釋放後該空間氧濃度為多少？CO_2 理論濃度為多少？滅火濃度為多少？

解 氧濃度 $= \dfrac{21}{100} \times 0.75 = 0.157$ 氧濃度為 15.7%

CO_2 1kg 體積約 0.534 m^3（15℃）

0.75 $kg/m^3 \times$ 0.534 $m^3/kg = 0.4$

CO_2 理論濃度 $\dfrac{x}{v+x} = \dfrac{0.4}{1+0.4} = 28.6\%$

滅火濃度 = 理論濃度 + 20% 安全係數

28.6% $\times$ 1.2 = 34%

例 2. 艙內機艙使用 CO_2 滅火設備在防護空間單位體積所需之藥劑為 0.9 kg/m^3 時，其 CO_2 之濃度為多少？

解 CO_2 1kg 體積約 0.534 m^3（15℃）

0.9 $kg/m^3 \times$ 0.534 $m^3/kg = 0.48$

CO_2 理論濃度 $\dfrac{x}{v+x} = \dfrac{0.48}{1+0.48} = 32.4\%$

4-16 船舶海龍（替代）滅火系統（一）

海龍滅火藥劑（Halonenated Agent）在滅火效能上已有諸多優異的表現，但其氟氯碳化物會造成大氣層中的臭氧層破壞，早在 1987 年全球簽署「蒙特婁公約」來強制各國限制使用，並於 1994 年起全面禁止生產。

但海龍滅火藥劑具有無臭、無色、低毒性，平時釋放時無毒、但是藥劑在接觸火源時會產生劇毒，原因在於氟、氯、溴及碘等物質，在遇到火焰時產生了觸媒作用後，使可燃物中碳氫化合物中氫，與燃燒進行中產生氫氧結合，氫氧即是燃燒進行中連鎖反應的關鍵因素，因而抑制燃燒持續進行之作用。然而，海龍藥劑經分解置換出鹵元素是屬於劇毒物質，即產生與環境相關的負面問題。因此，一些海龍替代品（HALON Substitutes/Replacements）陸續使用改良。但有些（惰性氣體除外）與高溫接觸勢必產生過量毒性物質，NFPA 規定藥劑放射應在 10 秒內快速完成；時間愈久分解毒性會愈多。

海龍係指碳氫化合物（Bydrocarbons）中的氫原子，被鹵元素系列的氟（F）、氯（C1）、溴（Br）、碘（I）等元子所取代化合物而成的海龍（Halongenaateb Hydroc-Arbons）簡稱。海龍起源於 1962 年左右，至 1968 年間已有不少海龍滅火系統被設置了。至 1970 年代美國防火協會（NFPA）認定 Halon1301 及 Halon1211 適用於滅火系統。由於這類化合物，本身非但是不燃性且蒸發力極大，具有滅火的功效，一般稱為蒸發性液體滅火藥劑。發生火災時，除了氟只能反應一次以外，溴和氯則可以循環不斷地和燃燒時所產生的自由基作用，並減少氧氣參與反應的機會，而達到滅火的目的。如海龍 1211 有一個碳原子、二個氟原子、一個氯原子及一個溴原子，一個碳原子可形成四個單鍵，全部都和鹵素鍵結，因此沒有氫原子，化學式為 CF_2BrCl。海龍蒸發時，不但具有稀釋作用，同時能吸收相當的熱量，故亦有冷卻效果。作用原理與傳統的「降低溫度」、「隔絕氧氣」不同，是以化學活性打斷燃燒鍵結，以達滅火之目的。

海龍多數用於可燃性液體火災及電氣火災。金屬火災，則因其與金屬易產生反應，故不適宜。由於此種滅火藥劑本身多少具有毒性，使用時易產生氯氣等等有毒氣體，在狹小艙內或通風不良的處所，應特別注意。優點除滅火效果良好外，比重大，保存時容積不占空間。目前使用以二溴四氟乙烷（2402，$C_2F_4Br_2$）、溴氯二氟甲烷（1211，CF_2ClBr）及溴三氟甲烷（1301，CF_3Br）為主，其中溴三氟甲烷為海龍中毒性最少、效力較大者，廣泛用於船舶、飛機中最為適合。海龍常溫下為氣體，一般均液化裝於鋼瓶中。若以重量而言，則 1301 及 1211 的滅火效能大致為 CO_2 的 2～2.5 倍。且鹵化物具不受障礙限制而可達至火源死角，此項優點是乾粉所沒有的。海龍滅火原理，除了冷卻、窒息及稀釋外，如上所述最主要的是抑制作用，能使燃燒的連鎖反應無法持續而熄滅。而船上 1301 是固定式系統的唯一理想的海龍滅火劑。任何 1301 滅火系統，必須具備與全區 CO_2 系統同等的防火效能和可靠性。

海龍替代滅火設備種類

類	項目	成分或名稱	內容
惰性氣體（物理滅火）	IG-541	N_2 52%、Ar 40%、CO_2 8%	惰性氣體主要使用氮氣（N_2）及氬氣（Ar）或二者的混合物，藉由降低防護區環境中的氧濃度，達到窒息作用，使燃燒現象無法維持。
	IG-01	Ar 99.9%	
	IG-55	Ar 50%、N_2 50%	
	IG-100	N_2 100%	
鹵化烷化物（化學滅火）	FM-200	HFC-227ea	鹵化烷烴簡稱鹵化烷，大多以高壓液化儲存。在常溫常壓下，如海龍仍算是穩定的（除了破壞臭氧層）。一旦環境因素改變，能水解產生光氣毒性。因此，替代海龍滅火劑只是將能破壞臭氧層之溴（Br_2）拿掉；整體上藉由切斷火焰之連鎖反應，達成滅火之目的。
	NAFS-III	CHCLF$_2$（82%）CHCLF$_3$（9.5%）CHCL2F$_3$（4.8%）	
	FE-13	HFC-23	
	PFC-410	CEA-410	

海龍替代滅火設備比較

滅火藥劑	Inergen（IG-541）	FM-200	CEA-410	NAF S-III	HFC-23	Halon 1301
化學式	N_2 52% Ar 40% CO_2 8%	CF_3CHFCF_3	C_4F_{10}	HCFC	CHF_3	CF_3Br
製造商	Ansul	Great Lakes	3M	NAF	Dupont	
滅火原理	稀釋氧氣	抑制連鎖	抑制連鎖	抑制連鎖	抑制連鎖	抑制連鎖
破壞臭氧指數	0	0	0	0.044	0	16
溫室效應	-	0.3-0.6（中）	（高）	0.1（低）	（高）	0.8
大氣滯留時間	-	短 31-42 年	非常長 500 年	短 7 年	長 208 年	107 年
蒸氣壓（77℉）	2205psi 高壓系統	66psi 低壓系統	42psi 低壓系統	199psi 低壓系統	686psi 高壓系統	241psi
滅火濃度	30%	5.9%	5.9%	7.2%	12%	3.5%
熱分解物	無	HF	HF	HF	HF	HF
儲存狀態	氣態	液態	氣態	氣態	液態	氣態

4-17 船舶海龍（替代）滅火系統（二）

海龍滅火劑系統，基本保留了 CO_2 系統的設計要求：
1. 釋放 1301 滅火劑時，釋放區必須淨空所有人員。應配備預釋放氣體警報裝置。
2. 滅火劑儲存鋼瓶必須安放在釋放區外，但小於 $6000ft^3$（$170m^3$）的艙室以及使用組合式 1301 滅火劑系統除外。
3. 爲防了防止釋放事故，在釋放滅火劑時，應採用兩個不同的步驟。
4. 應配備手控釋放裝置。自動釋放裝置僅限小於 $6000ft^3$（$170m^3$）艙室。
5. 遠端釋放控制站，應附有選用釋放方式的詳細說明。

在船上應用海龍滅火系統，多爲全區放射方式；因海龍具有滅火速度快、重量輕、容積小、不導電、腐蝕性小，放射後不會汙染物品，藥劑持久，不易變質，保養較容易。因此，工業上曾大量地被當成滅火劑使用。但隨著地球大氣層的臭氧層空洞愈來愈大，海龍因有破壞臭氧層的高度疑慮，也和其他氟氯碳化物（如冷氣機使用的冷媒）一樣，逐步遭到禁用。因所釋放之海龍藥劑，其破壞臭氧層速率是氟氯碳化物的 $10\sim16$ 倍。溴比破壞臭氧的速率更高達 $40\sim100$ 倍。所以 1994 年國際公約規定海龍滅火劑禁止生產製造，而已生產之海龍滅火系統則可以繼續用，但不再繼續生產。IMO 依照際公約規定，於 1994 年禁止船舶新安裝海龍滅火系統；IMO 於 2002 公約規則修正案指出，對於現有船上「新設施」，應禁止使用以鹵化物 1211、1301 和 2402 以及全氟化碳的滅火系統。因此，找尋一更新、更安全、且不危害生態之海龍替代品之滅火藥劑。

海龍替代滅火系統

一些海龍替代品（HALON Substitutes/Replacements）已陸續研發改良使用。但有些（惰性氣體除外）與高溫接觸勢必產生過量毒性物質，NFPA 規定藥劑放射應在 10 秒內完成。而海龍替代品所需考量因素如下：

項目	內容
滅火效能值高	能有效滅火是設備設置之主要目的。
人員安全性高	當滅火藥劑放射時，不會產生毒性且不影響人員逃生。
破壞臭氧層指數（ODP）溫室效應值（GWP）低	地球臭氧層遭破壞，太陽紫外線及輻射線會因無大氣層保護，直接到地球表面，造成氣候變化及人體皮膚病變。
滯留大氣時間（ALT）短	滯留大氣時間過長，藥劑受到紫外線照射分解鹵素原子與臭氧反應，使臭氧分解消失，間接造成地球臭氧層破壞。
滅火藥劑穩定性高	滅火藥劑儲存時間久，且不生化學變化之質變特性。
系統能取代原設備	從經濟考量並達到安全及有效之目的。
易於維修	取得便利且經濟。

Inergen 海龍替代滅火設備

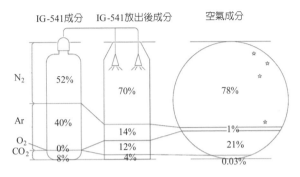

IG-541滅火設備釋放前後濃度

氣體	IG-541	IG-541 釋放後 設計濃度 37～43%	空氣成分
氮氣（N_2）	52 ± 4 %	67～70 %	78 %
氬氣（Ar）	40 ± 4 %	12～16 %	1 %
氧氣（O_2）	0 %	12～14 %	21 %
二氧化碳（CO_2）	8 ± 1 %	3～4 %	0.03 %

Inergen 海龍替代滅火設備啓動組成

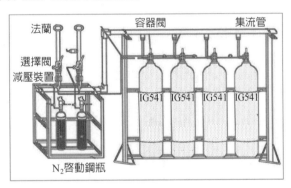

船舶海龍及 FM200 滅火設備

4-18 手提式滅火設備

船上滅火系統，為因應滅火需要，皆設置有手提式滅火設備（Portable Fire Fighting Equipment）。基本上，移動式滅火設備方面，依 SOLAS 公約規定如次：

1. 1000 總噸以上的船舶應至少備有 5 具手提式滅火器。
2. 用於任何處所的手提式滅火器，其中應有 1 具存放在該處所的入口附近；並禁止使用以海龍 1211、1301 和 2402 以及全氟化碳作為滅火劑的滅火系統。
3. 在起居處所內不得布置 CO_2 滅火器。在控制站和其他設有船舶安全所必須的電氣或電子設備或裝置的其他處所，所配備滅火器的滅火劑，應既不導電也不會對設備和裝置造成危害。
4. 滅火器應位於易於看到的位置並隨時可用。該位置應在失火時能迅速和便於到達，且滅火器所處位置應不會使其可用性受到天氣、振動或其他外部因素的影響。手提式滅火器應配有表明其是否已被用過的標示。

項目		內容
滅火藥劑	滅火效能	1. 滅火效能值（Extinguisher Ratings）是測試滅火器是否能有效和安全地滅火。效能值亦提供滅火器所能控制火災規模的一種指標。 2. A 類火災滅火效能值等級，從 1A 至 40A；如一個 4A 能控制火災比 2A 滅火器約 2 倍大。B 類火災效能值等級從 1B 至 640B；如一個 10B 滅火器能撲滅約 0.9 m^2 漏油火災面積。 3. 在美國 A 類滅火器之火災測試，是使用木材和木刨片（Excelsior）進行。而 B 類滅火器使用正庚烷（N-Heptane）液體兩吋深度油盤火災，進行測試。C 類火災之滅火器是沒有滅火效能值；D 類滅火器是特定可燃金屬火災之試驗值。 高壓液化 CO_2
	藥劑相容	藥劑相容性（Agent Compatibility）是滅火器選擇的另一考慮因素；如所防護區域中含有甲乙基酮（Methyl Ethyl Ketone）、極性溶劑（Polar Solvent），一般泡沫劑是不會有效的。 極性溶劑火災使用一般泡沫劑是無效的
	藥劑安全	1. 滅火藥劑可能產生分解蒸汽，藥劑製造商通常提供警告顯標籤。然而，有時危險不在於滅火器，而在其使用的區域。 2. 於 B 類火災使用泡水類型時，火勢可能受水影響，產生火焰突然躍起造成人員傷害；如果水基滅火器使用在帶電附近，可能使人員觸電。 3. 雖然 CO_2 本身不具毒性，但滅火時濃度高，也會對人員產生威脅。如果 CO_2 使用在不通風區域，會使人員變為無意識。此外，在釋放 CO_2 時冷凝水蒸汽的形成，也可能造成人員迷失方向（Disoriented）。 4. 乾粉滅火器沒有毒性，但釋放時呼吸一段長時間，刺激性可令人不適。磷酸單銨是較具刺激性，其次是鉀基乾粉，而碳酸氫鈉則較少。乾粉劑都是非導電性、釋放後沉積在電氣接點會隔絕電氣；如果附近有空調也會造成堵塞作用。

項目		內容
		5. 多用途乾粉（單銨磷酸基）為酸性，如以少量水混合會腐蝕金屬。 6. 滅火器初始釋放具有較大沖力，如果是近距離的易燃液體或油脂火災，可能造成噴濺擴大現象。 7. D 類火災如以多支乾粉滅火器，釋放時在安全距離緩慢，以免噴濺火焰之危險。 8. 幾乎每一場火災生成物皆有毒，直到火勢被撲滅，該區域應有良好的通風，不要停留該區域，或應配戴防護呼吸器。
	所需劑量	火災潛在嚴重性，還必須評估所需滅火器的大小；例如，為防護實驗室區域一品脫（Pint）[註3] 量的易燃液體火災，所選擇滅火器將只需控制局限火災之效能值即可。如果要防護 1.2×2.4 m 油筒（Dip Tank），需要一個更大滅火效能值。
場所特性	火災類型	識別滅火器能適合火災類型，如一個存放紙張的商品倉庫，清水型（Water-Type）滅火器將比一個多用途乾粉化學更合適。因乾粉滅火器在 A 類所形成深層火災（Deep-Seated Fires），並不具水之滲透力。
	防護屬性	滅火器防護屬性，如乾粉滅火器通常能提供易燃液體火災的最迅速控制，如果區域中存在電子設備，乾粉所留下殘餘物，會導致比火災更大的危害；因此，CO_2 或者任何海龍替代品將是更有效的藥劑。但也可能出現相反，在所防護戶外區域如碼頭，乾粉比 CO_2 受風影響較小。
	設置位置	1. 放置滅火器之位置必須考慮環境影響。使用水和泡沫滅火，會受到天氣下雪區域影響。而風與瞬間氣流將對任何氣態滅火藥劑產生絕對影響；如 CO_2 特別難以在有風的條件下使用。 2. 滅火閥頭通常使用鋁和黃銅材質，而腐蝕性環境應選擇黃銅。噴出滅火藥劑反應性和汙染也需考慮，因一些滅火劑可與某些材料發生不良反應。如食品加工區不當使用乾粉滅火劑，來防護所有暴露的食品，而使用 CO_2 則較不會汙染。 3. 在一有限空間使用某些滅火劑，可能存在的危險，如 CO_2 即是。而海龍替代品受熱會分解毒性產物，對人體具危害性。 碼頭季節風會影響滅火器效能
	人員能力	1. 受過訓練人員使用滅火器，是首要考慮因素。滅火器的大小和能力，在未經訓練的操作人員，是一種安全的假象。 2. 撲滅較大的火災，需要較多的訓練。操作人員沒有足夠的訓練，不應從事滅火行動。未受過訓練人員可能受到身體或精神的限制，將無法發揮滅火器之應有滅火效能。

[註3]　1 品脫 (pint) = 0.47 公升。

項目	內容
整體評估	1. 滅火器是防止火勢失去控制的第一道防線。因此，不管是否已採取其他消防措施，滅火器均應配置。 2. 滅火器防護成本，是取決於所欲達成保護目標價值。改善滅火器設置成本，選擇的方法是評估防護對象物為一整體，而不是單獨區域。此種決定必須基於是否能滿足最低安全的要求。滅火器成本應在滅火器壽命與維修費用（重新充填）進行評估，而不是僅根據最初購買價格。例如，碳酸氫鉀是比普通乾粉更貴，但需有效防護易燃液體規模，此額外的費用是合理的。 3. 選擇滅火器大小會影響初始成本。很多小型的成本，會高於同類型較少數量之大單位滅火器。實際上所有火災一開始是較小的，如能立即使用合適、數量充足的滅火劑，便不難撲滅。手提式滅火器就是為此目的而設計的，但滅火器撲救火災成效還有賴於下列條件： A. 合適位置 B. 合適類型 C. 初期火災 　火災必須及時發現，此時火勢尚小，滅火器才能有效加以控制。 D. 有能力人員 　發現火災人員必須有準備、有意願、有能力使用滅火器。

機艙 CO_2 滅火設備釋放

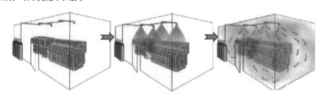

船艙自動滅火設備（CO_2、海龍及海龍替代品）

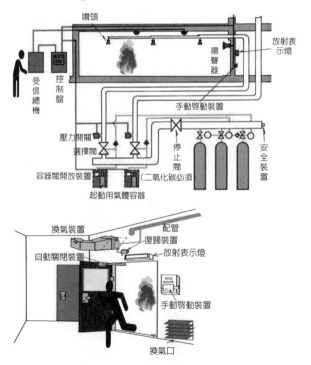

＋知識補充站

白努利定律（Bernoulli's principle）

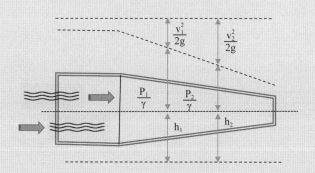

能量守恆 $= \dfrac{v_1^2}{2g}$（速度水頭‧動能：沿水流方向）$+ \dfrac{P_1}{\gamma}$（壓力水‧壓能：垂直管壁）$+ h_1$（高度水頭‧位能：水流高度）$= \dfrac{v_2^2}{2g} + \dfrac{P_2}{\gamma} + h_2$

白努利定律是流體力學中的一個定律，由瑞士的白努利於 1738 年出版《Hydrodynamica》，描述流體沿著一條穩定、非黏性、不可壓縮的流線移動行為。依白努利原理指出，無黏性的流體的速度增加時，流體的壓力能或位能（位能）總和將減少。白努利定律可以從能量守恆定律來推演，在一個穩定的水流，沿著直線流向的所有點上，各種形式的流體機械能總和必定相同。也就是說，動能，位能，與內能的總和保持不變。換言之，任何的流體速度增加，即代表動態壓力和單位體積動能的增加，而在同時會導致其靜態壓力，單位體積流體的位能、內能等三者總和的減少。但每單位體積能量的總和（即壓力和單位體積流體的重力位能的總和）在管內任何位置都相同。而飛機上昇動力也是來自於白努利定律之流體力學。

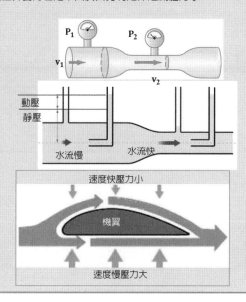

Note

第5章
船舶火災警報系統

　　船舶一旦發生火災時，為使災害損失降至最小限度，則盡早發現火災發生及採取一連串因應火災之滅火、阻隔、逃生避難對策，是關係船舶與人員之生存。火災自動警報設備（Automatic Fire Alarm System）係用以報知火災發生之器具或設備，包括自動警報設備（火警探測器）、手動報警設備、火警警鈴、標示燈、火警受信總機、緊急電源等組成。基本上，陸地上建築物火災報警設備與船舶大多是類似的，僅有一些微小差異存在。為了適應海上惡劣環境的要求，在設備殼體機械設計方面，可能需有額外的防水防腐蝕等特殊處理。

　　本章將討論火警探測器（偵溫式、偵煙式、熱煙複合式、火焰式）、火警受信總機、緊急電源等設備，以使讀者了解船舶火災報警設備種類，及其設計與原理。

5-1 偵煙式火警探測器（一）

　　船上火警探測器與陸地上建築物所使用者幾乎是類似的，系統一個迴路中，至少包含一個火災探測器，以規律性的週期或持續監控與燃燒有關的物理或化學現象，並將至少一種相關信號傳送至控制及操作顯示設備。探測器能於火災發生時，自動偵測火災產生的熱、煙或火焰，而向受信總機發出信號，釋出聲光警報。

　　偵煙式探測器（Smoke Detectors）比起偵熱式探測器更能早期的偵測到火災的發生。火場中所生成的煙，有兩大類：一為可見的燃燒生成物，主要為未完全燃燒的碳（黑煙）；另一為不可見、小於 5 微米（μm）的固體微粉和其他氣體（白煙）。煙到達一定的濃度值時，能迅速自動並發出信號警報。

1. 光電式（Photoelectric）

　　發光室發射光源撞擊煙粒子造成光線散亂，當受光室感應到光線時，煙濃度達到設定警報之濃度，立即回報火警受信總機。在構造與特點上，發光室每隔幾秒發射一次光束信號，檢知是否有火災發生之煙霧，當煙霧達設定標準，接收會有信號確認，瞬間確認後，將火災信號傳遞至火警受信總機。新式導煙口採人字型設計可遮蔽不受強光影響並可將煙霧引導進入，且水蒸氣將被摒除在防蟲網壁面凝結，不致造成誤報。光電式局限型探測器之動作原理可分為「遮光型」（Obscuration Smoke Detector）（即減光型）與「受光型」（Light Scattering Smoke Detectors）（即增光型）兩種。

(1) 遮光型

　　在探測器之內部有一個「發光部」所發出的光由另一個「受光部」完全接收，當有煙粒子進入探測器內部時，阻礙了「受光部」接收光源達某一程度時，探測器動作；就是所謂的「遮光率」達某一程度時，探測器即動作了。在新式類比式（Analog）探測器上，檢測火災發生時所產生的燃燒生成物（煙），而向火警受信總機送出信號之偵煙式探測器。探測器本體裡的遮光艙內設有發光二極體，約每隔幾秒發光，平常由於遮光壁的阻隔，光源無法到達受光素子，但是當煙進入遮光艙內時，由於煙粒子會造成光源散亂反射的現象，而使光源到達受光體，此時依據煙的濃度而使受光量增加，探測器內回路將此信號經增幅後，以數位式訊號傳至總機，由總機內設定之資訊進行記錄、分析、處理。新式探測器並接收總機監控，定期進行遮光艙內之動作試驗及常時監測零附件汙損及劣化狀況之功能。

(2) 受光型

　　在探測器之內部有一個「發光部」所發出的光不會由另一個「受光部」所接收，當有煙粒子進入探測器內部時，因煙粒子接觸到「發光部」所發出的光產生了折射，使得「受光部」接收「發光部」所發出的光源達某一程度時，探測器即動作了；就是所謂的「受光率」達某一程度時，探測器即動作了。

船舶火警

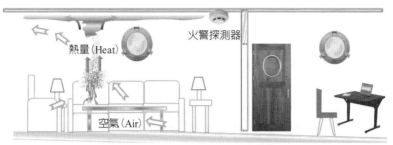

火警探測器

熱量（Heat）

空氣（Air）

能盡早發現船上火災而採取一連串因應動作之船舶火災報警

火警探測器種類

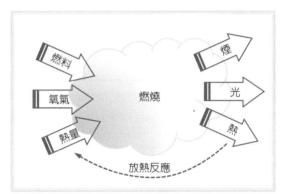

針對燃燒產物發展出偵煙式、偵溫式及火焰式（光）探測器

火警早期探測器種類

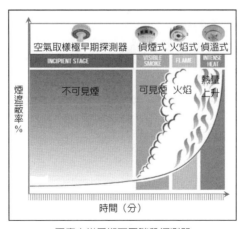

因應火災早期不同階段探測器

5-2 偵煙式火警探測器（二）

2. 離子式（Ionization）

周圍空氣中含煙濃度達到某一限度時即會動作，原理係利用離子化電流受煙影響而產生變化。

3. 空氣取樣偵煙探測系統（Smoke Sampling Detector System）

為高靈敏度、低火警誤報率之一種光學探測系統。這種系統一般由下列組成所示：

(1) 空氣取樣傳送系統

將若干條按一定間距鑽有通孔的聚氯乙烯管子，裝在艙頂板上部或下部、回風格柵內或地板下夾層內。

(2) 去除大塵粒的過濾裝置

為了探測初起火災必須允許較大煙粒通過篩檢程式，但直徑大於 25μm 的塵粒會造成探測困難，而予以去除。

(3) 對空氣取樣進行檢驗的光學探測室

檢查光源為發光二極體、鐳射或氙燈，以氙燈為最好。因前兩種光源只對天然物質燃燒所產生的較小煙粒子有效，而對塑膠過熱產生的較大粒子的探測有局限性。氙燈十分接近日光的光譜和強度，這種光包含全部的可見光譜，並延伸至紫外光區和紅外光區內相當一個範圍，這種廣泛光譜能對所有大小粒子做出回應。當空氣取樣進入探測器室，便曝露在氙燈的強閃爍光中，由懸浮在氣流中的粒子散射出的光信號，被光感測器探測到後轉換為電信號輸出。

(4) 使空氣取樣在系統內不斷移動的空氣泵

當空氣取樣進入探測器室，便曝露在來自氙燈的一股強閃爍光中。一個極其敏感的光電，來自取樣管網的空氣取樣。由此產生的信號被擴大，並被處理產生一個煙強度的類比讀數。連續不斷的氣流，被一個抽氣機（空氣泵）排出，使被監測的空氣得以不斷地更新補充。

(5) 說明探測結果的電子控制器

來自光感測器的信號，由電子控制器擴大處理，產生一個煙強度的類比讀數，一般用光柱條線圖形來表示。類比的煙強度信號，一般用自動控制器或控制卡片上的條線圖形，來表示煙強度級別。警報級別一般分警惕、採取行動、火警三個級別。只有到達第三級，才需要發出火警警報信號，但前兩級的預先報警和作出的回應可能排除這種行動的需要。

空氣取樣型

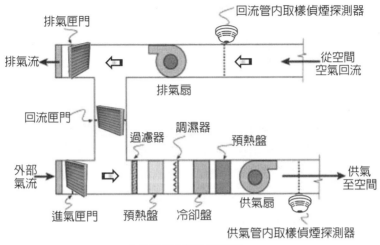

空氣取樣偵煙探測系統

船舶空氣取樣型實例

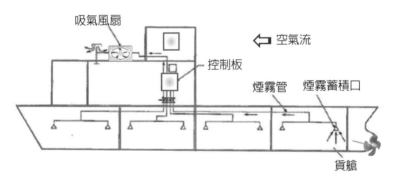

離子式探測器

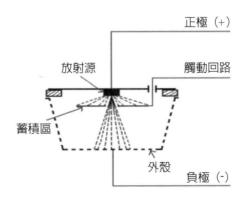

5-3 偵溫式火警探測器

常見感溫式探測器的動作原理，包括：雙金屬片（受熱變形）、感熱膜片（受熱膨脹）、感知線（絕緣材料受熱熔解）、熱電偶（受熱產生電流變化）及熱半導體（受熱產生電能）等。

1. 差動式（Rate-of-Rise）

主要是探測空氣熱膨脹來感知火災，當探測器周圍溫度快速上升，達到火災前期標準時（動作溫度），探測器內部膨脹壓迫感應板片，使金屬接點導通回報火警受信總機。意即利用空氣艙內的壓力上升達到某一程度即可動作；也就是溫度上升的速率達到某一程度即動作。但在氣溫常態變化下，本身對溫度能有自動平衡功能，故不會誤報。依探測範圍，可分為：

(1) 差動式局限型

差動式局限型（Rate of Rise Thermal Fire Detector）於周圍溫度上升率在超過一定限度時即會動作，僅針對某一局限地點之熱效率有反應。

(2) 差動式分布型

周圍溫度上升率在超過一定限度時即會動作，針對較大面積地區熱效率之累積產生反應。

2. 定溫式探測器（Fixed-Temperature）

主要是利用複合金屬的彎曲（兩種不同金屬受熱膨脹程度不一）來感知火災；當探測器周圍溫度達到火災前期標準時（動作溫度），感應子之雙面金屬會翻轉使接點導通，其中雙面金屬是以兩種不同膨脹係數之金屬銜接，受熱時膨脹造成彎曲，回報火警受信總機；意即靠雙金屬片受熱時，其彎曲的程度，也就是溫度到達一定的溫度即動作。

(1) 定溫式局限型

周圍溫度達到一定溫度以上時，即會產生動作，外觀為非電線狀。

(2) 定溫式線型

周圍溫度達到一定溫度以上時，即會產生動作，外觀為電線狀。

複合式探測器

複合式探測器具有定溫式及差動式兩種功能併用，或定溫式及偵煙式兩種功能的探測器，其兩種功能都動作後，才將火災信號傳到受信總機，由受信總機發出火警警報；目的是雙動確認可能之火災訊號，以避免火警誤報。

定溫式局限（點）型探測器

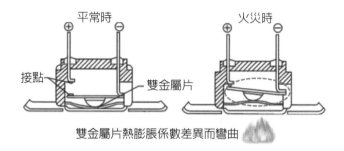

雙金屬片熱膨脹係數差異而彎曲 🔥

差動式局限（點）型探測器

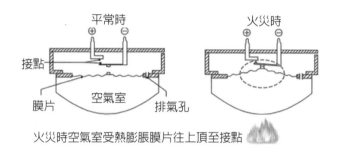

火災時空氣室受熱膨脹膜片往上頂至接點 🔥

複合式探測器

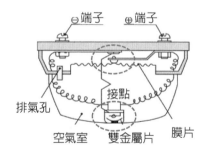

差動與定溫併用之補償式（複合式）探測器

定溫式線型探測器

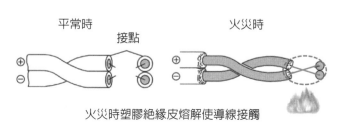

火災時塑膠絕緣皮熔解使導線接觸

5-4 火焰式火警探測器

火焰式（Flame Detectors）探測器又稱感光式火災探測器，它是用於反應火災的光特性，即探測火焰燃燒光照強度和火焰閃爍頻率的一種火災探測器。當物質燃燒時，在產生煙霧和放出熱量的同時，火焰燃燒過程釋放出紫外線、可見光、紅外線。而陽光、熱物體、電燈等輻射出紫外線、紅外線，是沒有火焰之閃爍特徵。

紅外線式火焰探測器，是以捕捉物體燃燒時所產生的放射能量（CO_2 共鳴放射）進而探測火警狀況。一般使用的熱探測器或是煙探測器，由於需待熱或煙到達設置位置後才會感應，對於挑高的場所會有熱或煙稀釋位移或是費時較久等問題。如果採用直接探測放射能量的火警探測方式，則不會有時間差的顧慮，進而確實地探測火警。特別適合設置於挑高的空間。

因此，火焰探測的原理是透過檢測火焰輻射出特殊波長的紫外線、紅外線及可見光等，同時配合對火焰特徵閃爍頻率來識別，來探測火焰。其藉由擴散火焰燃燒光照強度和火焰閃爍頻率的一種火災探測器。因火焰探測器的有效探測範圍內，不能受到障礙物的阻擋，其中包括玻璃等透明的材料和其他隔離物；因此，主要用於容易發生火災之場所，如船載危險物品存放處、機艙、船上空氣流通之場所，如露天甲板（較無法聚集煙霧與溫度處）。也適用於沒有悶燒階段的燃料火災（如醇類、汽油、煤油等易燃液體或氣體火災）的早期檢測與警報。因電磁輻射的傳播速度極快，故此種探測器對快速發生的火災（如易燃易爆及可燃性液體等火災）能夠及時反應是此類火災早期通報火警之理想探測器。反應波長低於 400nm 輻射通量稱紫外線火焰探測器，反應波長高於 700nm 輻射通量稱紅外線火焰探測器。因此，根據火焰的光特性，目前使用火焰探測器種類有：

1. 紫外光型（Ultraviolet Detector）

紫外光型（The Fixed Wavelength UV Absorption Detector）是敏感高強度火焰發射紫外光譜的一種探測器，它使用固態物質作為敏感元件，對於火焰燃燒中產生的 0.19～0.26mm 波長的紫外線，可採用如碳化矽或硝酸鋁材料感測器，也可使用一種充氣管作為敏感元件。意即當紫外光導管偵測到微弱火苗放射出之紫外線時，紫外線穿過鏡片至陰極端，光電子將因放射效應致使陰陽電極間產生碰撞並釋出電子，此時亦生氣體變化，電壓大幅度降低進而轉換成警報信號。

2. 紅外光型（Infrared Detector）

對於火焰中產生的 2.5～3mm 波長的紅外線，可採用硫化鋁材料的感測器；又對於火焰產生的 4.4～4.6mm 波長的紅外線可採用硒化鉛材料或鉬酸鋁材料的感測器。並使用一個過濾裝置和透鏡系統，用來篩除不需要的波長，而將收進來的光能聚集在對紅外光敏感的光電管或光敏電阻上。

3. 紫外／紅外光混合型

同時探測火焰中波長較短紫外線和波長較長紅外線，一種紫外／紅外混合探測器。

火焰波長

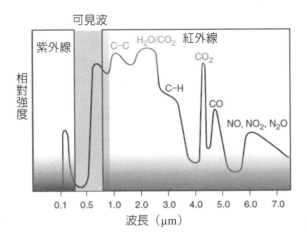

紫外光火焰型探測器

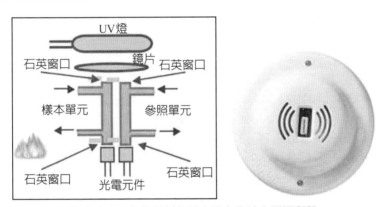

敏感高強度火焰發射紫外光譜之紫外光型探測器

紅外光火焰型探測器

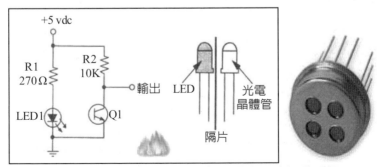

過濾裝置和透鏡系統篩除波長將光聚集之紅外光型探測器

5-5 火災警報系統種類

1. 傳統式（Conventional）

傳統式也稱類比式（Analogue），以並聯方式連接一系列探測器。受信總機送出電流，提供偵測迴路及探測器所需工作電源，當探測器藉煙或熱動作將接點閉合，造成探測迴路短路（警報），因以 1 迴路為 1 單元。當動作時，受信總機只知該迴路警報，但無法確認是哪一探測器動作，警報動作設定值在出廠時已確定。

2. 定址式（Address）

定址式也稱數位式（Digital），具有一系列單獨連接至受信總機（控制面板）的探測器。發生火災或故障報告的位置。這些警報所在的每個設備或區域都有自己唯一的位址。因此，當一個區域發生火災時，該區域的確切位置會顯示在控制面板上，有助於輕鬆撲滅火源。亦即，探測器都有一個唯一定址（號碼），並與總機採用數位通訊的方式將每一定址探測器的狀態（警報，故障⋯⋯）傳回受信總機。當探測器藉煙或熱而動作將接點閉合，造成探測器短路（警報）後，定址探測器將警報的狀態及該定址號碼傳回受信總機，對於一般定址探測器的警報動作設定值在出廠（設計）時已確定，不能更改。因以每一個定址探測器為一偵測單元，故受信總機可確認哪一探測器動作。因此，此報警系統適用於小型區域場所。

3. 類比定址式（Analogue-Addressable Fire Alarm）

類比可定址火災報警系統，是更大場所和更複雜系統要求的自然選項。在類比定位系統探測器中，手動報警、探測器和其他設備等在系統形成迴路，每個設備具有自己唯一的「位址」。系統可包含一個或多個迴路，具體取決於系統的大小和設計要求。受信總機（控制面板）執行一個恆定的輪詢程序，其中每個設備都按編程順序進行查詢。每一探測器反應狀態報告正常（Healthy）、預警報（Pre-Alarm）、警報（In Alarm）或故障（In Fault）。探測器報警或故障條件顯示在控制面板上，能指示任何探測器的精確位置。類比定址探測器具有將遮光的程度蒐集之功能（即具有多段警報），以及將該定址號碼轉換為數位訊號傳回總機，並可由總機根據歷史紀錄來決定是否警報。故類比定址探測器的警報動作設定值可由總機設定或修改，對於是否警報將由探測器改為總機來決定，類比定址探測器警報亦以每一定址號碼為一偵測單元，故受信總機可確認哪個探測器動作。

由於火警探測迴路必須散布於建築物內各處，以便在第一時間偵知火警、發出警報，然而，也正因這些迴路是散布於建築物內各處，因此也極容易有斷線且不易查修的狀況產生，或是真的發生火災，此屬於傳統型火警系統，將耗費較多時間去進行確認訊號所出現之空間處所。

根據 2005 年 11 月國際消防安全系統指出：「火災探測系統應具有區域編址（Address）識別功能，並採取必要措施以確保發生在迴路中任何故障（如動力被切斷、短路、接地）不會導致整個迴路失效」。因此，上述區域編址識別功能是指系統具有單個識別探測器；而船上火災探測器應為定址式。

火災警報系統種類比較

系統	傳統式	定址式	類比定址式
優點	報警系統能立即發出警報	1. 系統中使用的每個設備都直接與控制面板通訊，因此可以立即識別火災事故的位置。 2. 該系統中存在的探測器將分別動作給出煙霧值，並表示火災延伸點作為緊急情況時反應的重要性。	1. 類比定址系統可提前發出危險警告，並確定發出警報的單個設備位置。 2. 當各個探測器報告其所在區域的狀況時，可以跟蹤火災的蔓延或進展。 3. 允許分階段撤離和消防隊精確指導。
缺點	1. 未能指出發生火災的確切位置。 2. 如果沒有提供緊急情況的確切位置，在某些情況下立即反應可能會失敗。	系統中的某些面板可能很複雜並影響整個程式編碼，尤其是大規模場所。	安裝成本高。

火災警報系統

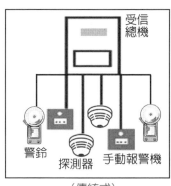

（傳統式）

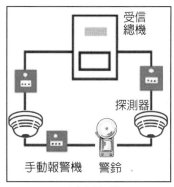

（定址式）

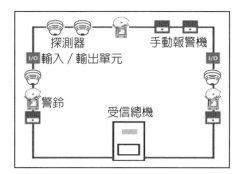

（類比定址式）

5-6 火警受信總機

火警受信總機具有連接火警發信機、探測器、火警警鈴、標示燈或其他附屬設備之功能。

1. P 型受信總機

指接受由探測器或火警發信機所發出之信號,於受信後告知內部人員火警發生,附有防災連動控制之設備者,如排煙或撒水設備,應同時啓動之。

2. R 型受信總機

指接受由探測器或火警發信機所發出之信號,或經中繼器或介面器轉換成警報信號,告知有關人員火警發生之設備,附有防災連動控制之設備者,如排煙或撒水設備,應同時啓動之。

手動報警機

手動報警機（Manual Fire Alarms）根據海上人命國際安全公約（SOLAS,S74-2004/CII-2/R1.2）,船上應設置有效手動報警按鈕,以確保有隨時可使用的報警通知方式:於 S74-2004/CII-2/R7-7 條指出,其應符合消防安全系統規則的手動報警按鈕,應遍布起居處所、服務處所和控制站。每一出口都應裝有手動報警按鈕點。在每一層甲板的走廊內,手動報警按鈕的位置應便於到達,且走廊的任何部位距手動報警按鈕的步行距離,都不得超過 20m。

火警警鈴

火警警鈴由火警受信總機或中繼器等操作,於火災發生時發出警報音響之設備。根據 2005 年 11 月國際消防安全系統規則,指出探測器和手動報警按鈕,應被分成若干分區,任何探測器或手動報警按鈕動作時,應在控制板和指示裝置上發出聲、光信號。因此,需設有火警警鈴發出聲音信號。

標示燈

標示燈由火警受信總機或中繼器等操作,於火災發生時發出閃亮燈光之表示設備。根據 2005 年 11 月國際消防安全系統規則,如上述在指示裝置上發出光信號。因此,需設有標示燈作爲發出光信號。

探測器安裝位置

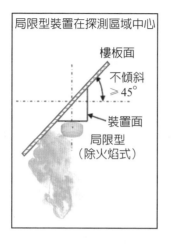

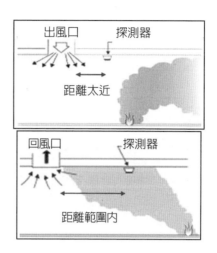

差動式分布型

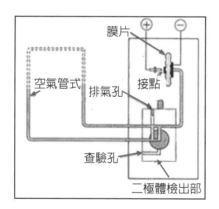

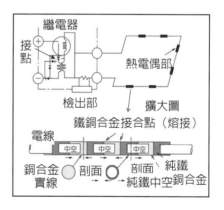

平時溫度變化由排氣孔排掉
火災時空氣管內膜片大量熱膨脹至接點
（空氣管式）

平時緩慢溫度上升電力彼此抵消
火災時大量熱起電力至繼電器接點閉合
（熱電偶式）

（船舶火警受信總機）　　　　（火警警鈴及標示燈）

5-7 緊急電源

消防緊急電源（Emergency Power for Fire Equipment），根據 2005 年 11 月國際消防安全系統規定，指出供火災探測器與報警系統操作時使用設備電源應不少於 2 套，其中 1 套為緊急電源，由專用的獨立電源線供電。這些電源線應接至火災自動警報系統之受信總機上，並要求如次：

1. 供電連續性

自動轉換開關的操作或電源的單一故障，不應導致固定式火災自動警報系統性能永久或臨時降低。如果固定式火災自動警報系統因瞬間電源喪失將受到影響，應設置有足夠容量的儲備能源，以確保電源轉換過程中系統能夠持續運行。與自動轉換開關相連接的電源，應布置成單一故障時不會導致所有供給自動轉換開關的電源失效。

2. 緊急電源供給

固定式火災自動警報系統的緊急電源，可由蓄電池或發電機供給。蓄電池的容量，應確保向固定式發電機供電 18 小時（貨船）或 36 小時。

基本上，現行船舶火災報警設備多具有系統連動多功能化，當火災報警系統偵測到全船任何一處有火災警報信號時，先是該區域警鈴先響，假使沒有人進行確認與復位，在幾分鐘延時後，全船警報自動發出警鈴聲，且廣播將切斷所有其他播音，優先發出警報聲，並可連接至汽笛聲，直至有人進行系統復位為止。如在住艙區發生火警，系統將在第一時間將警報信號處理後，連動空調系統，進行空調關閉與關閉閘門。如果是發生高危險區，如主機艙、副機艙、鍋爐房等機械艙房，當偵煙式與偵溫式探測器皆動作時，信號送出到固定式滅火設備，對警報區域進行放射滅火作業，進行滅火。

消防設備緊急電源種類

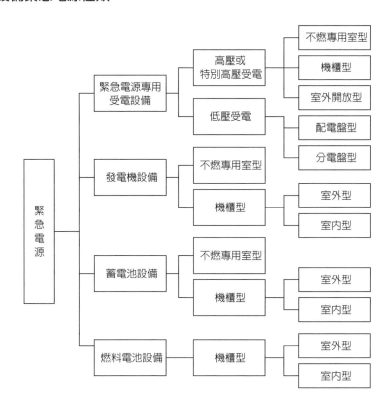

消防設備緊急電源（燃料電池）

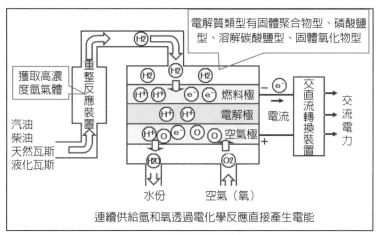

（燃料電池原理）

火警探測器動作計算例

例 1. 在 6m 高的船艙，有一 4m^2 的煤油池（kerosene）燃燒。艙內環境溫度（Ta）為 20℃，艙頂板上有一偵溫式探測器（RTI = 55 m$^{1/2}$s$^{1/2}$），如果其安裝距離火羽流中心 6m 處，當其受火災熱 30 秒後，探測器溫度將達到多少？

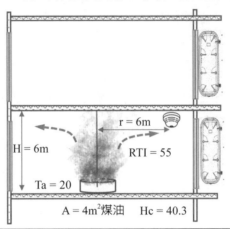

r = 6m
RTI = 55
H = 6m
Ta = 20
A = 4m^{2}煤油　Hc = 40.3

解　查表得煤油燃燒熱（Hc）爲 40.3kJ/g，當對流分數在 65% 時對流熱 26.2kJ/g，使用 Alpert 方程式，燃燒速率（m"）約爲 67 g/m^{2}s。所以，全部熱釋放率（Q）如下：

$$Q = H_c m'' A（kW）$$

$$Q = 40.3 \times 67 \times 4（kW）$$

$$Q = 10800（kW）$$

$$\frac{r}{H} = \frac{6}{6} = 1 > 0.18$$

$$T_g - T_a = \frac{\left[5.38 \left(\dfrac{Q}{r} \right)^{2/3} \right]}{H}（℃）$$

$$T_g - 20 = \frac{\left[5.38 \left(\dfrac{10800}{6} \right)^{2/3} \right]}{H}（℃）$$

$$T_g - 20 = 132.7（℃）$$

$$T_g = 153（℃）$$

在艙頂板噴流（Ceiling Jet）上火災熱流速度（u）如下

$$u = \frac{[0.20Q^{1/3}H^{1/2}]}{r^{5/6}}（m/s）$$

$$u = \frac{[0.20(10800)^{1/3}(6)^{1/2}]}{(6)^{5/6}} \quad (\text{m/s})$$

$$u = 2.4 \text{ m/s}$$

因此，在火災受熱 30 秒後，探測器溫度將達到

$$\Delta T_d = T_d - T_a = (T_g - T_a)\left[1 - \exp\left(\frac{-tu^{1/2}}{RTI}\right)\right] \quad (^\circ\text{C})$$

$$\Delta T_d = (153 - 20)\left[1 - \exp\left(\frac{-30(2.4)^{1/2}}{55}\right)\right] \quad (^\circ\text{C})$$

$$\Delta T_d = 76 \quad (^\circ\text{C})$$

$$76 = T_d - 20 \text{ 因此，} T_d = 96 \quad (^\circ\text{C})$$

例 2. 承接例 1 所述，假使偵溫式探測器額定溫度為 57℃，則探測器的反應時間（RTI）是多少？

解　$\Delta T_d = T_d - T_a = (T_g - T_a)\left[1 - \exp\left(\frac{-tu^{1/2}}{RTI}\right)\right] \quad (^\circ\text{C})$

重新排列，將額定反應溫度 Td 替代為 Tr，t 反應時間為 tr

$$t_r = \frac{RTI}{u^{1/2}}\ln\left(\frac{T_g - T_a}{T_g - T_r}\right) \quad (^\circ\text{C})$$

$$t_r = \frac{55}{2.4^{1/2}}\ln\left(\frac{153 - 20}{153 - 57}\right) \quad (^\circ\text{C})$$

$$t_r = 12 \quad (\text{sec})$$

例 3. 在 6m 高的艙房，有一木條堆燃燒，環境溫度為 20℃，艙頂板上有一偵溫式探測器（RTI = 55 $\text{m}^{1/2}\text{s}^{1/2}$），如果其安裝距離火羽流中心 6m 處，當其受火災熱 180 秒後，探測器溫度將達到多少？

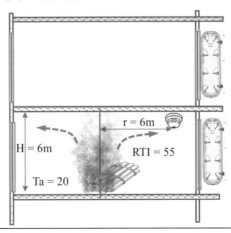

解 探測器是位在艙頂板噴流範圍，第 1 步是計算每一熱釋放率之溫度與速度變化率，從 0～10 秒熱釋放率將達到 5kW，位在艙頂板噴流範圍探測器之溫度與速度變化率如下：

$$T_g - T_a = \frac{\left[5.38\left(\frac{Q}{r}\right)^{2/3}\right]}{H} \ (°C)$$

$$T_{g,1} - T_a = \frac{\left[5.38\left(\frac{5}{6}\right)^{\frac{2}{3}}\right]}{6} = 0.794 \ (°C)$$

$$T_{g,1} = 20.794 \ (°C)$$

$$u = \frac{[0.20Q^{1/3}H^{1/2}]}{r^{5/6}} \ (m/s)$$

$$u = \frac{[0.20(5)^{1/3}(6)^{1/2}]}{6^{5/6}} \ (m/s)$$

$$= 0.188 \ m/s$$

接下來計算假設暫態穩定溫度與速度情況，探測器溫度的變化率 ΔT_d

$$\frac{dT_d}{dt} = \frac{T_g - T_a}{\tau} = \frac{u^{\frac{1}{2}}(T_g - T_d)}{RTI}$$

$$\Delta T_d = T_{d,n} - T_{d,n-1} = \frac{u^{\frac{1}{2}}_n(T_{g,n} - T_{d,n-1})}{RTI}\Delta t \ (°C)$$

$$T_{d,n} = \left[\frac{u^{\frac{1}{2}}(T_{g,n} - T_{d,n-1})}{RTI}\Delta t\right] + T_{d,n-1} \ (°C)$$

一開始探測器是未受火災熱氣體，而是環境溫度

$$T_{d,1} = \left[\frac{u^{\frac{1}{2}}(T_{g,1} - T_{d,0})}{RTI}\Delta t\right] + T_{d,0} \ (°C)$$

$$T_{d,1} = \left[\frac{(0.188)^{\frac{1}{2}}(20.974 - 20)}{55}10\right] + 20 = 20.063 \ (°C)$$

簡化此過程，計算如下表所示，在 120 秒後，受火災熱之探測器溫度約為 32℃，假使探測器之額定溫度是 57℃，則將不會動作。

於例 3 各參數之計算

t	Q	ΔT_g	T_g	u	ΔT_d	T_d
0	0	0		0	0	20
10	5	0.794	20.794	0.188	0.063	20.063
20	19	1.934	21.934	0.294	0.184	20.247
30	42	3.281	23.281	0.383	0.341	20.588
40	75	4.830	24.830	0.464	0.525	21.114
50	117	6.496	26.496	0.538	0.718	21.832
60	169	8.301	28.301	0.609	0.918	22.749
70	230	10.194	30.194	0.674	1.112	23.861
80	300	12.170	32.170	0.737	1.297	25.158
90	380	14.247	34.247	0.797	1.476	26.633
100	469	16.393	36.393	0.855	1.641	28.274
110	567	18.603	38.603	0.911	1.792	30.066
120	675	20.896	40.896	0.965	1.935	32.00

例 4. 在一未安裝撒水頭或水沫頭的船艙，設計火災探測器系統。艙頂板 5.0 m 高，環境溫度通常為 20℃，但在週末溫度降至 10℃。假設火災情境是一疊木托盤的起火。托盤堆疊高度為 1.5 m。從火災試驗顯示這種類型的火災在 150 秒後火災成長係數將遵循 t2 火勢發展。則火災成長係數為多少？偵溫式探測額定動作溫度為 57℃，探測器安裝間距為 30 呎，在火災熱放率達到 2500 kW 前能偵測到火災發生，則時間常數為 80 秒，其氣體流速為 1.5 m/s，則探測器 RTI 為多少？

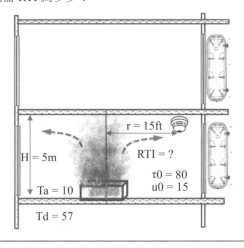

解

$$Q = \alpha t^2 \ （kW）$$

$$\alpha = \frac{1055}{t^2 g} = \frac{1055}{150^2} = 0.047 \ （kW/s）$$

安裝間距 (ft)	UL（°F）						FMRC 所有溫度
	128	135	145	160	170	196	
10	400	330	262	195	160	97	195
15	250	190	156	110	89	45	110
20	165	135	105	70	52	17	79
25	124	100	78	48	32		48
30	95	80	61	36	22		36
40	71	57	41	18			
50	59	44	30				
70	36	24	9				

$$Q = \alpha t^2 \ （kW）$$

$$t = \sqrt{\frac{Q}{\alpha}} = \sqrt{\frac{2500}{0.047}} = 231 \ （s）$$

$$RTI = \tau_0 u_0^{\frac{1}{2}} = 80\sqrt{1.5} = 98 m^{\frac{1}{2}} s^{\frac{1}{2}}$$

例5. 承接上一題，船艙偵溫探測器，以彼此 15.0m 間隔均勻地分布在艙頂板上。檢測器特性與上述相同，動作溫度爲 57℃，RTI 爲 $98m^{1/2}s^{1/2}$。艙頂板高度爲 5m，木托板的高度爲 1.5m。環境溫度爲 10℃，火災成長係數（α）爲 $0.047kW / s^2$（tg = 150s），αc 爲 $0.033kW / s^2$

解

首先，計算從火勢軸心至探測器之最大半徑距離

$$S = r\sqrt{2} \ （m）$$

$$r = \frac{S}{\sqrt{2}} = \frac{15.0}{\sqrt{2}} = 10.6 \ （m）$$

下一步估計探測器之反應時間，當探測器距離火源 7m 處，依上述火勢到 231 秒將成長到 2500kW，探測器動作。此例題顯示半徑距離是較大的，而相對地動作時間會較慢的或有較大的火勢。

當火災在 360 秒總熱釋放率

$$Q = \alpha t^2 \ （kW）$$

$$Q = 0.047(360)^2 = 6091 \ （kW）$$

當在 360 秒時探測器溫度將達到 84℃。

在此情況下，反應動作時間收斂在 295 s。該結果動作時間是對應於熱釋放率

4070 kW的火災規模。這時熱釋放速率使得探測器溫度達到其額定57℃動作溫度。比較例題 4 與例題 5，顯示探測器間距如何影響動作反應時間。在二者探測器安裝間距差異 4.4m（15-10.6m），卻導致探測器反應時間的差異約為 64 秒。因火勢是時間平方冪律關係在加速成長，所以火勢規模在探測器動作反應時，熱釋放率差異量達到 1570kW。

火警探測器早期預警功能

燃料氣體起火危險

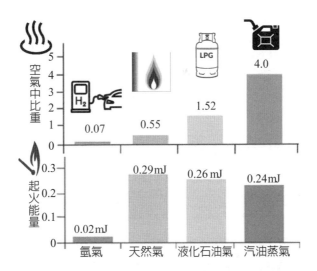

Note

第6章
船舶火災應變計畫

　　火災行動應變計畫（Pre-Fire Plan）是一種為了進行滅火，所採取的行動和程序，於火災發生之前制定的計畫。此應變計畫包含了一系列在不同的空間、不同火災類型和不同的情況下之計畫；也包括一組圖紙及文字說明各個艙室或區域，指出火災隱患、設備和裝置之具體位置。因此，火災行動應變計畫在火災發生之前，能提供船員一項行動計畫；此種應變計畫的價值是很難爭議的，目前有些船隻可能也還沒有這樣的計畫。

　　因此，本章介紹船舶火災行動應變計畫、火災行動應變計畫調查表之使用、火災控制圖、總體布置圖和其他文件，來計畫機組成員反應船上火警時之行動要領，進行設計之一種相當有價值的作業資訊。

6-1 火災應變計畫意義

意義

使用計畫（Plan）這個詞，有時會出現困惑，因為船隻目前有許多計畫：計畫圖（Drawings）與書面敘述性或操作指南等。在船上如火災控制圖（Fire Control Plan）、總體布置圖（General Arrangement Plan）、靜載物體重量和容積計畫等所有的計畫圖，它們在計畫緊急應變時所包含的資訊，是非常有價值的。火災行動應變計畫是一組預定，作出應變行動的書面說明，可用於在一個給定空間內發生火災情況時使用。這似乎是不夠真實的，去考慮緊急情況時實際應變情形，但一充分的準備計畫，以確保所採取的行動是能進行的正確程序；而重要的事項是不會在緊急狀況處在壓力和混亂情況下操作過程中被遺忘的，也就是一種標準作業程序（SOP）。例如，如果需要切斷至某空間電源系統，那麼此計畫之優勢是為機組成員去學習斷路器（Breaker）使用，位於火災行動應變計畫的確切位置，而不必再去問電工或工程人員。一個精心準備的火災應變計畫，也能提供替代戰略和戰術，使緊急救援人員能迅速決定，於火勢所要使用的可能選項。因此，最全面和精心設計之火災應變計畫，如其不用於訓練，也就不具任何價值了；如其不使用於實際發生火災時，甚至一點價值也沒有（Less Valuable）。一個有效的火災應變計畫，必須是保持最新的、試驗過、驗證和能理解的。

使用本章作為指南，來蒐集所需的船上資訊，並綜合這些資訊，以進行火災時的應變行動，並保持應變計畫是最新的、符合現行作法，確保其能發揮功效。所以，進行船員培訓和演練以致船員能理解整個過程。如果火災應變計畫符合上述條件，船員將能在緊急情況下確實執行，以及實現所欲達到之結果。

蒐集資訊

為防範火災發生，必須先蒐集船上設備系統相關技術資訊。考量船舶目的和設計，以及其危險條件，而計畫是以最壞情況下（Worst Case Conditions）作設計的。以船舶在港口內情況，列出現有能得到的資源（人員、技術專家和設備），如何接觸陸地上緊急服務部門，以及這些資源需要多少時間才能到達船上。一個書面火災行動程序調查表，是為火災應變程序所計畫之資訊，來進行蒐集和整理，並且是進行編製計畫之構建基塊（Building Block）。此調查表包含船上每一空間之緊急應變資訊。而船舶圖（火災控制圖、總體布置圖等）及其他資訊，如船舶穩定性、裝載書冊（Loading Book）和系統技術手冊等，來匯集編製成一種調查表。系統技術手冊和操作說明包含特定資訊，如固定式滅火系統如何操作；因此，蒐集所有這些資訊納入火災緊急應變行動上。當已蒐集船上每一空間，對人的危害和船舶滅火系統所有的資訊，檢視緊急任務編組表（Station Bill）和應變部署表（Muster List），以確保船員能在安全合適的位置作聚集，並分配其職責和任務，最大限度地來利用船舶消防設備和系統。一旦記載這些資訊，最後彙集成為船舶火災應變計畫。

火災應變計畫

在船上如火災控制圖、總體配置圖、靜載物體重量和容積計畫等所有的計畫圖，這些在計畫緊急應變時所包含的資訊是非常有價值的。

因此，精心設計的火災應變行動程序計畫需加以訓練。

火災應變行動計畫

蒐集船上每一個空間的所有資訊，確保船員分配其職責和任務，最大限度地來利用船舶消防設備和系統。最後彙集成為船舶火災應變行動計畫。

火災控制圖

火災控制圖是位在一顯著標示及紅色防風雨圓桶中，是一組繪圖包含每一層甲板之消防資訊，但並沒有指示如何進行撲滅一特定火災。

6-2 蒐集資訊（一）

1. 火災控制圖

　　火災控制圖是船舶每層甲板的一組描繪圖（Drawings），其包含船隻布置格局、滅火系統、滅火防護裝備與救生設備等所在位置之資訊，但並沒有指示如何進行撲滅一特定火災。國際海上人命安全公約要求，在船上必須有最新火災控制圖，也需置在船上多個位置，包括住宿區之左舷處與右舷處。而額外副本通常是在船橋中控室（Bridge）、船長辦公室、大副辦公室、輪機控制室（Engineering Control Room）及火災控制站（Fire Control Station）。雖然火災控制圖的主要目的是協助船上船員進行滅火工作，且對陸地上消防人員進行船上搶救時，能提供此控制圖是相當重要的。如果一艘船的船員已無能力或需要救援的情況下，陸地上消防人員大多是不可能有船上相關計畫及預案。因此，陸地上消防人員，僅能依靠火災控制圖來構建所欲進行滅火之戰略和戰術。

　　國際海上人命安全公約要求，火災控制圖是使用船旗國的官方語言。不過，也必須翻譯成英語或法語形式。火災控制圖無論是以捲起圓狀（Rolled Set）或一本小冊子（Booklet），置在相鄰舷梯之甲板室外，設有顯著標示、紅色的防風雨外殼內；並有指示符號能表明該控制圖的位置。亦即，於各層甲板布置圖，該圖必須顯示所有需要的資訊，不能再引用參考任何其他文件。基本上，火災控制圖必須包含下列資訊：

(1)固定式滅火系統

- ・消防主水管、消防栓消防站、歧管和閥門位置、消防泵位置和能力。
- ・固定式滅火系統的空間防護位置、全區淹沒式滅火劑鋼瓶地點與其控制釋放這些藥劑之位置。
- ・甲板監視器的位置與其涵蓋的區域。
- ・泡沫比例混合設備、控制、出水閥門的位置；使用的泡沫量和類型、儲存泡沫容器之位置。
- ・安裝自動撒水滅火系統類型，覆蓋區域和控制閥的位置。
- ・國際通岸接頭（International Shore Connection）的位置。
- ・手提滅火工具／設備的位置，如軟管噴嘴、螺絲扳手（Spanners）、斧頭、自給式空氣呼吸器（SCBA）和防護衣。

(2)手提式／半手提式滅火設備

- ・手提式／半手提式滅火器位置、級別及類型、符合船旗國主管當局要求。

(3)船舶結構特色（Ship Construction Features）

- ・耐火等級（Fire Resistive）艙壁和甲板的位置。
- ・耐燃等級（Fire Retardant）艙壁和甲板的位置。
- ・水密艙壁的位置。
- ・水密門之位置，包括所有水密門之當地區域和遠程控制的位置。

火災控制圖內容

船舶結構特色

逃生通道結構具 A-60 耐火性能艙壁

船舶結構特色

a. 耐火等級艙壁和甲板的位置。
b. 耐燃等級艙壁和甲板的位置。
c. 水密艙壁的位置。
d. 水密門之位置，包括所有水密門之當地區域和遠程控制的位置。

進入與逃出之方式

機艙底部至氣象甲板層垂直逃生通道

進入與逃出之方式

a. 正常步行路徑的位置。
b. 水平區域間的甲板和門之間舷梯位置。
c. 逃生艙口和逃生孔道之位置。

6-3 蒐集資訊（二）

(4)火災探測系統（Fire Detection Systems）
‧偵煙式和偵溫式火災探測器的位置。
‧列出每個探測器之服務區域和探測器分區編號（Zones）。
‧警鈴和控制面板的位置。
‧手動報警站（Alarm Pull Stations）的位置。

(5)通風系統（Ventilation System）
‧通風風扇和服務區域位置；控制風扇的位置、風扇是否能逆轉方式。
‧匣門和其所服務地區的位置；控制匣門的位置。

(6)進入與逃出之方式（Means Of Access and Egress）
‧正常步行路徑的位置。
‧水平區域間的甲板和門之間舷梯位置（Companion Ways）。
‧逃生艙口（Escape Hatches）和逃生孔道（Escape Trunks）之位置。

2. 其他計畫／圖（Other Plan/Drawings）

　　一個總布置計畫／圖（General Arrangement Plan）指出了船上一般布局。因幾乎是一艘船的立視圖（Elevation View），在緊急應變上是相當有用的。火災控制圖很少有一個立視圖（雖然有些仍是有立視圖）。其他可能也會有能助於火災應變計畫的圖，包括靜止物體重量和容積計畫〔Deadweight and Capacity Plan）、管路布置圖（Piping Diagram）、電氣設備圖（Electrical Drawing）和穩定資訊圖表。

3. 緊急任務編組表和應變部署表（Station Bill and Muster List）

　　緊急任務編組表按船上職級來分配緊急職務，其提供了一個應變站（Response Stations）和船上人員緊急職責之有效分配的輪廓。這也給船員在緊急情況下能快速的視覺上參考（Visual Reference），使他們能夠發現該到哪裡。

　　船上成員姓名添加到緊急任務編組表上（Station Bill），並列出應變部署表（Muster List）來指出每個人在一個特定的緊急情況下，從船長所下命令之每人職責是什麼。有些人可能會認為緊急任務編組表和應變部署表已足夠火災行動應變計畫所需，但除非資訊的蒐集是在特定情況下，船員應在這些情況下進行實務上反應。進一步的資訊和方向，才能有效地來因應火災。

　　每艘船上都有自己的緊急任務應變編組表。例如，一個緊急任務編組表根據不同的情況，二副（Second Mate）可能會具有下列緊急職務：
‧棄船（Abandon Ship）：第2順位指揮官（Second in Command）負責2號救生艇。
‧落水（Man Overboard）：負責救助艇（Rescue Boat）。
‧火災：負責消防水帶的團隊和第3順位指揮官負責滅火隊。
‧碰撞、擱淺、漏油事件等等：其他特定職責。

緊急應變組織使用緊急任務編組表

　　在船上即使減少成員，有足夠的人員可編成滅火（緊急反應）隊、後備（支援）隊、急救隊和指揮隊。一艘船有較少船員，仍可以有一個指揮組（Command Group）、緊急應變組（Emergency Group）和支援組（Support Group）。或許，只能編成2個隊／組：處理緊急應變和支援。然而，或大或小的數字概念是相同的，即使船舶只有6～7人。在這種情況下，船公司必須組織形成一個隊，以能提供一個全面的緊急反應能力。

　　想像一下，一艘具有代表性船舶應有船長、3位船副、輪機長、3位管輪、1位水手長（Bosun）、1號加油手、6位甲板部船員（Deck Ratings）、3位輪機部船員、實習（Catering）部4位機組人員，共有23人。在必要時，指揮鏈是能被完整替代的：滅火隊在工作中，而後備隊是待命中、急救隊也是待命中。救生艇是已待命。只有幾分鐘就能完整的作準備。如果滅火隊是滅火成功的，每個人都可以返回到他／她的正常工作崗位。如果必須棄船，他們也許能夠稍後再返回船上，因此這種例子在以往許多成功滅掉船上失火情況，已經發生。

船上緊急任務編組表	
人員	
指揮隊	船長、輪機長、甲板部值班（OOW）、甲板部船員（舵手）、引擎室幹部、引擎室船員
滅火隊	大副、大管輪、水手長、船員（3 位甲板部與 2 位輪機部）
急救隊	實習部（4 位機組成員）
後備隊	甲板部幹部、二管輪、1 號加油手、甲板部船員 2 位
職責	
初期反應	當火災警報響起，甲板部值班執行以下職責： A. 通報船長。 B. 啟動消防泵。 C. 同時拉響警報，宣布火災的位置。 D. 添加第二個轉向馬達。 E. 所有這些動作都是事先計畫好的，為所有可預見的情況下（無論在海上和港口），都書寫下來作為操作指引。
組織	
指揮隊	為簡單起見，指揮隊功能如下： A. 船長、甲板部值班和船員（Rating） 　　為船上中控室之行政職員在緊急事件反應過程記載書面工作記錄。 B. 輪機長 　　整合（Rove）協調應變活動。（輪機長作為船長之另一組眼睛和耳朵，假設船長是喪失能力狀態，並向船長作簡報有關其承擔緊急反應期間所欲下達指揮命令。）

船上緊急任務編組表	
	C. 輪機工程人員和船員 維持輪機部門之運作。 D. 無線電報務員（如果有） 通信功能的職員。遇險呼叫（Distress Calls）按下一個按鈕可以發送到最近位置上的船隻。
滅火隊	無論是大副或大管輪作為團隊的領導者或後備領導者，這取決於火勢的位置。例如： A. 當火災是發生在機艙內，大管輪是領導者。 B. 當火災是發生在甲板上，大副是領導者。 如果假設每條消防水帶人員有 2 人之最低人手，於每次佩戴個人防護裝備（全套防護服和自給式空氣呼吸器），然後有足夠人數是現有的，有 2 條消防水帶與 1 條後備消防水帶隊（假設有足夠的設備）。當反應住宿艙火災，例如： A. 大副是負責撲滅火勢。 B. 大管輪是負責通風作業和支援。 雖然人手是不足的，但可管理。對於內部滅火，如果有更多的個人防護裝備和消防水帶，可使用進入的人員是愈多的。
急救隊	急救隊在緊急情況下有 2 個即時性職責： A. 準備接收傷亡（2 個人就足夠完成這個任務）。 B. 確保額外提供救生艇（在訓練過程中，確保所採用的救生艇是在真實緊急情況反應所需要的）。
後備 （支援）隊	雖然所有的其他活動是發生的，後備（支援）隊履行下列職責： A. 在滅火反應同時準備救生艇 卸下船至登乘甲板上（這是簡單的切換繫船索和連接到信號旗（Wire Pennant），以防止裝備損傷，從而減少了在緊急情況下支援隊攜帶了繫船索）。 B. 隨時待命，以協助滅火隊伍。 C. 一些船隻或某些情況下，可以控制通風。

總體布置圖

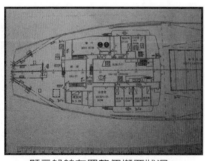

顯示船舶布置整個概要狀況

消防搶救資訊

搶救船上發生火災，大多數事件指揮官需要的資訊，如總體布置圖和尺寸、消防系統和其他系統對消防搶救有直接的影響，如火災控制圖。

緊急任務編組表

任務編組表

緊急任務編組表上每一成員姓名會列出應變部署表，在一個特定緊急情況下（棄船、人員落水、火災、碰撞、擱淺及漏油），從船長所下命令到每個人的職責是什麼。

應變部署表船員在緊急情況下能快速發現該到哪裡

應變部署表

應變部署表

列出了4種主要突發事件以及專用視覺和聽覺警報。為了進一步清楚了解，警報和指示在列表中能可視地指定。包括警報和系統的詳細信息以及警報響起時機組人員和乘客應採取的措施。
a. 關閉水密門、天窗、舷窗和其他開口
b. 運輸設備，準備救生艇筏和其他救生設備
c. 船員（乘客，依條件）集合
d. 應變小組和消防小隊負責人，精簡針對此類緊急情況行動

一般船上張貼有火災、棄船、落水及洩漏等4種應變部署表

✚ 知識補充站
二個以上放射區域泡沫滅火設備

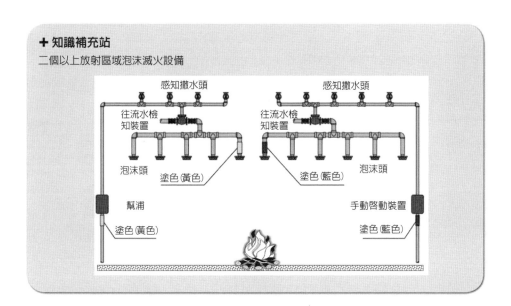

6-4 火災應變計畫調查（一）

列出在緊急任務編組表上，有關船隻滅火的人力資源文件，可作為火災行動應變計畫調查表。該表包含相關的資訊，提供在任何空間內火災的應變行動，但不是每一個空間都有相同的需求。如通風從哪裡開始攻擊及切斷電源，能使用調查表上的資訊，找到所要答案。該表格可指示從滅火後汙水，積存在該空間或火災影響以外的空間作延伸，所致船舶自由液面（Free Surface）之影響。例如，該表格能表明這些影響，其中之一就是可能使港口內救生艇（Lifeboat）無法驅近，故可快速作出決定。而船上每個空間的資訊，在該表單頁面上皆有顯示。該表結合了全面性所有表格，隨時準備以便能參考船隻的全貌。當準備調查表時，考慮以下主要方面：

- 結構性考量
  部門分類、結構修改、空間大小等。
- 格局性考量
  消防站、滅火防護裝備、固定式系統和出口等位置。
- 路徑延伸性考量（Paths Of Extension）
  火災熱曝露（Exposures）、火災蔓延可能性及危害等辨識（Identifications）。

1. 結構性考量（Construction Considerations）

成功的火災應變計畫之關鍵，先決條件是對船舶結構和固定式滅火系統能深入地、全面檢討和理解。所有的幹部和機組人員，對船上結構皆應熟悉，船舶不同區域需要不同類型的結構，如 A、B 或 C 級耐火艙壁，以了解某些類型可能局限住火災在一特定時間，此有利於所負責幹部人員，因其可估算火災可能需要多久，才能滲透延燒到下一船艙。例如，船舶橫艙壁（Transverse Bulkheads）的細分到區域（Zones）：主甲板以上，通過這些艙壁的出入是透過防火門（Fire Doors）；而主甲板以下出入則是透過耐火（Fire Resistant）之水密門。

火災應變計畫調查

火災應變計畫調查表考慮因素

1. 修改部分是不顯示在火災控制圖，可能會改變其完整性或限制進入（在這些情況下採取步驟來更新火災控制圖）。
2. 在分區（Zone）的位置，能讓火勢擴展到其他分區，例如管道間、電纜管道（Wire Ways）和通風管；及阻絕管道延伸之防火閘門位置。
3. 可能被削弱耐火之可能延燒區域（Areas）。
4. 可能使滅火後汙水產生囤積之區域（Areas），如果此區域能保留水，使其影響火勢，來達到表面之冷卻效果（Fire Surface Effect）。
5. 主要和次要的路徑，無論這些路徑的位置通常是在鎖定情況。

結構性考量

能阻絕火勢擴展到其他分區之通風管閘門位置

結構性

所有幹部和機組人員對船上結構皆應熟悉，船舶不同區域需要不同類型結構，如A、B或C級耐火艙壁。某些類型能局限住火災在一特定時間。

計畫調查考量

機艙等緊急出口到其他空間路徑

調查時由上往下進行，記錄以下內容
a. 甲板層布置。
b. 艙室區隔化情形。
c. 機艙等出口到其他空間之路徑。
d. 系統特定之控制方法。
e. 總使用面積。
f. 船上特殊功能。
g. 安全上隱患。

6-5 火災應變計畫調查（二）

2. 格局性考量（Arrangement Considerations）

火災應變計畫說明船上內部和外部的布置格局。準備火災應變調查表時，請考慮以下因素：

(1)出口、門（類型）和消防站的位置。

(2)專門的設備和系統的位置和類型，如泡沫放射器（Foam Eductors）、固定式滅火系統、火警自動探測系統及其控制等。

(3)使用的空間：住宿艙、空調冷凍、拘留所（Jail）、無線電機艙、電梯等。

(4)艙壁耐火等級（Ratings）和垂直間隔（Vertical Separations）。

3. 路徑延伸性考量（Paths of Extension）

在火災應變調查表進行潛在火勢擴展的路徑，包括通過艙房之通風管道、電纜敷設管道（Electrical Cable Runs）和管道間（Piping Runs）。風和天氣條件會影響火勢行為與緊急應變，通常在船上火災會有顯著熱傳導（Conduction）的擴大問題，這種可能性必須加以考量。辨識出火災蔓延可能的途徑和發展方法或應變，以防止其進一步擴大。例如，火災在貨艙或槽中（Tank），可能擴展到一個水泵房（Pump Room），以及從水泵房到機艙。但若水泵房配有二氧化碳滅火系統，能進行啟動，形成一個防護屏障（Protective Barrier）或緩衝（Buffer），而火勢就可能不會在此方向作延伸。另一種防止火勢蔓延方法，派遣一滅火水帶隊進行艙壁冷卻作業。

4. 特殊考量

特殊考量如引擎室及機械之重要處所：

(1)接近進入方式（平常時和緊急時情況）。

(2)大型機械的類型。

(3)消防系統的類型。

(4)控制的位置。

(5)消防泵控制。

(6)通風關閉（Shutdown）操控位置。

(7)緊急關機。

(8)水密門（Watertight Doors）。

(9)易燃液體儲槽的位置。

(10)尾軸通道上逃生路徑（Shaft Alley Escape Trunk）。

(11)安全上隱患。

格局性考量

格局性

了解船舶內部各種格局，如逃生孔道、出入徑、門（類型）和消防站的位置；以及使用空間如住宿艙、空調冷凍、無線電機艙、電梯、機艙等。

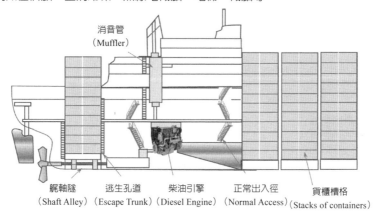

消音管
（Muffler）

舵軸隧　　逃生孔道　　柴油引擎　　正常出入徑　　貨櫃槽格
（Shaft Alley）（Escape Trunk）（Diesel Engine）（Normal Access）（Stacks of containers）

路徑延伸性考量

火災路徑延伸性

確定潛在火勢擴展的路徑，包括通過艙房之通風管道、電纜敷設管道和管道間等，此類位置不易滅火，有時造成深層火災及劇毒煙霧。

特殊考量

特殊考量

一旦引擎機房和機械處所火災時，注意尾軸通道上逃生路徑及緊急通道位置，作為滅火人員出入路徑，躲避火煙往上威脅。

6-6 整合火災應變計畫及評估

整合火災應變計畫

　　將所有的資訊、計畫（圖）、表和小冊子，彙整裝訂為火災應變計畫。因修改是必要的，所以裝訂這些計畫於三環活頁夾，以方便隨時作更新。在船橋中控室、引擎機艙、甲板部門辦公室、緊急指揮部（Emergency Headquarters）或火災控制站保留這些副本，也保持副本置於住宿艙之左舷和右舷位置。當船隻停泊於港口時，將副本及目前的船員名單、危險貨物艙單副本等置於舷梯之頂部。將這些文件置入一個容器、盒子或圓管（Tube），並標示「專供消防局（隊）使用」（For Use of Fire Department/Brigade）。

火災應變計畫評估

　　火災應變計畫在培訓過程中，是不斷地檢查和測試（參見本書第 7 章船舶火災應變演訓）。基於一特定空間來進行模擬火災，如廚房，該空間就好像火就在那裡。觀察並檢討其船上人員應變之成效。查看該空間之火災應變計畫調查表，是否有必要作修改。

　　緊急事件預案大多經過模擬火災發生、試驗、證明和理解，是有相當價值與效果的。船上至少每年一次測試整體火災應變計畫。火災行動應變計畫從滅火隊領導者和其機組人員，逐一進行檢討修正回饋（Feedback），使其更具價值。注意：火災應變計畫有任何更改，所有副本亦必須一併作更改（常在實務上所發現之缺失項目）。

　　火災應變計畫是一個動態的文件，必須經常不斷檢討，以保持其有效性。這是人員和設備、培訓與應變之間的連結（Link）。完整的火災應變計畫編制任務之規模，可能令人望而生畏，但其需以一次一個步驟，來逐步完成。

　　在右頁之表 1 列出了在位置別火災應變部署表所包含的項目，其中以三副住宿艙所需資訊為例來作說明。可以使用此資訊，作為船上每一個空間之火災行動應變調查的形式。可以表 2 調查表作為指南；表 3 是一份填寫完整之範例。

表 1　位置別之應變部署表（Emergency Muster List）

站編號	職稱	名字	緊急召集站	艇編號	棄船召集站
A	船長		在船橋中控室指揮		
1	大副		在現場指揮		
3	三副		在船橋中控室通訊連絡		
6	幹練水手（AB）1		接替舵手（Relieve The Wheel）		
引擎控制室					
4	輪機長		負責引擎室		
4	二管輪		引擎控制室		
1 號滅火隊					
2	二副		1 號滅火隊帶隊官		
7	幹練水手（AB）2		滅火隊瞄子手（Nozzle）		
8	幹練水手（AB）3		滅火隊水帶手（Fire Hose）		

表 2　應變部署表（Emergency Muster List）

站編號	職稱	名字	緊急召集站	艇編號	棄船召集站
A	船長		船橋中控室指揮		
1	大副		現場指揮		
2	二副		1 號滅火隊帶隊官		
3	三副		在船橋中控室通訊連絡		
4	輪機長		負責引擎室		
5	二管輪		引擎控制室		
6	幹練水手（AB）1		接替舵手（Relieve The Wheel）引擎控制室		
7	幹練水手（AB）2		滅火隊瞄子手（Nozzle）		
8	幹練水手（AB）3		滅火隊水帶手（Fire Hose）		

表 3　火災應變計畫表格資料（Pre-Fire Survey Form Information）

項目	舉例
空間名稱	三副住艙房
地點	艇甲板、左舷處，窗戶面對艇甲板

項目	舉例
最近滅火裝備	在左舷船尾橫向通道上之 8 號消防站：20 磅（9 公斤）乾粉化學滅火器和 50 呎（15m）長消防水帶（Fire Hose）附可調式噴嘴瞄子連接到消防栓
易接近資源（Accessibility）	最近額外的水管是在 9 號消防站（右舷）、4 號與 5 號消防站（第 1 甲板往上）或 10 號與 11 號消防站（第 1 甲板往下）。（見火災控制圖之細節）
火載量（Fuel Load）	A 類（木材、紙張、塑膠等）可燃物
燃料關閉	N/A
通風關閉	住宿艙：開關在消防控制站（Fire Control Station），船橋中控室和引擎室（關閉所有往住宿區之通風）
電源關閉	第 5 號斷路器、船艉樓甲板與第 1 層甲板往下之左舷船尾、配電板下衣櫃內（關閉所有左舷處艇甲板與船長的甲板）
通風口	爐艙風道甲板（Fiddley Deck）、船尾左舷處
熱曝露（Exposures）	船長甲板層上方電池室，部分重疊在船艏前端處
鄰近空間： 船艏 船艉 左舷 右舷 上方 下方	二副住艙 通道 露天甲板 通道 電池室和緊急發電機艙 水手長住艙
大小與容積	25×15 英尺（5×8m）2 間附設浴室：3750ft^3（106m^3） 8 號消防站估計消防水帶流量 40gpm（151 升 / 分鐘）及噴嘴瞄子，該室自由液面影響是可以忽略不計
耐火分級： 甲板與艙壁 艙頂 防火門	A 級 左舷 A 級；B 級 15 向前、向後和右舷處 B 級 15
排水系統	僅浴室排水孔，1.5 吋（38mm）
固定式滅火系統	N/A

✚ 知識補充站

消防幫浦相似定律（Pump Affinity Laws）（1）

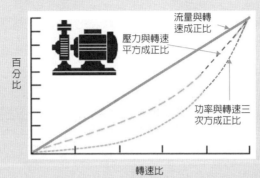

基本上，泵浦於串聯時揚程（壓力）增加，水量不變。而於並聯時水量增加，揚程不變。依白努力定律，流動在管路內經由離心式泵浦傳遞一個速度給流體，而且將速度能轉換成壓力能之高能量狀態。

依照幫浦相似定律，得知轉速（N）與流量（Q）、壓力（P）/揚程（H）以及軸馬力（HP）之間關係為：

$\dfrac{Q_1}{Q_2} = \dfrac{N_1}{N_2}$，流量（Flow）與轉速（Shaft Speed）成正比；

$\dfrac{H_1}{H_2} = \left(\dfrac{N_1}{N_2}\right)^2$，壓力或揚程（Head）與轉速平方成正比；

$\dfrac{HP_1}{HP_2} = \left(\dfrac{N_1}{N_2}\right)^3$，功率（軸馬力）（Power）與轉速三次方成正比。

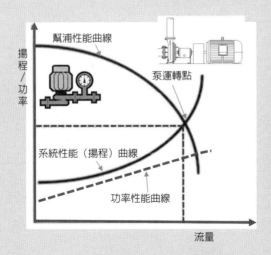

Note

第7章
船舶火災應變演訓

　　船上發出火災警報後，首先要查明火煙位置，即派出滅火隊進行滅火。此時船舶要減速航行，減少風勢，並根據風向適當轉向，使發生火災部位處於下風，以減緩火勢的擴大和避免煙氣妨礙駕駛艙視線。在油輪貨油艙發生火災時，應在起火艙及其鄰艙施放不燃性氣體滅火劑。而客輪起火，主豎區必須關閉防火門，迅速將失火區內的旅客有條不紊撤出。而乾貨艙起火，可採取灌水、封艙，甚至將難滅之著火物投棄入海的方法。在用水滅火時，要注意船舶穩定性衰減程度，過量的水會使船舶傾斜甚至翻覆。

　　本章介紹了船上人員消防演訓，在進行船舶火災和處理其他緊急情況的一種最佳作法。描述消防應變演訓和訓練要求、教學課程計畫，以及消防訓練和演訓應變（Training and Drills）是如何規劃和準備，以及如何提供這種訓練，而該指揮體系角色（Command Role）是如何透過通信傳達指令，來進行實際模擬，並檢視所擬訓練計畫之評估修正，以確保教學／課程或演訓應變是有效的。藉由本章之作法與實務之建議，成功的消防訓練指導是可達到的。

7-1 防火規劃

　　船舶在船行中要定期進行消防演習，使船員熟悉自己的消防崗位和滅火設備的使用方法，並將演習情況記入航行日記。亦即，船員要定期檢查和試驗本船的消防系統，使其處於隨時可用狀態。在演訓中的知識部分，可能是一個以機組成員為導向之教室講課，例如，講解船艙空間執行適當的救援程序。在技能部分，課程包括一個實務操練（Practical Exercise），如位於船艉之扇狀（Fantail）與後軸轉向（After Steering）空間，使機組成員進行操練密閉空間救援程序。在火災應變演訓方面，使機組人員在實際的環境中有操練技能的機會；如模擬一個貨泵艙空間進行救援一名機組成員，此可能是每週一次消防應變演訓計畫的一部分。因此，以真實情境規模來進行演訓，機組成員才能學會如何操作；否則以沒有目標性盲目地進行，除了加強不良的操作習慣外，能真正發揮有效作用，實在是有限的。

　　消防應變演訓（Drills）受法規強制要求必須實施，不同於一般訓練（Training），其需於船運公司、國內和國際法規所授權（Mandated）的範圍。即使符合上述要求，一些機組人員已了解進行練習火災和棄船（Fire and Abandon Ship）演訓，僅是一種上級規定之例行公事；這些演訓情境是在同一機組成員報告到相同的消防站，部署相同的消防水帶，射水在相同的欄杆上（Railings），然後一次又一次向相同的救生艇站（Lifeboat Stations）作報告；以這種同樣演訓類型，進行船員滅火或處理其他緊急情況，實在是缺乏價值的。而有實效性的演訓，必須是實際的（Practical）、真實的（Realistic）、變化性的、挑戰性的，以及能安全和準確地描繪出各種情境，其可能發生在船上之緊急事件。演訓是不需要冗長的（Lengthy），才能有效成功。

　　若能定期進行事件反應和指揮命令功能訓練，則幹部和機組人員將能有效果（Effectively）和有效率（Efficiently）來應對緊急事件情況。以緊急事件前的危害規劃及緊急情況下可能採取的行動計畫，來進行評估。訓練課程所開發的知識和技能，使機組人員有機會實際練習，直到他們有足夠的能力。指揮命令功能，是透過指揮與通信之演習（Exercises）來展開的。

　　消防應變演訓所有元素的規劃，必須與實務相結合。假設一情境（Scenario）或潛在的火災／緊急事件，於演訓期間船上人員使用適當的計畫和訓練（Exercise）他們的技能和知識。因此，驗證計畫內容和機組成員的表現，來進行整體評估。

　　對演訓的評語批判是必要的。在檢討演訓時，能識別出問題，而能使工作做很好的選項，注意哪些部分是需要修改和指出改進之處。緊急事件發生前的規劃，如果有必要時，提出檢討和進行改變。訓練方案是根據機組成員的表現情形來進行評估的。規劃／實務之整個過程，以反覆採用不同的方案，來持續改進規劃與日常實務之作法結合。

消防應變演訓

　　大型船舶通常根據船員的職務，編制發生火災時每位船員的消防崗位和職責，如大副帶領滅火機組成員，在現場指揮滅火、水手攜帶滅火器及消防栓（Fire Hydrant）擔任滅火隊員；輪機員管理固定滅火系統；報務員駐守電臺，準備發報；客輪事務員維持旅客秩序，及服務員引領旅客脫離火災區等。基本上，訓練是一種能達到熟練的過程；對於所分配職責，透過指令和執行設備及系統之實務操作，使其具有一定技能。而演訓是一種訓練或教學的過程中，所需要這些技能訓練，來獲得經驗，一次又一次地重複作練習。消防應變演訓有3個主要部分：知識部分（Knowledge）、技能部分（Skill）和演練部分（Drills）。

規劃與實作訓練流程

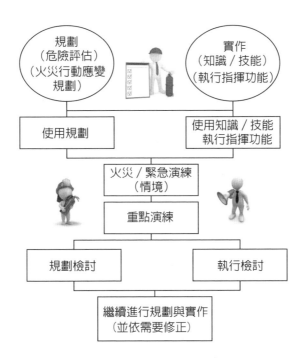

7-2 新進船員職前訓練

　　船上新的機組成員加入是必不可少的，在火災和緊急任務期間必須能進行正確地指示。在每一航次開始，船上安全官皆會進行安全指導。一旦離開港口後不久，舉行船上火災的演訓，新的機組成員若未能得到正確的指導，這將是一個令其困惑的經驗。

　　新的船員必須先找到在指定的緊急應變部署表（Muster List）上，有關火災與緊急反應的崗位。再者，船上另一份重要文件為緊急任務編組表（Station Bill），在發生緊急情況，如火災、落水或棄船等緊急事件所賦予的職責。此外，一些船隻也會列出其他緊急情況下，如燃料洩漏、海盜、碰撞或擱淺等。這些情況可能會有所不同，此取決於船和貿易（商業）型式。警報信號在緊急任務編組表（Station Bill）上列出，並需作進一步解釋，以使人員能理解。例如，一些船隻發出的警鈴聲（Sound）和汽笛聲（Whistle）為 10 至 15 秒，然後再由 1 個或多個短促聲（Blasts）：1 個短促聲表示在船艏樓或 1 號貨艙發生火災、2 個短促聲表示在 2 號或 3 號貨艙發生火災、5 個短促聲表示在引擎機艙發生火災。安全官應確保新的機組成員能了解船上消防和救生設備，特別是在其工作區域的位置（例如廚房、引擎機艙等）。確定防火門與水密門的位置，並示範其如何操作。機組成員在他們的工作和住宿艙區域，能找到最近的手提式滅火器，以及最近的緊急逃生路線。並解釋說明，緊急逃生路線會導引至船甲板上，假使一條路徑無法通過時，注意能選擇找出另一條替代路線。

　　新機組成員需了解危險品貨物，包括任何危險物質（Hazardous Materials）或危險商品（Dangerous Goods）。張貼出安全資料表（SDS）在能讓船上人員讀取和識別所描述產品的位置。並需遵守船上禁止吸菸的相關規定，強調必須實行良好的內務管理程序。最後，鼓勵新的船員提出問題，並報告船上有任何異常發生之情況等。

新進船員職前訓練

新進船員安全性導向介紹

職前訓練

新進船員需知悉應變部署表上，有關火災與緊急反應的個人崗位。再者，依緊急任務編組表，在發生緊急情況，如火災、落水或棄船等緊急事件時所賦予的職責。

安全資料表

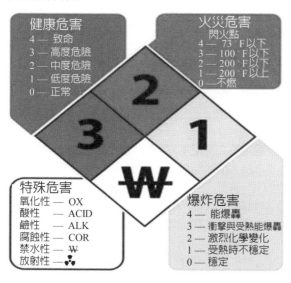

健康危害
4 — 致命
3 — 高度危險
2 — 中度危險
1 — 低度危險
0 — 正常

火災危害
閃火點
4 — 73°F以下
3 — 100°F以下
2 — 200°F以下
1 — 200°F以上
0 — 不燃

特殊危害
氧化性 — OX
酸性　 — ACID
鹼性　 — ALK
腐蝕性 — COR
禁水性 — W
放射性 — ☢

爆炸危害
4 — 能爆轟
3 — 衝擊與受熱能爆轟
2 — 激烈化學變化
1 — 受熱時不穩定
0 — 穩定

SDS 識別

新進船員需要了解危險品貨物，包括任何危險物質或危險商品。識別安全資料表（SDS）或美國防火協會（NFPA）標示在船上貨物產品的位置及化學有害危險性。

安全性導向

機艙之高膨脹泡沫噴頭

高風險區域識別

新進船員需要了解船舶重要區域及高風險位置，如機艙火災是風險指數高區域，為降低風險，船舶除了設置二氧化碳滅火設備外，還設置高膨脹泡沫滅火系統，來雙重確保機艙之安全。

7-3 緊急應變演訓（一）

　　無論是多麼高度開發的導航設備、自動化的引擎機艙或電腦化貨物業務，都能對船上發揮很大幫助，若在應對火災和緊急情況下沒有這些科技，必定會使幹部和船員手忙腳亂。需要了解的最佳實務作法，有關預防和壓制船上火災和如何快速處理這種緊急事件。船上成員為了有效地處理緊急事故，必須進行適當的訓練，以整合成一團隊來運作。透過實務和演訓，來獲得應變經驗和能力。協調與合作是團隊成功的要素。訓練、實務操作和演訓是必要的，假使沒有這些經驗，將使協調或團隊合作難以實現。教學指導定制化，以符合船上的操作；與陸地上正式訓練課程是不能相混淆的。船上的目標是培養人員能力，透過教學指導和反覆練習，來達成所設定的安全目標。

　　一般委派大副負責消防和緊急救援隊的訓練，而由船長進行評論及批准大副所建議課程、實務作法和演訓等計畫。每位船員對船上安全性皆負有責任。船舶領導人、無論是職位高幹部或職位低幹部（Petty Officers）或其他重要機組成員，都有額外責任來促進船上安全文化環境。消防和緊急事件反應課題，不應被視為是日常例行公事，而是船舶安全和能有效運作的一部分。技能發展在訓練（Training）後能給實務上較佳作法之機會，而演訓（Drills）後則能發展個人及全體的信心和能力。

1. 機組成員和領導者的責任（Responsibilities of Crew Members and Leaders）

　　機組成員和教官之間的互動發展是透過非正式的訓練（Informal Training）。非正式的訓練可以是一個非常有效的教學工具。在非正式的氛圍中，讓更多的人有機會傾聽和訴說。充分交換資訊和想法，可讓機組成員更了解其職責及其所需特定的技能；使船上之運作更安全。非正式的討論能使人們互相學習，保持興趣和建立良好及朝向安全的態度。

　　特定人（通常是大副）負責船上訓練體系，但本章建議委託給其他教官來進行實際訓練。通常是甲板部和輪機部技術人員為主要訓練教官。一艘船舶的幹部人員，則分配其專業訓練任務。一個稱職的幹部必須有能力（Competent）來訓練船上的其他船員。最有資格（Qualified）的教官人應教授大多數的訓練班，無視乎其階級職稱。課程的目標是在所設定的主題上，由最有資格的人給予指示帶領。如果船上某個人具有特定的專業知識，和處理維護救生、滅火設備，如啟動緊急發電機、緊急消防泵，則指定其來教授船上人員如何正確使用該設備。因此，所有船員能學習到船上最好的資源。在基本技能上機組成員必須成為有能力的工作人員，如延伸消防水帶，使用空氣呼吸器（SCBA），如此方能在實際規模（Full Scale）的火災和應變演訓中，來協調成團隊效能。同樣地，重要幹部必須行使指揮和通信功能，來測驗自己的能力，在消防應變演訓中協調各方面的必要措施，包括救生艇（筏）、急救裝備和人員避難疏散作業。重要的是，也要指導下級幹部的領導能力，他們應積極參與並採取內部的指令，並依循階段層次的教學工作。先不要實施大規模模擬活動，必須使幹部和船員在基本技能方面，顯示有能力和對相關概念已有清楚的認識時，再來進行之。

消防應變演訓

消防應變演訓是法規強制性的，但技能訓練的進展（Evolutions）是必要的，其是使這些演訓更具實際和有效。

在教學期間（Instructional Sessions）一種技術應用，就是提出不同的問題和情況，並討論可能的解決方案，直到找到滿意的選項。機組成員在所設定的情況下，操作必要的工具和設備，定期安排消防應變進行演訓，然後成為有效率示範（Demonstrations），如消防射水技能；因此，其不只是一種學習課程（Learning Sessions）而已。

訓練方式

訓練可以有兩種方式來進行：即正式（Formal）或非正式的（Informal）。正式的訓練遵循一套例行（有時是死板的），重點放在教官來領導。機組成員可能扮演被動的角色，並按照說明進行操作。正常程序是要求機組成員和緊急救援隊必須定期參加訓練，處理各種可能發生在船上的緊急事件；他們還必須學習如何安全地來操作消防和緊急裝備。

救生艇降卸作業

重要幹部必須行使指揮和通信功能，來測驗自己的能力，在消防應變演訓中協調各方面必要措施，包括救生艇（筏）降卸作業等。

7-4 緊急應變演訓（二）

注重實際訓練（Realistic Training），能使機組成員隨時準備應付船上任何的緊急情況。此一簡單的理由：「當真正發生緊急情況時，我們會依其狀況來進行處理」（But We'll Do it Differently When It Is A Real Emergency）。不要薄弱的船員準備去反應實際發生的緊急情況，不要給船員在每一次演訓期間有相同的任務，如協助手持水帶噴嘴瞄子，或沖洗甲板去進行體驗水霧流大小（Fire Stream）。在真正的緊急情況時，一旦警報響起，任務可能會依緊急情況而有所不同。

保持準確好及最新的訓練紀錄，如船上進行的演訓逐一記載至航海日誌上。這些紀錄能提供所需訓練結業的文件，且這些紀錄也能識別出訓練範圍（Training Areas），及一直在強調與需要更多關注的主題範圍。

2. 消防 / 緊急應變演訓主題（Fire and Emergency Response Training Topics）

以下列出訓練所涵蓋範圍，一些消防 / 緊急事件反應的主題。本節並未詳盡的列出，而其他主題在任何特定船上可能是需要的。

3. 基本技巧形成（Basic Skill Evolutions）

技能的發展是為了能在實務操作上應用。一些消防和安全訓練的最佳技能作法如下：

(1)手提式滅火器

推薦作法：每月定期拿船上所有手提式滅火器之一定百分比例數，來實際操作噴灑。噴出後進行充填再儲存使用。因此，按照推薦的程序，期使維護和訓練相結合（Combining Maintenance and Training）。

(2)消防水帶和噴嘴瞄子（Hoses and Nozzles）

推薦作法：部署未充水之消防水帶，沿甲板往上及往下之內部和外部的梯子，延伸進行至機艙及住宿艙區。體驗流出的水流情況，並依實際情況下來操作調整噴嘴瞄子水流角度大小。

(3)空氣呼吸器（SCBA）

推薦作法：消防 / 緊急訓練的實務和演訓過程中，使用 SCBA 貼緊臉部並打開空氣閥門進行呼吸。在開放式和密閉空間內使用。警覺空氣瓶壓縮空氣快沒了，則仍保持個人完整 SCBA 組件，一直到安全區，始脫開卸下面罩。

手提式滅火器

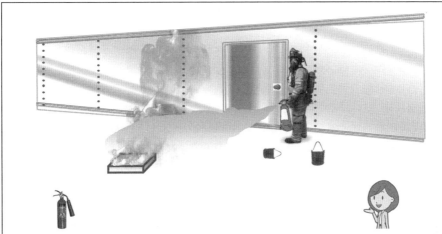

每月定期拿船上所有手提式滅火器之一定百分比例數，對未熟練機組成員進行實際噴灑練習。待噴出後進行充填再儲存使用。使滅火器更新維護和訓練相結合。

SCBA

SCBA 訓練

訓練和演訓過程中，使用SCBA貼緊臉部並打開空氣閥門進行呼吸。警覺空氣瓶壓縮空氣存量，操作中並控制至安全區，始卸下個人面罩。

基本滅火技能

 基本滅火技能和知識（Basic Firefighting Skills and Knowledge）

A. 火災理論
B. 火災分類
C. 火災行為
D. 個人防護裝備（PPE）
E. SCBA和其他安全性裝備
F. 手提式和半手提式滅火器
G. 搜索和救援行動
H. 消防水帶應用功能
　　(a)打開／關閉門時射水模式。
　　(b)通風技術時射水模式。
　　(c)水霧流模式（Stream Patterns）
I. 固定式滅火系統

7-5 緊急應變演訓（三）

(4) 消防泵

推薦作法：準備（閥門）並啓動消防泵。所有的輪機工程技術人員和機組成員，皆應實際熟練操作。作為一項預防措施，啓動緊急消防泵。如果船上主泵失效或處於無效狀態，即啓動緊急消防泵替代。

(5) 通風技術

推薦作法：練習關閉水密門、通風閘門和操作緊急通風扇使其停機，以保全該問題的艙間。練習正確置風扇（Fans）及風機（Blowers）於特定位置／空間，並操作輔助通風程序。

(6) 搜索和救援行動

推薦作法：進入密閉空間時，務必穿上個人防護裝備。練習夥伴系統（Buddy System，指以 2 人為 1 組並彼此互相照應之體系）。練習尋找船上各個區域由船員所指出失蹤人員。找到並移出受困者至一個安全位置。

(7) 救生艇和救生筏

推薦作法：熟悉救生艇和救生筏的使用和操作。練習登船、下水（Launching）、操作、使用靜壓釋放裝置及回收救生艇（筏）至船上復原整備。

(8) 手提式緊急通信設備

推薦作法：熟悉操作「緊急定位無線電信標」（Emergency Position Indicating Radio Beacon, EPIRB）、雙向通信設備和手提式甚高頻（VHF）無線電。練習實務操作的手持雙向無線電通訊設備和救生艇上手持無線電。

(9) 泡沫應用設備

推薦作法：準備和實際操作泡沫應用設備。

(10) 個人漂浮救生裝置（Personal Floatation Devices, PFDS）

推薦作法：練習穿上（Donning）和脫下個人漂浮救生裝置，也就是救生衣（Life Jackets）或救生背心（Life Vests），包括使用附加之緊急燈和口哨（Whistles）。

(11) 保溫救生服（Immersion Suit）

推薦作法：穿上和使用保溫救生服。穿這套救生服時，試著熟練漂浮和游泳動作。

(12) 消防員個人防護衣

推薦作法：說明如何正確佩戴和穿著消防員個人防護衣：防護頭巾（Hood）、褲、靴、外套、頭盔、手套和面罩（Eye Protection）。

4. 消防／緊急事故演訓主題（Fire and Emergency Drill Topics）

在這些演訓中涵蓋各方面的消防和救生艇（筏）使用，其他如漏油事故、人員落水、緊急情況之棄船程序和其他應變程序。

消防泵

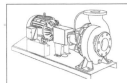

所有的輪機工程技術人員和機組成員，皆應實際熟練操作。作為一項預防措施，啓動緊急消防泵。如果船上主泵失效或處於無效狀態，即啓動緊急消防泵替代。

救生艇和救生筏

機組成員熟悉救生艇和救生筏的使用和操作。練習登船、下水、操作、靜壓釋放裝置及回收救生艇（筏）至船上復原整備工作。

PFDS

練習穿上和脫下個人漂浮救生裝置，也就是救生衣或救生背心，包括使用附加之緊急燈和口哨。

7-6 制定課程（一）

　　教材（Lesson Plan）是教學單元的書面概要／大綱，其描繪了一個計畫，以涵蓋所需資訊和技能，是一個任何形式的說明，來逐步地（Step By Step）進行指導。它明確規定教官在一個特定期間，將完成機組成員某一階段課程。教材為訓練的一部分，是一個有系統的方法（Systematic Approach）。一個教材可能包括從 15 分鐘實務練習，到 3 小時指令的訓練活動。教材能以手寫輸入或打字鍵入到電腦，其可能準備在船上使用或提供給陸地上船舶管理單位。

　　教材的準備工作（Preparation）和使用，對正在進行有系統的船用消防／緊急訓練計畫的成功，是至關重要的。教材對船上教官授課是有相當價值的，原因如次：

1. 教學（Teaching）和學習（Learning）是提供一序列地有順序及方便的授課。
2. 能形成實際評估（Practical Evaluations）的標準或依據。
3. 編寫教材時，需考慮特定船隻、設備庫存和機組人員。
4. 定期地更新保持最新教材。
5. 使用教材以統一授課，確保不同教官使用同一教材規格。
6. 訓練／上課之記錄文檔，保存及查閱是容易的。

　　船上訓練有 3 個學習領域的應用：即認知（Cognitive）、心理活動（Psychomotor）和情感（Affective）。任何學科教學時，必須了解這 3 個領域；每一個領域不是獨立的學習領域。相反的，3 個是學習中相互關聯的領域。當結合教學方法，使機組成員有能力執行或發揮該有的工作技能。一個簡單的方法來視覺化這 3 個學習領域，以 3 個圓圈重疊和 3 個圖像表示，其代表每個人頭（認知）、手（心理活動）和心（情感）。學習 3 領域的簡要描述如下：

1. 認知領域

　　指頭腦（Head）部分，機組成員需要的是什麼資訊，必須有一個主題，例如課程難度機組成員應可了解，對有關行為能予以知道。

2. 心理活動領域

　　指手（Hand）部分，是身體上的技能，對有關任務與完成，機組成員必須有能力去執行，例如機組成員進行相關技能作業。

3. 情感領域

　　指心（Heart）部分，為機組成員的態度、信仰、感情和價值觀，必須有一個主題，例如機組成員發展出意願來執行正確和安全之行為；即機組成員情感、互動態度與相信程度。

示範教學

示範個人救生器具（PFDs）使用並逐步地進行動作，機組成員穿戴，教官從旁指出錯誤及指導正確動作及要領。

學習三領域

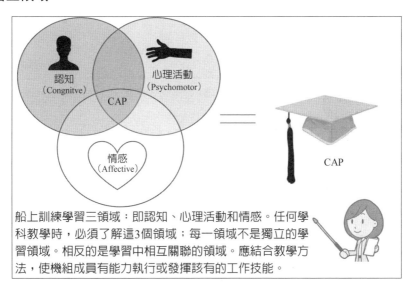

船上訓練學習三領域：即認知、心理活動和情感。任何學科教學時，必須了解這3個領域；每一領域不是獨立的學習領域。相反的是學習中相互關聯的領域。應結合教學方法，使機組成員有能力執行或發揮該有的工作技能。

實際操作

了解主題如船位緊急無線電波發射器（EPRIB）及實際進行操作。「學」是知識的積累，「習」是實際操作，習與學應並重。

7-7 制定課程（二）

　　以下進一步說明教材的組成成分（Components）及一般常用的格式。例如，教材所包括的問題和活動，以確保機組成員的參與。透過教材組成成分之審查，使教官們都了解教材詳細的資訊、後勤（Logistics）和適當的教學時間，能提前做好準備。包括一個教材模板（Template），其中以 SCBA 課程爲例。

教材成分

　　典型的教材開發，通常採單獨課程，劃分爲操作（技能）和認知（資訊或技術）課程。在教材組成（Lesson Plan Components）上有 3 個主要領域：教官準備過程、4 階段教學過程（準備、報告、應用及評估）及增強人員能力。概述如下：

1. 教材準備過程

　　準備過程能給教官帶來信心和信譽。以下教材的組成成分能提供教官課程規劃的指南：

　(1)工作或主題

　　簡短描述出主題所涵蓋的資訊，如船位緊急無線電波發射器（EPRIB）。

　(2)時間範圍

　　估計授課節數的時間，並依機組成員在課堂上人數規模和其經驗專業水平，來作調整。

　(3)教學層次

　　教學工作執行的要求或期望的學習領域／層次（認知、心理活動或情感）。

　(4)學習目標

　　船員必須學會最低可接受的行爲，且在教學完成後，能夠示範所學習之行爲。

　(5)所需裝備和材料

　　材料類型、數量和現有情況，包括裝備、講義、錄影帶等。

　(6)資源和參考（Resources and References）

　　助理和後勤協助人員之名稱、教科書、參考資料、學習活動、獨特的訓練地點等。

教材準備過程

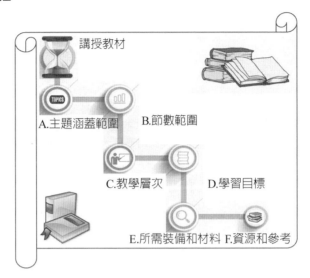

四階段教學過程

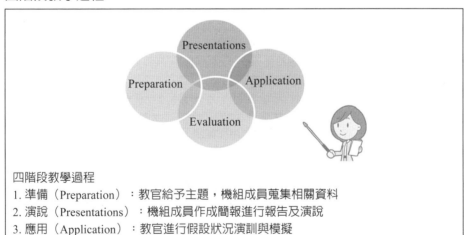

四階段教學過程
1. 準備（Preparation）：教官給予主題，機組成員蒐集相關資料
2. 演說（Presentations）：機組成員作成簡報進行報告及演說
3. 應用（Application）：教官進行假設狀況演訓與模擬
4. 評估（Evaluation）：最後測驗，驗收機組成員學習成效

增強人員能力

準備機組成員學習所涉及在教學中參與的活動，並提供一種方式來衡量他們的理解力。多種方式能使機組成員熟悉消防和緊急設備所需的技能。教官透過四個階段，每當討論一個新的主題或操作新的設備，在基本的操作階段中，以適當的順序來學習所要執行的能力，並朝向成功的教學目標。

四階段教學過程（Four Step Instructional Process）

階段1：準備（Preparation）

發現有多少機組成員能了解所討論的主題或設、裝備。激發（Arouse）成員興趣，提出其個人有關的經驗。激勵（Motivate）船員回答問題，「為什麼我需要了解這個的主題」，相關於他們工作的各個方面。鼓勵（Encourage）彼此討論，敘述所欲學習之目標。準備機組成員所要傾聽的主要議題，其所涵蓋重點的簡要說明。

階段2：演說（Presentation）

進行解釋、說明和示範的操作，並提出一個有序列的、連續的資訊輪廓。使用最有效的教材型式進行討論，以及說明各部分操作，並強調重點說明。

階段3：應用（Application）

為活動、工作團體、技能實務訓練等提供機會。有多少機組成員實際上已處理過這種工具或裝備，讓他們解釋其操作情形，並確保重要關鍵點有重複到。大多數的課程學習是發生在此階段中。

階段4：評估（Evaluation）

有多少機組成員能示範出所學知識，透過書面或操作試驗。評估使用的工具和設備的運作情況。如果手動操作課程沒有受到學員的關注，則以口頭或書面的描述可能是足夠的。訓練課程還沒有結束，直到機組成員已能正確示範證明自己能力，始達到課程目標為止。

四階段如何應用於實際工作中
（How the Steps Work in Practice）

四階段在實際的教學過程中其往往是混在一起的。例如，在準備（Presentation）階段中進行講解（Demonstrations）或說明可以重複在應用（Application）階段期間。在預先測驗（Pretest）和評估（Evaluation）階段中，可以使用相同的筆試。在應用階段和評估階段唯一真正的區別是監督（Supervision）。

準備、演說／傳遞（Delivery）、應用和評估等階段，成為理所當然的書面教材。隨著教官進行實務練習只是在做需要是什麼，而沒有給予太多思考是涉及哪一階段（Without Giving much Thought to Which Step Is Involved）。

教學目標：戰略與戰術

戰略與戰術
（Strategy and Tactics）

A. 火勢災情評估（Size-Up）。
B. 火勢進攻與防守。
C. 直接攻擊。
D. 間接攻擊。
E. 邊界冷卻。
F. 通風作業規劃（Ventilation Planning）。
G. 固定式滅火系統。
H. 移出積水技術（Dewatering Techniques）。
I. 全面徹底殘火處理（Over Haul）。
J. 火災原因認定。
K. 挽救財物作業（Salvage），即船上損失控制。

總結與作業

總結（Summary）
課程之關鍵點是必須進行重述或再次強調。請機組成員回憶課程內容或列出步驟。有關安全防範措施（Safety Precautions）部分，往往就是一項關鍵點。
作業（Assignment）
列出可選的工作或活動去執行現場課程。相對和實用的學習作業，使船員能靈活運用所學到的知識。

四階段教學過程

有多少機組成員能示範出所學知識，透過書面或操作試驗。課程應實施至機組成員已能正確示範證明自己能力，始達到課程目標。機組成員假使所學不足以提出學習心得，教官必須給予機會去複習（Review）、記憶（Remember）與增強（Reinforce）課程內容。

7-8 制定課程（三）

1. 教材格式（Lesson Plan Format）

教材格式應保持靈活性（Flexibility）。有許多方法能協助教材格式之編排。右頁所示教材模板（Lesson Plan Template），為課程成功策劃執行所推薦之範例。典型的教材有六個組成部分：介紹、教官準備、主體（講解和應用步驟）、進行測驗或評估活動、總結和作業。這些組成部分所需功能如下：

(1)介紹

介紹開發人員設計的課程和教官教學之內容。本部分教材是敘述課程之學習目標，使機組成員了解所要做的是什麼。以下列出課程的元素（Elements）：課程標題或主題、學習目標、時間分配、教學專業程度（Level of Instruction）與學習領域（Learning Domain）。

(2)教官準備（Instructor Preparation）

此部分告訴教官所需的資訊，教學課程的目的。教官能提出激勵的語句，得到機組成員的關注和興趣。本節包含提示或說明，如列出所需的材料、有關設備和材料注意事項、引用書籍、課程目標和可能的任務。一般列出下述的課程元素：所需設備和材料、資源的引用、激勵語句（Motivational Statement）、專業資格能力／工作執行目標與綜述（關鍵點）。

(3)主要內容（Main Body）

此部分實際上是基於課程整個概述輪廓，包括演說（Presentation）和應用（Application）步驟。教官介紹每一個主題（概述之重點）、使用適合的教學方法以便討論或論證、有效地使用教材，並從涉及已知或熟悉的資訊，到未知、新的及陌生的資訊和任務。在應用步驟內活動結合演說。教官將能有效呈現（Presents）教學內容，不僅告訴所需資訊，而且也顯示如何去做應用。應用活動可為機組成員提供練習的機會，在一個模擬的工作環境去熟悉這些應用資訊或技能。

(4)測驗或評估活動（Testing Or Evaluation Activities）

在課程期間各類不同評估工具亦能用來衡量（Measure）知識和技能。測驗和評估可以是一種或多種類型，如書面或執行（Performance）、口頭的、進行診斷（Diagnostic）和綜合性（Comprehensive）。

(5)總結（Summary）

在此部分，教官即將結束課程。教官能對機組成員進行重點複習，對主題討論、演說、案例應用和實務練習等，以理解機組成員對所學課程之了解程度。

(6)作業（Assignments）

給予機組成員一些的作業類型，使其能進一步思考或處理資訊。研讀（Readings）、研究（Research）或企劃案（Projects），以加強機組成員所獲得之資訊，使其有所幫助。

教材模板：海事教練之指南（樣本）
（Sample: A Guide For The Marine Instructor）

Lesson Plan Template

1. 介紹（Introduction）
   工作或主題（Job or Topic）：
   時間框架（Time Frame）：
   教學水平（Level of Instruction）：
   學習目標（Learning Objectives）：
2. 教官準備（Instructor Preparation）
   所需設備和材料（Equipment and Materials Needed）：
   資源（Resources）：
   參考文獻（References）：
   激勵聲明（Motivational Statement）：
   具備能力／執行目標（Enabling/Performance Objectives）：
   概述（重要作法／技能）（Overview（Key Ideas/Skills）：
3. 主要內容（Main Body）：演說與應用（Presentation and Application）
   內容大綱（Content Outline）
   注意事項／應用活動（Instructor's Notes/Application Activities）
   A. B. C. D. E.
   等等（Etc）.
4. 總結（Summary）
   概述（Overview）：
   關鍵點（Key Points）：
5. 測驗或評估（Testing or Evaluation）
   筆試（Written Exams）：
   績效評估（Performance Evaluations）：
   教官評估（Instructor Evaluations）：
6. 作業（Assignment）
   閱讀（Reading）：
   視頻（Video）：
   其他（Other）：

✚ 知識補充站

船艙火災發展

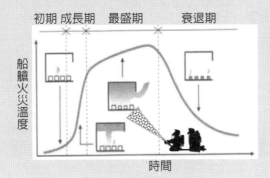

7-9 教官課程編製

欲綜合船上訓練，透過努力是可以達成的。這是需要作規劃、編製和使用最佳現有的船上資源；也許在船上最困難的應變演訓是滅火工作（Fire Fighting）。很少有船員（Seafarers）對所涉及各方面的許多原則，能全面予以了解。然而，如果船上消防訓練沒有煙霧和火焰的刺激（Motivation），可能會顯得沉悶或不切實際，只是因教官缺乏一點點想像力和充足的準備。即使每週在短短 30 分鐘的真實性和相關訓練，皆能帶來相關益處。訓練的變化性包括透過講座講授、討論、圖例、示範、操作指導、角色扮演（Role Play），情境腦力激盪（Scenarios Brainstorming）和講解安全性之影片（Safety Videos）以及實務上技能演進。經常在圓桌上進行討論，比在一個令人困惑的演訓活動更有效果，其中機組成員不確定的概念或其角色任務，能得到更多的學習機會表現。

即使是最有經驗的教官，於每節課仍需精緻謹慎作準備。規劃和準備的程度是取決於課程題材和類型。然而，教官的規劃和準備工作，應包括以下幾個方面：

1. 設計方案（Designing Program）

選擇課程主題、發展目標、列出所要呈現的重要資訊、確定關鍵點、設計一個教材，並構出評估工具。

2. 進度表（Scheduling）

以大部分人員皆可參加定期訓練之時間來安排。一節課盡可能不要超過一小時，在較長的訓練課程，則需安排一些休息時間。

3. 通知（Notification）

公開宣傳訓練課程表和主題，如公告欄、口頭宣傳（Word of Mouth）等，並列出可以出席課程的機組成員名單。

4. 教室／實務練習（Class/Practice Locations）

進行課堂訓練在最安靜的地方，並選擇一個合適的區域進行實務練習。如欲使用特定領域等應經過安全許可，如引擎機艙。提供足夠數量的椅子和桌子，安排座位以減少視覺干擾。例如，在視聽設備使用階層式排列座位（Tiered Arrangement），把示範區設在半圓形之學員們中間。

5. 材料與裝備（Materials/Equipment）

組裝課程或實務所需一切工具或設備、白板或其他的標記板、擦拭板擦（Easel Pad）、其他適當的教具（音頻視覺設備、講義等）、鉛筆和筆記型電腦。有足夠空間能訓練預期參加的機組成員數。

6. 助教（Assistants）

選擇助教（船員或其他教官），以協助展示技能。認識有經驗或以有豐富經驗為自豪的機組成員為優先。鼓勵他們積極參與，並強調其先進的技術；與其他教官進行課程問題討論。

SCBA **課程教學樣本**（Sample SCBA Lesson）

以空氣呼吸器為例，此方法適用性對其他主題應是顯而易見的。在本節前列出相關組件：在船上至少1個SCBA組裝完整的面罩與束帶（Harness）、空氣瓶、備用空氣瓶、手提箱、能描述出在船上組裝完整的SCBA單元講義。有足夠的資源材料能提供船員使用。以下配合學習使用在船上空氣呼吸器的專門知識和技能，以前述四階段教學過程來進一步闡述：

階段1：準備（Preparation）
　　　告訴機組成員本課程的目標是學習如何安全地操作SCBA。說明學習目標和課程的重點，以及課程目標是如何量測成績。確定哪些機組人員已經了解SCBA：這是什麼？其目的是什麼？它可能使用在哪裡？如有人提問鼓勵大家做討論，如果任何人之前曾在學校、船上、或先前另艘船上使用SCBA有經驗的人員，請提出其經驗作法。在整個討論過程，試圖喚起興趣和機組成員參與感。

階段2：演說（Presentation）
　　　顯示SCBA給機組人員看，教官描述其構造組成，並解釋其運作。用圖來解釋其空氣流透過設備內流動路徑情形。使用的資源材料來說明穿上（Donning）和脫卸（Doffing）SCBA裝置的各個階段。示範穿上／脫卸空氣呼吸器和解釋其程序；注意操作說明單位需要作保存（船員的安全訓練手冊、SCBA存儲箱）。強調關鍵點，如次：
　　　A.透過適當的連接，使設備組件彙集起來。
　　　B.各單元組件正確的穿著，包括良好密封面罩之正壓並試驗之。
　　　C.說明夥伴系統（Buddy System, 指2人為一組能互相照應彼此）的重要價值：
　　　　當一個黑暗的空間之進入與移動。
　　　D.殘壓報警（Low Pressure Alarms）響起；離開現場退出至外界。
　　　E.更換和重新填充空氣瓶和存儲此單元，供隨時再使用狀態。
階段3：應用（Application）
　　　檢查每位成員的空氣呼吸器。問某位成員請解釋穿上和卸下裝置中的關鍵階段。在SCBA單元構造和使用，鼓勵機組成員進行提問和參與討論。
階段4：評估（Evaluation）
　　　要求每位成員穿上和卸下SCBA單元，又一重新開始使用每一穿上／卸下之步驟。糾正機組成員之中任何錯誤。

7-10 教學：消防／緊急訓練課程（一）

　　教官不能只安排在教室教學，意即不能使機組成員只在教艙內學習。二者（教官與學員）都必須準備進行訓練，並得到經驗；且二者都必須有他們要完成的任務，以及如何完成他的期待和預期目標。有效率的教官能採取措施，以確保學習的經驗是值得、有相關的和有趣的。掌握時間，請按照下列步驟，來激發機組成員去思考問題、提問，並得到參與的學習經驗。

　　教學一個重要方面是教官們如何作溝通。教官們必須考慮他們如何展示自己的機組成員。一個專業的外觀，來展示透過精心準備的演說方法，並以積極的態度和風度，來添加教官的信譽。一位好教官能集中在下列幾個重要領域：教學準備、在教室和室外練習演講技巧、評估技術和課程結束。

1. 教學準備（Preparing to Teach）

　　在實際訓練之前，審視課程所欲提出的資料。閱讀教材（Lesson Plan）幾次，直到徹底熟悉和審查上次進行的課程。添加補充參考材料於教材文件夾，並在筆記頁添加相關資訊；畫線關鍵的教學點。如果有需要，參考研究網路上或書籍有關船舶的技術資料。帶來課程的參考材料資源，當場提供船員使用。

　　重要的是，需要提前檢查設備和訓練器材。練習使用任何可能引入的新設備，和預覽視聽教材。確保視聽設備設置是否正確，並處於良好的工作狀態。準備用於顯示可視化圖表之設備儀器；在課程開始之前，相關幻燈片、錄影帶及筆記型電腦等做好相關準備。

　　在課程開始前，評估學習環境，提早到達並回答以下問題：對於所準備筆記或輔助資料，學員是否不易閱讀？現場是冷的、濕的、熱的或悶的嗎？燈光調整？是否有足夠的座位？進行訓練設備是否在正確位置？在課前先檢查艙內照明和溫度。測驗視聽設備的聲音、對比顏色和對焦調整。確保布幕上液晶投影幅度是足夠大的。

2. 表達技巧（Presentation Techniques）

　　進入課堂採合作的態度：愉快的（Pleasant）、專業的（Professional）和熱情的（Enthusiastic）。一個稱職的教官能對示範教學／學習環境進行掌握，能透過一個充滿活力的個性來展示，並帶領教學活動；重要的是開始的時間。首先課堂上能暖場，了解幾名機組成員，並盡可能經常地使用他們的名字。給出課堂上的目標，並認真看待這個問題，來進行闡釋課程，為什麼要了解它的原因是重要的。列出機組成員將複習或獲得的知識和技能。確保機組成員都注意到課堂訓練上之規範，如遲到或早退的，可以取消機組成員參訓資格。在課堂上不要吃東西、酒精性飲料或吸菸等強制性來規範學員。

　　保持適當的教學節奏（Pacing）和課程進度。不要陷入有關特殊火災和緊急事件或大海的故事。不要花太多時間在任何特定的部分課程。按照教學計畫，但要靈活。評估和重新評估課程的進度，並根據需要進行調整教學風格（Style）和方法。

問題

問題

問題是一種有用的教學和學習工具，其能激發（Stimulate）和維持溝通、引起學員們的好奇，並觸發（Triggers）機組成員在課程內容相關問題上，來激起（Provoke）興趣。注意，教官以延遲上述問題之解答，在稍後的課程再來解決，可能會更好，但不要忘了此問題解答。如果不確定答案，承諾會去尋求並得到資訊再去做，而不要直接就虛張聲勢（Bluff）。

自我評估

自我評估方法

有兩種自我評估方法，能幫助教官找出需要改進的地方：
1. 在講課（Delivery）之前先練習課程講授。
2. 教學中進行錄影，來審視分心的行動和說話方式。
這種自我評估可幫助消除不好的生活習慣，並確定從講課中所可能產生的扭曲傾向。

自我評估

提高教官講課品質方法

1. 說清楚而明確地清晰每一個字；不要喃喃或含糊地發音。
2. 使用表現力聲音轉調（Inflection）和加強語句；不要以一單調聲音進行講述。
3. 控制說話的節奏或速度；新的資訊慢慢地開始，一旦形成熟悉時，才逐步慢慢加快速度。
4. 定期地講述停頓，以致船員能趕上他們的想法和提出問題。
5. 使用正確的語法，避免俚語和粗話。
6. 放鬆身心，以交談的語氣來進行講述。
7. 製造眼神接觸，有強制的感覺，教官是關注在機組成員和擔心他們的理解程度。
8. 使用適當的手勢（Gestures）。
9. 避免慌亂無措，如踱步，鑰匙叮噹作響或變換（Change）位置，或重複耳熟能詳的短語，如「你知道」或「啊」。
10. 請記住，使用黃金語言（Golden Words），請（Please）和謝謝你（Thank You）。

7-11 教學：消防 / 緊急訓練課程（二）

製造評論或意見之趣味性和促使學員參與性。不要對機組成員朗讀教材。一些船員可能對教官的母語，只能有限理解的程度。當有這種情況時，慢慢地說（但不大聲）。

釋義資訊，並使用不同的術語，或以不同的方式來描述主題，盡可能使所有參與人員都能理解。讚美機組成員出色地完成工作或顯著意見。讚美大家在這一段很長路上工作及共同生活在一起，鼓勵學員積極參與。盡量使訓練形成愉快與微笑氛圍。

當示範技能操作，在任何時候練習安全第一。仔細地解釋每一個步驟中的任何技術。並顯示一步一步的操作技能，以慢動作來演說技術；然後再使任何人都可以獨立執行。以 4 到 6 人工作之小組來進行練習，每個小組配置一位經驗豐富者。並使機組成員能保持專注於課程所欲達成操作工作之任務。

在整個課程期間，摘要關鍵點。請機組成員提出課程重點。在課程內容上鼓勵討論。調整教學速度和使用機組成員所了解的詞彙語言。休息期間，以討論課程內容。視聽設備作爲一種輔助課程，而不是作爲一個替代式對話（Replacement For Dialog）。

3. 技能實務技巧（Skills Practice Techniques）

爲了使機組成員可學到良好的課程目標，必須花些時間做某些型式的練習。當機組人員使用和重複使用一個特定的概念或技術，其將變得更加穩定的知識或技能，以能持久來應用；亦即重複有助於形成持久的習慣。由於機組成員熟練掌握一定的技能，其可加快他們的執行能力，對其他機組成員在執行消防應變演訓時，將更能熟巧。

4. 技巧評估（Evaluation Techniques）

訓練的目的是爲了提高知識和工作執行能力（Performance）。測驗的目的是在評估知識和所得到的效果。學生和教官的持續評估是有價值的，因其能鼓勵自我意識和促進自我不斷作改善的努力。船員可以互評而進行實際練習。爲了確保精確及有效的評估，請遵循以下準則：

(1)在每一堂課列出機組成員基於目標所提出問題。

(2)使用觀察員的書面意見，以幫助評估執行。

(3)對非主觀性（Nonjudgmental）的評論，在必要時再次審查教學材料。

(4)使用教官測驗徵答競賽（Quizzes）和活動，讓機組成員有興趣和積極性。

5. 課程結束

爲了增強課程重要性和必要的資訊和技能，在測驗完成後進行任何一個正式方法（Formal Manner）來結束課程。並請遵循以下準則：

(1)總結出主要步驟和關鍵點。

(2)使用一份簡短的評估表，讓船員填寫對課程的建議與批評。

(3)提供未來課程吸引力之預覽；並分配作業。

(4)有一個明確的結局或批評建議作總結。

(5)準時結束下課。

一位好教官課程技巧

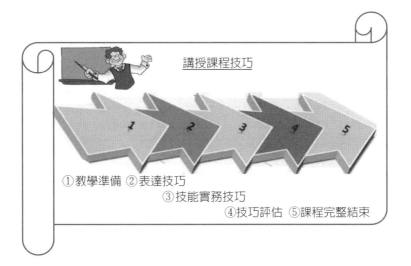

講授課程技巧

①教學準備 ②表達技巧
③技能實務技巧
④技巧評估 ⑤課程完整結束

學習目標

學習目標可以是行為（Behavioral）、能力（Enabling）或執行力（Performance）：
1. 行為：以量化來衡量（Measurable）學員行為，所表現出教學後的結果。
2. 能力：使學員能達到具體目標，完成上述行為之目標（Behavioral Objective）。
3. 執行力：以明確措辭強硬的聲明，指定學員執行應變角色之標準。

示範滅火防護器具穿著要領　　教官教學中表達技巧及使用黃金語言

7-12 消防演訓規劃

課程上，對一段時間內基本知識／技能的訓練和實務練習，已成功定期舉辦後，教官可以開始進行多方面的訓練活動與消防應變演訓。定期訓練和練習給機組成員，有正確的指令在各自職責上進行工作。演訓也可考慮交叉訓練（Cross Training）：訓練的人員，在需要的時候以擔任填補彼此的角色。船上消防／緊急組織有備份支援（Backups），在應用上具有較大處置能力。

規劃（Planning）、管理（Managing）和實施（Conducting）消防應變演訓（包括整艘船公司和應變隊演訓），需要認真具體努力。由船公司依據消防／船法規（Fire and Boat Regulations）和國際海上人命安全公約等兩項規定之安全要求，在海上和港口所有船隻，於每週必須舉行消防應變演訓。

一般情況下，在進行滅火和救生艇演訓（Drills）時，指揮鏈（Chain of Command）是由大副和其他幹部人員來執行船橋中控室之船長命令，監督所屬工作；而輪機長則負責引擎機艙部分。大副或大管輪通常是指定幹部人員來負責的滅火行動。此人（指大副或大管輪）不是一個火勢攻擊隊，但指示所需人員和設備的使用。對於演訓的目的，當發生火災或緊急情況時，有人員上岸或船上沒有人可調用，是建議從一開始到結束時有其他人員來作監督。在緊急情況下，提升狀況等級活動常是突然和意外的。為有效管理應變演訓，領導力是一個關鍵因素。進行演訓的人員，必須給予明確簡潔的指令。

進行消防應變演訓，盡可能接近真實性，使演訓情境是可能在實際發生的緊急情況下，而機組成員都能了解自己所扮演的職責角色。逼真的模擬能激勵和挑戰機組成員各盡其能。在消防演訓，特別是需要模擬實際火災條件，需要船上操作的消防泵和執行消防水帶射水，是否有足夠的演訓人員參與。

理想的情況下，進行模擬火災高風險的區域（廚房、引擎機艙、油漆間和易燃材料儲存的任何其他區域）。每次演訓更改位置，來模擬每種情景火災，使機組成員能熟悉船舶和目標的危險。以人造煙霧來使偵煙探測器啟動，以創造更多的真實條件，並以配戴空氣呼吸器（SCBA）的情形來執行任務。對於個人 SCBA 時，為符合真實艙房濃煙環境下，以黑色或以其他方式來遮擋 SCBA 臉部面罩（如紙或布來蓋住），以模擬在火場環境能見度有限的實際情境。

在滅火演訓期間，練習使用火災控制圖之每一個區域布置情形。涵蓋的主題包括遵循標準作業程序以使船員能熟悉通風百葉窗和匣門、緊急停止閥之機械設施與位置、滅火設備之執行和操作的位置。

如果可能的話，在每次消防演訓時，至少以一個手提式滅火器進行釋放噴出；也必須實行良好的無線電通信技術，並在這些演訓期間進行示範，讓機組成員融入真實模擬情境。

消防演訓

消防應變演訓

　　　　實施模擬在高危險區域之機艙及每次演訓更改位置模擬每種情景火災
以下幾點可以幫助確保本項成功：

· 盡可能地模擬實際之情況。
· 要求機組成員執行，就好像它是一個真實的火災或其他緊急之情況一樣。
· 移除用於撲滅模擬火災中的水，作出適當的安排。
· 手提式滅火器能提供足夠的補充（充填）或進行更換。
· 完成演訓後，進行檢討和討論。
· 在航海日誌上保持演訓書面紀錄。保留的紀錄，以備將來參考，並提供其所需完成
　的文檔。

消防演訓：指揮功能（Command Functions）

A. 通信
　(a) 內部體系（對內）
　(b) 遇險體系（對外）
B. 人員問責制（Accountability）
C. 規劃
D. 後勤
E. 接觸界面（Interface）
　(a) 其他船隻
　(b) 陸地上單位人員

演訓時練習溝通技能

火災控制圖作為通訊聯絡演訓

7-13 機組成員訓練評估

在演訓過程中，盡可能使用火災控制圖作為通訊聯絡演訓；但不管使用哪種方法，必須有一個過程來衡量學習所產生之成效。指定一個目標使機組成員去執行，其成功或失敗是否符合目標，以此基礎來進行訓練計畫之審查。此外，也需要從機組成員、教官和觀察官（Observers）來進行回饋。以作決策為目的，在評估過程中蒐集相關資訊。在測驗目標和結果的基礎上，教官可以決定結果是否能完成符合在程序一開始時所設置之目標。一旦教學／學習活動的設計不再是有效的，則其過程中必須作改變。教官必須始終注意改善或更新授課教學的方式。評估目的，包括以下內容：

1. 確定（Determine）：目標和測驗結果是否相符。
2. 發現（Discover）：在學習和教學中的薄弱環節。
3. 診斷（Diagnose）：學習障礙問題或弱點的原因。
4. 建立指南（Guidance）：或建議作進一步研究。

機組成員基本工作執行的技能和知識，可以是正式或非正式來做評估。其中非正式的方法是較佳的，因其較不具威脅性（Threatening），反而為一種激勵性。熱情（Enthusiasm）是教官授課的一部分，且是不可少的。正式和非正式有其特點，如次：

1. 正式的

(1) 筆試：測驗知識透過多重選擇題、是非題（True False）、配對題（Matching）、簡答題（Short Answer）、申論題（Essay Tests）等方式進行。

(2) 技能測驗：測驗技能的能力。

2. 非正式的

(1) 口語測驗（Written Tests）：測驗通信能力，也測驗用聽力（無書面題目）來進行筆試。

(2) 觀察（Observation）：在整個教學過程來打分數成績；使用同事人員（Peers）、監督者（Supervisors）或第 3 方團體（Third Parties）。

所有船上的訓練計畫，可以藉由以下之事項來不斷提高其成效：

1. 有效性驗證（Validation）：每一個真實或模擬的消防及緊急狀況發生，進行訓練計畫的有效性驗證（Validation），來進行測驗之。
2. 複審（Review）船舶的訓練計畫，每年度至少一次；正如前面所提到訓練必須定期舉辦。
3. 分析（Analysis）：訓練計畫的品質分析是很重要的，以確保其符合任務要求或指定的任務。
4. 批判（Critiquing）：演訓（Drills）和演習（Exercises）後批判（Critiquing），是很重要的，對一項訓練計畫的品質進行評估。
5. 編入（Incorporation）：演訓、上課和練習方面的改進應該是完整的和全面的。從演訓、上課和練習改進課程所獲得經驗，編入到現有的訓練計畫。

個人防護裝備所需任務之簡易執行技能測驗能力等級表

個人防護裝備執行技能測驗（Performance Test）

選擇下面的問題，或設立類似的情況下，測試者將共同使用這些裝備以身體上技能（Psychomotor Skills）獨立完成。當測驗者在完成訓練後，您能制定自己的技能測試問題，使問題盡可能逼真，並以表格式作呈現，來模擬現實生活中所可能遇到情況。要通過本項技能測試，測驗者應能夠確定所需的進程，在一個給定的情況下，執行這些程序，其能力評定至少能達到2級（Competency Level）。

能力評定量表（Competency Rating Scale）

3級：有熟練技術者，能滿足所有的評估準則和標準，第一次嘗試時能獨立執行任務，不需要額外的練習或訓練。

2級：中等熟練者，符合所有的評估準則和標準，能獨立執行任務，但建議需再額外的作練習。

1級：非技術者，無法執行任務，需要額外的培訓。

N／A：未分配者，任務是不需要或尚未執行。

評估者注意事項：

這個技能測試標準的制定，應通知測驗者（如果適用的話，時間安排及測驗嘗試次數）。觀察測驗者執行任務的技能，是否符合每項的評估標準，然後使用上述能力評定量表來打分數進行能力評估。如果測驗者無法執行這項任務的任何階段，測驗者可複習這些裝備，然後再試一次。

測驗者姓名＿＿＿＿＿＿＿＿＿＿　　　日期＿＿＿＿＿＿＿＿＿＿

技能任務1	□分配測驗者	□N／A

穿上和脫下防護衣

技能標準	YES	NO
穿上（Donning）		
腿褲覆蓋在靴子外	□	□
頭罩（Hood）是適當正常的（無外露頭髮）	□	□
上衣（Coat）完全固定	□	□
上衣領口向上且固定	□	□
頭盔在下額處固定	□	□
在1分鐘之內穿上防護衣所有組件	□	□
脫下（Doffing）	□	□
手套在上衣口袋裡	□	□
頭盔置存在存儲箱內正面向上	□	□
頭罩在上衣口袋裡	□	□
上衣置存在存儲鉤，其領口向上和前面完全解開	□	□
靴子和褲子脫下為一個單元組成	□	□
其他	□	□
1.	□	□
2.	□	□

能力評估等級（Competency Rating）＿＿＿＿＿＿＿＿＿＿

7-14 指揮角色訓練（一）

　　指揮命令過程是一種組織式發號施令（Issuing Orders）。這是爲一個共同目的在一起工作的個人之間相互作用。領導者是整個焦點，通訊爲其生命線（Lifelines）。所有資訊、評估形勢、更新、可用的資源和操作中獲得的知識（Knowledge），都是一個成功的指揮命令過程重要組成元素。

　　實務上良好的例行程序（Well Executed Routines）能適用於指揮命令功能，同樣也適用於消防應變反應能力。評估指揮命令過程，團隊成員是沒有任何質疑所需採取的行動。團隊建設一開始先進行會議（Meetings）、分配職責、審查和測驗等過程，這個過程的檢視，可以作爲桌上型（Tabletop）電腦的運算命令過程，來模擬火災和緊急情況。

　　一個成功的指揮命令過程，能在船上緊急情況訓練期間來進行評估：1. 有秩序地報告狀況和數據記錄；2. 定期報告和更新；3. 使用共同的術語。適當地示範（Demonstrate）特定任務的能力，來提供一個賴以建立的基礎。應變指揮能力是在取得經驗、有察覺問題意識，進行檢討過程（Conscious Review）和基於此過程中所學習，來進行事件改善。

1. 指揮和通信演習（Command and Communications Exercise）

　　在一功能性的演習（Functional Exercise），爲評估指揮和通信功能，可藉由船上火災控制圖（Fire Control Plan）之資訊。規劃設計一次演習，基於火勢發生在廚房場景就是一個例子。教官演習規劃，並寫入幾種火勢結果。演習是書面的（Written），以能使用正確的程序，致事件反應速度快，可以實現快速的結果，但沒有採取適當的措施，可能會導致事件升級並導致災難。例如，在演習期間未能檢查火勢延伸地區，以致火勢透過廚房灶口延伸至另一空間擴展。藉由參演人員識別（Identification）這種潛在問題，一般是足夠來防止事故擴大至災難規模。由參演人員適當判斷的決策，是至關重要的。

　　目標是讓參與者有足夠的能力注重細節（Detail），以保持演習的有趣性，而不要鑽研太多的戰略和戰術。規劃 2 或 3 個可能的結果，納入演習事件，根據之前經驗，能給團隊訓練進行不斷修正發展。例如，如果廚房爐子是電氣的，然而使用水進行火勢攻擊而沒有遮斷通電的電路，可能對火勢攻擊隊人員造成傷害。另一方面，如果滅火隊帶隊官能辨識出其在沒有斷電情況下，下令使用二氧化碳手提式滅火器進行火勢攻擊行動，成功滅火是一個合理的結果。這種演習的目的，是評估和提高指揮決策能力，而不是以任何方式來證明參與者（機組成員）是不稱職的。

警戒中幹部演習評估表樣本（中英文版）

警戒值班人員（Officer of The Watch） 演習評估表（Exercise Evaluation Checklist）			
任務（Task）	**任務完成度**		
	Yes	No	N/A
評估火勢情況 （Assess Situation）			
通報船長 （Call Master）			
觸動一般警報 （Sound General Alarm）			
聯繫輪機部值班人員 （Contact Engineer on Watch）			
進行人員操舵 （Put Crew Member on Wheel）			
添加次要之轉向電動機（備份或緊急用電機去控制方向舵） （Add Second Steering Motor（Backup or Emergency Motor to Control Rudder）			
準備發出緊急消息 （Prepare Emergency Message）			
進行狀況更新 （Give Situation Update）			
進行指揮下令 （Transfer Command）			
假設作為導航員的緊急位置 （Assume Emergency Position As Navigator）			
持續通報船長，有關船隻的位置和交通方面的考慮 （Keep Master Informed as to Vessels Position and Traffic Considerationsr）			
由船長直接下令操縱船隻 （Maneuver Vessel as Directed by Master）			

✚ 知識補充站

壓力與體積關係

壓力	較多壓力	更多壓力
氣體	氣體	液體
分子間距離大	分子間距離縮減	分子間距離小

7-15 指揮角色訓練（二）

　　一般演習中，有 4 個職位需要進行評估：警戒值班人員（Officer of the Watch, OOW）、船長、值班工程師（Engineer on Duty）和滅火隊的領導者。船舶的火災控制圖，是攤開在一艙房桌面或張貼在一艙壁上。演習狀況不可透露給參演人員。每一幹部使用一臺手提式無線電（能增加真實感及加強正確的通訊程序）和一個指揮命令的位置。警戒值班人員是第一個到達狀況現場，由其傳達模擬的情況和說明。如：「你是在船橋中控室。現在時間是 10 時整。火災報警控制面板顯示在廚房發生火災。請繼續」。由於每位參演者接受到警戒值班人員通報，開始做評估。如果需要，教官可能會提供進一步的資訊給團隊，但在指揮命令過程，有更多的事實是保持在最低限度。保持指揮通信的記載，以形成任務報告（Debriefing）的基礎。

　　整個消防演訓可能需要 10 到 20 分鐘，可重複與其他人替換來假設領導者之角色扮演。有其他幹部人員進行演習過程觀察是有益的。如果參演者過度緊張，且有額外的人員，可以以 2 人為配對，作為一個參演者、一個為導師（顧問）角色。如果時間是足夠的，演習可在開始／暫停（Start/Stop）模式下進行一段時間的定期討論，有關參演進展情況如何。

　　在演習期間，令人驚訝的是如何使參演者有真實行為。改進的通信程序、指揮和資訊是明確和毫不含糊的，以及具有強烈的團隊合作意識，是這樣的演習能得到一些好處。指揮者角色的訓練可透過使用這些情境來達成，無需進行耗時和昂貴的全規模演訓（Full Scale Drills）。

2. 演習檢討和評估（Exercise Review and Evaluation）

　　除了情境（Scenarios）和手提無線電，指揮和通信演習必須有評估表。有關警戒值班人員和船長之評估表樣本如右表所示。使用這些樣本來設計輪機部值班人員（Engineer on Duty）和滅火隊帶隊官（Fire Team Leader）評估表。該評估表是全面的，但不是所有的內容皆包含在內。在每次演習中，並非所有在評估表上項目都要進行評估。一個評估表之目的，是為了幫助參演人員，強調在每一種情況有最佳執行過程。在評估表上所有項目是以「Yes」、「NO」、「N/A」來作勾選。

　　演習檢討應該是快速的，找出重點要領（To the Point）及專注在團隊上，而不是個人。因此，參演者不覺得受到威脅（Threatened），但他們必須不斷學習。他們毫無疑問只能採取理想的行動。此種類型的演習（Exercises），能比一般演訓（Drills）進行更多的次數，直到船上人員能達到目標所需的能力水平。

演習職位評估

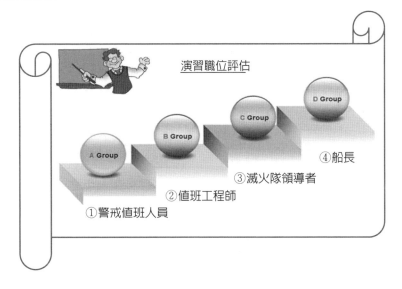

船長演習評估表樣本（中英文版）

船長（Master） 演習評估表（Exercise Evaluation Checklist）			
任務（Task）	任務完成度		
	Yes	No	N/A
尋找最新狀況（Seek Situation Update）			
假設指揮體系（Assume Command）			
與滅火隊帶隊者進行聯絡溝通（Communicate With Fire Team Leader）			
與艇小隊帶隊者進行聯絡溝通（Communicate With Boat Team Leader）			
與輪機長進行聯絡溝通（Communicate With Chief Engineer）			
下令緊急訊息的傳送（Order Transmittal of Emergency Message）			
尋求從滅火隊帶隊者、艇團隊帶隊者、輪機長與其他人進行狀況更新（Seek Situation Updates From Fire Team Leader, Boat Team Leader, Chief Engineer, and Others）			
下令火勢攻擊（Order Fire Attack）			
如果需要最佳的通風效果，操縱船隻轉向（Maneuver Vessel If Required For Best Ventilation）			

7-16 國際公約規定（一）

　　依照 SOLAS 公約規定，對於乘客在船上航行的計畫時間超過 24 小時的船舶，應在乘客登船後 24 小時內召集乘客，並向乘客介紹救生衣的使用方法，以及在緊急情況下應採取的行動。當有新的乘客登船時，應在開航前或在開航後，立即召開一次乘客安全簡要介紹會。介紹內容應包括應變需知，且應以一種或幾種易被乘客聽懂的語言進行宣講。宣講應使用船上的公共廣播或用其他等效的方式，至少使得在航行中尚未聽到的乘客易於聽到。在演習方面，演習應盡可能按實際緊急情況進行。每位船員每月應至少參加一次棄船演習和一次消防演習。若有 25% 以上的船員，未參加船上的上個月棄船和消防演習，應在該船離港後 24 小時內舉行該兩項船員演習。於棄船演習方面，每次棄船演習應先使用報警系統，然後通過公共廣播或其他通信系統宣布進行演習，程序如次：

　　在消防演習方面，在制定消防演習計畫時，對在根據船型和貨物類型而可能發生的各種緊急情況下的常規作法，應給予充分考慮。演習中使用過的設備，應立即恢復到完好的操作狀況；演習中發現的任何故障和缺陷，應盡快予以消除。而在船上培訓與授課方面，船員上船後，應盡快在不遲於 2 個星期內，對其進行有關使用包括救生艇筏具在內的船上救生設備和使用船上滅火設備的船上培訓作業。但若船員是定期安排至船上工作，則這種培訓應在不遲於船員第一次上船後 2 個星期內進行。應講授船舶滅火設備和救生設備的用法以及海上救生的課程，授課間隔期與演習間隔期相同。每次授課可包括船舶救生設備和滅火設備的各個不同部分，但在任何 2 個月的授課期內，應包括該船的全部救生和滅火設備。

　　每位船員均應聽課，課程至少應包括如次：

1. 船舶氣脹式救生筏的操作與使用。
2. 低溫保護問題，體溫過低的急救護理和其他合適的急救程序。
3. 在惡劣氣候和惡劣海況中使用船舶救生設備所必須的專門課程。
4. 滅火設備的操作與使用。

　　在每艘裝有吊架降落式救生艇／筏的船上，應在不超過 4 個月之間隔時間內，舉行一次此項設備用法的船上培訓。在可行情況下，此項培訓應包括一個救生筏的充氣與下降。這個救生筏可以是培訓專用救生筏，而不是船舶救生設備的組成部分，並應明顯地標出專用救生筏標誌。而舉行集合的日期、棄船演習和消防演習的詳細情況、其他救生設備演習以及船上培訓，均應記載於主管機關所規定的航海日誌內。如果在指定時間內未舉行全部集合、演習或培訓專案，則應在航海日誌內記述其原因，和已舉行的集合、演習或培訓專案的範圍說明。

消防演習內容

每次消防演習主要內容

1. 將乘客和船員召集至集合站，並確保他們知道棄船命令。
2. 向集合站報到，並準備執行應變部署表所述的任務。
3. 查看乘客和船員穿著是否合適。
4. 查看是否正確地穿好救生衣。
5. 在完成任何必要的降落準備工作後，至少降下1艘救生艇。
6. 起動並操作救生艇發動機。
7. 操作降落救生筏所用的吊筏架。
8. 模擬搜救幾位被困於客艙中的乘客。
9. 介紹無線電救生設備的使用。

消防演習注意事項

每次消防演習應注意事項

1. 向集合站報到，並準備執行應變部署表所述的任務。
2. 啟動消防泵，要求至少射出兩股水柱，以表明該系統是處於正常的工作狀況。
3. 檢查消防員裝備和其他個人救助設備。
4. 檢查有關的通信設備。
5. 檢查演習區域內的水密門、防火門、防火閘門以及通風系統主要進出口的工作情況。
6. 檢查供隨後棄船用的必要裝置。

每位成員輪流在不同角色中作演練

在演訓期間評估一成功指揮過程

7-17 國際公約規定（二）

在滅火人員裝備方面，依 SOLAS 公約指出，於一定噸位以上船舶應攜帶至少 2 套。對設有乘客處所和服務處所的甲板，按其上述處所合計長度，或是該甲板多於一層，按其一層甲板乘客處所和服務處所的最大長度，每 80 m（不足 80 m 以 80 m 計）應備有 2 套消防員裝備及 2 套個人配備。對載客超過 36 人的客輪，每一主豎區內應增配 2 套消防人員裝備。此外，液貨船上應配備 2 套消防人員裝備；且應存放在易於取得的位置並隨時可用；該位置應有永久性的清晰標誌。如所配備的消防人員裝備或個人配備不止一套時，其存放位置應彼此遠離。

為滅火指揮需要，船上應提供火災控制圖（Fire Control Plans）及總布置圖，供高級船員（Ship's officers）參考。圖上應清楚標明每層甲板的控制站、「A」級艙壁（Divisions）之防火區域、「B」級艙壁防火區域，連同火警探測器（Fire Detection）和火災自動警報系統（Fire Alarm Systems）、自動撒水裝置（Sprinkler Installation）、滅火設備和各艙室、甲板等的出入通道以及通風系統的細節，包括風機控制位置、防火閘門位置（Dampers）和服務於每一區域的通風機識別號碼的細節。經主管機關同意，上述細節可列入 1 本小冊子（Booklet），每位高級船員人手 1 本，另有 1 本應置於船上易於取得之處，以便隨時取用。控制圖和小冊子應保持更新；任何異動應盡可能隨時記錄。此種控制圖和小冊子的說明文字，應以主管機關所要求的一種或數種語言寫成。如果該語言既不是英文也不是法文，應附上其中一種語言的譯文。上述應在甲板室外面有明顯標誌的防風雨圓筒盒中（Weather Tight Enclosure），永久存放 1 套火災控制圖的副本或 1 本含有火災控制圖的小冊子，此為提供岸上消防人員（Shore-Side Fire-Fighting Personnel）登船，進行救災作業時的一種指南。

火災控制圖存儲在甲板室外面有顯著標示（Prominently Marked）之容器，以協助岸上消防人員了解船上與火災相關之布置與消防設備所在位置。而國際通岸接頭能允許船舶消防站（Fire Stations）和岸上相關的消防水帶接頭連接（Hoses）。依國際海上人命安全公約規定，所有超過 500 總噸（454 萬噸）船舶，皆需有此項通岸接頭設備。

火災控制圖

火災控制圖

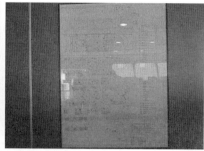

火災控制圖存儲在甲板室外面有顯著標示之防風雨圓筒容器中，永久存放1套火災控制圖的副本或1本含有火災控制圖的小冊子，以協助岸上消防人員了解船上與火災相關之布置與消防設備所在位置。

滅火人員裝備

滅火人員防護裝備

收容超過36人客輪，每一主豎區內應增配2套消防人員裝備。液貨船上應配備2套消防人員裝備；且應存放在易於取得位置並隨時可用；該位置應有永久性的清晰標誌。如所配備的消防人員裝備或個人配備不止一套時，其存放位置應彼此遠離。

吊架降落式救生艇

依國際公約指出，每艘船舶裝有吊架降落式救生艇，應至少每4個月舉行一次培訓操作課程。

船舶配管閥門類型

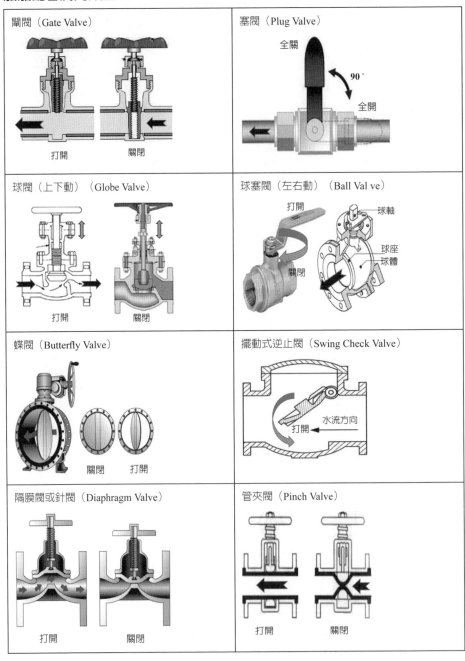

第三篇
船舶火災應變篇

第8章
船舶火災發展過程

　　全世界沒有二場火災是一樣的，一場火災能以許許多多不同的方式進行。本章提供讀者一個大致的了解，在怎樣的船舶火災發展可能進行之基本方式。事實上，艙內火災發展主要影響因子，通常是可燃物質量（燃料）和其在房間之布置，以及開口大小（氧氣）。如果船艙是封閉的，則火災強度會受限於氧而逐漸降低，此意味著艙內熱煙氣體溫度不會高。在某些情況下，一個開口如窗戶破裂，如此外來氧氣將使火勢產生新的動力。

　　因此，艙內火災的發展是非常複雜的，受到許許多多變量的影響。火災是一動態發展事件，其成長、發展及衰退取決於環境內在及外在之變量。為了能夠了解船艙火災，你需要對能控制火災發展之物理和化學過程，具有某種程度之專業知識。本書在第 1、2 章包含了這些重要知識的描述，能提供你對船舶火災動力學奠定良好之基礎。

8-1 船舶火災行為

　　船舶火災是與陸地上建築物火災一樣，都是遵循相同的火勢燃燒物理之原則。火災發生必要條件之四個組成部分（即氧／氧化劑、燃料、熱量、自我維持之化學反應）都必須存在。火勢發展階段，初期（起火）、成長期、閃燃（Flashover）、最盛期和衰退期。進行滅火時是必須消除火四面體的四個組成部分其中之一即可。船上火災熱量是包括透過對流（直接火焰接觸）、傳導和輻射來進行傳遞。

　　重要的是要認識到該船舶使用、貨物、結構和配置，這些會強烈影響火災行為。了解這些影響對制定適當的滅火戰術，是很重要的。正如火災行為是受到船舶的屬性所影響一樣，在船舶發生火災事件中使用的戰略，必須是相應於船舶上所呈現的條件。請參閱下面的例子：

1. 由貨物氧化起火，如鐵屑（Filings）或直接還原鐵（Direct-Reduced Iron）可能不會產生火焰的燃燒（火羽流），但氧化仍可產生足夠的熱量，使周邊圍繞在一艘停泊船隻的水引起煮沸，甚至在極端的情況下，高溫融化穿越船舶的船體。

2. 金屬結構透過傳導來影響火勢蔓延，船上火災已經開始或延伸，傳導熱源至引燃火勢上方艙壁上可燃物，及向四面艙壁熱傳，有時甚至低於火勢下方艙壁下之可燃物也受到延燒。

3. 有毒氣體透過一艘船舶內部的蔓延，通常會遵循可預測的路徑。燃燒的產物，沿著水平方向運行流動至通道和其上方電纜，直到其透過艙梯、艙口和電梯井等，再向上排出。

4. 電纜索道（Cableways），指眾多電纜線是架在鐵架上或艙頂上，即艙室和通道之艙頂板上，其構成獨特的火災情況。即使電纜是裝在鐵箱，經驗顯示，火災所產生的熱煙氣體，能加熱到電纜絕緣皮產生點燃，形成一個深層次的火災（Seat of the Fire），並產生很強的毒性，濃厚的黑煙在艙頂下空中索道流動。索道的最高位置，意即是艙室最熱的部分，使得其難以適用水應用到電纜索道火勢，且濃煙使得消防人員很難找到火勢位置。早在船舶建造期間，當電纜穿透艙壁（牆）和甲板層，於電纜索道周圍是會填塞擋火材料（Fire Stop Material）。然而，在船隻隨著時間日趨老化，這種材料可能會受到影響，而成為無效或完全被移除，使火勢得沿著穿越艙壁電纜索道，進行艙壁間快速延伸。

5. 假如貨物含有大量的氧化劑，在船上是可能存在的。一些常見的氧化劑，如右表所述。

貨物自燃

船載貨物一般會自燃項目	
材料（Material）	自體發熱傾向（Tendency）
木炭（Charcoal）	高度
魚粉／魚油（Fish Meal/Fish Oil）	高度
亞麻子油抹布（Linseed Oil Rags）	中度
釀酒穀物／飼料（Brewers Grains/Feed）	中度
化肥（Fertilizers）	中度
發泡橡膠（Foam Rubber）	中度
乾草（Hay）	中度
肥料（Manure）	中度
鐵金屬粉末（Iron Metal Powder）	中度
捆包抹布（Rags Bales）	低中度

Source: NFPA Fire Protection Handbook 1997

常見氧化劑

常見氧化劑	
溴酸鹽（Bromates）	溴（Bromine）
氯酸鹽（Chlorates）	氯（Chlorine）
氟（Fluorine）	碘值（Lodine）
硝酸鹽（Nitrates）	硝酸（Nitric Acid）
亞硝酸鹽（Nitrites）	高氯酸鹽（Perchlorates）
高錳酸鹽（Permanganates）	過氧化物（Peroxides）

Source: IFSTA 2010

艙頂火災行為

艙頂下火流構成獨特的火災行為，會形成緊貼在艙頂下一項深層次火災濃煙流動情況

8-2 船舶火災發展原則

一般火災研究人員試圖描述船艙火災的階段或時期，也就是火勢發展過程。無論是建築物與船舶，皆有可能會經歷這些階段，包括以下內容：

1. 初期（Ignition）
2. 成長期（Growth）
3. 閃燃（Flashover）
4. 最盛期（Fully Developed Fire）
5. 衰退期（Decay）

了解火災已經發展到哪個階段，來決定所需採用滅火之戰術。在起火或增長階段（也稱為早期階段），能很容易使用手提式滅火器來撲滅這種小火，而充分發展火災可能需要使用消防水帶（Fire Hose）或固定式滅火系統。重要的是，消防人員 / 機組成員了解火勢成長溫度，隨著時間平方成正比概念和滅火緊迫感；在應對火災時，因每一分鐘都是關鍵。如船上未經檢查的，甚至最小的火，都可能導致該艘船隻最後棄船行動。本章介紹一些顯著影響船舶火災發展的因素，對能產生有效的滅火技術，是一項很重要的考慮因素。

於右上圖顯示了一個艙內火災發展中時間和溫度上升關係，其描述火災的發展階段，在沒有採取抑制行動的空間，有助於解釋其所發生火災過程。火災的發展是非常複雜的，由許多變量的影響。因此，所有的火災可能不會都透過每個所述的階段逐一發展。火災是一個動態的事件（Dynamic Event），其成長和發展是取決於許許多多之環境因素。

在火災發展原則（Principles of Fire Development）上，當火四面體四個組成部分結合在一起，則形成起火現象。對於火災的成長會超過第一起火物質，熱量必須進行傳輸則越出第一起火物質之外，延伸到額外的燃料物質。火勢在早期發展階段，熱量上升並形成了一縷縷熱氣體煙羽流（Plume）。如果火災是在開放的空間（例如在主甲板上或在一個大的空間）羽流將會無所障礙地上升至大氣中，冷空氣則被吸入到其底部，而使其一起夾帶上升。由於空氣被捲入到上升的羽流內，這個動作是火勢上方氣體產生冷卻之效果。火勢蔓延在一個開放的區域，主要是由於從羽流熱能傳輸到附近的燃料。在艙外火災之火勢蔓延，由於風和傾斜的表面影響，增加了周邊受到熱曝露的燃料產生預熱（Preheat）作用，致火勢能產生加快。

在船艙（Compartment）火災發展是比開放空間要複雜得多。火災的成長和發展，通常是透過燃料和氧氣供應量來作控制。當可用的燃料是有限的，則以燃料來控制火勢。當空間內可用氧氣的條件是有限的，則以氧氣進行通風控制火勢；此部分會在本章稍後章節作進一步說明。

船舶火災發展階段

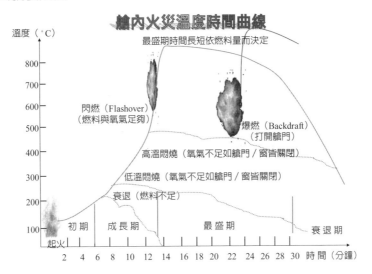

船艙燃燒與氧氣對人體影響

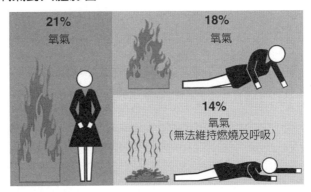

船艙燃燒生成物種類

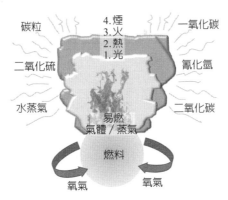

8-3 船舶火災初期

當火災四面體的四個要素結合在一起，形成起火階段（Ignition），開始有焰燃燒期間。起火的物理行為可以是被引燃（Piloted）火花或火焰引起的，或是自燃的（Spontaneous，指自身發熱之物質達到其自動起火溫度，所導致自我燃燒現象）。在起火階段，火仍是小型的、一般局限於第一起火物質（燃料）上。船上所有火災，不論其是否在一個開放區域或區劃艙室，都是由某些類型的起火所導致之結果。

於前頁上圖顯示了一個區劃空間火災發展，這是未受到人為干擾（滅火）的可能曲線。美國職業安全健康管理局（OSHA）指出，初期火災是在火災開始階段可被人員進行控制，或由手提式滅火器或小型水管，而不需要防護衣或呼吸裝置等進行滅火。基本上，「所有的火災都是從小開始」，到底是什麼因素使火災進入到成長期？這有2個關鍵因素，起火和火焰蔓延。在右圖中顯示火災室時間溫度的發展。火災之開始能以多種方式形成，這取決於艙內條件。因此，起火是火災成長曲線的第一部分。

任何火災一開始皆是燃料控制火災，於此階段發展關鍵，是否有足夠燃料量。大多數情況下，從單一起火物的熱釋放速率，通常不足以閃燃發生，除非是沙發或其他大型傢俱物體。在理論上，初期火災一旦啟動後，火災進展不是成長就是燃料不足而衰退。

一些物質如木材或紙類有機聚合物，通常需要釋放出 $2 \text{ g/m}^2\text{s}$ 之可燃氣體，才足以引燃。如塑膠之合成聚合物，因其擁有高能含量，僅約需釋放出 $1\text{g/m}^2\text{s}$ 之可燃氣體，就足以引燃。基本上，假使熱傳係數愈小、密度（比重）愈小、比熱愈小（溫度愈易變化）或熱膨脹係數愈大條件（保溫材料之熱膨脹係數愈小），則其愈易起火。

可燃固體受熱轉換可燃氣體，必須經歷熱裂解（Pyrolysis）過程，熱裂解涉及燃料之化學分解現象（Decomposing）；假使物質具有低熱慣性（Thermal Inertia，$k\rho c$），表面能迅速加熱；而高熱慣性物質，熱傳大則其受熱本身升溫就緩慢。

起火之後，有時因熱量不足，固體轉變成悶燒狀態，這些多孔物質之燒焦殘餘物固體碳層，通常能持續進行悶燒反應。悶燒常見於傢俱軟墊物質如寢具或沙發等，遭到微小火源引燃。悶燒在缺氧環境中，且裂解出可燃氣體被氣流帶走，而使悶燒非常緩慢，此意味會持續很長一段時間，如菸蒂引燃可達 4 小時之久。

起火醞釀發展結構

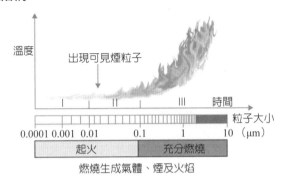

燃燒生成氣體、煙及火焰

船艙起火階段

階段	燃燒生成物	燃燒內容
第一階段	氣體	某種化學或物理變化所導致高溫，使第一起火物僅生成氣體。這個階段能持續數秒到數小時之久，取決於哪一種起火源及燃料屬性。
第二階段	煙霧	煙霧粒子尺寸在微米範圍內，一開始人類眼睛無法看到。
第三階段	火焰	火焰開始出現，此時溫度和煙霧粒子都可以非常迅速成長增加。但天然氣、酒精及氫氣等，燃燒時並沒有煙霧，僅有生成熱量和氣體。

船艙火災初期

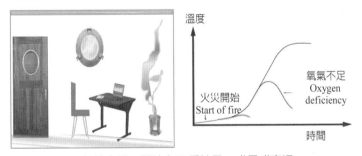

船艙火災一開始有二種結果：成長或衰退

艙內火災成長期

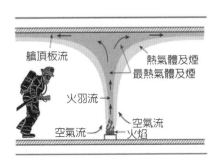

8-4 船舶火災成長期（一）

從成長期（Growth）觀點而言，假使火焰蔓延是在兩固體之間，艙內熱煙氣流就扮演非常重要的因素。起火後在燃料持續供應下，燃料上方形成火羽流（Fire Plume），因溫度升高、密度變小，形成受熱氣體向上竄升現象，使周遭冷空氣捲入至火羽流下方，形成艙內空間對流情況。火羽流的溫度和速度隨著艙頂板高度距離，呈現垂直下降，即沿著燃料上方之火羽流與煙流距離增加而遞減現象；這對探測器與自動撒水設備感知啟動時間影響很大。

火災初期與成長期是類似於室外火災，屬於燃料控制火災型態。不同的是，熱煙氣體上升到達艙頂板面，然後就水平狀向四周擴散，形成一種半受限重力分層流，為了捲吸下方空氣，成了一連串半漩渦現象，稱艙頂板流（Ceiling Jet），此時艙頂板材質受到高溫煙氣傳導，進行熱能吸收；所以，船艙壁面以艙頂溫度最高。

當遇到艙頂板阻擋時，便向四周平行移動。如碰到障礙便反彈回來，聚集在空間的上部，完全依照牛頓第三運動定理之作用與反作用。因壁面邊界對流動黏性影響，使得近艙頂板面薄層內，熱煙流速會較低，隨著垂直向下距離艙頂板增加，其速度會增大至超過一定距離，速度將逐漸降低為零。如果艙頂板高度低，火源強度大，則艙頂板噴流水平傳播能達相當長距離，這是因為噴流對下方空氣捲吸速率較低。

當可燃固體受熱開始釋放出可燃氣體，這一過程稱為熱裂解（Pyrolysis）現象。可燃物質開始熱裂解時，溫度通常範圍為 $100 \sim 250°C$。熱裂解後分解氣體與氧氣混合及開始燃燒。在熱裂解及分解過程，涉及化學分解（Chemical Decomposition）或物質從複雜化學結構轉換為簡單構造（Simpler Constituents）；其中在燃料表面上一些氣體不會出現火焰，這些未燃氣體（Unburnt Gases），將伴隨著火羽流並捲入在熱煙氣層內。

任何火災都是氧氣、熱量和燃料間達成一種化學平衡過程，而熱量是燃料與氧氣之函數。在火災初期與成長期有足夠氧，這無視乎船艙門口是否打開。如果火災發展時艙門關閉，火勢發展勢必會受到通風（氧）限制，將會以較慢燃料消耗速率進行。在通風控制情況下，當開口打開，外來空氣中氧流入與熱煙層流混合，將導致和氧已混合之氣體層，發生快速氣相燃燒事件，如閃燃（Flashover）或滾燃（Roll-over）現象。而滾燃現象出現這種層流燃燒條件，透過艙頂板面高溫未燃燒氣體進行火焰延伸；此與閃燃不同，滾燃只有艙頂板面熱煙氣滾流似層流燃燒，而不是火災室可燃物都陷入閃火整個燃燒。

船艙火災成長期

成長期火羽流現象

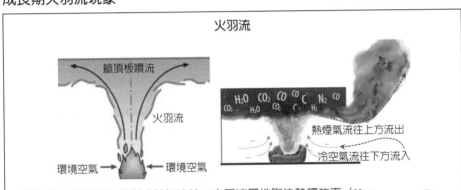

火羽流

艙頂板噴流

火羽流

環境空氣　　環境空氣

H_2O　CO_2　CO　CO　C　N_2　CO
CO_2　H_2O　CO_2　C　H_2

熱煙氣流往上方流出

冷空氣流往下方流入

火羽流是一種火焰自然形成熱氣流柱。火羽流屬性取決熱釋放率（Heat Release Rate），由不同生成氣體伴隨火羽流上升累積在艙頂板面形成正壓區，而在火羽流底部形成負壓區，此使周遭大量較冷空氣是從火焰底部湧入。在火羽流上方部位，由於氣態物質處在不同溫度梯度差而產生密度差及壓力差。

火災生成物：火羽流及煤灰

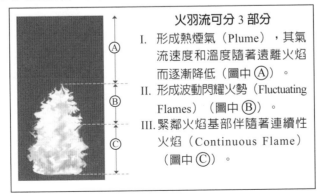

火羽流可分 3 部分

I. 形成熱煙氣（Plume），其氣流速度和溫度隨著遠離火焰而逐漸降低（圖中Ⓐ）。

II. 形成波動閃耀火勢（Fluctuating Flames）（圖中Ⓑ）。

III. 緊鄰火焰基部伴隨著連續性火焰（Continuous Flame）（圖中Ⓒ）。

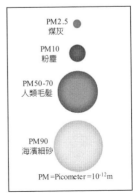

PM2.5
煤灰

PM10
粉塵

PM50-70
人類毛髮

PM90
海濱細砂

PM =Picometer =10^{-12}m

8-5 船舶火災成長期（二）

　　艙內火災之熱煙流中如煤灰（Soot Particles），溫度需達到 1000℃時才能轉換成熱量。這也解釋了為什麼開口流出黑煙，即使火災室溫度已非常高，一些高碳氫化合物仍存在未燃之黑煙粒子。而穿著消防衣完全著裝下，遇到高熱火災室發生閃燃（Flashover）時，人體頂多承受幾秒即會威脅生命，這意謂機組成員進入火災室有充滿水之消防水帶，對人體防護是何等的重要。

　　起火後不久，在燃燒的燃料上方熱煙氣羽流（Plume）開始形成。空氣被捲入至熱煙氣羽流內，並導致受熱氣體上升，形成對流情況。火勢初始成長是類似於室外無受限火災一樣。不同的是這種未受限火災，在船艙內熱煙氣羽流是受到艙壁和艙頂空間的影響。基本上，熱煙氣體上升，直到到達艙頂板，然後就開始向外擴散。當氣體達到艙頂板，艙頂板材質藉由高溫煙氣傳導能吸收熱能。右圖顯示當火勢在成長期間，熱量吸收和所夾帶空氣的冷卻效果會隨著火羽流中心最高層次溫度，隨著距離而逐漸降低減少。火勢傳播也因為從火焰輻射熱，使其周圍可燃物吸收輻射熱而溫度逐漸快速上升。

　　船艙頂板位置，其氣體層溫度上升是最明顯的。所以，火警警報、撒水頭及排煙設備，必須盡量靠近於艙頂板面位置。從火災實驗指出，艙頂板噴流最大溫度與速度是在艙頂板以下艙頂板總高度之 1% 位置；假使探測器或撒水頭未裝在艙頂板面，而裝得太低，則火災發生時其感知火災就需等火災發展至一定程度，始能動作，如此消防設備就失去其防護人命安全之意義。

　　如果有足夠的燃料和氧氣，火勢增長階段將繼續。艙室火災如處於成長階段，一是一種燃料控制（Fuel Controlled）火災。隨著火勢的增長，尤其是艙內之上層位置，其氣體層溫度上升是最明顯的。所以，船舶一些廢棄或無用之可燃物質，不可留在船舶上，船艙內盡量朝最小化可燃物之原則。

艙頂火羽流發展

艙頂火羽流發展（Plume Development）

熱量（Heat）

空氣（Air）　　　空氣（Air）

火羽流初期形成，從中心線熱煙氣體至艙頂往側邊發展，其溫度隨著距離增加而降低

成長期與消防設備

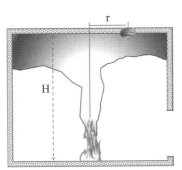

火警感知設備與艙頂板火羽流關係

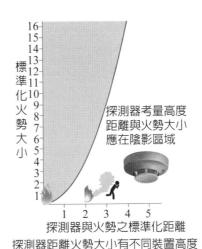

探測器考量高度距離與火勢大小應在陰影區域

標準化火勢大小

探測器與火勢之標準化距離

探測器距離火勢大小有不同裝置高度

火災成長溫度快速增加

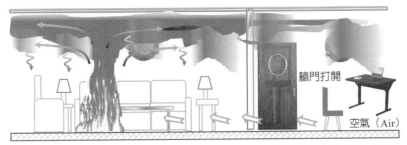

艙門打開

空氣（Air）

火勢成長熱持續：艙內整個溫度增加，艙頂下氣體層隨著火災成長而增加
可採取關閉艙門，控制氧氣流入，可大幅抑制火災成長，並關閉濃煙竄延其他艙房

8-6 船艙燃料與通風控制火災（一）

　　就如同臺灣地區冬季門窗常緊閉情況，艙門關閉火災易形成通風控制燃燒型態，但內部人員往外逃生時會把門打開後，往往卻沒有關上，促使外來氧氣大量供應燃燒，此時船艙內部鄰近艙房如有未逃出人員，將陷入非常不利的火場環境。事實上，火三要素上控制火災發生是熱量，一旦火燒起來控制火之大小，即由氧氣與燃料來決定，這也就產生火災學上兩個名詞：通風控制（Ventilation Controlled）燃燒與燃料控制（Fuel Controlled）燃燒。當消防人員到達火災現場，應盡快確定火災是否仍處在燃料控制或是通風控制，如在燃料控制期間，當火災室門窗被打開時，熱釋放率是不會增加，你不需要關心艙內熱煙氣層引燃之危險，如閃燃或爆燃現象，此部分可見 8-8 與 8-9 節所述。

　　在船艙火災發展比開放空間要複雜得多。能區別燃料控制燃燒和通風控制燃燒之間，是了解火災行為的關鍵。一般隨著艙內火災增長，燃燒對氧氣的需求大幅增加，而呈現供氧不足現象，此時火災已成為通風控制階段。當燃料與氧氣供應量足夠，使火災的熱釋放速率達到閃燃所需，則發生閃燃現象。而火災閃燃現象也為二者之間轉換階段之一種過渡現象。

燃料控制火災

　　火災發生於大空間中，或火災在初期及成長期，區劃空間因本身空間容積有空氣持續供應火焰之燃燒，此階段火焰持續時間之長短受制於燃料屬性（Characteristics）與結構（Configuration），如同室外或露天火災一樣。亦即，燃燒速度與開口通風量較無關。因此，一般於船艙火災初期或成長期，以及最後之火災衰退期，皆為燃料控制火災型態。

　　在英國 Drysdale（1985）的研究指出，當建築物發生纖維素（木材或木製品）之穩態火災時（Steady Burning Period），加拿大 Harmathy（1972, 1978）發現，火災燃燒速率（$\dot{m}$）相依於通風因子（$A_w \times H^{1/2}$），依實驗得燃料控制燃燒方程式，如次：

$$\frac{\rho \times g^{1/2} \times A \times H^{1/2}}{A_F} > 0.290$$

ρ 為空氣密度（kg/m^2）；g 為重力加速度（9.81 m/s^2）；A 為淨開口面積（m^2）
H 為淨開口高度（m）；A_F 為燃料表面積（m^2）

　　燃料控制燃燒火災，從建築物外在現象之研判，在初期或成長期之開口呈現煙流向上浮升，在最盛期或衰退期火災，呈現火焰流向上層延伸，開口中性層比通風控制燃燒較不明顯。

燃料控制火災

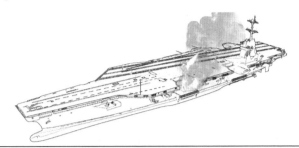

 甲板上火災大氣流通，燃燒中氧氣供給不虞匱乏，火勢大小受限於燃料量（燃料表面積）供給，為一種燃料控制火災型態，較沒有濃煙問題。

船艙火災生命週期

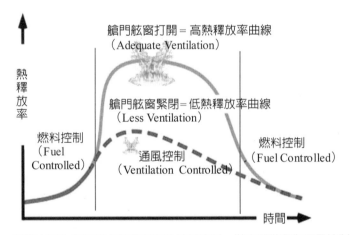

船艙火災生命週期之前後階段為燃料控制，僅中間階段為通風控制

燃料與通風控制火災實例

建築物燃料控制燃燒火災

建築物通風控制燃燒火災（開口竄出大量濃煙）

8-7 船艙燃料與通風控制火災（二）

通風控制

通風控制是區劃空間內燃燒所需相對氧氣量已影響其燃燒情形，需經由開口（門或窗）提供空氣量供燃料氧化所需。亦即在火災初期及成長期，因火勢不大，相對所需氧尚不成問題，又燃燒生成 CO_2 及煙量尚不影響火焰行為，此時通風因子尚未受到限制。一旦火災成長期發展到火焰行為形成跳躍晃動現象，此時已呈現區劃空間內氧氣濃度變低，造成火焰必須尋找氧濃度較高區域作出反應，此種晃動火焰長度拉長而改變燃燒效率，這時已由通風因子來支配火災燃燒行為，此時與船艙內燃料量已無關。

在英國 Drysdale（1985）的研究指出，當建築物發生纖維素（木材或木製品）之穩態火災時，加拿大 Harmathy（1972, 1978）發現，火災燃燒速率（$\dot{m}$）相依於通風因子（$A_w \times H^{1/2}$），依實驗得通風控制燃料方程式，如次：

$$\frac{\rho \times g^{1/2} \times A \times H^{1/2}}{A_F} < 0.235$$

此關係式與上式只適用於木材類火災，其並沒有反映艙內環境熱輻射回饋影響，當用於其他類火災時，應加以修正。

通風控制燃燒火災，從建築物外在現象研判觀察到，一般是在成長期及最盛期階段，開口有相當濃煙或濃煙夾雜火焰，如呈現濃黑色伴有壓力喘息狀，因內部已熱不穩定，這是一種危險（閃燃或爆燃）之指標。基本上，通風控制火災開口中性層非常明顯，有時位於開口較低之位置。

在通風控制火災的熱釋放速率，是由氧氣量流進火災室所限制。這有時會導致艙內瀰漫上層之熱煙層流之「喘息」（Draw Breath）[註1]。當熱釋放速率下降開始出現脈動，這是由於氧氣量有限的結果。當溫度下降在火災室氣體量也將下降，由此產生一定量的負壓力（Negative Pressure）。空氣能被再次吸入到火災室，使氧與可燃氣體適當混合後發生燃燒。當熱煙氣體引燃的體積增大，其產生正壓力（Positive Pressure）。然後熱煙氣體被迫透過開口逸出。這將會導致氧氣再次缺乏情況，並限制了氧化反應及熱釋放速度，從而觸發下一個脈動現象（Pulsate）。

[註1] 喘息（Draw Breath），指艙內火災旺盛在通風控制燃燒情況，煙層因吸氧關係，在開口處造成濃厚熱煙量一吸一吐之現象。

艙房火災常形成通風控制火災型態

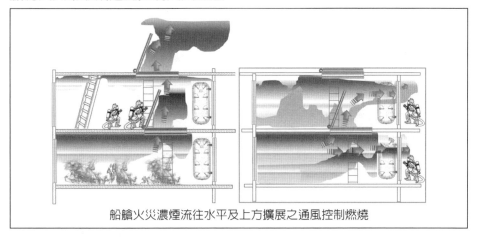

船艙火災濃煙流往水平及上方擴展之通風控制燃燒

船艙火災開口之中性層

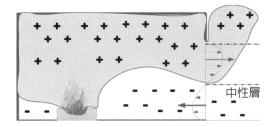

中性層

艙門與火災關係

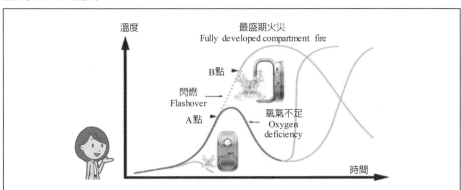

火災在通風有限下如何發展，假使艙門與舷窗皆關閉情況，形成艙內存在氧氣不足的火災下，是不會進展到閃燃現象，而火強度亦會降低。當燃燒強度降低時溫度亦會下降。燃料表面緩慢地降溫，此意味著仍有大量的熱裂解氣體積累在艙內的。其不會超越圖中B點，B點實際上是一個閃燃所必要發展之過程。當艙門打開，且燃燒中燃料量也足夠，此時船艙火災發展勢必超越B，在滿足火三要素（燃料、氧氣、≥ 500℃），閃燃將會發生，使火勢進入難以搶救之最盛期階段。

8-8 船艙火災閃燃

閃燃（Flashover）是艙房內部火勢成長和全面發展火災階段之間一種過渡現象（Transition），而不是一個具體的事件（Event）。閃燃發生期間，在區劃空間條件會產生非常迅速變化：溫度是迅速增加，空間內大量燃料參與了火勢燃燒。在火勢成長階段於艙頂發展出熱煙氣流層，一旦進入閃燃現象，這些熱煙氣流層被加溫至高熱，並熱回饋至遠離起火源之可燃性物質。此輻射熱回饋使這些可燃物質產生熱裂解（Pyrolysis）。在火勢成長期間末期，由所產生的氣體受到艙頂下熱煙氣流層之輻射能量，使其達起火溫度。一旦在區劃空間內的可燃物質和氣體形成引燃，則閃燃發生，使區劃空間完全捲入火勢之中。

科學家在許多方面定義閃燃。但大多數的基本定義，是基於區劃空間溫度導致在該空間中所有可燃物，呈現同時起火之結果。雖然目前還沒有閃燃發生確切的溫度，其範圍約 $900°F$ 到 $1200°F$（$483°C$ 至 $649°C$）是廣泛接受使用。這個範圍是相關於一氧化碳的起火溫度（$1128°F$ 或 $609°C$），一氧化碳是碳氫化合物透過熱裂解最常見的氣體之一。船上人員如沒有在閃燃前逃出艙室，一旦閃燃發生是不容易存活下來的。即使是有防護設備的情況下，機組滅火成員在閃燃空間內仍是極端危險的。

英國 Thomas（1981）指出，艙內火災發展至閃燃所需熱能量，以起火室之能量平衡，提出閃燃發生所需最低能量值方程式：

$$\dot{Q} = 7.8\ A_T + 378\ (A \times \sqrt{h})$$

$\dot{Q}$ 為熱釋放率（Heat release rate, kW）

A_T 為區劃空間內部所有表面積（不含開口面積）（m^2）

A 為區劃空間內所有淨開口面積（m^2）

h 為區劃空間內淨開口高度（m）

而 NFPA 265 也對閃燃作出定義，當區劃空間竄出火焰、地面報紙自動引燃、艙頂板下溫度達 $600°C$、地板熱通量達 $20\ kW/m^2$ 及熱釋放率達 $1\ MW$ 等定性定量指標。

當燃燒時有足夠氧氣供應情況下生成 CO_2 以及 H_2O 等，在一定火場高溫（$649°C$）就有可能自行反應轉變成兩種新的氣體，過程如次：

$$C + CO_2 \rightarrow 2CO$$
$$C + H_2O \rightarrow CO + H_2$$

上式指出，在高溫熾熱環境下碳（C）所反應的產物是雙倍量的，2 倍 CO 產物是源自於一個 CO_2；以及 CO 與 H_2 產物是源自於 H_2O。此結果出現了大量的 CO 與 H_2 氣體，且二者都是高易燃性，這些是造成閃燃與爆燃氣相燃燒之主要燃料源。因此，艙內人員如未能在閃燃前逃出，一旦閃燃發生是不太可能存活下來。即使是有穿著消防衣情況，滅火人員在閃燃空間內仍是極端危險的。

艙內火災閃燃現象

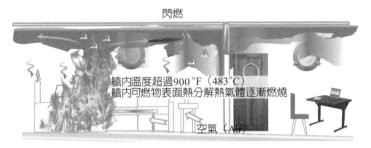

閃燃

艙內溫度超過900°F（483°C）
艙內可燃物表面熱分解熱氣體逐漸燃燒

空氣（Air）

閃燃影響因素

閃燃影響因素為三要素氧（通風）、燃料、熱量（火源大小），
以及艙壁空間屬性。

空間熱量損益	通風（氧）
熱量（火源）	燃料

1. 火源大小（Fire Size）
   可燃液體火勢成長較快，如是菸蒂起火，火勢成長至閃燃時間會較久。
2. 通風屬性（Ventilation）
   (1) 開口面積（Area of Vents）
      開口通風面積不足，火勢受到抑制，閃燃就難以發生。
   (2) 開口位置（Location of Vents）
      開口位置如愈近於艙頂面，熱煙氣排出不易累積，熱量成長會較緩。
3. 燃料屬性（Fuel）
   (1) 燃料表面積（Fuel Surface Area）
      燃料與空氣中氧接觸面積多，易於氧化燃燒，使火勢成長快。
   (2) 燃料易燃性（Flammability of Fuel）
      如木製家俱與泡棉沙發燃燒，後者將使閃燃較快發生。
   (3) 燃料高度（Fuel Height）
4. 空間屬性（Enclosure）
   (1) 空間體積
      火災室空間體積愈大，會使火勢成長一直處於燃料控制燃燒階段。
   (2) 艙頂板高度（Ceiling Height）
      火災成長中火煙羽流會上升至艙頂板，艙頂低閃燃較易發生。

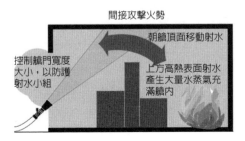

間接攻擊火勢

朝艙頂面移動射水

控制艙門寬度
大小，以防護
射水小組

上方高熱表面射水
產生大量水蒸氣充
滿艙內

8-9 船艙火災爆燃

爆燃為發生在船艙火災中缺乏通風，火勢處在一段長時間之悶燒期，生成大量未完全燃燒與熱裂解氣體並逐漸累積。由於氧氣的進入，燃燒生成物與氧氣形成一個爆炸性混合氣體，在高溫下熱煙氣整個燃燒非常快速，這種力量獲得來自氣體本身之自行快速膨脹；當氣體隨著溫度膨脹，依查理定律（Charles' Law）將形成空間內巨大壓力，足以產生具有爆炸性結構之大量功（Work），而作功程度可從轟出入內之機組人員程度。

一般於火勢初期階段因燃燒物質不同而會有不同生成物，大部分如 CO、CO_2、SO_2、H_2O 等。在普遍一般物質中皆含有 C（碳），在木製傢俱燃燒時大量 C 與 O_2 結合生成 CO_2，以及少許 CO，其中 O_2 在燃燒氧化反應中已消失，使一些自由 C 陸續釋放在煙粒子內，這就是煙顏色為何會變成黑色之原因，其隨著煙量生成愈來愈濃厚，並附著在艙內內裝與玻璃面之表面處等，如窗戶玻璃遭到煙量汙染即可表示艙內燃燒已是氧氣不足之狀態。

一旦火勢成悶燒態艙內充滿濃煙，當溫度如達到 $1000°F$（$537°C$），這時因高溫使艙內可燃物中較輕部分如 H_2 與 CH_4 先行汽化，並加入悶燒生成的氣體中，但悶燒仍會繼續消耗艙內剩餘之氧，部分氧化成 CO 氣體而比完全燃燒生成之 CO_2 還多。換言之，在悶燒階段因無足夠的氧來支持燃燒以致使許多物質燃燒不完全，但先前自由燃燒的熱與未完全燃燒之氣體仍大量存在，正等待有較多的氧氣供應，一旦新鮮空氣進入時將產生爆燃現象。

因此，火災爆燃現像是在幾乎密閉艙房下火勢發展，因空間氧氣逐漸被消耗而產生過多熱裂解氣體（Excess Pyrolysis），而原先 CO_2 因高溫而中斷化學鏈，轉變成易燃性 CO 氣體，後因室溫下降冷縮使空間形成一種微型真空狀態（Slight Vacuum），一旦出現開口時，外面大氣將很快逆流（Back Draft）吸入，再次發生與氧氣混合燃燒，以完成 CO 轉換成 CO_2 之還原過程。美國 Babrauskas 博士指出，爆燃發生時會帶有衝擊波現象，形成「砰」（Bang）之聲響，而閃燃是一種沒有任何聲響之寧靜殺手。

另一方面，假使火焰已傳播在一個未通風的局限空間，則爆燃壓力與空間中初始壓力的比率，能以理想氣體方程式來求得，因其適用於易燃氣體與空氣混合物所占據空間體積。

$$\frac{P}{P_0} = \frac{T}{T_0} \times \frac{n}{n_0}$$

P, T, n 為爆發後最大壓力、最高溫度和燃燒氣體莫耳數
P_0, T_0, n_0 為爆發前壓力、溫度和混合物氣體莫耳數

船艙火災爆燃現象

火災高溫密閉艙房
空間累積大量未完
全燃燒氣體，門口
打開產生致命爆燃

爆燃帶有衝擊波

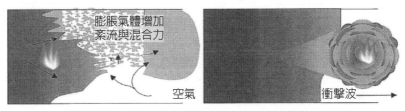

膨脹氣體增加
紊流與混合力

空氣

衝擊波

船艙打開，吸入大量空間形成紊流並形成衝擊波火球現象

爆燃計算例

> 例 火災中爆燃發生燃料源，許多文獻指向一氧化碳，請問火災發生爆燃之爆發壓力遠大於閃燃，假設船艙火災初始壓力為 0.2Mpa，火場溫度為 500℃，爆燃發生瞬間溫度達 1500℃，求出火場中一氧化碳與空氣混合物最大爆發壓力為多少？

解

$$2CO + O_2 + 3.76N_2 \rightarrow 2CO_2 + 3.76N_2$$

所以 n_0 為 6.76、n 為 5.76

$$\frac{P}{P_0} = \frac{T}{T_0} \times \frac{n}{n_0}$$

$$\frac{P}{0.2} = \frac{1773}{773} \times \frac{5.76}{6.76}$$

$$P = 0.39 \text{ Mpa}$$

8-10 船艙火災閃燃與爆燃差異

(一) 目測之相異性

1.「閃燃」方面

(1)黑煙的發生量急遽地增加，煙逐漸地充滿艙內而中性帶（Neutral Plane）降低，從開口處所噴出的黑煙帶有黃色。

(2)開口處中性帶下面空氣吸進逐漸變強，可看出煙流噴出有喘息繼續現象。

(3)一旦「閃燃」發生時，由開口處流出的煙急速地變成火焰狀態。

2.「爆燃」方面

(1)開口部空隙黑煙中帶有黃褐色，有時以間歇性（Push）煙與火混雜噴出。

(2)在開口縫隙周圍噴出的煙中，可看到附著煤渣粒子與焦油等汙垢。

(3)當開口被打開，煙像逆流似被強烈吸入，且艙內的煙成一種渦卷狀態。

(4)開口部被打開，於數秒至數十秒後噴出火球之現象。

(二) 溫度之相異處

1.「閃燃」方面

(1)「閃燃」發生前幾秒，離地面數十公分位置溫度超過 150～200℃。

(2)「閃燃」發生時，艙內溫度在中央是 600～800℃，而地面上溫度也可達到 500℃之高。

2.「爆燃」方面

(1)因高溫燃燒在缺氧環境條件下造成高熱悶燒狀態，有焰燃燒停止，但艙內溫度仍相當高並進行可燃物之熱裂解及分解。

(2)當開口被打開時，艙內溫度稍降爲 400～500℃，「爆燃」時 700～800℃。

(三) 氣體濃度之相異處

1.「閃燃」方面

(1)在中性帶上方，從艙內起火後徐徐變化，如此將使中性帶產生急劇變化。

(2)「閃燃」發其氧氣濃度大量消耗降至爲 1%，一氧化碳 10～15%，二氧化碳則在 20% 以上。

2.「爆燃」方面

(1)在開口部被打開前，於火災艙內氧氣濃度約爲 2～3%、一氧化碳約爲 15%、二氧化碳約爲 20%。

(2)開口部被打開同時，艙內氣體濃度產生急劇變化，氧氣濃度超過 10%、一氧化碳減少到約 5%、二氧化碳則減少到約 10%。

(3)「爆燃」發生艙內氧氣濃度急速減少，一氧化碳與二氧化碳則轉爲增加。

(四) 燃燒範圍之相異處

1. 「閃燃」：高溫之熱煙可燃氣體與氧氣混合在燃燒範圍之下限時發生。

2. 「爆燃」：高溫之熱煙可燃氣因太濃，藉由氧進入稀釋，使其降至燃燒範圍上限時發生。

火災閃燃與爆燃異同

項目		閃燃	爆燃
相異	燃燒型態	火勢有足夠氧氣燃燒型態	火勢沒有足夠氧氣悶燒型態
	壓力型態	火災室形成正壓型態	火災室形成負壓型態
	濃渡型態	熱煙層濃度燃燒下限時發生	熱煙層濃度燃燒上限時發生
	觸動型態	火災室上方熱煙層位置觸動起火	空氣入口位置觸動起火
	空間特徵	大量煙與高溫除火災室外，亦形成在隔鄰區劃空間	大量煙與高溫僅形成在火災室
	氣相燃料	少，發生威力較小	多，發生威力強大
	發生機制	主要取決於熱量	取決於氧氣
相同		火三要素（氧氣、可燃物與足夠熱量）	

艙房火災開口中性帶

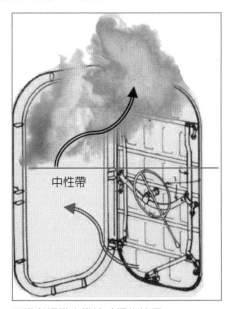

中性帶

中性帶

開口之中性層位於內壓與外壓之相等處，形成一無壓力差層面。中性層位置，當艙內燃燒旺盛時中性帶下移；燃燒衰退時則中性帶則上升；上部開口愈大，煙囪效應之中性帶會上移。在火災室流出空氣質量或體積流量方面，取決於艙內外流動壓力差、空氣密度與開口通風面積等

閃燃與爆燃之燃燒／爆炸範圍

下限　　（燃燒／爆炸範圍）　　上限

0%　太薄　　薄　中間　濃　　太濃　100%

閃燃　　　　　　爆燃

8-11 船艙火災閃燃與爆燃徵兆

（一）閃燃發生前徵兆

1. 技術性徵兆

(1)溫度

火災室上層平均溫度 ≧ 600℃。

(2)輻射熱通量

火災室地板面輻射熱通量 ≧ $20kW/m^2$，地板上報紙能自動引燃。

(3)熱釋放率

火災室熱釋放率達到 1MW 以上。

2. 非技術性徵兆

(1)高熱蹲低

假使在完全著裝情況下，在艙內熱量已迫使你不得不蹲低時。

(2)滾流燃燒

是否出現滾流燃燒（Rollover），這是火焰沿著艙頂板下呈現煙層滾流竄燒現象，其出現在閃燃發生前 1～2 分鐘，假使你已看到它，相信它，趕快作速離動作，但不要期待每次火場都能看到它。

(3)火舌將觸煙層

在艙內空間上部已蓄積充滿深厚濃煙，而地面火舌已碰觸到這濃煙層並開始醞釀往下蔓延。這是相當明顯的，沒有人能與閃燃發生時間作競賽；如此危險狀況最好快速使用大量噴水。

(4)中性帶急遽降低

開口中性帶急遽降低，從開口處所噴出的黑煙帶有黃褐色。

(5)噴出喘息

開口處中性帶下面空氣的吸進逐漸變強，煙流噴出有喘息脈動現象。

(6)煙變火焰

當有閃燃發生時，由開口處流出的煙急速地變成火焰。

（二）爆燃發生前徵兆

1. 開口處開放前

(1)從火災室裡噴出褐色或帶有點黃色的濃煙。

(2)從窗戶、門的間隙裡噴出間歇性的煙並夾雜火焰。

(3)在煙噴出的部分可以看到焦油與煤渣微小粒子等汙垢。

2. 開口處開放後

(1)煙像逆流似地被強烈吸進建築物內，且艙內的煙成渦旋狀態。

(2)間歇性煙流從窗戶噴出，一旦煙流喘息停止，轉為靜靜地流出的狀況。

(3)艙內出現了幻影火焰。

(4)即將發生大量火球噴出現象。

濃煙間歇噴出

舷窗濃煙壓力狀噴出

舷窗濃煙壓力狀間歇噴出，代表火災室處於高溫高壓狀態，極不安定現象，任何開口打開將使火災室產生重大變化，其為火災閃燃或爆燃發生前一種徵兆。

滾流燃燒

火災戰術運用

Rollover

滾流燃燒為艙頂下未完全燃燒氣體起火，形成一種滾動燃燒現象，其為火災閃燃發生前一種徵兆。

火災戰術運用

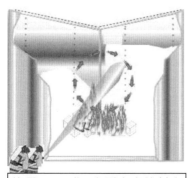

使用T、Z或O字型之直接射水流，朝船艙頂部然後再向下朝火點進行攻擊。

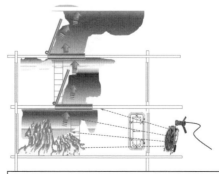

正壓通風，使用一手提風扇配合水帶水霧進行火災熱煙排出，以引入新鮮空氣快速進入一火勢空間，使火災室溫度濃煙大幅減少。

8-12 船艙火災最盛期

閃燃階段後，在區劃空間中涉及所有可燃物質參與火災燃燒。在此期間，燃料可能釋放出最高的熱量，並產生大量的未完全燃燒氣體。最盛期時期（Fully Developed Fire）火災常形成通風控制狀態，火災發展取決於區劃空間內通風孔數量和大小。如果這些火災熱煙氣流從區劃空間到相鄰的空間，有時其與豐富的空氣混合時，會形成艙頂下熱煙層流引燃情況。

當火災成長階段達到最大值且所有可燃材料都被點燃時，認爲火災是完全發展的。這是火災中最高溫的階段，對於被困在其中的任何人來說都是最危險的。此階段特徵如次：

1. 空間中的所有可燃物都已達到最高溫度。
2. 燃燒速率受氧氣量供應的限制。
3. 濃煙中未完成燃燒的生成氣體，可能會燃燒相鄰的隔間。
4. 通常對暴露的鋼材造成結構損壞
5. 射水小組通常無法進入火災室。
6. 使用間接攻擊進行最佳消防戰術。

此外，在一種爲人所知之滾流燃燒（Rollover 或 Flameover），條件是火焰透過移動或跨越未燃燒氣體作延伸。這種現象也可能形成在火勢成長階段期間，發生在艙頂下形成熱煙氣流層，或是在火勢成期與最盛期，從一艙室未燃燒之火煙氣流層釋放出來所形成該層流燃燒情況。由於這些熱煙氣流從燃燒室進入相鄰的空間，它們與氧和火焰混合，可見該層流之燃燒情況。

滾流燃燒情況與閃燃不同，因爲只有熱煙氣流層在滾流燃燒，而不是整個艙房內容物都陷入燃燒；注意，如看到艙頂下黑色熱煙氣流層出現紅色火焰現象，代表其溫度相當高，且火災室溫度勢必更高，此時必須有充份之消防水帶（Fire Hose）水量來冷卻，且打開艙門更需以低姿勢採取射水，必須非常謹慎來爲之。

滾流燃燒

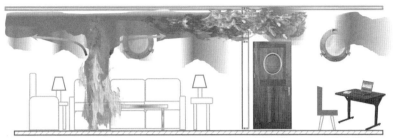

未完全燃燒氣體起火，在艙頂形成一種滾動燃燒現象，為閃燃前徵兆

最盛期火災

艙內所有可燃物皆在燃燒中

艙門打開射水

艙門打開將對火災室產生重大變化，因此艙門打開前蹲姿戰術，水線充滿水預備射水。

建築物火災過程熱傳方式

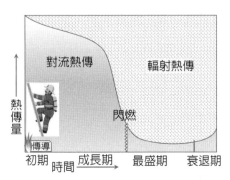

8-13 船艙火災衰退期

火災最盛期後，火勢將持續減低，進入至衰退期階段（Decay）。此階段主要是船艙結構內的燃料載量（Fire Loading）減少或可用氧氣量能大量支持燃燒，導致火災區域的溫度降低和壓力降低。亦即，在區劃空間現有的燃料已逐漸消耗，火災釋放的熱量開始下降。再次，火災已轉換燃料控制燃燒，火災燃燒量的減少和區劃空間內溫度開始下降。但在船艙空間內仍剩餘大量熾熱的餘燼，會維持適度再高溫一段時間。例如，鋼結構能保留熱量較長一段時間。所以，艙房存放可燃物量，將會決定最盛期火災之持續燃燒時間及火災高溫持續透過船艙熱傳至周邊，造成船舶結構強度之衰減。

火災一旦到達全盛期的末期，即可看到艙內火勢趨弱（主要是區劃內可燃物或空氣逐漸消耗殆盡，不再能夠維持燃燒），此稱為衰退期（後期）。火災一旦發展至此時期，艙內溫度開始呈直線般下降，地板上呈現殘餘物燃燒狀態，一直至滅熄為止。

衰退期通常是火災發展最長階段，此階段的特點是氧氣或燃料顯著減少，結束了有焰燃燒。在這個階段的兩個常見危險首先是－未完全燃燒可燃物的存在，如果沒有完全熄滅，它可能會引發新的火災。其次，當氧氣被重新引入在高溫的密閉空間時，存在著爆燃發生的危險。

此外，以一場船艙火災週期，通常熱傳導至單一起火物後，產生一浮力火羽流（Buoyant Fire Plume），透過火羽流開始對流熱傳。熱煙氣體開始累積在艙頂板下方，並進行橫向擴散，熱煙層繼續累積更厚，包含更多的熱能，輻射熱傳占總熱傳量比例開始增加，而對流熱傳比率則降低。一旦閃燃發生，輻射熱變成火災主要的熱傳機制，而其他相鄰區劃空間，則保持以對流熱傳為主要機制。

船艙火災生成物發展

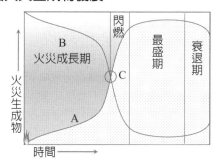

圖中X軸表示時間，Y軸表示船艙火災過程中生成物增加或減少之變化屬性。

圖中曲線「A」代表火災過程中下列屬性增加狀況

A曲線：
- 平均上層溫度
- 平均室溫
- 地板水平輻射通量（Radiant Flux）
- CO等有毒氣體濃度
- CO/O_2 之比例
- 上層熱煙層厚度
- 上層熱煙層厚度的輻射傳熱與對流熱傳之比例
- 總熱釋放率（Heat Release Rate, HRR）
- 火災成長率（HRR/Sec）

圖中A曲線是基於一個船艙火災溫度發展近似曲線，從起火初始部分、成長至閃燃發生、艙內全面捲入火勢，最後進入火勢衰退階段。

圖中 B 曲線恰好是 A 曲線之倒數，代表下列屬性減少狀態：

B曲線：
- O_2/CO 之比例
- 下層（煙流）高度（Lower Layer Height）
- 下層（煙流）高度／上層（煙流）厚度之比例
- 對流熱傳／輻射熱之比率
- 中性層（Neutral Plane）高度
- 閃燃前人員存活能力（Survivability）

圖中C點表示火災過程，艙內人員已無法在艙內生存之臨界點。閃燃出現屬性：上層平均溫度達到600℃、地板面輻射熱通量達$20kw/m^2$、艙內環境溫度急劇竄升、CO和其他有毒氣體增加，O_2相應地減少。

8-14 火災成長與時間平方成正比（一）

　　船艙火災有如下的事實，即火勢發展過程中的時間與溫度上升曲線，是一個很重要的概念。理解這個概念，能使船上機組成員很清楚火災發展、蔓延和成長失控是何等的快速。火災發展透過前述的階段，以船員住宿艙房之垃圾桶起火情境，與油歧管法蘭在壓力下造成洩漏起火情境相對照，顯示了兩種情況下火災以不同速度作發展。滅火之目的是盡早在其發展中阻斷火勢的進展。更多的時間延遲，只會使攻擊火勢遭受進一步可能更多的傷害，且變得更加難以控制火勢，甚至是整艘船舶之拯救難度更高。

　　火災顯然不是以同樣的速度在發展，其受到不同的因素所影響。但火災往往以驚人的速度發展。船艙火災達到閃燃階段，已被大家所知，其可能會少於 2 分鐘時間。在其他情況下，火災發展到閃燃的影響因素，約在 8 分鐘左右。在其他情況下，如小火在有限燃料的一個大型區劃空間，或是空艙、關閉貨艙，這種情況下火勢因氧氣供應不足，可能永遠達不到閃燃。

　　船員必須為最壞的情況做好準備，以隨時應付火災，並在緊迫感下來進行攻擊火勢之可能發展。傳統的船上反應，關閉艙門是一個很好的初步行動，實際上在一艘鋼製船舶上是可能達到滅火效果的，這種採取關門戰術的方法，不能包含其他類型的結構，如住宿艙內火災。船員們必須明白，這一初步行動的主要目的是獲得時間，以能穿上個人防護裝備的時間，及準備滅火器材和執行攻擊計畫的時間。正如前述已指出火災可能會在 2 分鐘內達到閃燃，所以爭取到任何時間都是寶貴的。機組成員必須不能失去緊迫感，是需要快速且有效地來撲滅船上任何火災。火災最初幾分鐘是滅火緊急的黃金窗口（Golden Window Opportunity）。一旦關閉該窗口，也就沒機會再重新打開它。

住宿艙房之垃圾桶起火

火災發展較緩

油歧管法蘭洩漏起火

快速發展速率火災

液體燃燒

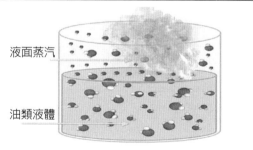

液面蒸汽

油類液體

由於燃燒實際上是在氣相中（Vapor Phase）發生的，所以，液體具高蒸氣壓或高揮發性是最危險的。液體蒸氣壓大小主要取決於液體分子間之引力，分子間引力大之液體會有相當低之蒸氣壓，因需要高能量才能使分子自液相逃離成氣態，如水分子間引力較乙醚強，而使得水之蒸氣壓較乙醚低。基本上，大分子量之分子其電子愈多，可極性化就愈大。因此，大分子量物質通常具有很低之蒸氣壓。控制易燃液體火災強度是由燃料揮發性（Fuel Volatility）與燃燒時熱釋放率（Heat Released）所決定。因此，重油與焦油（Tars）可能難以點燃，可是一旦起火，卻是非常容易燃燒，而難以滅火。火焰所產生的熱量，一部分輻射回到燃料表面，使更多的燃料氣化。就大多數普通有機液體而言，其氣化所需的熱量僅需很小百分比的燃燒熱就足夠了。

8-15 火災成長與時間平方成正比（二）

　　起火階段之火勢繼續發展，必須提供有足夠的空氣支持燃燒。通風開口大小和數量是決定了火災如何在該空間內發展。區劃空間大小、形狀和高度，決定是否有顯著的熱煙氣流層之形成。起火初始燃料的大小和位置在前述熱煙氣流層的發展，也是相當重要。燃料如位在區劃空間中心燃燒，所形成熱煙氣羽流會捲入夾帶更多的空氣量，因此，是比火勢燃燒靠近艙壁或在區劃空間角落處起火，來得較易受到冷卻作用。

　　在區劃空間火災溫度是直接相關於燃料燃燒釋放的能量。在火災產生的能量是以熱和光的形式呈現。在火災能量釋放量，即熱釋放速率（Heat Release Rate）是以 Btu/Sec 或 Kilowatts（千瓦）作量測單位。燃料的燃燒熱（指特定質量之物質燃燒時所釋放出熱量），這種熱能是直接關係到燃料隨著時間之消耗量。物質的熱釋放速率，如像傢俱泡沫軟墊（Foam Padded）或座墊聚氨酯泡沫（Polyurethane Foam），起火後將會迅速發生燃燒。火災在物質具有更低的熱釋放率，預計將需要更長的時間來進行發展。

　　在區劃空間所產生熱量，是由從第一起火燃料（Initial Fuel）進行熱傳遞（熱傳導、對流與輻射之三種熱傳模式）到空間中的其他燃料之間熱傳作用。在最初的火羽流（Fire Plume）熱量上升是透過對流和通風所影響。由於在區劃空間內熱氣體傳遍至其他燃料的表面，以致熱透過傳導轉移到未燃之燃料面。在空間火勢從成長階段到最盛期階段，以輻射和火焰直接接觸是發揮最顯著之熱傳作用。由於熱煙氣流層在艙頂下形成，濃煙中瀰漫的熱粒子，以輻射能量方式熱傳至區劃空間內的其他燃料物體。由於輻射能量會增加其他燃料溫度而發展至熱裂解，釋放出可燃性氣體。當在區劃空間內的溫度達到這些氣體的著火溫度時，整個空間將全面捲入火勢，也就是閃燃之發生。

　　船艙火災發展影響因素，如次：

1. 通風開口（艙門與舷窗等）的大小和數量（Size and Number of Ventilation Openings）。
2. 船艙的體積（Volume of The Compartment）。
3. 船艙的高度（Height of The Compartment）。
4. 第一起火物大小和位置，以及該船艙內的總燃料載量（Size and Location of The First Fuel Group Ignited and Total Fuel Load in The Compartment）。

常見物質熱釋放率

可燃物質熱釋放速率（Source: NFPA 921, 2010）		
物質	最大熱釋放率	
	kW	Btu/sec
廢紙簍（0.53 Kg）與牛奶盒等（0.4 Kg）	15	14.2
軟墊椅子（棉服）（31.9 Kg/70.3 Lb）	370	350.7
4 個堆疊椅子（聚氨酯泡沫填充）（30 Kg）	160	151.7
軟墊椅子（聚氨酯泡沫）（28.3 Kg）	2100	1990.0
床墊（棉花和黃麻）（25 Kg）	40	37.9
床墊（聚氨酯泡沫）（14 Kg）	2630	2492.9
床墊和彈簧（棉花和聚氨酯泡沫）（62.4 Kg/）	660	626.0
軟墊沙發（聚氨酯泡沫）（51.5 Kg）	3200	3033.0
汽油／煤油（0.19 m²）	400	379.0
聖誕樹（乾燥）（7.4 Kg）	500	474.0

船艙火災溫度熱釋放率發展

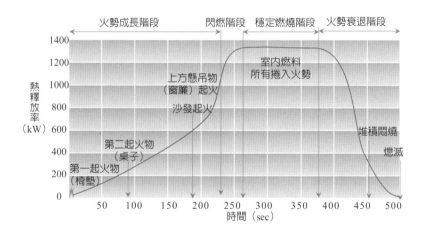

熱釋放率成長變化

艙內椅墊起火，延燒至桌子、沙發至窗簾，熱釋放率會隨著艙內每一項可燃物起火而增加，當火勢成長達到臨界熱釋放率時，發生艙內全面閃燃現象，形成穩定燃燒階段（Steady-State Burning）。因此，從成長階段、閃燃階段、穩定燃燒階段與火勢衰退階段，船艙熱釋放率一直增加至遞減之消長變化。因此，艙內溫度至火勢最盛期穩定燃燒階段達到最高點，最高熱釋放率值維持一段期間後，隨著火勢衰退而開始減少，至火勢完全熄滅冷卻為止。

熱釋放率（Heat Release Rate）

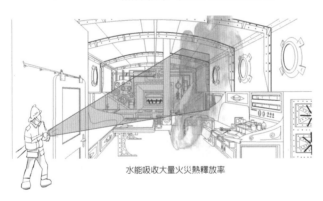

水能吸收大量火災熱釋放率

在火災動力學中，燃料質量損失率（Mass Loss Rate）和熱釋放率的概念是很重要的。熱釋放率（HRR, kW）是描述火焰釋放之能量大小，為確定火災危險性一種函數，依美國防火協會（NFPA 921）定義，火災熱釋放率常以單位時間所釋放的熱量表示，為燃燒所產生熱量之一種速率。因此，熱釋放率是確定可燃物之燃燒行為一個最重要之參數，其為物質燃燒速率（m, g/s）與燃燒熱（ΔHc, kJ/g）之函數；由於燃燒通常為不完全燃燒，所以必須考慮燃燒效率（∝）。

$$HRR = \propto \times m \times \Delta Hc$$

在船艙火災中形成火羽流（Fire Plume）主要取決於火災規模大小，即火災所產生熱釋放率，而火羽流產生是由周圍較冷氣體，由溫度和密度較低的質量產生密度差，這些影響船舶火災發展，如艙內充滿熱煙氣體，和艙壁結構能承受火災熱程度，如A、B或C級耐火艙壁；這些皆受物質燃燒熱釋放率所影響。

第9章
船舶類型火災戰術指南

　　確定不同船舶種類火災戰術指導方針，是與船舶內部空間類型火災相同的：從火勢災情規模大小、確定哪些戰略是適當的（進攻、防守或棄船），並確定戰術的優先事項等，來制定火災應變作業框架。根據不同的情況，所運載的貨物或船舶類型，都為所欲使用的戰術考量因素。在此滅火是相同適用於本章前述之小型、中型和大型所描述滅火行動。以下幾節介紹特定的船舶類型，如散裝（Bulk）、散雜（Break Bulk）、貨櫃、駛上駛下型船（RO/RO）或汽車運輸船、渡輪，油輪、氣體運輸船、客輪及其他／小型遊艇（Small Craft）等滅火應變活動所涉及的消防戰術行動。

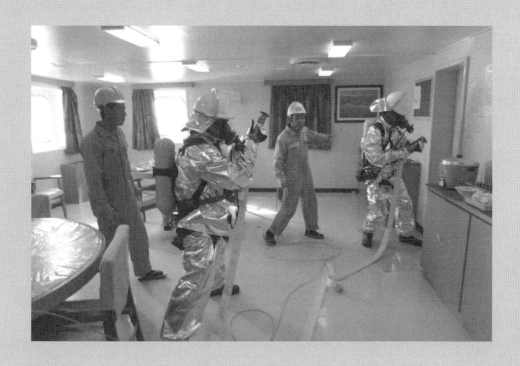

9-1 散裝和散貨船火災（一）

在散裝（Bulk）或散貨船（Break Bulk Vessel）有其貨物火災的獨特類型，在歷史上曾發生過這樣的大火如貨艙內散裝貨物火災、貨物自然發熱起火、粉塵爆炸後火災。對其滅火射水，會有貨物中的水分可能會導致擴大或膨脹問題。此類船舶火警探測可能會受到延遲，因其船隻規模的大小和配置、火源深層（Deep-Seated）位置，在裝載或卸載操作期間貨艙是沒有工作人員之事實。

而散貨船發生火災是有額外挑戰性，因這些船隻的多樣化和獨特的建造結構。多種貨物的存在，消防戰術上必須考量到潛在不相容貨物，可能會造成火災或使緊急情況更糟。考量在甲板中腔艙（Tween Decks）和部分裝載（Partial Loads）下的接近進入問題。根據所遭遇的情況、機組成員可能採取全部或大部分的行動，將列在下面的章節，從拉響警報後，並通知船橋中控室開始進行緊急反應行動。

滅火注意事項

1. 蒐集並確認有無禁水性物質、是否會因射水造成汙染、是否有爆炸的危險等情報資訊後，排除射水死角，進行有效射水作業。
2. 在於航行途中貨物船火災可採取封艙滅火，而開艙滅火則在於停泊港口、碼頭裝卸貨物或檢修時。因貨（穀）物屬性，一旦於大空間可能貨（穀）粉細粉，火災搶救時應注意粉塵爆炸造成之可能性。
3. 視裝載物品（精密機械類等）內容需要，考慮使用水系統（如消防栓）進行滅火。
4. 同時利用多數水線展開滅火行動時，應注意過度射水造成的損害、船舶穩定性問題，並應考量同時展開排水作業。
5. 燃燒範圍多半可透過燃燒外板的狀態掌握，只要針對該部位進行包圍式的射水就可達到滅火的效果。
6. 貨物或包裹等有些看來像是已經滅火了，但有複燃的可能，因此應注意完全滅火。
7. 穀類貨物可能因浸水而膨脹，造成船體龜裂，要特別注意。
8. 考慮在隔牆上挖出可插入瞄子的洞口，利用噴霧滅火器等的噴霧射水方法。
9. 封閉滅火時，應在確認其他開口處完全閉鎖後才進行滅火行動。此外，為了確定下沉的程度，打開甲板出入口等開口時，應配合防護水線之保護，避免二次災害（如爆燃等）之發生。
10. 船體的鋼製部分，由於出入道路被熱氣包圍，大多數的情況下會阻礙滅火行動。而艙房內的火災則可能因塗料等因素而快速延燒。因此，在進到船艙內時，應從一邊利用水霧射水，一邊排煙前進之方法進入。

貨物艙火災問題

散貨船有其貨艙貨物自然發熱起火及粉塵爆炸火災特點。

打開艙口問題

打開艙口會引入大量空氣致加速火災發展。打開艙口也可以造成艙口高熱變形使其無法緊閉。

貨物艙火災消防戰術

貨物艙可能有多種貨物存在，消防戰術上必須考量到潛在不兼容貨物，可能造成火災緊急情況更糟。而消防水帶射水，以防護大型火災熱曝露物及邊界層冷卻作業為先。

貨物艙火災消防戰術

海巡署消防射水槍射水，因外在射水之水量大，易造成無效射水及使船舶底艙積水，應注意射水量之適可而止。

9-2 散裝和散貨船火災（二）

1. 小型火災（Small Fires）

散貨船上的貨物小型火災是不太可能發生在海上。為了認定是一個小型火災，其必須發現在火勢早期階段（初始），當貨艙門打開時，一般是在貨物裝卸期間所發生的。小型火災將只涉及貨物之物質表體上。如果小型火災被發現是艙口關閉後，機組成員必須打開艙口才能進入。此時則會引入大量空氣，致加速火災發展。打開艙口也可以造成高熱變形，使其無法緊閉。

散貨船火災盡可能在早期階段攻擊，使用消防水帶隊和（或）手提式滅火器。從最低點的可能位置進行接近進入，並應格外小心。需要一個適當的防護，並配備後備支援滅火隊伍，並總是保持有一逃生方式之路徑。

2. 中型和大型火災（Medium and Large Fires）

在中型和大型火災中，依所涉及的貨物種類來確定戰略和戰術方案選項，其中包括適當的通風作業。散裝和散雜貨船火災是以同樣的方式作處理。在中型和大型散裝船與散雜貨船火災採取以下行動措施：

(1) 提供邊界層冷卻。

(2) 依貨物類型來決定最佳的滅火程序。

(3) 使用海水來置換在底邊艙（Hopper Tanks）、邊艙（Wing Tanks）和雙層底艙（Double Bottoms）之可燃蒸汽，及提高船舶穩定性（應考量應力和穩定性）。

(4) 在艙口蓋位置提供冷卻水流。

(5) 以適當的滅火劑來淹沒或浸泡火勢所涉及的物質。考量以下使用技術之潛在船隻應力／張力（Stress）和穩定性問題：

    A. 假使有水或泡沫被引入貨艙，則可能會導致蒸汽爆炸。

    B. 物質可與水發生反應。

    C. 貨物遇濕情況會產生膨脹（Expand）或鼓起（Swell）。

(6) 關閉貨艙，設置火勢邊界層，在可能情況下提供邊界冷卻，並前往最近的合適設有貨物處理類型之港口。因此，在港口移除卸載所涉及的貨物。

(7) 在區劃相鄰空間進行監控溫度。

(8) 準備啟動固定滅火系統（如果可使用）。

    A. 關閉貨艙。

    B. 設定火災邊界。

    C. 在可能的情況下提供邊界層冷卻作業。

(9) 啟動固定滅火系統（需有負責幹部人員授權）。

    A. 為能適當履行釋放功能，進行檢查。

    B. 有滅火劑之等待／浸泡滲入之足夠時間。

    C. 顯控貨艙內部條件和溫度。

使用固定式滅火系統

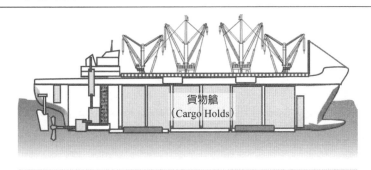

貨物艙
(Cargo Holds)

貨物艙火災

A. 準備啓動固定滅火系統（如果可使用）。
　(a) 關閉貨艙。
　(b) 設定火災邊界。
　(c) 在可能的情況下提供邊界層冷卻作業。
B. 啓動固定滅火系統（需有負責幹部人員授權）。
　(a) 為能適當履行釋放功能，進行檢查。
　(b) 有滅火劑之等待／浸泡滲入之足夠時間。
　(c) 顯控貨艙內部條件和溫度。

貨物艙火災射水問題

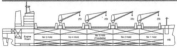

散貨船穀類貨物可能因浸水而膨脹，造成船體龜裂，船體鋼製部分出入道路被熱氣包圍大多數的情況下會阻礙滅火行動，並考量以下問題：
(a) 假使有水或泡沫被引入貨艙，則可能會導致蒸汽爆炸。
(b) 物質可與水發生反應。
(c) 貨物遇濕情況會產生膨脹（Expand）或鼓起（Swell），造成貨艙應力問題。

9-3 貨櫃船火災（一）

　　貨櫃船（Container Vessel Fires）通常有很深貨艙，其為多式聯運貨櫃（Intermodal Containers，指其由一個以上貨櫃船進行運輸）是裝載到貨櫃導入艙格（Cell Guides）。貨艙能裝滿船舶並向上延伸到主甲板以上的位置。貨櫃有其不同類型和大小，一般為鋼製材質。是非常強硬的，呈現了一種難以進入的情況。又船舶可能載運危險物質（Hazardous Materials）或有害物品（Dangerous Goods）之多種貨物。

　　船上貨物（如酸性）存在可能會洩漏情況，從一個貨櫃與其他貨櫃、船舶和其他貨物產生反應。很多時候，機組成員無法立即確定所曝露的風險是什麼。檢查危險貨物艙單（Dangerous Cargo Manifest, DCM）和危險貨物定位圖（Dangerous Cargo Locator Chart），看看在該地區有什麼樣的危害。能查詢國際海事組織（IMO）之國際海運危險貨物（International Maritime Dangerous Goods, IMDG）的代碼，以一個特定的危險貨物狀況所建議如何進行處理。如在港口船舶事故，貨櫃船與貨櫃場空間腹地，岸上消防車駛入亦應注意場所內動態車輛與機具。

　　火災發生的貨櫃船可以包括各種貨物類型和所有可能火災類型。C 類火災也可能發生在發電機組和冷藏設備（冷藏）電路。發電機組往往以柴油為燃料，其呈現潛在 B 類火災隱患。火災也可能在可燃物之深層位置，而延遲發現可能的火災。根據火勢大小、所遭遇的情況、機組成員可能採取行動，將列在下面的章節，從拉響警報後，並通知船橋中控室開始進行緊急反應行動。

　　在無艙蓋貨櫃船隻或是在艙口蓋上方甲板上的貨櫃，最好的戰術是防護熱曝露風險物體（如貨櫃），並採取防禦姿態。執行以下行動措施：

1. 如果可能，進入貨艙。一般是不可能打開貨櫃門，由於其上鎖和貨櫃排列方式是非常縶牢情況（Lashed）。
2. 操縱船舶位置方向，使其有利於滅火隊伍（優勢）和不利於火勢蔓延（劣勢）。
3. 可能的話，冷卻貨櫃。建議一個最低的 2.5 吋（64mm）消防水帶。冷卻所有 6 個邊界面。考量使用無人操縱，遠程操縱水霧流方式（Remote Fire Streams）來進行冷卻作業。
4. 除了危險品之外，貨櫃內火災一般來說，燃燒的速度都較慢。因此，若是在靠岸中，可以先將貨櫃卸下到岸上，然後加以滅火。
5. 決定滅火行動方針時，一定要船長等船員同時在場才決定。
6. 考量危險品爆炸可能性，準備好放水槍，全力搶救人命及避免作業上危險。
7. 面對可燃性氣體及液體，應將重點放在避免向周圍延燒。
8. 禁水性危險物應利用水以外的滅火劑（如不活性氣體等）滅火。
9. 針對有毒氣體、放射性物質，應在上風處配戴空器呼吸器，穿好防護衣，活用檢測器並決定危險區域範圍。
10. 大型貨櫃船的上甲板至船艙底的距離有 15 m 以上，應注意勿跌落。

貨物艙火災射水問題

貨櫃危險品洩漏，檢查危險貨物艙單及其國際海運危險貨物代碼所建議如何處理之方式。考量危險品爆炸可能性，準備好放水槍。面對可燃性氣體及液體，應將重點放在避免向周圍延燒。而禁水性應利用水以外的滅火劑（如不活性氣體等）滅火。針對有毒氣體、放射性物質，應在上風處配戴空器呼吸器，穿好防護衣，活用檢測器並決定危險區域範圍。

貨櫃船火災搶救問題

現在船舶提供包裝（Packaged）和液體貨物之統一模組化（Uniform Modular）處理。貨櫃可以被堆疊在甲板上，或存儲在貨艙。由於經常有數量龐大貨櫃和裝載方式，接近到一個特定有事故的貨櫃將是困難的。為了完成滅火和火勢處理檢視，如果事故之貨櫃可以從船舶中取出，則是最好的，火勢亦能得到控制。受影響的貨櫃及其周圍貨櫃都需要進行外部冷卻。如果貨櫃是在甲板上，控制貨櫃內的火勢往往最好是確定貨櫃內容物所需的滅火劑量，並透過一個小孔（Small Hole），如鑽孔或超高壓水刀作業，以最接近火勢位置（Hottest Point）來釋放滅火劑。如果貨櫃是在貨艙內，此種建議滅火作業程序基本上是相同的，除非貨櫃無法接近，假使是這種情況，貨艙應進行完全密封（Buttoned Up），以固定式滅火系統進行完全釋放（Dumped）。

9-4 貨櫃船火災（二）

1. 小型火災

　　在一個貨櫃中發現火勢，使用一個手提式滅火器進行滅火，成功的機會已是不可能的。貨櫃外的小火將更有可能被發現，使用手提式設備，進行滅火的成功機會將是較大的。貨櫃船小型火災應採取以下行動措施：

(1)受影響的區域，進行隔離電源。

(2)手提式滅火器將大火撲滅；乾式化學粉末是所推薦的滅火藥劑。

(3)保安燃料和動力；如冷藏貨櫃上柴油發電機火災（油類）是相似於車輛火災。

2. 中型和大型火災

　　就戰術的目的，貨櫃船舶是不存在中型火災。將所有冒煙的貨艙視為是一個大型火災隱患。任何火災所參與或多個貨櫃或從相鄰貨櫃中冒出煙霧，將被視為大型火災。因此，中型和大型火災貨櫃船應採取以下措施：

(1)艙口蓋下面及在貨艙／艙格（Cells），確定受影響的周邊地區貨物。

(2)隔離貨櫃／艙格（Cells）；封閉所有開口。

(3)使用固定滅火系統。

(4)設置火災邊界；如果可能的話，以惰性氣體注入相鄰的空格（泵艙或隔離艙）。

(5)前往最近有適當處理貨櫃設施之港口。

　　在無艙蓋貨櫃船隻或是在艙口蓋上方甲板上的貨櫃，最好的戰術是防護的熱曝露風險物體（如貨櫃），並採取防禦姿態。執行以下行動措施：

A. 如果可能的，進入貨艙。一般是不可能打開貨櫃門，由於其上鎖和貨櫃排列的方式是紮牢情況（Lashed）。

B. 操縱船舶位置方向，使其有利於滅火隊伍的優勢和火勢之劣勢。

C. 可能的話，冷卻貨櫃。建議一個最低的 2.5 吋（64mm）消防水帶（Fire Hose）。冷卻所有 6 個邊界面。考量使用無人操縱且遠程操縱水霧流方式（Remote Fire Streams）來進行冷卻作業。

貨櫃船火災搶救問題

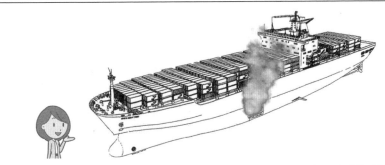

在無艙蓋貨櫃船隻或是在艙口蓋上方甲板上的貨櫃，最好的戰術是防護熱曝露風險貨櫃。操縱船舶位置風向方向，使其有利於滅火隊伍（優勢）和不利於火勢蔓延（劣勢）。可能的話，冷卻貨櫃。建議一最低2.5吋（64mm）消防水帶。冷卻所有6個邊界面水霧流方式來進行冷卻作業。

 **注意**（CAUTION）

以刺穿貨櫃方式插入瞄子噴嘴（Piercing Nozzles），來攻擊火災可能是非常危險的，因貨櫃壁另一側可能不知道是什麼。而用尖斧頭（Fire Axe）切孔插入噴嘴，也存在同樣的問題。假使嘗試使用這些火災戰術應在非常謹慎的情況下為之。

搶救注意事項

在貨櫃船上冷凍貨櫃單元設施使用電線延長系統等C類（電氣）燃料，射水時應注意。

貨櫃船與貨櫃場空間廣大腹地，視線受彼此貨櫃堆疊所阻，岸上消防車駛入亦應注意碼頭場所內動態車輛與機具。

9-5 駛上駛下船、汽車運輸船與渡輪火災（一）

在駛上駛下船、汽車運輸船與渡輪船隻火災（RO/RO, Car Carrier, and Ferry Fires），呈現了一些新的問題。最明顯及最常見問題就是處理車輛火災。汽車火災有一些獨特的危害，包括安全氣囊、傳動軸（Drive Shafts）、氣動保險槓（Pneumatic Bumpers）、高壓部件、輪胎、鎂合金（Magnesium）零件及油箱。在渡輪上，車輛攜帶未知的貨物可能是危險的。火災在車輛內部（乘員艙）一般都是 A 類之普通可燃物火勢。然而，火災所涉及燃油系統、引擎室，以及可能的貨物空間，通常是 B 類火災。一個流動的易燃液體（運行中洩漏的燃油可能導致火災），此種火勢會遍布甲板上、其他車輛和蔓延下降到洩水孔。輪胎也有可能捲入火勢中。因此，此類火災可能會涉及到爆炸現象和難以撲滅情況。

其他問題是，相關於載運車輛船舶是大規模的且開放的甲板，多層次的車輛在多層甲板的情況下。由於大型露天甲板的性質，船舶穩定性是一個重要的考量因素。坡道（Ramps）和升高甲板（Elevated Decks）之船舶液壓系統可能呈現加壓式、三維（Three Dimension）火災，其可能會出現類似於引擎室火災情況。

需注意警覺液化石油氣（LPG）、壓縮天然氣（CNG）、液化天然氣（LNG）燃料系統（特別是休旅車）等汽車火災。在船隻上這些類型最嚴重火災問題是不明的（Unknown），由未知的貨物置在個別車輛行李箱空間和運輸車輛內混合貨物。

根據所遭遇的情況、機組成員可能採取全部或大部分的行動，將列在下面的章節，從拉響警報後，並通知船橋中控室開始進行緊急反應行動。注意整體的戰略選項（Strategic Options），然後才考量戰術選項（Tactical Options）。這些選項可能包括以下內容：

1. 滅火隊伍配有適當的個人防護裝備（PPE），包括空氣呼吸器（SCBA），接近至車輛進行滅火，利用消防水帶和（或）手提式滅火器。

2. 使用船舶固定滅火系統如一齊開放式撒水頭（Deluge Sprinklers）、CO_2 等滅火，然後再進入進行殘火處理（人員需有 PPE 與 SCBA）。

3. 接近到事故車輛可能是一個挑戰。當車輛間是被彼此緊靠地裝載在甲板上，船員可能必須側身才能通過車輛之間或周圍其他車輛，才能到達火災位置。一旦到達後，進入一個車輛也可能出現一個問題，其所涉及的空間必須被打開，才能進行控制和撲滅火災。不要以為所有的門都是被鎖上，引擎蓋和行李箱是可以撬開（Prying）。先試試看再考量使用撬開方式，但需強行進入時，使用以下方法：

   (1) 砸爛安全玻璃窗戶，使用一鋒利、有鉤的斧頭或是較容易地破裂是使用一個彈簧式中心沖（Center Punch）工具。

   (2) 使用常用的機制去打開引擎蓋。如果一個遙控釋放電纜線已遭火勢燒毀，有時可以抓取及握住剩餘的電纜末端線來操作使其打開機制。

   (3) 打開行李箱，可藉由打破或移除尾燈總成（Taillight Assembly）機制來獲得。

汽車運輸船火災搶救問題

汽車火災有一些獨特的危害，包括安全氣囊、傳動軸（Drive Shafts）、氣動保險槓、高壓部件、輪胎、鎂合金（Magnesium）零件及油箱。

汽車運輸船有大規模的開放甲板且多層次車輛位在多層甲板，汽車是紮牢情況。但需注意液化石油氣、壓縮天然氣、液化天然氣燃料系統（特別是休旅車）等汽車火災。由未知的貨物置在個別車輛行李箱空間和運輸車輛內混合貨物，會否產生爆炸問題是不明的。

坡道和升高多層次甲板之船舶液壓系統，可能呈現三維之立體火災型態。由於大型露天甲板的性質，船舶穩定性是一個重要的考量因素。

中華民國火災分類

9-6 駛上駛下船、汽車運輸船與渡輪火災（二）

1. 小型火災

在駛上駛下船、汽車運輸船、渡輪船隻之小型火災，採取以下措施：

(1)使用手提式滅火器，進行控制火勢所涉及個別車輛火災部分；其使用乾式化學粉末（首選）、CO_2 或泡沫劑。撲滅引擎室火災，藉由釋放手提式滅火器進入散熱器（Radiator）之前和之後。

(2)預先建立緊急逃生路徑。

(3)提供備用可支援的消防水帶隊（至少有 2 隊：攻擊或主要、後備或次要）。

(4)保持顯著的通風系統，以使在甲板上操作能保持通風狀況。僅當使用固定滅火系統，才將通風關閉。

(5)要警覺潛在的流動性液體火災（Running Fire）。

(6)在燃燒的車輛進行斷開電池；火焰傷害可能會導致車輛突然啟動。首先，切斷或移除接地線，然後切斷或移開正極之電纜線。

(7)在燃油、潤滑油、傳動液產生洩漏情況，使用吸收劑進行控制。

(8)遠離汽車保險槓、減震器、氣囊，因為這些都有可能為加壓式零組件；必須從其側面來接近車輛。

(9)從上風處來接近露天甲板。

2. 中型火災

中型火災是下列情況已不能由滅火器所控制，如火勢完全捲入車輛、大型車輛／卡車、燃料洩漏及多部車輛火災。液壓火災包含船舶零組件（門、甲板及車輛出入斜坡道），也被認為是中型火災。這些火災需要使用消防水帶（Fire Hose）隊。提供 2 支消防水帶隊（另外如果可能的話）作為最低標準攻擊隊編制：攻擊隊（主要）和後備隊（次要）。B 類泡沫滅火劑是推薦的。請注意不要將水流與泡沫流作接觸混合在一起，其會稀釋泡沫層而達不到覆蓋火勢表面之功能。

在駛上駛下船、汽車運輸船、渡輪船隻之中型火災，採取以下措施：

(1)接近車輛，使用最簡單的途徑。消防水帶可能會卡住其他車輛的輪胎。考量延伸乾式（未充水）消防水帶，然後拉成一些額外的鬆弛狀，以便在消防水帶射水前能延伸前進。

(2)根據火勢條件，保持通風系統的運行。監控火場情況。

(3)接近車輛火災，使用防護熱曝露之保護性操作水霧流（Protective Stream）。

(4)射水（泡沫或水）瞄子應用短脈衝（Short Bursts）之瞬間打開暨瞬間關閉瞄子之方式，並重新評估。

(5)考量使用固定滅火系統。

汽車運輸船火災搶救問題

　　　　　　使用船舶固定滅火系統如一齊開放式撒水頭（Deluge Sprinklers）、CO_2 等滅火，然後再進入進行殘火處理（人員需穿消防衣與空氣呼吸器）。接近到事故車輛可能是一個挑戰。當車輛間是彼此緊靠地裝載在甲板上，船員可能必須側身才能通過車輛之間。一旦到達後，進入車輛也可能出現一個問題，其所涉及的空間必須被打開，才能進行控制和撲滅火災。不要以為所有車輛的門都被鎖上，引擎蓋和行李箱是可以撬開（Prying）。

　　　　　　車輛火災時使用水與乾粉結合攻擊去形成包圍液壓流體的壓力式火災；以一個狹窄的水霧／水沫流射水模式並添加乾式化學粉末方式來進行滅火。

9-7 駛上駛下船、汽車運輸船與渡輪火災（三）

　　這些類型船舶存在液壓系統火災，其呈現加壓的、三維的、油類濺出之火災問題，其涉及所需用於打開艙門、提高和降低的甲板和車輛出入斜坡道等，它通常是不可能關閉的或放掉這些系統中液壓。如果可能，關閉或遮斷閥門能提供一個中斷其油供應部分。然而，燃料在關閉後將會繼續流動，直到壓力被耗盡為止。

　　這些類型的火災也提出了一個從洩漏的液壓油，產生嚴重的人員滑倒問題。在一條具有高壓消防水帶操作人員能維持其位置，可能是一個挑戰。其他危害可能因系統破裂或系統故障，所產生飛行中之碎片。系統故障也可引起甲板下降或尾艙門打開的情況。

　　使用水與乾粉結合攻擊，去形成包圍液壓流體的壓力式火災；以一個狹窄的水霧／水沫流射水模式，並添加乾式化學粉末方式來進行滅火。這種方法是類似在前述第8章之油炸鍋技術之滅火方式。

　　有關駛上駛下船、汽車運輸船及渡輪船隻液壓火災，使用以下的指示：

(1)防護的熱曝露風險物體。

(2)使用乾式化學粉末或鹵化劑之滅火器。

(3)如果有的話，使用固定滅火系統。

(4)使用吸收劑（Absorbents）來回收洩漏的液壓油。

3. 大型火災

　　大型汽車火災是超出消防水帶隊伍所能滅火的能力範圍，通常包括多部車輛捲入燃燒。此時船舶穩定性的考量是非常重要的。在駛上駛下船、汽車運輸船、渡輪船隻之大型火災，採取以下措施：

(1)局限火勢。

(2)關閉電源和通風作業，依據火勢條件。

(3)渡輪乘客疏散至安全區。

(4)考量轉向船舶方位，及打開艙門利用風力排煙之優勢。

(5)人員責任性／問責制（Account）。如果需要的話，執行搜救及撤離面臨危險的人員。

(6)按照固定滅火系統之使用程序。

(7)進行火災後活動（Post-Fire Activities）。

汽車運輸船火災搶救問題

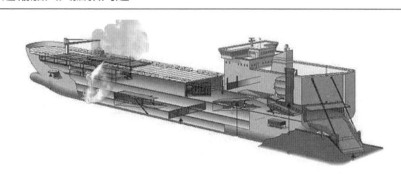

在燃燒的車輛進行斷開電池；火焰傷害可能會導致車輛突然啓動。首先切斷或移除接地線，然後切斷或移開正極之電纜線。在燃油、潤滑油、傳動液產生洩漏的情況，使用吸收劑進行控制。遠離汽車保險槓、減震器、氣囊，因為這些都是有可能為加壓式零組件。

船整體設計要讓車輛從一端駛入船舶而從另一端駛出船舶，因此完整橫艙壁的安裝是一個主要障礙，特別是在上層通長甲板上。儘管SOLAS公約要求駛上駛下型船必須安裝水密防撞分隔和甲板以下的機艙艙壁，但巨大的汽車甲板能使得海水很快浸入、火災很快蔓延。而船首部和尾部的貨物通道門或邊門是潛在的弱點。使用幾年後，這些門都有損壞或扭曲，如當作裝貨跳板使用時情況更為嚴重；且汽車甲板上的貨物移動能夠影響船舶的完整穩性，導致船舶傾斜。

9-8 油輪火災（一）

　　油輪火災（Tanker Fires）是最常見的 B 類火災，和可能包括危險物質、有毒貨物，以及多種類型和等級的貨物。泵房火災也有可能發生。火災可能會導致，從洩漏、滿溢，並點燃油滴盤（Drip Pans）。其火勢可能會涉及歧管、洩漏法蘭、和油蒸汽的回收系統。所有船員在油輪起火的情況下，可能需要佩戴空氣呼吸器與緊急逃生呼吸裝置（EEBD）。按照特定的緊急情況，根據船舶類型所釋放危害氣體之作業程序來進行。

　　具體的油輪緊急情況下，可能涉及船舶內部油槽火災、測液孔（Ullage）/ 排氣火災、甲板火災、氣體和極低溫（LPG、LNG、無水氨）火災和洩漏。混合的貨物和其產物可能會導致化學反應和爆炸。甲板油槽火災呈現可能之沸騰液體膨脹蒸氣爆炸（BLEVE）的威脅問題。油輪火災通常是由於碰撞或貨物裝卸設備發生意外事故。根據火勢不同大小、實際所遭遇的情況、機組成員可能採取全部或大部分的行動，將列在下面的章節，從拉響警報後，並通知船橋中控室開始進行緊急反應行動。

1. 小型火災

撲滅小型火災使用手提式滅火器。小型油輪火災採取以下措施：

(1)如果在甲板上，從上風處進行接近。

(2)使用泡沫或乾粉滅火器。

(3)保安各種相關的閥門，停止任何洩漏。

(4)局限住油類洩漏範圍，捕捉洩漏物質，如洩漏下使用水桶或圓桶（Drum）。

(5)關閉液貨泵，無論是在船上或在港口碼頭上。

(6)回收 / 吸收洩漏溢出的油品。

2. 中型火災

中型火災是需要消防水帶隊伍。提供一個最低標準 2 支消防水帶隊伍：攻擊隊（主要）和支援後備（次要）。在 B 類火災可能是有效的，組合的技術應用（以 2 個或更多種類滅火劑進行連續或同時使用）。在中型油輪火災採取以下行動：

(1)撲滅或控制火勢，使用一或二個射泡沫槍（Monitors）。使用射泡沫槍橫掃液體脫離甲板，以減少火勢燃燒規模。

(2)溢出的油類火災使用泡沫。

(3)濺出液體和洩漏火災，使用泡沫與乾式化學組合攻擊。

(4)以泡沫覆蓋火勢區域，直到燃油壓力下降，然後用乾式化學粉末來進行殘火處理（Residual Fire）。冷卻和維持泡沫覆蓋層（不能加水稀釋），以防止再次復燃（Re-Ignition）。

油輪火災搶救要領

在油輪上甲板火災是最常見的火災場景之一。通常這些火災是從槽體內溢出來（over）或從甲板上破裂的管道系統洩漏（Spillage）油所形成的。在油傳送期間進行堵塞排水孔（Plugging Scuppers），往往會有助於控制洩漏到其他甲板層。甲板上的貨物管道系統的存在，會妨礙滅火工作的進展。甲板火災情況下的控制和滅火的關鍵，是關閉油傳送系統（Cargo System），以停除燃料源。

BLEVE現象

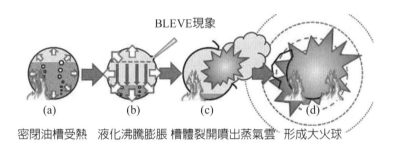

(a)   (b)   (c)   (d)

密閉油槽受熱　液化沸騰膨脹 槽體裂開噴出蒸氣雲　形成大火球

油輪火勢可能會涉及歧管、洩漏法蘭和油蒸汽回收系統等B類火災型態，滅火時應緊急停止油繼續輸送，使用甲板泡沫槍。

油輪火災可能包括危險物質、有毒貨物，以及多種類型／等級的貨物；而泵房火災也有可能發生。火災可能會導致從洩漏、滿溢，並點燃油滴盤（Drip Pans）情況。

9-9 油輪火災（二）

(5)使用可調式瞄子（Adjustable Nozzle）法，這是類似於前面所指出廚房油炸鍋技術 NO.1：

A. 防護熱曝露風險物體。

B. 對呈現噴濺（Spraying）且三維（Three-Dimensional）情況火勢，使用水或泡沫，形成一個廣泛角度（瞄子調整）的水霧／水沫流，開始接近。

C. 開始縮小角度水霧流模式，而逐漸接近進行局限和控制火勢。

D. 以噴霧錐水流模式（Spray Cone Pattern）來環繞火勢燃燒區。

E. 使用乾式化學粉末手提式滅火器進行釋放入噴霧錐水流，直到火焰熄滅。

F. 繼續冷卻的需要，以防止復燃。

G. 控制油溢出在魚尾板（Fishplate）及洩水孔（Scuppers）的油品。

H. 應用泡沫控制在油逕流（Runoff）收集點上。

3. 大型火災

大火是超出消防水帶隊所能控制的能力，並可能包括在油槽裡面火災。這些大型火災可能導致油槽爆炸、碰撞、貨油輸送軟管（Cargo Hose）或輸油臂（Loading Arm）故障。如果固定滅火系統之滅火劑用完或無法將大火撲滅，此種情況可能是災難性的。使用惰性氣體系統（IGS）提供油槽的熱曝露防護和空間的保護，但可能無法撲滅火災，因為系統產生惰性氣體速度不夠快或具備足夠數量，尤其是火勢所涉及的油槽是已破壞掉。

大型油輪火災應採取以下行動措施：

(1)使用的消防水帶直線水柱流（Hose Streams）、泡沫消防砲（Foam Monitors）、固定滅火系統，以防護建築結構（船艛）及其他熱曝露風險物體，直至火焰燃燒掉為止。

(2)調整轉向船舶方位，利用風之優勢。

(3)使用固定滅火系統或消防水帶，應用泡沫覆蓋油槽內部。

(4)使用泡沫保護和良好的應用技術，因為泡沫必須整個覆蓋燃燒液體表面。

(5)注意船上備有一定數量有限的泡沫原液之存量。

油輪火災搶救要領

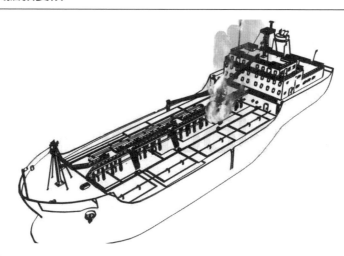

油輪火災時,甲板上石油,當然滅火最好的辦法是採用泡沫,只要有足夠的數量,在暴露油表面來維持一完整的覆蓋層(Unbroken Blanket),達窒息滅火機制。如果可行的話,布置船隻周圍的防火攔油索(Containment Booms)位置將是審慎考慮的。同樣重要的是要注意,根據船舶應變預案,需要進行辨別船隻所運載之第1類至第5類石油系(Group I-V Petroleum Oils),以專門技術和設備的可用性。如果有這些預先計畫的可用性資源(Pre-Planned Resources),在船舶進行滅火情況下是不應被忽略的。

如果在甲板上,關閉油輪送供應閥門,從上風處進行接近,同時使用多支泡沫或乾粉滅火器,進行滅火。

火災擴大時,調整轉向船舶方位,利用自然風之優勢。使用大量泡沫覆蓋住火勢。但注意,船上僅有一定數量有限的泡沫原液。

9-10 客輪火災（一）

　　客輪火災（Passenger ship Fires）呈現一個很大的人命安全問題。此種火災類型所遭遇的可能問題，已於第 8 章的章節中指出。引擎機艙外部、機械空間、廚房與貨艙，客輪火災可能涉及住宿艙空間，且是大規模的。客輪船隻也呈現多個電梯井和開放的樓梯空間，所造成火災蔓延的可能性。垂直防火區劃（Vertical Zoning）可允許人員水平作疏散，以保護乘客在一相對安全的位置。

　　火災事故時，人員管理與人群控制是最大和最重要的責任。機組成員必須準備面臨的形勢，以冷靜和自信來樹立乘客之榜樣。驚慌的機組成員會造成乘客恐慌；有信心的機組成員會灌輸信心給乘客，並爭取乘客的合作。在碼頭應有大量人員在緊急情況下進港的可能性預案。參考「海員教育訓練標準，發證和關注」（Standards of Training, Certification and Watch-Keeping For Seafarers）1978 年國際公約（STCW）1995 年修訂（被稱爲 STCW 95）之人群控制的進一步信息。

　　SOLAS 公約規定 2005 年前製造 2000 總噸以上客輪應符合下述要求：「容積超過 500m³ 之 A 類機器處所，除安裝固定式滅火系統外，還應有一認可的水滅火系統或等效的局部適用的滅火系統保護該處所。在無人週期值班的機器處所，滅火系統應既能自動釋放又能手動釋放。對於連續有人值班的機器處所，滅火系統只要求手動釋放。而深油炸鍋設備要裝有自動或手動滅火系統。滅火系統要通過主管機關接受的國際標準（ISO 15371-2000）進行的試驗；配備一個主用恒溫器和一個備用恒溫器，恒溫器應有能在出現故障時發出警報的裝置；配合滅火系統啓動後自動關閉電源的裝置；顯示裝有深油炸鍋廚房內滅火系統，投入工作的報警裝置和有清晰標明開 / 關狀態的滅火系統的手動操作控制器。」

　　此外，SOLAS 公約亦指出，於 1994 年 10 月 11 日以前建造的載客超過 36 人以上的客輪，在 2005 年 10 月 1 日或建造日期滿 15 年（取晚者）之前，要求起居和服務處所的梯道圍壁和走廊應配備自動撒水設備、火警自動警報系統。

客輪火災搶救要領

　　客輪甲板空間為複數樓層之情況時，火災發生甲板區劃空間之人命搜索救助為最優先工作，並進行下層及上層之避難動線之搜索救助確保工作。再者，搶救作業要領如次：

1. 確認並有效利用船上的滅火設備。
2. 盡早備齊滅火藥劑等必須的設備器材。
3. 以防止延燒到艙房為最大重點，展開滅火行動。
4. 從船頭、船尾、或左右兩邊的通風處進行消防行動。

 人群控制程序

（Crowd Control Procedures）

在任何一群人或一群小團體，可能有15%的人會採取自己的行動。使這些人與船員一起配合工作，否則，他們可能會採取獨立行動。大多數人會依照指示而進行反應，雖然一些可能沒有自行能力或依照指示方向前進。還有一些人會採取反對；中和這些人給他們分配具體任務。當處理人群，重要的是要遵循以下原則：

1. 面對人群，堅定的立場。
2. 清楚地說話，但比正常聲音稍微大一點（如果要喊，會有幾句話是聽不到）。
3. 手勢或直接張開的手掌，請不要用單手指或幾個手指（在一些文化，這樣的手勢可能有侮辱或者有輕蔑的含義）。
4. 幹部人員或機組成員能保持視線清晰。
5. 船橋中控室或指揮人員能保持聯繫。
6. 不要站在門口，除非有意阻止通過。
7. 如果可能的話，讓人們了解事件原委。

9-11 客輪火災（二）

客輪的滅火活動是非常困難的（Extremely Difficult）。客輪的公共區和起居處所（Public and Accommodation Spaces），往往會比其他船隻出現較高的火災載量（Fire Load），因為其所使用的合成材料數量（synthetic Materials），以提高船上外表美觀。這些內部裝修品（Cosmetic）增強另一個負面結果，其存在許多的空隙，可能是一個複雜的通風（Ventilation）系統，這將有助於火災和煙霧的蔓延。

大型客輪如郵輪，均採用了大量的透過狹窄的通道和梯子連接的小隔間（Compartments）。但確保這些船隻的布局，事故現場指揮官即使有進行船上防火規劃（Pre-Fire Planning）之優勢，也將面臨消防人手短缺，滅火人員將進行眾多小隔間搜救受害者工作，變得疲勞和空氣供應耗盡問題，然後再接近進入至火勢燃燒區進行滅火動作。

人員管理與人群控制是船上最大和最重要的責任。機組成員必須準備面臨的形勢以冷靜和自信來樹立乘客之榜樣。基本上，於艙房分為個人房、共用大房間等各種劃分裝飾品等可燃物延燒很大，應盡早備妥消防水線。

客輪在碼頭發生火災時，有關搶救應變單位應協調客輪、港口當局和當地應變機構等人員，以協調確保這些應變團體在船上發生火災時或其他緊急情況時，對乘客責任性（Accountability）與進行疏散（Evacuation）活動。無論是岸上和船上人員正確處置（Accurate Account）和協助，以確保船上滅火和人命救援行動能成功進行，這是至關重要的。

愈早進行搜索則成功人命救援方面會愈快完成，之後消防活動就可以全部集中在財產保護（Property Conservation）方面。船止火災後住宿（Lodging）、醫療護理、膳食、交通、通訊等處置量達幾百人，因此相關單位必須預先作規劃（Pre-Planning）。

客輪火災搶救要領

　　　　　　客輪火災呈現很大的人命安全問題，在碼頭及客輪上餐飲工作人員，特別是在有緊急情況下能發揮重要作用，引導快速移動大量的人群疏散，使其安全地通過船隻或船舶甲板的出口。這樣的行動是乘坐郵輪正常業務的一部分，是需要很少的額外工作，以確保在緊急情況下的安全控制人群。但為確保其有效性，船上消防演訓時應練習緊急情況整個疏散程序。

　　　　　　客艙部分發生火災情況時，因客艙人員集中擁擠，起火後很難迅速疏散至安全的地方。因此，開艙、疏散與利用船上擴音設備引導，與逃生延遲之人命搜索救助為最重要且同時進行之工作；於積載車輛之甲板空間發生火災情況時，防止往居住使用區域延燒，為刻不容緩之工作。

9-12 液化氣體船火災（一）

氣體運輸船火災（Gas Carrier Fires）是一種船載特殊貨物：丁烷（Butane）、丙烷（Propane）、液化石油氣（LPG）、液化天然氣（LNG）等，其呈現了極低溫（Cryogenic Releases）釋放（即大量蒸氣雲）而成為災難性的危害。內部空間必須維持惰性化，惰性化空間不是一種滅火技術，但卻是至關重要的成功滅火行動。氣體運輸船的緊急情況通常在貨物轉移期間發生。化學危險品和 LNG 火災，是適用乾式化學粉末固定滅火系統。

本節中提到的瓦斯運輸船（Gas Tankers）是在一種非常低的溫度下（Very Low Temperature）專門運輸易燃氣體的散裝液體形式。不可燃的與非可燃性散裝運輸的液化氣體，如無水氨（Anhydrous Ammonia）起火溫度 −131℃。最常見 2 個液化易燃氣體為液化天然氣和液化石油氣。液化天然氣主要成分是甲烷（Methane），在 −162℃ 時形成液化（Liquefies），在液體氣化變化過程中減小 600 倍體積的氣體，所以釋放出就大量膨脹。液化石油氣主要是丙烷或丁烷，在 −42℃ 時液化，當液化時能減小 270 倍體積。

雖然有很多的液化天然氣和液化石油氣的物理特性顯著不同，但滅火的戰略和戰術是相似的。這兩種氣體是無毒的，但都是窒息性。同樣經常儲存在船上大型絕緣性（Insulated）之球形體，每艘通常是 5 個球體（Spheres）。球體或槽體通常在船殼內單獨隔離的設計，包含中間槽（Tank Temporarily）低量的洩漏（Low-Volume Leakage）或由一個主隔板（Primary Barrier）所形成第二層屏障控制。

大多數船舶都配有足夠的乾式化學滅火單元，去撲滅船上貨物火勢。這些滅火單元包括大型固定式系統之固定砲塔（Fixed Monitors）、小型推車式消防站（Smaller Skid-Type Stations）、半手提之輪式滅火器（Semiportable Wheeled Tanks）。一般情況下，船上成員是經過專門培訓，以撲滅液化易燃氣體火災。如美國港口定期處理這些大量氣體，係由港區液化天然氣暨液化石油氣船舶管理計畫（Port Lng/Lp-Gas Vessel Management Plan）、液化天然氣暨液化石油氣的緊急計畫（Lng/Lp-Gas Emergency Contingency Plan）由美國海岸防衛隊隊長（Uscg Captain），來進行控制。這些計畫通常是隔離氣體船舶事故分為兩個不同的類別：當事件發生時該船是在進行貨物運輸過程中（Transit），和事件發生時該船是在停泊中（Moored）。一般而言，無論緊急情況的性質，計畫要求的反應始終是相同的，是預計在最壞的情況下（Worst Situation）來作設計考量的。

液化氣體船火災搶救要領

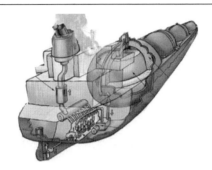

　　　　　船舶運載液化天然氣或液化石油氣，通常設有水沫系統（Water Spray Systems），來防護整個甲板上重要的貨物區域。雖然水沫通常不用於直接撲滅火災，以下所述證明是有效的：
1. 抑制擴散出尚未點火的易燃蒸氣（Unignited Flammable Vapors）。
2. 從低溫液體環境中，能防護金屬表面脆性和裂性（Brittleness and Fracture）現象。
3. 將火勢局限於一個有限的區域內（Limited Area）。
4. 防護因輻射熱之熱曝露體（Exposures）。

氣體運輸船火災呈現極低溫釋放之潛在災難性危害。封閉的空間提供了一個環境，能促進這些洩漏氣體形成爆炸或火災危險。

船舶運載LNG/LPG皆配備甲板撒水沫系統及乾粉滅火系統防護，相關火災時應開啓，形成惰性環境。

9-13 液化氣體船火災（二）

　　基本上，天然氣和丙烷氣是兩種最常見的液化易燃氣體。運輸時，這些氣體是透過低溫作業過程予以液化的。此過程的結果，能顯著地減少其儲存容積，天然氣縮小量為 600 倍和丙烷氣則為 270 倍。運輸船隻對這種氣體產品存儲，通常是使用大型的絕緣球形槽體（Spherical Tanks）。

　　如上述槽體是在船體內進行孤立隔離，一旦槽體產生低量洩漏的情況能由圍堰設計（Cofferdams Designed）來予以包圍住。儘管在物理屬性的差異，當被點燃時，有效的滅火方法是相似與其他船舶的。船舶運載 LNG／LPG 是配備了甲板撒水沫系統（Water Spray Systems）。水沫系統主要是為了船艙結構（Vessel Superstructure）、儲存槽和貨物管路系統（Cargo System）受到可能之熱曝露防護目的，從天然氣和丙烷氣火災所產生的極端輻射熱（Extreme Radiant Heat）。水沫系統也將有助於在火勢燃燒區之局限作用（Confinement），保護金屬表面因接觸極低溫（Cryogenic Liquids），使金屬原子擴散造成脆化破裂（Embrittlement Fractures），使未引燃之易燃性氣體擴散出。

　　除了水沫系統，大多數氣體運輸船亦配備乾式化學系統（Dry Chemical System），儲有足夠藥粉劑，以防護在露天甲板上可能之火災。但乾粉系統軟管必須在火勢威脅情況下，以高速水霧（High Velocity Fog Pattern）來驅散未引燃的易燃性氣體，但高速水霧模式不應直接使用液體，其僅能對液體所蒸發氣體進行冷卻惰化防護。當地港口火災應變單位，則應了解液化天然氣和液化石油氣船之防火，維持 LNG／LPG 船舶管理和緊急應變預案（Emergency Contingency Plans）之制定，這些計畫預案應徵詢及參考在處理這些船隻之具體指南（Specific Guidance）。

1. 初期蒸氣雲在海面漂浮，當洩漏於大氣環境溫度，天然氣重蒸氣雲的密度將變得小於空氣密度，蒸氣雲開始上升並迅速向周圍擴大

2. LNG/LPG 船除了配備普通油艙所需的滅火系統外，還需配備額外的滅火系統。所有裸露在外的液貨艙艙面、艙壁、所有面對液貨艙，或裝卸液貨設施的居住區與駕駛室的艙壁，都應配備外部水沫防護系統。

3. 火災發生時，用水沫系統給上述部位降溫，同時能扮演防護作用，而不是直接用於撲滅易燃液化氣體引起的火災。

4. 槽體內部空間必須維持惰性化，惰性化空間不是一種滅火技術，但卻是至關重要之成功滅火行動。氣體運輸船緊急情況，通常是在貨物轉移期間發生。化學危險品和 LNG 火災，適用於乾式化學粉末固定滅火系統進行滅火。

液化氣體船火災搶救要領

滅火上注意高流速霧絕不可直接施加到液體本身，其會加速蒸氣大量形成。而LNG以低溫常壓方式儲存，工作溫度為−162℃，其超低溫液貨和普通船體作接觸，將使材料變脆、易碎或冷收縮，導致設備材料、焊縫、管件受損洩漏，引發脆裂變形和真空失效的絕熱破壞。

LNG在常溫下極易汽化，必然導致液貨艙內的壓力和溫度升高，使其結構受損，導致大量的液化氣體外洩，遇到火源將發生燃燒和爆炸。

> **注意（WARNING）**
> 嚴禁用水去噴在液化天然氣洩漏或火災之情況。假使水直接噴在液化天然氣洩漏或火災，將造成其快速氣化，形成氣化膨脹更多燃料之嚴重情況。

消防安全設備設計目的

火災控制 （Fire Control）	火災撲滅 （Fire Suppression）	火災防護 （Fire Protection）
設計目標是將火勢冷卻並控制其成長，如室內停車空間設計撒水頭，殘火則由消防人員撲滅。	設計目標是將火勢抑制至撲滅為止，如室內停車空間設計泡沫頭，持續泡沫覆蓋至火勢撲滅。	設計目標是防護目標客體，進行水沫噴灑，達到冷卻避免受火勢高溫輻射之危險情況發生。

9-14 化學品船火災（一）

　　化學品液貨船（Chemical Tanker Fires），是在甲板上和甲板下能攜帶易燃與有毒化學品儲槽體之船舶。此類船舶通常都帶有多種不同的化學物質。一般多產品液貨船（Multiproduct Tankers）被稱爲藥房（Drugstores）。

　　散裝運輸液體化學品已成爲海運的主要商品之一。由於許多化學品具有可能危及搶救人員，正確識別（Proper Identification）其所存在的危險，這是任何化學物質或有害物質事件應變之關鍵。在還未制定一個應變策略之前，必須先將其毒性、揮發性（Volatility）和反應性（尤其是水和其他滅火劑接觸）問題，都能了解。

　　顯然，這種船舶槽體和貨物系統的完整性，是需得到嚴格的維護。在某些情況下，當火災發生較審慎的作法是採用現有的固定式滅火系統，而不是搶救人員直接攻擊火勢，避免人員安全性置於很大威脅之風險情況。事故現場指揮官必須同時評估撤離現場及周邊地區人員的必要性，由於現場存在可能高熱輻射之火羽流發展（Plume Development）潛在威脅。

　　在化學品船火災時戰術要領，如次：

1. 與普通油艙相較，化學品船需要配備更多的滅火系統。
2. 應盡早決定針對裝載貨物的滅火藥劑，展開滅火行動。
3. 滅火系統應根據所載化學品的類別與特性，加以選用。
4. 在泡沫滅火系統方面，是否選用專門用於極性（Polar）液貨火災，還是非極性（Non-Polar）液貨火災，則取決於船舶所載的化學品是否爲水溶性化學品。
5. 除了泡沫滅火系統外，滅火系統必須滿足除排氣口以外，所有儲貨系統之消防要求，包括液貨艙、管道系統、排氣系統和封閉系統之空間防護。
6. 滅火行動在可能採取阻止裝載貨物洩漏、流出的措施，或滅火後迅速阻止洩漏流出的情形下，應選擇除去可燃物、冷卻或除去熱源、封閉滅火等因應火災型態及劇毒物品等貨物的滅火方法。

化學品船火災搶救要領

　　　　　　船舶甲板上存在固定管道，對人命救助（Rescue）和消防水帶小組之作業移動會造成妨礙。由於其高揮發性和化學蒸汽吸入的危險，應有足夠的保護人員程序和設備，並予以確認。重要的是要保持警覺性，對高熱、水、化學品和混合能產生危險產物（Dangerous Products）情況。因此，人員的防護是至關重要的。LNG在常溫下極易汽化，必然導致液貨艙內的壓力和溫度升高，使其結構受損，

化學品船火災時，使用極性或非極性泡沫滅火系統取決於船舶所載的化學品是否為水溶性化學品。

化學品船火災搶救作業，現大多採用現有固定式滅火系統，而不是滅火人員直接攻擊火勢。

9-15 化學品船火災（二）

　　化學品船火災搶救時，即使液體槽由圍堰（Cofferdams）所予以隔離，但槽體於事件時仍可能發生洩漏，導致混合的化學品，形成一種未知的反應或危險。在船上的化學品需透過識辨（Identifying）出哪一種類，依其來執行一個正確的戰略。這些化學物質能與水，可能是劇烈或僅是輕度之反應情況。

　　在攻擊化學品液貨船火災，應考慮以下因素：

1. 液體貨物在進行傳輸卸載作業時（Transfer Operations），應即停止且泵浦應關閉。

2. 如果需要，由船上加熱或製冷系統，進行一些貨物的加熱或冷卻（Heated or Cooled）儲槽。

3. 在電擊的可能性和爆炸性蒸氣的存在下，該地區的電源應被切斷，並應確保範圍內沒有起火源，或不要讓起火源到區域內；如釋放 CO_2 滅火系統會產生靜電（Static Discharge）。

4. 為了最大限度地提高槽體的完整性，甲板上相鄰儲槽和管道，應進行該地區冷卻作業，以防止爆炸和蒸氣被點燃。

5. 在甲板上的液體貨物管道通常是空的，但其可能包含從鄰近貨物所揮發蒸氣性氣體（Vapors）影響。

6. 應予以考慮使用固定式滅火系統，如惰性氣體（Inert Gas）。

7. 由於火羽流發展（Plume Development），於下風處位置會受到火災輻射熱影響，應進行疏散（Downwind Evacuation）。

8. 由於化學品火災是會非常高熱的，防護人員利用射水流（Water Streams）是一個可行的策略。

9. 船舶甲板上存在固定管道，對人命救助（Rescue）和消防水帶小組之作業移動會造成妨礙。

10.由於其高揮發性和化學蒸汽吸入的危險，應有足夠的保護人員程序和設備，並予以確認。

11.重要的是要保持警覺性，對高熱、水、化學品和混合產生危險產物（Dangerous Products）情況。因此，人員的防護是至關重要的。

化學品船火災搶救要領

液體貨物在進行傳輸卸載作業時，應即停止泵浦運作。在電擊的可能性和爆炸性蒸氣的存在下，地區電源應被切斷，並應確保範圍內沒有起火源，並應注意不要有起火源到區域內，如釋放CO_2滅火系統即會產生靜電，引起意外嚴重問題。為了最大限度地提高槽體的完整性，甲板上相鄰儲槽和管道，應進行該地區冷卻作業，以防止爆炸和蒸氣被點燃。

汽油與柴油危險性比較

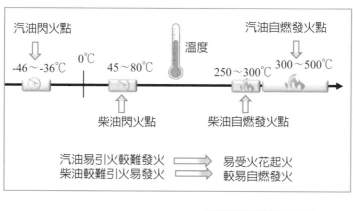

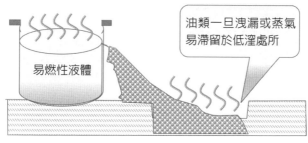

9-16 漁船與小艇火災（一）

　　本章整個的討論一直是大型商業船隻的火災，但海面上存在許多更小的船隻：即漁船、海港巡邏船隻、救援船（Crew Launches）、水上出租船（Water Taxis）、拖船、駁船、遊艇和小型客輪。許多船隻配有固定滅火系統、燃料截止閥與其他功能，這已在本書討論過。較小的船隻以鋁、玻璃纖維、木質等材料建造，船隻一旦燃燒，有明顯的可能性易燒至吃水線。又小艇碼頭可能有商業與休閒船隻密集混合，形成火災多元熱曝露問題。

　　漁船（Commercial Fishing Vessels）通常包括貨運船隻的一種特定類型之子類型（Sub-Type），其中如拖網漁船（Trawlers）、魚獲搬運船（Fish Tenders）以及魚類加工處理船（Fish Processing Vessels）。基本上，於漁船及小型船艇火勢（Fish / Small Craft Fires）攻擊和防火的原則與大型船舶是一樣的。小型船艇滅火的力量可能會更小，僅有較少的船員能來應對緊急情況，但其概念是不變的。有關船舶的穩定性和自由液面的影響仍然是所關注的，了解船舶火災行為，能幫助船上成員有效成功攻擊火勢。

　　一般安全及人員的問責制（Personnel Accountability）方面，在小型船舶也是與大型船舶一樣重要的。例如，在港口人員問責制的概念是很容易實行，尤其是假使只有四個人在船上。簡單地設計一個登記板（Board）或其他方式，來確定誰是在陸地上、誰在船上。問責制（Accountability）能確保沒有人會冒險去搶救他或她的生命，但其卻已上岸，只是沒有告訴任何人之情況發生。

　　許多人認為，一場船上火災，假使無 SCBA 情況可以什麼都不做。然而，海港巡邏船、拖船或其他船隻，只有一小型消防水帶或幾個手提式滅火器，是有很大機會來撲滅許多小型船隻的初期火勢情況。

小艇火災搶救要領

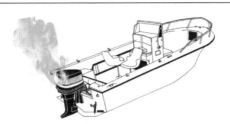

小艇上瓦斯軟管貫穿船殼配件（Through-Hull Fittings）通常是不耐火的。許多娛樂性船隻貫穿船殼配件是由塑膠製成的。以往小型船隻火災，當滅火人員和其滅火裝備仍在進行滅火行動時，往往來不及撲滅，其卻隨著船隻而下沉。

遊艇滅火範例

於一艘30英尺（9m）長遊艇冒出濃煙，火災是發生在機艙內。在火勢災情大小評估（Size-Up）期間，可能會注意到備用舷外引擎（主引擎是在船內側）在船尾。這是一個重要關注到汽油之燃料。炊事用氣體鋼瓶是另一種熱曝露風險。打開船首的艙口蓋，將消防水帶以全水霧模式來進行攻擊可能實現滅火目標。撤回消防水帶，關閉艙口蓋，然後等待。這些水霧汽可能將火勢進行冷卻撲滅掉。

小艇碼頭可能有商業與休閒船隻密集混合，形成火災多元熱曝露問題。

9-17 漁船與小艇火災（二）

小型船艇火勢攻擊和防火的原則與大型船舶是一樣的。

1. 決定攻擊計畫時，可考慮使用手提式滅火器，在小型船舶上是非常有效的。考慮其他的方法，如使用小型消防水帶、泡沫、浮動泵（Floating Pumps）和能穿孔瞄子噴嘴（Piercing Nozzles），選擇其最安全和最有效的滅火手段。

2. 應盡早掌握燃燒範圍，確認仍未延燒到的區隔防火門等開關狀況，盡力展開搜救等待救援人員的行動，並配備防護水線、關閉未延燒部分的開口處，以避免延燒之擴大。

3. 先行滅火人員在打開出入口及破壞船窗時，應注意閃燃、爆燃（Backdraft）等現象，不要造成二次災害，並避免助長燃燒速度。

4. 船艙（漁艙）溫度一般約為零下40℃的冷凍倉庫。因為可燃物較少，所以配備最低限度的滅火設備，應特別注意不要過度射水而造成水損的二次傷害，以及失去船舶穩定度。

5. 進入船艙內時，應利用甲板上的升降口或冷凍室旁通道、船艙專用樓梯或裝卸貨樓梯。視情況也可考慮利用裝卸貨的起重設備。

6. 氨冷凍船發生火災時，應確認氨氣鋼瓶的位置，若鋼瓶有火苗接近或過熱的情形時，應射水冷卻避免氨氣鋼瓶破損。

7. 鹵化烷冷凍船發生火災時，應確認鹵化烷的位置，一定要穿戴空氣呼吸器、手套等裝備，避免因缺氧、有毒氣體造成人員傷害。

8. 在港口上各種氣體洩漏時，應盡早設定警戒區域，通知、疏散附近居民，並向相關機關通報。

漁船火災搶救要領

　　漁船貨艙的布置和貨物之儲放往往是裸露的（Bare），類似於一個小型散雜貨或乾散貨船。這些船隻的危害也有類似於其他貨運船隻，經常有使用一附屬大型冷凍系統（Refrigeration System）來保存貨物。漁船所使用的冷凍系統形成消防活動時之潛在危險，由於其使用無水氨（Anhydrous Ammonia, NH₃）作為主要製冷劑。暴露在液態無水氨環境，一旦接觸時會造成嚴重燒傷（Serve Burns），如果其在氣態時，將會引起強烈刺激人類眼睛、皮膚、黏膜（Mucous Membrane），以及可能造成呼吸系統致命的損害。

　　漁船火災決定攻擊計畫時，可以考慮使用多支手提式滅火器，在小型船舶上是非常有效的。

Note

第10章
船舶空間類型火災戰術指南

　　船舶空間類型滅火戰術指南，從火勢災情大小評估（Size-Up）來建立緊急反應的框架，以確定哪些戰略是適當的（進攻、防守，或棄船），並確定戰術的優先事項。本章以下各節概述了各種滅火行動，攻擊小型火（也稱為早期）、中型火或在特定的空間，在住宿艙、廚房、引擎機艙／機械／排氣管（Stack）大型火災。不要被所描述小型、中型和大型火災形容的程度所誤導，因為即使是最小型的火勢，有可能會導致災難性的結果。在一般情況下，術語描述如下：

1. 小型火勢，是使用手提式或半手提式滅火器來進行控制。
2. 中型火災，是需要消防水帶滅火隊來進攻和（或）使用固定滅火系統，來進行壓抑火勢。
3. 大型火災，是需要多種控制措施（固定滅火系統、多個消防水帶隊的進攻、船舶操縱、外部資源等），因其超出由單一消防水帶隊伍之控制能力。

10-1 住宿空間小型火災

住宿艙火災（Accommodation-Space Fires）包括睡舖區（Berthing Spaces）、辦公區、儲存區（纜繩、倉庫等）、洗衣房，或船舶內部的地區主要是 A 類燃料（普通可燃物），這些地區還可能包括 C 類燃料（通電中電氣設備）、辦公設備、電腦、洗衣設施等。根據火勢的大小、火煙所涉及的領域、遭遇的情況、機組成員可能採取全部或大部分的行動，將列在以下的章節，從拉響警報後，並通知船橋中控室，開始進行緊急反應行動。

1. 小型火勢（Small Fires）

當發生火災時，首先發現的人員，採敏捷和有智慧的行動是有可能避免一場災難發生的。許多嚴重的火災及造成的人命損失，當其被發現時仍然是很小的，尚未被忽略，可以很容易地熄滅掉，直到他們變得很大以致船上人員已無法控制。於警報聲響通知的船橋中控室，並嘗試進行控制火勢。即使是關上一扇艙門，皆有可能會延緩火災蔓延，讓人員有更充裕的行動反應時間。於小型住宿空間火災，採取以下行動措施：

(1) 手提式滅火器或以自動撒水滅火系統進行控制。

　① A 類火災使用水、泡沫、乾式化學粉末。

　② 發生電氣火災，則使用二氧化碳或鹵化劑。

(2) 執行火災後活動（Post-Fire Activities）。

住宿空間火災搶救要領

人命救助

住宿空間為人們居住或睡覺之地區，首要關注的是可能受害者的位置和人命救助。船舶乘客區域（Vessel Passenger Areas）類似一個活動板房的布局（Prefabricated Housing Layout）。一些相似的結構（Similarities）緊湊在一起，內置的傢俱、較薄艙壁（Thin Walls）、低矮的艙頂板、狹窄的走廊和小門。

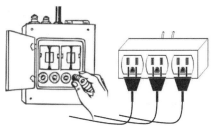

電力問題

在滅火工作之前，住宿空間電力（Electrical Power）供給需要進行關閉。應指出的是，住宿空間可移動的艙頂艙頂板（Removable Overhead Ceilings），包含電纜索道（Cableways）可能提供電力給相鄰的空間。因此，所有6面所涉及區域空間的電源，皆可能需要予以關閉。緊急電源（Emergency Power）通常是相同電壓（Voltage）在一個單獨的回路（Separate Circuit）供應至相同電氣設施。

✚ 知識補充站

 管系水鎚效應

①閥關閉—水流靜止

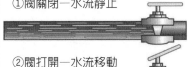

②閥打開—水流移動

③閥關閉—水錘作用

水鎚作用（Water Hammer）
當管線中任一點總能量，是由動能（$V^2/2g$）、壓力能（P/γ）與位能（h）所組成的流體，若流量突然變（閥關閉或幫浦停止等），依能量不滅定律，流體動能將轉變為壓力能，產生一連串正負壓力波，在管線中來回振動，直到能量因摩擦轉成熱能而停止。

10-2 住宿空間中型火災

中型與小型火災之間的差異，可能是主觀的（Subjective），其盡可能取決於其位置及大小規模。一個開放的甲板上是有資格被認定為是小型火災，如果是在一個艙房裡則會被認定是中型火災，因其內部大氣可能是危險的。無論火勢大小或位置，已不能安全地接近，其已超過小型火災程度。完整的個人防護裝備（PPE）是必須的。住宿空間中型火災採取以下行動措施：

1. 使用適當的進入程序，含全套防護裝備和適當的消防水帶（Fire Hose）。
2. 提供一個最低的 2 支消防水帶隊伍。
   (1) 攻擊（主要）（Attack）
   (2) 備後支援（次要）（Backup）
3. 進行一個主要的搜索行動，滅火行動之前或期間，進行快速而徹底的搜索。
4. 找到火勢的位置。
5. 進行協調式攻擊（Coordinated Attack）。
   避免各消防水帶隊伍其射水流從相反的方向及面對面之方式，形成射水互撞之情況。
6. 如果從艙外或外部攻擊，從上風的位置進行火勢攻擊。
7. 利用自然風操縱船隻，來形成有利滅火的位置。請參閱後述操縱船舶部分（Maneuvering The Vessel）。
8. 於推進中之消防水帶隊伍的前面使用交叉通風（Cross Ventilation），在可能的情況下，進行推擠或釋放燃燒產物遠離影響之空間。完成打開背風（Leeward）和迎風（Windward）側開口之協調。
9. 以直接的、間接的或組合式攻擊方法，來撲滅／控制火災，根據現場具體條件，進行二次搜索（滅火後操作完成，進行徹底的搜查）。再者，執行火災後行動（Post-Fire Activities）。

住宿空間火災搶救要領

通風

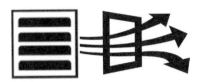

縱使沒有使用橫向和縱向通風相結合（Combination of Horizontal and Vertical Ventilation）的通風戰術，在甲板下面的住宿艙房，是很難將燃燒熱煙氣體排出去，這些空間並不是一種密閉的（Airtight）商船。然而，在軍用艦船就可能是密閉的。通風必須等待至建立火勢攻擊準備完成後，才能進行，這是至關重要的。因為它們受到熱隔離作用（Insulation），這些空間通常會保留高熱量（High Heat）。因此，應保持通風，以免入內滅火人員受到高熱空氣而造成受傷。

住宿艙空間火災，通常包括A類燃料及C類燃料特點。使用水滅火在還未斷電之前，會產生人員觸電之危險。

住宿艙空間中型火災，通常由2支消防水帶隊伍組成，進行入內攻擊及搜索作業。

10-3 住宿空間大型火災

　　大型火災（Large Fires）是已超出消防水帶（Fire Hose）隊伍所能控制之能力，或是其規模已使船上現有人員所能承擔之能力範圍之外。火勢影響位置將包括大規模空間，如客輪的集結區、賭場、娛樂區、用餐區等，火勢影響可能涉及多個空間。小型及中型火災有時能迅速予以熄滅，但大型火災事故在獲得成功撲滅之前，是需要時間和持久性緊急行動。

　　大型住宿空間火災採取以下行動措施：

1. 船隻的位置，是利用自然風之優勢，如果可能的話，將船上未受影響區域置於火勢上風處。請參閱第 11-6 節操縱船舶轉向（Maneuvering the Vessel）部分。
2. 如果人員和資源是足夠的，盡可能使用多條消防水帶隊進行攻擊（大量滅火機組成員的補充或從其他船隻調度人員）。
3. 撲滅／控制各區劃隔間之火勢。
4. 使用協調式攻擊，避免各消防水帶隊伍其射水流從相反的方向及面對面之方式，形成射水互撞之情況。
5. 有適當裝備之後備／救援隊伍的準備，以協助減輕精疲力竭之攻擊隊伍人力。
6. 保持一個連續性射水滅火行動，直到火災控制（同時考量船舶的穩定性和移出滅火水需要）。一旦停止火勢攻擊，可能會造成火勢恢復其原來的強度或進一步蔓延。
7. 設定火災規模邊界線，防護熱曝露風險物體。
8. 從外部所涉及的區域，透過艙門、艙口蓋、破裂舷窗和其他開口等，來進行滅火。
9. 製造必要之孔洞，以能實際應用滅火劑（水、泡沫等）來滅火。
10. 如果火災是無法控制的，考量到有必要棄船行動，並等待直到能再登船（Reboarding）之可能情況。

住宿空間火災搶救要領

住宿空間火災攻擊

住宿空間假使火勢已發展，應使用間接攻擊（Indirect Attack）作業，這是由於這些空間的高合成材料（High Synthetic）火載量（Fireloading）問題，乘客艙室火災會形成潛在閃燃（Flashover）現象，通常是平均高於其他使用空間。基於此原因，滅火人員進入這些封閉的空間應格外小心。應予以考慮使用穿孔的噴嘴（Piercing Nozzles），而不要貿然打開住宿艙門之動作。

 操縱船舶

（Maneuvering The Vessel）

啓動第二個轉向電動機（Steering Motor）是一個初始的滅火緊急應變行動。它是在緊急反應期間，使用來使船舶能進行額外之操縱能力。它可能擺動船舶位置，使火災處在船的背風面，從而減少直接煙霧和熱，以及促使煙霧和火焰遠離船舶。這一戰略的有效性取決於船隻的位置和迴旋餘地、風速、船舶速度，以及火災的位置。例如，在船艛發生火災，而火災熱煙可能順風深入影響該船之船尾方向區域。

控制船舶轉向避免滅火人員陷入火煙

10-4 廚房小型火災

　　廚房火災（Galley Fires）包括相關烹飪設備，如爐頂部之燃燒器、燒烤、油炸鍋、烤肉、烤箱等火災，也可能發展或蔓延到通風罩和管道系統。其他潛在的廚房火災情況，包括那些涉及液化石油氣（LPG）燃料爐灶和客輪上所提供含酒精飲料。這樣的火災一般被視爲 B 類火災，根據其烹飪設備和物質燃燒的能量來源。

　　對於 A 類火災情況下的烤箱或存儲食物的火災，請按照住宿空間火災所描述之適當行動措施。如果蒸煮設備是電器設備，C 類火災是可能的。根據火勢的大小、火煙所涉及的區域、遭遇的情況、機組成員可能採取全部或大部分的行動，將在以下的章節描述，從拉響警報後，並通知船橋中控室，開始進行緊急反應行動。

1. 小型火災

　　控制小型火災可使用手提式滅火器，或透過自動或手動固定滅火系統。以小型廚房火災而言，可採取以下措施：

(1)隔絕電源和（或）在烹飪設備的熱源（On/Off 開關）。

(2)切斷電源斷路器開關（Breaker Box）或所對應之電控板（Electrical Panel）。

(3)如果有使用，切斷燃料供給（例如液化石油氣）。

(4)如果可能的話，以鍋蓋來窒息火勢。

(5)如果火勢是很小的情況，能使用滅火毯（Fire Blanket）來覆蓋。

(6)檢查通風罩和管道系統之可能火勢延伸。

(7)維修烹飪設備與曾有故障烹飪設備如再使用時，需進行評估。

(8)評估潛在糧食庫存之受汙染情形，如果必要時需進行相應處置。

廚房火災搶救要領

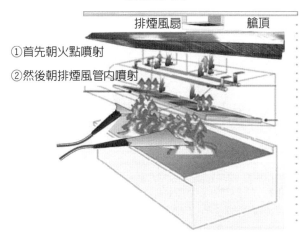

油鍋上火災

排煙風扇　　　　　　艙頂

①首先朝火點噴射
②然後朝排煙風管內噴射

　撲滅一廚房油鍋上火災：首先朝檯面火勢面以滅火劑掃射，然後再朝內部上方管道壁附著油脂噴射。

廚房火災應注意可能蔓延至通風罩和管道系統，屆時上方管道系統火災蔓延不可忽視。

視火勢狀況，如火勢是很小的，即可使用廚房之滅火毯（Fire Blanket）進行覆蓋。

10-5 廚房中型及大型火災

2. 中型火災（Medium Fires）

當手提式滅火器或固定滅火系統不能有效地控制火災，或火勢蔓延需提供最低標準之 2 支消防水帶隊：攻擊隊（主要）和後備支援隊（次要）時，即可謂之中型火災。

在中型廚房火災情況下，可採取以下行動：

(1)防護熱曝露風險項目（Protect Exposures），以防止火勢蔓延。

(2)關閉電力 / 燃料 / 熱裝置（Heating Element）。

(3)排氣管保安與關閉匣門，關閉排氣扇。

(4)進行火災後的活動，包括維修設備，並考量受汙染的庫存糧食。

3. 大型火災（Large Fires）

大型火災可能涉及廚房通風罩（Vent Hoods）和管道系統，火災可能蔓延到其他或相鄰的空間 / 地區。請參閱前述住宿空間火災部分在相鄰空間火災之信息。撲滅的廚房油炸鍋火災如前述之中型火災。而大型廚房火災則採取以下行動措施：

(1)排氣管匣門（Dampers）之保安 / 關閉，並關閉排氣風扇。

(2)設置火災所有 6 個邊界面，火災防護工作。

(3)以手動釋放於爐罩（Hood）和管道之局部式固定滅火系統（如果有情況）。如果是自動系統，確定其釋放。

(4)打開並檢查整個爐罩上和管道系統，包括管道系統之路徑和終止的管道區域，並檢查火勢可能擴展和蔓延。

(5)打開火災所涉及的爐罩和管道系統，如果火災不能由固定滅火系統所控制（可能要切穿或穿透艙壁），使用霧狀水沫、乾粉，或水沫與乾粉組合來進行撲滅。

(6)進行相應的火災後活動。

廚房火災搶救要領

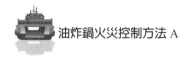

油炸鍋火災控制方法 A

◎局部式滅火裝置或噴嘴瞄子（Applicator Or Nozzle）

■使用局部式滅火裝置或噴嘴，冷卻烹飪設備兩側，不能以水直接噴灑燃燒中油脂／調理油。

■用手提式乾式化學粉末的滅火器進行滅火；烹飪設備繼續降溫。

■執行火災後活動，包括維修設備，並考量受汙染的庫存食物。

油炸鍋火災控制方法 B

◎可調式噴嘴瞄子（Adjustable Nozzle）

■從遠處使用廣角水霧（Wide Fog）及水沫流（Spray Stream）朝油炸鍋進行滅火。

■以狹窄錐角水霧射流（Narrow Spray Cone Pattern）來局限與控制火勢。

■最小化水沫噴在熱油上。於環繞火勢區使用水霧錐（Spray Cone）方式。

■從乾式化學粉末手提式滅火器釋放，併入水霧錐方式一起形成狹窄水霧／水沫流，直到火勢完全熄滅。

■繼續冷卻，以防止復燃。

■執行火災後活動，包括維修設備，並考量受汙染的庫存糧食。

使用霧狀水沫、乾粉或二者組合來撲滅

廚房二氧化碳固定滅火系統

10-6 機艙與機械空間小型火災

在船舶機艙／機械空間火災（Engine Room/Machinery Space Fires），這些空間包括所有機械艙、鍋爐房、機艙等，其火災類型是最常見的 B 類（易燃和可燃液體）和 C 類（電器設備）。B 類火災可能是管道間或油池中（如在艙底）液體所溢出油類火災，或是噴出火災，由加壓液體流動所形成三維火災，其原因可能由於管道或管道配件破裂所造成的。

機艙可能有最大的電氣設備和電路的數量和密度（Concentration）。雖然電氣火災在本節中討論，其可能在船上任何空間發生，並且能以相同的方式作處理。C 類火災可能涉及高電壓或低電壓，交流或直流電（Alternating Or Direct Currents）。

機艙和其他機器處所呈現了一些最危險的滅火情況。由於這些場所通常位於船舶之低位處（類似一個地下室），滅火隊伍要往下經過高熱和濃煙，在能見度為零的環境下來撲滅一場火災。根據不同的具體情況，負責幹部人員進行火災情況評估，作出是否要進入火場之重要決定。進入火場時要格外小心，如果實在是太危險，可選擇空間封閉，即全部開口關閉（Button Up），進行攻擊火勢，藉由控制通風和使用固定滅火系統。根據所遭遇的情況、機組成員可能採取全部或大部分的行動，將列在以下的章節，從拉響警報後，並通知船橋中控室，開始進行緊急反應行動。

1. 小型火災

在機艙／機械空間小型火災，根據火勢所涉及的燃料，採取以下行動：

(1)噴灑、三維壓力（Three-Dimensional/Pressurized）液體的 B 類火災：

A. 注意到安全考量事項後，才進入攻擊。

B. 停止燃料供應。

C. 電力隔離。

D. 局限液體燃料可能形成逕流（Run-off）情況。

E. 使用手提式或半手提式之二氧化碳、乾式化學粉末或鹵化劑滅火設備來撲滅火勢。

(2)艙底液體溢出（管道／油池）B 類火災：

A. 停止燃料供應。

B. 控制火勢及艙底燃料可能蔓延。

C. 使用手提式或半手提式之二氧化碳、乾式化學粉末或鹵化劑滅火設備來撲滅火勢。

(3)電器之 C 類火災：

A. 切斷電源（如果可能的話）。

B. 使用手提式或半手提式之二氧化碳、乾式化學粉末或鹵化劑滅火設備來撲滅火勢。

機艙與機械空間火災搶救要領

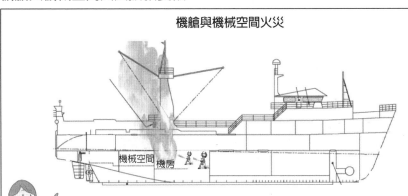

機艙與機械空間火災

　　機艙和其他機器處所呈現了一些最危險的滅火情況。由於這些場所通常位於船舶之低位處（類似一個地下室），滅火隊伍要往下經過高熱和濃煙，在能見度為零的環境下來撲滅一場火災。

機艙與機械空間小型火災

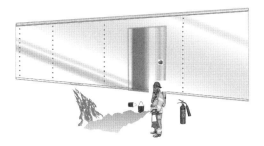

　　引擎機艙／機械室空間火災假使在初期，把握滅火黃金時機，應撲滅小型火勢，使用手提化學滅火器或移動式滅火器即可。

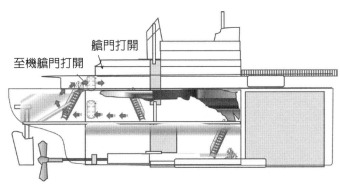

濃煙通風釋放熱煙層以利滅火人員到達火點位置

10-7 機艙與機械空間中型火災

2. 中型火災

一般而言，中型火災是火勢太大，致難以使用手提滅火器來作控制。如果滅火器都沒有成功，火勢將成為中型火災情況。因此，滅火隊需要使用消防水帶。本書建議派出最低標準之 2 個消防水帶隊（主要攻擊隊和後備輔助隊）。

基於火勢災情大小評估，在這種規模的火災，負責幹部可能會考量使用固定滅火系統。B 類火災建議使用泡沫滅火劑。另一種選擇是使用半手提式乾粉滅火器與消防水帶隊進行射水冷卻併用之。機艙／機械空間中型火災，採取以下行動：

(1)進行保安與隔離燃料、電力與引擎或此空間內其他機械系統設備。

(2)攻擊火勢需有妥善保護，並配備消防水帶隊。滅火隊進入是經由同一個入口點。

(3)從可能最低點位置，進行攻擊火勢。考量替代路線去接近火勢，如逃生孔道（Escape Trunks）、尾軸隧道（Shaft Alley）等。滅火隊可從其上方進入攻擊，但要嘗試這種攻擊是在一個固定滅火系統釋放之前，所採取唯一的戰術。

(4)控制通風以形成有利於滅火隊的優勢。

機艙與機械空間火災搶救要領

機艙與機械空間火災

一個主引擎機艙火災通常是油類火災，無論是在法蘭（Flange）或在艙底（Bilge），或者它可能是一個電氣火災。在主引擎機艙電氣火災，應以電氣室火災來作處理，而不是引擎機艙之油類火災。

機房與機械空間中型與大型火災，需要支援隊接續火勢攻擊行動。

機房與機械空間中型與大型火災，疏散空間內人員及準備關閉所有通風口、艙門與艙口。

10-8 機艙與機械空間大型火災

3. 大型火災

在引擎室或其他機械空間大型火災一般都已超出消防水帶隊所能控制之能力，或是其規模已超出船上現有人員和設備資源所能承擔之能力範圍之外。大型火災需要一個防禦性的滅火行動。大多數燃燒中 B 類物質會流到引擎底部，再至艙底（Bilge）。一種方法是施加足夠的泡沫，使其流落下到艙底，而撲滅火災中大部分區域及冷卻其流動。

另一種戰略是應用足夠的泡沫或其他滅火劑，從外部空間控制火勢。在規劃此類型的進一步攻擊，應納入在火災行動程序規劃中（Pre-Fire Plan）；此類型的滅火技術可能會耗盡所供應之有限滅火劑。

大型機艙／機艙火災可採取以下行動措施：

(1) 準備啓動受影響空間之固定滅火系統。

(2) 啓動燃料截止閥。

(3) 疏散空間內人員。

(4) 關閉通風：關閉所有通風口、艙門與艙口。

(5) 提供火災六面邊界冷卻。如果可能的話，以惰性氣體釋放相鄰空間，如泵艙或隔離艙（Cofferdams）。

(6) 按照船長和輪機長所批准的具體程序，啓動固定滅火系統。

(7) 檢查是否有合適的固定滅火系統啓動和應用程序。

　　A. 滅火劑能達到該空間呢？

　　B. 有滅火劑能達到其他受保護的空間，而不是到達火勢區域嗎？

(8) 監控內部條件和溫度。

(9) 允許足夠的等待時間如滅火劑滲入時間（Soaking Time），這可能需要數小時或數日之久。

(10) 不要去打開空間，直到其已沒有問題，亦即火勢已撲滅且已冷卻。爲確定熄滅和冷卻，藉由檢查邊界的溫度，艙壁溫度明顯的跡象，可使用溫度計及高溫讀數計（Pyrometer Readings）、閉路電視、熱影像儀。

(11) 執行火災撲滅後之徹底殘火處理作業，進行足夠的冷卻。進入空間內部人員應置完整的個人防護裝備和空氣呼吸器。

(12) 打開空間和通風。

(13) 打開後，如果固定滅火系統沒有成功來控制火勢的情況，進行重新評估，並制定新的戰略。繼續火勢防禦行動。

(14) 關閉火勢空間，設置火災邊界，冷卻邊界的艙壁和甲板，移除易燃物以遠離火災邊界，到最近港口（假使船隻仍具有動力和轉向能力情況）。

(15) 準備救生艇，並在必要時採取棄船行動。

機艙與機械空間火災搶救要領

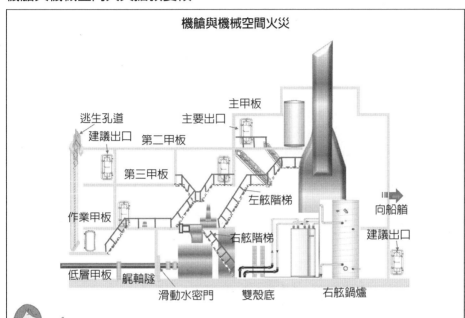

機艙與機械空間火災

逃生孔道
建議出口　　　主要出口　　主甲板
第二甲板
第三甲板
左舷階梯
作業甲板　　　　　　　　　　　　　　　向船艏
右舷階梯　　　　建議出口
低層甲板　艉軸隧
滑動水密門　　雙殼底　　右舷鍋爐

　　　　在引擎室或其他機械空間大型火災，一般都已超出消防水帶（Fire Hose）隊所能控制之能力，或是其規模已使船上現有人員和設備資源所能承擔之能力範圍外。大型火災需要一個防禦性工作。大多數燃燒中B類物質會流到引擎底部，再至艙底（Bilge）。一種方法是施加足夠的泡沫，使其流落下到艙底，而覆蓋及冷卻其流動。另一種戰略是應用足夠的泡沫或其他滅火劑，從外部空間進行控制火勢。

呆船狀況（Dead Ship Situation）

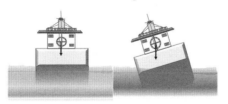

機艙大型火災必須立即停止或關閉引擎及其他重要設備，以致形成了一種呆船的情況。不要低估呆船的嚴重性。為了撲滅這種規模的火災，該空間可能必須封閉一段長時間，可能是24小時或更長。因為呆船沒有辦法推進或可操作性，致船員、乘客、船隻本身和其他船隻的安全，就會受到威脅。如果一個大型火災，需要在呆船的情況下，船上高級船員和船員必須認識到，船隻可能必須保留一段長時間呆船，他們必須準備處理其他可能的相關危害。

10-9 排氣管道火災（一）

排氣管道火災（Stack Fires）可包括省煤器（Economizer）（排氣管道中鍋爐類型）、爐艙（Funnel）、吸入口（Uptake）、排氣管道間圍壁（Casing）及頂棚（Fiddley），從引擎室至排氣管道之垂直空間。這些排氣管道的垂直空間火災一般是由不良維護，和推進系統燃燒積存在排氣系統的累積碳（Carbon）所引起的。

然而，此類火災如能經常和徹底清洗省煤器管中煤灰和碳，則火災會較少發生，且火災強度亦會減少。當這種火災一般發生時，仍會產生很大的熱量引起省煤器嚴重損壞。因此，盡可能迅速撲滅這種火災以減少可能的進一步損失。一般排氣管道火災，能延伸至存儲在頂棚面積之乾燥可燃物上，造成蔓延傳播。處理這些火災的程序，相似於前述之住宿空間火災。在以下的章節中將討論這種空間之滅火方法。

1. 傳統的滅火方法（Traditional Extinguishment Method）

排氣管道火災在其發展的早期階段，傳統的滅火方法包括以下步驟：

 **排氣管道滅火（早期）**

（Extinguishing A Stack Fire）（Early Stage）

步驟1：關閉主引擎，減少廢氣的流量和溫度，以減少廢氣流（Exhaust Flow）及高溫。在低溫火災情況下，以水循環帶走熱量。

步驟2：啟動水或水蒸汽清洗系統（維護系統能自動清理排氣管道和省煤器管）或啟動二氧化碳或鹵化劑固定滅火系統。但不要強力吹出省煤器管；其會帶來大量氧氣而加劇火勢。

當排氣管道火勢溫度超過1300°F到1500°F（704°C至816°C），則會存在氫氣火災的可能性。氫氣火災發生是當水遭受非常強烈熱時會形成氫氣和氧氣，反而成為火勢中燃料，而不是一個滅火劑。

排氣管道火災搶救要領

排氣管道空間火災

　　如果火勢顯示一高內部溫度，也就是說，排氣管道溫度超過1000℉（538℃）或大於或形成高溫熾熱的（Glowing）排氣管道殼體，則實施以下的步驟：

高溫排氣管道火災滅火
（Extinguishing A High-Temperature Stack Fire）

步驟1：關閉主引擎，以減少廢氣流量和溫度。
步驟2：部署消防水帶冷卻其外殼，防止火災擴展。
步驟3：從省煤器管（Economizer Tubes）進行排水（Drain）處理。
步驟4：密封排氣管道，注入二氧化碳氣體將大火撲滅。

注意：為了防止水在系統中提供可能之氫氣火災來源，停止至廢氣熱鍋爐（Waste Heat Boiler）之給水泵。在省煤器管及其相關管道進行隔離和排水處理。

如果此方法沒有辦法將火勢撲滅，採用燃料移除方法，這能實際上使火勢逐漸消耗掉其燃料。冷卻所有的邊界面直到火勢已經完全撲滅。顯然，此種傳統滅火方法會造成最大的傷害量，及擴展或蔓延火災可能性是非常嚴重的。

排氣管道火災是一種垂直空間火災，會導致省煤器嚴重損壞。

10-10 排氣管道火災（二）

2. 非傳統的滅火方法（Nontraditional Extinguishment Method）

應用正壓通風戰術（Positive-Pressure Ventilation, PPV）進入到煙囪內，同時也注入 ABC 型滅火劑，其中效果較佳是磷酸銨（Mono-Ammonium Phosphate），注入在該煙囪基座來進行滅火作業，這是陸地上消防部門已取得的成功案例之作法；其滅火劑能中斷化學鏈反應，而熄滅火勢。

此外，滅火劑亦能包覆所有表面而減少重新起火之可能性。進行必要性密封該排氣管道，關閉引擎，或省煤器管排水處理（Drain），以上這些程序必須迅速啓動，以使省煤器損害最小化。對其所有火勢區域空間和毗鄰區域之可能火勢蔓延或隱藏的火勢，進行調查並徹底檢查。藉由水或蒸汽清洗系統，來進行清理排氣管道和省煤器。其次是檢查和維修行動。因此，採用這種非傳統方法撲滅排氣管道中火災，執行以下步驟：

 使用正壓通風技術來撲滅排氣管道火災

（Extinguishing a Stack Fire with a Positive-Pressure Technique）

步驟1：慢速主引擎，以保持排氣流量，來降低排氣管道溫度。

步驟1a：另一種方法是關閉主引擎，並從風機（Blower）來提供正壓通風。

步驟2：以ABC滅火劑，注入排氣管道上方渦輪增壓器的排氣口（Outlet）。而排氣管道區的體積決定了所需滅火之劑量。

排氣管道火災搶救要領

排氣管道火災是一種垂直空間火災，會導致省煤器嚴重損壞。

應用正壓通風技術（PPV），由煙囪內同時注入磷酸銨滅火劑來進行煙囪基座滅火作業。

正壓通風技術

排除火煙熱流

正壓通風戰術

10-11 小型船貨艙火災

一艘船之主甲板以下擁有大面積用來存儲貨物，並進行傳輸作業。雖然貨艙是貨船，如散貨（Bulk）和散裝貨船（Break Bulk Carriers）最常見的型態，而許多船舶也包含有貨艙。為了保護貨艙，在主甲板艙口（Hatches）和甲板間中腔室（Tween Deck Openings）應保持蓋緊。艙口通常是透過機械裝置予以打開。當艙口蓋被關閉時，貨物就能被紮牢（Lashed）。貨艙之艙口除能防止甲板上水逕流（Runoff）進入貨艙內，且有助於防止人員在甲板上掉落至貨艙內。進入貨艙可經由該船舶側面大開口（Large Openings）來實施。而舷窗（Scuttles）和扶梯平時是封閉的，但能提供進入接近之孔道。

1. 小型船
　(1)應於消防水線準備完成，並建立滅火計畫後，方可打開貨艙的艙口。
　(2)盡可能和陸上消防栓水管連結，避免骯髒的海水造成貨物損壞，或是因浮游物等雜物導致幫浦堵塞。
　(3)所有的開口部一開始應封閉，阻隔空氣供給，最壞的情況要有貨艙浸水的準備。
　(4)可由換氣孔排出的煙霧來偵測溫度，以判斷火災程度，每個甲板都有換氣孔時，可由火災根源處的換氣孔偵測，並比較換氣孔的煙霧排出量，判斷內部火災延燒程度。
　(5)在開啟艙口前應先配戴空氣呼吸器，再進行滅火作業。
　(6)進入下方的人員應配戴呼吸器並務必攜帶救命繩。
　(7)用消防水線噴灑裝載貨物的貨艙時，應由瞄子調整水流量，盡可能防止直接射水造成貨物的損害。
　(8)若不能找出火災的起火點，不得已用消防水降低貨艙整堆溫度時，消防水應朝著隔間的艙頂板撒水冷卻，一段時間之後暫時停止射水，確認射水是否有助於找出火災起火點。
　(9)火災位於貨艙開口部正下方的位置時，滅火隊員無法從貨物上方進入起火點，造成消防活動困難。
　(10) 在這種情況下應利用吊掛繩索或特殊瞄子等方式，將消防水線延伸至貨艙內，供給消防水源，再進行冷卻和阻絕空氣會更有效。

貨艙火災搶救要領

貨艙空間火災

在攻擊貨艙火災，應考慮以下因素（一）：

1. 燃燒的物體應確定出其種類。
2. 貨艙內固定式滅火系統狀態應確定。
3. 應有計畫的攻擊，如從側面開口（Side Opening）或從艙口（Hatch）進行入內攻擊。
4. 如果從艙口蓋進行攻擊時，側面開口則應是關閉狀態。
5. 藉由關閉艙口蓋來進行窒息火災，如果可能的話，應考慮加入惰性氣體。
6. 受到火災熱曝露（Exposures）和毗鄰的船艙，應不斷進行監測（Monitored）和防護。

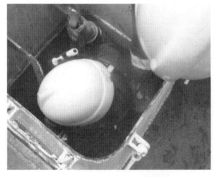

於消防水線準備完成並建立滅火計畫後，方可打開貨艙的艙口，在開啓艙口前進入下方的人員，應配戴呼吸器且繫著救命繩，與上方人員保持聯絡。

注意腳遠離繩圈　　　　假使湧浪潮使繩圈緊縮會有
　　　　　　　　　　　　粉碎性骨折及截肢危險

10-12 大型船貨艙火災

2. 大型船

(1) 發生火災船舶的甲板和貨艙與前來滅火之消防艇的上方高度接近時,除於接近時要留意火焰外,並注意避免救援船艇和待救船體碰撞造成損壞。

(2) 進入內部時務必以 4 人爲 1 組,配戴空氣呼吸器等個人安全裝備,攜帶照明機具,並隨時確保緊急退路。

(3) 甲板上移動和作業中應小心滑倒(尤使用泡沫和冬季結冰等)和失足等,造成安全意外事故。

(4) 現場指揮人員若是太快進行開啓貨艙等鋼鐵製成的密閉空間時,可能會因急速的氧氣供給造成火災的急劇燃燒,會導致滅火作業失敗,因此可藉用船舶火災控制圖進入內部,以確認起火點而進行滅火作業。

(5) 貨櫃貨物等用鋼鐵材質包裝的貨物,應使用起火船舶的起重機或是港口設施來移動貨物,並同時併行消防作業,如此會更有效。

(6) 超大型貨櫃船的內部貨物火災時,因接近阻隔及滅火藥劑投入相當困難,務必要移動至貨櫃港口繫船後,使用起重機將火災貨物吊掛到陸地上,再進行滅火較爲有效。

(7) 大型漁船的甲板和貨艙等作業場所火災,因進入路徑受限和空間狹窄,屬於不利於進入活動的惡劣環境,大量的可燃物(漁具、木材等)造成燃燒擴大情況,現場指揮人員應集中所有可動員的消防力量,進行滅火作業。

(8) 大型漁船有尖銳的結構物,且魚艙分散在各處,空間狹窄會造成空氣呼吸器的脫落、墜落、骨折等等安全意外,爲具有高危險性的船隻。因此,現場作業時要保持強烈的警覺心,並集中注意力。

(9) 煤炭、輪胎、棉花等特殊可燃物的火災,在火災全盛期使用高膨脹泡沫發生器,火焰和熱氣流上升會導致膨脹的泡沫隨著氣流上升分解,無法撲滅火災,易造成滅火作業失敗;因此,現場指揮人員應在初期採用適當的消防滅火方法。

(10) 油槽船的油槽火災需要長時間的滅火作業,應建立綜合相關關係人意見之滅火方法,綜合可防止環境汙染等對策後,並進入依序實行滅火計畫。

(11) 槽船的儲槽火災(LNG 和化學物質)時,需要長時間的滅火作業,應參考專家綜合嚴密的計畫進行安全的進入作業,防止因儲槽爆炸導致 2 次災害(化學物質外洩汙染、氣體爆炸的破壞等)。

(12) 大型船隻的火災燃燒擴大時,現場指揮人員若判定火災船舶可在港口靠岸,應立即靠岸並和陸上消防隊共同滅火,會更爲有效率。

貨艙火災搶救要領

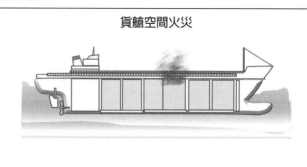

貨艙空間火災

在攻擊貨艙火災，應考慮以下因素：
1. 在攻擊貨艙火災應有計畫攻擊如從另一側艙口進入船艙。
2. 適當噴嘴組件（Distributor Nozzles）和水霧噴嘴（Fog Nozzles）在貨艙應有設置，注意滅火作業中可能會導致貨物過度受損或船舶穩定性問題，或兩者皆同時發生。
3. 甲板上操作是危險的，因為打開的艙口和露天貨物裝卸設施物（Cargo-Handling Equipment）存在。
4. 該船舶的乾舷（Freeboard），可能受到火災高溫必須予以射水冷卻之。
5. 應予以考慮移除一些貨物。
6. 貨艙火災可能難以攻擊，因為大面積捲入，接近或進入方式是困難且能見度是低的（Poor Visibility）。

太快進行開啓貨艙等密閉空間，可能會因急速氧氣供給燃燒對流，造成火災急劇擴大，導致滅火作業失敗。

輻射熱與距離之關係

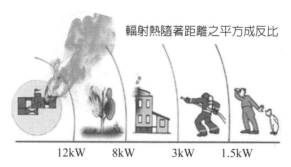

輻射熱隨著距離之平方成反比

| 12kW | 8kW | 3kW | 1.5kW |

（引用自盧守謙，防火防爆，2017，五南出版）

10-13 油輪甲板火災

油輪甲板火災（Tanker Deck Fires）是油輪常見的事故類型。其一般為甲板上洩漏或油管爆裂，致漏出液體油現象。在一般情況下，普遍做法是堵塞排水孔（Plugging The Scuppers），使油洩漏局限（Contained）在甲板上。但也將導致液體油匯集在低窪處（Low Areas），直到溢滿時即流出船外現象。

基本上，油輪甲板火災搶救要領如次：

1. 大多數洩溢出的油類火災一般是限定在甲板上，此可被視為是一個靜態的易燃液體洩漏火災（Static Flammable Liquid Spill Fire），可使用泡沫或乾粉化學，來進行熄滅火勢。

2. 初始決策（Initial Size-Up）的部分，現場指揮官應評估船舶的固定式消防系統。

3. 許多油輪有甲板泡沫顯示器，能預先鎖定（Pre-Aimed）或遠端進行控制。如果之前船員已啟動它們，它可能沒有對系統進行補充泡沫液。現場指揮官需評估有關事件規模，與現場資源（On-Scene Resources）和泡沫供給方面問題。

4. 如果火勢蔓延到旁邊的船舶，則逃生和供應補給路徑（Escape and Supply Routes）可能被切斷。

5. 火能燒斷纜繩，導致船舶任意漂移（Drift），消防人員可能還在船上，應予以考慮使用消防水帶進行射水流（Hose Streams）掃除海面，或乳化表面上油質（Emulsify Product）。

油輪甲板火災搶救要領

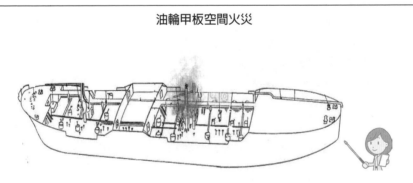

油輪甲板空間火災

在搶救油輪甲板空間火災時，首先要考慮的是關閉液體油的洩漏，停止供給（Feeding）至火勢燃燒，這必須停止船舶的貨泵（Cargo Pumps），或陸上碼頭停止裝載操作（Loading Operations）。應注意不要隨意關閉閥門，而沒有透徹地理解這些行動的影響，因為這會產生水錘效應（Water Hammer Effect）而導致更糟的後果。因液體油流入航道水域環境所造成汙染，以及火勢的蔓延現象。而攔油索（Oil Boom）S或吸油墊（Absorbent Pads）通常是不耐火燒而斷裂。

大多數洩溢出的油類火災一般是限定在甲板上，此能被視為是一個靜態的易燃液體洩漏火災，能應用泡沫或乾粉化學來進行熄滅火勢。

油表面積擴大

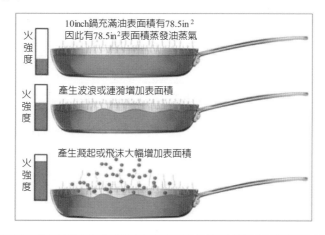

10inch鍋充滿油表面積有78.5in^2
因此有78.5in^{2}表面積蒸發油蒸氣

火強度

產生波浪或漣漪增加表面積

火強度

產生濺起或飛沫大幅增加表面積

火強度

✚ 知識補充站

美式泡沫滅火設備

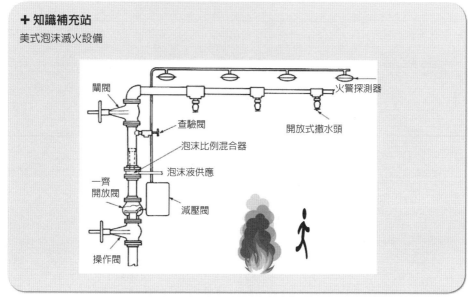

閘閥

火警探測器

查驗閥

開放式撒水頭

泡沫比例混合器

泡沫液供應

一齊開放閥

減壓閥

操作閥

10-14 油輪油槽火災

油輪油槽火災（Tank Fires）進行槽體滅火之決策（Size-Up）期間，現場搶救指揮官應考慮一個成功運作的關鍵，以下列述幾個因素：

1. 應確定火勢所涉及槽體的狀態（Status）。槽中的產品類型和其燃燒時間是重要的，應確定槽體起火燃燒經過時間（Time of Ignition）程度和其可接近進入位置。障礙物（Obstructions）是所要採取攻擊火勢類型一個影響。
2. 應確定船舶的消防系統和泡沫滅火系統的狀態。
3. 泡沫系統可能無法進行燃燒區域滅火作業，在消防部門到來之前，船上的船員有可能已打開泡沫滅火系統，充滿於管內或釋放出。
4. 如果是這樣，它是必要的，以驗證泡沫濃縮液（Foam Concentrate）還有多少。船舶的計畫書（Ship's Plan）可顯示船上泡沫濃縮液是否能從岸上進行補充供應。最後，船上的船員能操作該系統，是一項非常有用於滅火之作業。
5. 船舶消防主水管系統的操作條件，應予以考慮。
6. 使用泡沫進行火勢攻擊（Fire Attack With Foam）
7. 凡泡沫作為滅火劑使用，它是會延遲一些時間（Postpone），因其待到泡沫體中的應用有足夠量（Sufficient Quantities），才能進行完全滅火作業。
8. 泡沫應用所需的速率需要作計算。於 NFPA 11 之低膨脹泡沫標準，可用於確定其應用比率。
9. 船上的固定滅火系統能被計算在內，以提供系統可靠性與混合泡沫比例。幫浦抽水量（Pumping Capacity）的計算應包括泡沫流量（Foam Flow）的需求，加上流動作業所需的冷卻射流（Cooling Streams）。冷卻射流包括用於保護人員、冷卻熱曝露和熱表面（Exposures and Hot Surfaces）。

油輪油槽火災搶救要領

油輪油槽空間火災

油槽火災使用泡沫方面，應考慮以下因素：

· 如果可能的話，船體應進行轉向（Turned），以致能從上風方向進行泡沫噴灑。
· 泡沫水帶線，能藉由液面測量孔（Ullage Holes）、排氣孔管（Vent Lines）、破裂處（Ruptures）、人孔（Manholes），來接近進入到油槽火災。
· 應防止相鄰的槽體受到延燒。
· 在火勢滅火攻擊期間，應遵守以下：
　水進行冷卻降溫作業，應遠離泡沫射流，二者不要混合使用。
　火勢滅火攻擊應有足夠的資源，如泡沫原液量來維持泡沫攻擊情況。
1. 當大火已被撲滅，應做到以下幾點：
　· 在高熱表面體，應持續進行冷卻，但不要擾亂破壞泡沫覆蓋層（Foam Blanket）。
　· 泡沫覆蓋層應繼續保持，直到火源（Ignition Sources）已移除。
　· 如果可能的話，槽體應進行惰化作業（Inerted）。但二氧化碳氣體能產生靜電，故不應使用。
2. 使用水進行火勢攻擊（Fire Attack With Water），如果水是唯一可用的滅火劑時，應考慮以下因素：
　· 進入水霧流（Water Fog Streams）能接近並包含到所有火勢可能區域。
　· 只有當水被連續施加，以水蒸汽（Water Vapor）的抑制油蒸氣是可能的。人員應遠離火勢熄滅的區域，因為火勢可能再閃火或重新復燃（Reflash or Rekindle）。
　· 需要較大體積的水量，因此船舶也可能需要有較大的排水能力（Dewatering Capability）。

✚ 知識補充站

溫度、壓力與體積關係

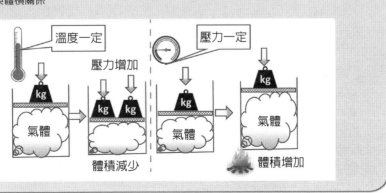

10-15 電氣室火災

電氣室／電氣系統是船上電力的來源，透過高架電纜索道／電線孔道（Cableways/ Wireways）的導線，供給整個船舶使用。從主發電機板，這些高架電纜索道的互連配電中心（Interconnect Electrical Distribution Centers），來提供電力至船上各區域設施。在岸上電源連接設施（Shore Power）方面，在港口泊靠船舶，可能會連接至岸上電源。船舶可能不會由其本身的電力供給，電力來源應由船上成員進行檢視。

電氣室火災搶救要領如次：

1. 人命救助（Personnel Rescue）

(1)由於船上不同的布置與設備，搜索和救援行動是非常困難和危險的。

(2)為能安全地克服危險環境（Overcome Hazards），由船上的船員進行協助是必要的，如觸電、旋轉滾動式設備即很難接近。特別是船上索具（Rigging）也可能是影響安全造成受傷之因素。

2. 火勢攻擊（Attack）

(1)於次要火災邊界層（Secondary Fire Boundaries）確定環境安全情況後，再建立人員和裝備的前進指揮站（Staging）。

(2)船舶固定式滅火系統（CO_2）、海龍或泡沫的狀態，應進行識別和評估。推進器馬達艙房可能設有固定式系統，需考量釋放滅火等藥劑進入該艙房。

(3)如果船舶的固定系統是現有的，應盡快完成該空間人員疏散（Evacuation）和空間艙門封閉作業。在固定 CO_2 或海龍已被釋放的空間，搶救人員應延後（Delayed）進入，以允許滅火藥劑能形成及維持一定濃度滅火功能。

(4)進入到火勢所涉及的空間，人員應穿戴全套消防防護裝備。

(5)船上變壓器可能包含油。如果變壓器的完整性被破壞，火勢能形成一種組合，即一個電氣火災和油類火災。變壓器油（Transformer Oil）中可能含有致癌物質（Carcinogen）和熱分解出高度有毒煙霧。

(6)進入前，應確定有足夠的滅火設備，輔助人員和滅火劑是足夠的，其不僅關係到有能力將大火撲滅，亦能保護滅火人員。考量狹小空間和複雜的逃生路線（Complex Escape Route），這種預防措施就顯得格外重要。

(7)消防人員已準備好進入火勢所涉及的空間，通風作業應建立與外部連通，以減少發熱量，提高能見度。設置煙霧排放導管（Smoke Ejectors）或箱形風扇（Box Fans）可能是必要的。

3. 殘火檢查／財物挽救作業（Overhaul/Salvage）

(1)當火災被宣布撲滅時，應制定防止復燃監視作業（Reflash Watch），直到所有冷卻和全面殘火檢查作業完成為止。

(2)採取適當的行動，以防止進一步損害到鄰近的電氣設備。

(3)應特別注意當處理電線孔道（Wireways）時，是難以進入的，但其能很容易導致火勢蔓延，從一室到另一室。

電氣室火災搶救要領

電氣室空間火災

船上電氣室火災，採取火勢局限（Confinement）戰術如次：

1. 為了防止火勢蔓延和濃煙擴大，於火災初期所有受火勢影響的區域，應進行艙門封閉和通風關閉；並進行驗證（Verified）關閉之有效性和確定之前任何被打開或已損壞的匣門（Dampers）。

2. 受到火災所涉及設備的電源應被切斷，以減少火災強度和可能觸電的危險。有關斷電電路（Deenergizing Circuits）的位置和方法，應諮詢船上的船員，有可能是必須穿越備用電源和帶電的電線之危險空間。

3. 船舶艙房有6面火災邊界層，即船艏面、船艉面、左舷面、右舷面、上頂面和下底面，應建立全面冷卻作業。並確定排除水的需要（Dewatering Needs），提供必要的設備來完成即時排水程序。

善加應用電氣室現有的滅火設備：

· CO_2、海龍、乾式化學粉末軟管捲盤滅火器（Hose Reel Extinguishers）
· CO_2及乾式化學粉末推輪式滅火器（Semiportable Extinguishers）

Note

第11章
船舶滅火問題特殊考量

　　船上消防滅火的獨特性（Unique Nature），岸上消防人員需考慮其超出平時火場一般所採用的方法和使用的資源。一個良好的消防計畫（Preplan）應能辨別出目標的危害（Target Hazards），且還能特別提供援助之專業人員和資源。由於大多數岸上搶救人員可能是不熟悉船上火災事故。一旦處理船舶火災時，整體順利緊急管理（Smooth Emergency Management）是必不可少的。因此，於真正的緊急情況發生之前，對事故搶救反應以逼真的演習訓練（Realistic Drills），和進行搶救之訓練（Assess Operations）情況評估，就顯得很重要。

11-1 熱煙層流問題

　　消防人員／船上成員需要了解船舶火災的形成和發展過程中，所發生一些條件或情況會顯著影響滅火成效。以下針對熱煙層流（Thermal Layering of Gases）、爆燃與燃燒產物（Products of Combustion），為滅火中每一個潛在嚴重影響安全之現象作一概述（其中爆燃之延伸閱讀，請見第 8 章船艙火災爆燃部分）。

　　熱煙層流是氣體因溫度增加，而傾向於形成層流現象。其他術語如氣體熱分層（Heat Stratification）和熱平衡層（Thermal Balance），有時也用來形容這種熱煙層流。空間內最熱的氣體往往是在艙頂層，而較冷分層則形成於底層（Bottom Layer）。濃煙是一種空氣、氣體和微粒等受熱混合物，而呈現上升情況。如果在艙頂有孔洞情況，則煙霧將透過此孔洞持續穿越上升，或是從該空間到下一個甲板艙室或到甲板外部。

　　熱煙層流對滅火活動是至關重要的。只要最熱的空氣和氣體能使其上升，而較低水平位置對消防人員將是安全的。如果射水被連續施加到此層流的上層，其溫度是最高的，水將快速轉換為蒸汽，促使熱煙氣體迅速混合。這種渦流式（Swirling）的煙霧和蒸汽，將會擾亂空間內正常的熱煙層流，導致熱氣體混合在整個區劃空間。這種混合（Mixing）會破壞熱平衡（Thermal Balance），或形成一個熱不平衡現象（Thermal Imbalance），而可能使機組成員受到高溫燙傷。一旦正常的熱煙層流在被打亂的情況下，必須使用強制通風程序（如使用風扇）來清除此空間區域。否則滅火團隊成員將必須被迫撤退，因其攻擊將會失效且具相當危險性。

　　適當的攻擊程序是進行區劃空間通風（如果可能的話），讓熱煙氣體逸出，以瞄子（Nozzle）打開（1-2 秒時間）及關閉方式，直接將水霧流（Fire Stream）瞬間射到艙頂，以維持熱平衡（Thermal Balance）。使用直線水柱式水霧流（Straight Fire Stream），或廣角式（20 至 30 度）水霧流模式。初始應用射水策略後，以直接水霧流射向火勢燃燒基處，並遠離艙頂下熱煙層流。使用相同的技術在沒有進行通風的空間，並盡量不破壞區劃空間熱平衡情況；此延伸閱讀請見第 9 章部分。

熱煙層流問題

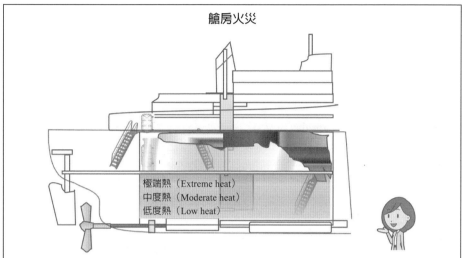

艙房火災

極端熱（Extreme heat）
中度熱（Moderate heat）
低度熱（Low heat）

在一般艙房火災情況下，艙房溫度依其艙內垂直高度而遞減；亦即，最高層次熱度是在艙頂位置，而最低層次熱度是在甲板位置。

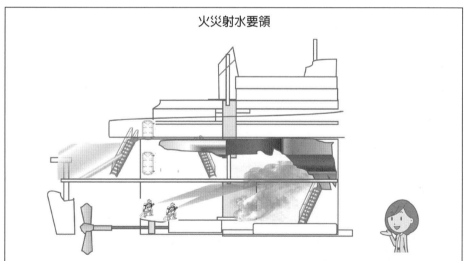

火災射水要領

火焰基部本身因氧供應問題而產生不完全燃燒，愈不完全燃燒，在熱煙氣層則愈有更多可燃生成物。火災室因開口限制，形成較貧乏氧氣供應，這就會大量形成不完全燃燒過程，增加熱煙氣層起火的可能性。在搶救上應用水以直線水柱方式，短暫射擊艙頂以維持艙內熱平衡狀態。在一未通風艙間，射水冷卻注意不要擾亂熱煙氣體層。

11-2 燃燒產物問題

當燃料燃燒時，物質的化學成分將產生變化。這種變化的結果，將形成新的物質，即燃燒產物（Products of Combustion）：熱、光、煙、火災氣體和火焰與能源產生。在燃料燃燒，實際其已消耗掉一部分。正如前述提及的「質量守恆原理」（Mass Conservation Law），解釋任何質量損失將轉化為能量。在火災的情況下這種能量是為熱和光之形式。燃燒也導致煙流產生，即火災氣體（Fire Gases）、粒子（Particles）和液體（Liquids）。熱量會趨使火勢蔓延，也會造成人員燒傷、脫水（Dehydration）、熱衰竭（Heat Exhaustion）和呼吸道嗆傷。

基本上，火焰是可見的、燃燒中氣體發光體（Luminous Body），當燃燒中氣體與適當氧氣混合，火焰將變得更熱與較少發光現象。發光體的減少是由於可燃性物質之碳產生較完全之燃燒。由於這些原因，火焰被認為是燃燒的一種產物。當然，也有存在不產生火焰燃燒的類型，如悶燒火災（Smoldering Fires）。

不同的燃燒產物，取決燃料和空氣之間比率關係。由於燃燒不完全船艙一般火災情況下，所形成燃燒產物或多或少具有易燃性程度，並因此其能在一定狀態下進行燃燒。這些燃燒產物遵循隨著火場內部氣體流動，並累積在上部熱煙層流（Hot Upper Layer）。

火災期間形成火災氣體，其中空氣占絕對最大成分，其與火災燃燒產物進行相互混合，並受火災加熱，且其不受火災中所發生化學反應之影響。再者，火災氣體第二成分則是可燃物質的熱分解（Decomposition）和反應產物，包括如二氧化碳、一氧化碳、水蒸汽和甲烷氣體，以及固體型態顆粒，如煤灰（Soot）或液體型態，如重質烴類化合物。此成分無論是重量和體積皆非常小的，其受熱和膨脹之空氣體積，會一起捲入火羽流。

然而，火災氣體的化學性質，能顯著不同於空氣，如其反應性、可燃性或毒性方面。在火災氣體中的顆粒，能對眼睛、黏膜（Mucous Membranes）和呼吸道產生很大的刺激性（Irritating）。即使在船舶火災也能產生大量燃燒氣體，其中包含不完全燃燒的產物，且其具有或多或少之可燃性程度。在某些狀態下，假使溫度足夠高、能供應充足的空氣到火災氣體層、或燃燒產物的體積超過一定限度等，這些燃燒產物能被引燃。

從火災受害者血液中一氧化碳，是很容易檢測出來。由於煙霧中所含的各種危險燃燒生成物，不論其是單獨或組合情況，都是致命的，消防／機組人員在火災煙霧中活動，必須使用空氣呼吸器（SCBA）作防護。

一場艙房火災生成煙量及熱量

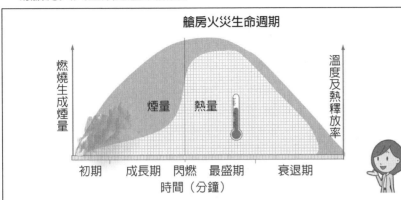

以煙量與熱量而言，以船艙火勢發展動態情境作比較。一開始起火前即有煙量生成，於火勢生成熱量進行放熱，但煙量也逐漸累積，並隨著火勢浮力流產生不穩定態之火羽流，成放射狀蔓延著艙頂面，形成一相對薄艙頂噴流，但此時室內已充滿相當多煙量，並逐漸熱煙合併後累積向下延伸。稍後，熱煙氣體之高溫也回饋至火勢本身。而艙內溫度也持續緩慢增加，但艙內煙氣量已大量累積，在氧氣不足供應的情況下，往往使火勢轉變成通風控制狀態。如艙門是完全打開，一部分熱煙流向外擴散，艙內煙量大幅瞬間銳減，此時火勢又轉變燃料控制燃燒狀態；直到火勢因燃料供應減少，呈現衰退現象，但艙內仍然保持相當高溫。

燃燒產物問題

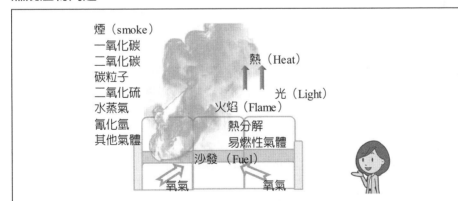

任何人直接暴露於火災的熱能，是一種危險的，而濃煙是造成大多數人死於火災之原因。濃煙組成的物質，從燃料到燃料而有所不同，而煙霧是有毒的。一些燃料產生煙會比其他燃料更多。煙霧中含有窒息性（Asphyxiants）、刺激物、易燃氣體、蒸氣和毒素。一氧化碳是煙霧中所含最常見的一種有害物質。雖然一氧化碳不是在煙霧中所發現最危險的物質，當發生燃燒它幾乎總是會存在的。

11-3 支援船問題

除了乾船塢（Dry-Dock）火災外，大部分船舶需藉由水來作接近進入火場的。在某些情況下，水是唯一能接近進入的方法。錨泊中的船舶可能需要被移動（Moved），或是燃燒的船舶可能需要停止漂流（Drifting）。支援船舶能進行拖帶（Wing）協助及提供消防射水流（Fire-Fighting Streams）。這些能幫助減火，但其船外射水，使大量水進入起火船舶，可能危及船舶穩定性。

一、消防艇（Fireboats）

消防艇是設計用於滅火，並配備訓練有素的消防人員的一種船舶。爲船上人員的安全，消防艇應能安全和在其預期作業環境中能充分發揮作用。消防艇是製造成許多大小規格（Sizes）和型式（Designs）。如設計爲不燃性結構、水沫防護（Spray Protection），以及應考慮船載供氣（Onboard Air Supply），以保護船內消防人員。消防艇三項基本服務功能，如下所示：

1. 救援（Rescue）

消防艇提供人員之救助，和無法從岸上作接近時則能提供消防人員和設備之交通運輸（Transportation）。一艘消防艇往往是滅火人員主要避難之退路（Escape Route）平臺。

2. 平臺（Platforms）

消防艇提供了一個平臺，以遞送射水槍（Monitors）所使用滅火藥劑（Agent）或從消防艇遞送消防水帶給船上消防人員。一艘消防艇可作爲機動指揮命令（Mobile Command）、作爲臨時指揮所（Staging）和泵送基地（Pumping Base）。

3. 供水（Water Supply）

消防艇提供水源給岸上操作使用。遠程泵站（Remote Pumping）可以很簡單，也可以連接碼頭旁歧管（Manifold）或布置延伸水帶（Hose Lay）及岸上送出水帶連接經由船艇拖放（Drag）。假使在陸地上之地下消防主水管（Underground Mains）破裂，當地震、爆炸或碼頭坍塌，或在岸上的能力不足的情況下，一些消防部門配備消防艇大口徑水帶，有備用供水系統。

二、輔助船舶（Auxiliary Vessels）

在緊急情況下，許多商業船舶能被調度服務，並透過預先計畫的協議。

1. 拖船（Tug Boats）

拖船有分成許多大小規格和配置型態。計畫協議時應列出現有（Available）有哪些和其能力（Capabilities）如何。

2. 駁船（Barges）

駁船能提供大的、平坦（Flat）、穩定的移動工作區域。他們有潛在能存儲地面碎物（Store Debris）、局限汙染物（Contaminated Product）和滅火水逕流（Runoff）。他們已被用來作爲陸地上消防車能抽吸和泵浦（Draft and Pump）之平臺。

救援

支援船舶能進行拖帶協助及提供消防射水,提供人員之救助,也是滅火人員主要避難之退路。

平臺

消防艇提供了一個平臺,以遞送泡沫滅火藥劑或消防水帶,並作為臨時指揮所或後勤基地。

供水

消防艇提供水源給岸上操作使用。遠程泵站可以連接碼頭旁歧管或布置延伸水帶及岸上水帶連接經由船艇拖放。

11-4 特殊設備與滅火相關問題（一）

特殊設備資源

船舶火災搶救時，遠超過正常需要特殊類型裝備和數量。

1. 泵及脫水設備（Pumps and Dewatering Equipment）

船舶有許多船用泵 / 排放裝置（Pumps/Eductors）進行排出水量（Dewatering）之能力。這可能需要工作泵來進行串聯（Tandem）。在美國海岸防衛隊的消防緊急計畫，列述有配置專業泵 / 排放裝置和脫水排放管。

2. 修補、搶救和支撐設備（Patching, Salvage, and Shoring Equipment）

修補、搶救和支撐設備，是需要來控制船舶洩漏和密封破洞。

3. 滅火裝備（Fire-Fighting Equipment）

消防部門應攜帶自己的消防水帶和應用工具，因沒有辦法保證船舶裝備與消防部門器材設備有相容性（Compatibility）條件。因此，消防部門進行滅火攻擊行動時，應依賴於其本身的供水能力。於水霧噴頭（Fog Applicators）方面，國際上採 4 英尺（1.2m）、10 英尺（3.1m）和 12 英尺（3.7m）規格，以符合「海軍通用」（Navy All-Purpose）噴頭。基本上包括在端部的彎曲管上一個開放式撒水噴頭，其可從較小開口，如在開放式舷窗來進行射水霧滅火冷卻；另穿孔噴頭（Piercing Applicators）能用來穿透某些材料和貨櫃船舶。

滅火相關問題

船舶滅火相關問題（Problems Associated With Marine Fire Fighting）如次：

1. 新聞和媒體關係（Press and Media Relations）

任何事件管理系統，消防官員參與的海上火災或緊急情況時，應指定一位媒體關係發言人。然而，在海上火災的情況下，可能會訴求於本身的國際利益。精明的（Astute）船上消防指揮官會安排自己的解釋，以減少翻譯錯誤（Translation Errors）的可能性。為能有一元化指揮體制（Unified Command），聯合救災資訊中心應盡可能快速成立。這將能減少事件指揮官的負擔，並確保情報蒐集體制能進行決策。

2. 消防人員和船長（Fire Fighters and The Vessel Master）

船舶火災事件中為能成功撲滅，當地的消防人員和船舶的船長之間關係是至關重要的。美國海岸防衛隊的政策指出，當地的消防人員在船舶火災登船並不能解除（Relieve）船長的命令，或轉移（Transfer）船長對船舶整體安全的責任。

船長與消防隊長

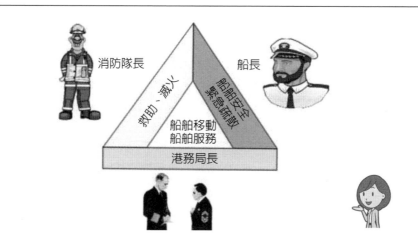

船長不應取消或拒絕（Countermand）由當地消防人員滅火活動所執行的任何命令，除非消防人員所採取或規劃的行動，清楚地會危及（Clearly Endangers）船舶或船員之安全性。在船上火災的情況下，消防隊長是全面消防工作負責人；船長能用其船上經驗來協助消防隊長，這將大大提高事件運作成功（Successful Operation）機率，因此，船舶火災時船長扮演著非常重要的角色。亦即消防隊長的出現並沒有減輕了船長的命令。然而，船長應當不反對消防隊長在滅火活動中的表現及所作出的任何命令。船長、高級船員和船員應協助船舶滅火操作。船長應與消防隊長和他的船員們之間，進行聯繫。如果可能的話，應提供消防隊長所要求的一切資料，並應提供他的船員作為引導（Guides）與協助進行滅火之消防人員。船長是負責在任何時候應控制他的船員行動。在沒有船長的情況下，大副（Senior Deck of Ficer）或輪機長應扮演船長的角色責任。

汙染問題

滅火行動不應進一步造成汙染加劇問題，因滅火行動所造成汙染影響很容易地超過火災所造成的衝擊。

11-5 特殊設備與滅火相關問題（二）

3. 消防隊長與船長（Master）

對船上火災一般作業，消防隊長並沒有意圖去削弱（relieve）船長所作命令，也不限制他的權力。然而，我們必須承認，當地消防隊長在消防滅火作業通常擁有更多的經驗。此外，消防隊長總有他的人員和設備的安全性，和對社會的（Community）責任性，以控制和撲滅任何火災。

4. 危險品（Hazardous Materials）

每艘船事故反應初期應被視為是一危險品災害事件（Hazardous Materials Incident）。事件指揮官應確保在每次事件中有危險物質反應小組作反應，或者是能立即調度使用。除了危險品貨物（Hazardous Cargo），船舶攜帶多種具危險物質的船舶物料，如燃料油類。這些材質能被存儲在船舶中任何位置上。

5. 汙染考量（Pollution Considerations）

在海上火災水質汙染的風險通常是顯著的。在美國的情況是消防官應諮詢海岸防衛隊的代表，以確保滅火行動不會進一步造成不必要地汙染加劇問題。因滅火行動所造成的汙染影響，是很容易地超過火災所造成的衝擊（Impact）。此外，於 1990 年美國石油汙染法（Oil Pollution Act）規定，如果船舶事故中能減少或消除潛在的漏油事件，美國聯邦基金（Federal Funds）已有包括消防部門的支出成本。但這通常需要海岸防衛隊（Coast Guard）的通知，以確保符合聯邦政府的要求。

6. 語言障礙（Language Barriers）

航行至港口的船舶可能大多是懸掛外國國旗的船舶。在許多情況下，船員們可能不會說英語。船舶滅火計畫（Fire-Fighting Plans）應有可在任何時候，能協助溝通之口譯人員清單（Lists of Interpreters）。口譯員常常是在學校、許多國際大型公司或船務代理公司的翻譯人員。

7. 船舶移動（Vessel Movement）

在火災時任何船舶移動應十分謹慎，它不應被假定能安全地依其自己的動力進行移動。拖船（Tugs）可協助船舶，即使船舶的引擎功能是正常的。如果有必要，引水人應指示船舶的移動。無論岸上設施的風險如何，事故中船舶不應被驅出港區外讓其隨波漂流。任何火災中船舶移動應在船長、港口管理局長、引水人與現場指揮官之間進行協調（在美國還有海上防衛隊之隊長）。

危險物品

火災事故中，必須假設任何船艙可能包含某種形式的危險物質。船舶本身存儲物料是不需要被標示（Marked）、標記（Labeled）或標籤牌示（Placarded）。

有些國家之危險品海上事故人員編制計畫指出，應注意船舶進入他們的港口的貨物積載計畫的地點。他們也應知道，在世界各地所使用有許多不同的危險品貨櫃標示系統（Hazardous Material Container Marking Systems）。他們應熟悉此標示系統，預期危險品事故將影響在他們的反應區之海洋事件。下列文件應可供作參考：

1. 海上人命安全國際公約1974年之第7章（Solas, 1974）。
2. 國際海運危險品貨物規則（International Maritime Dangerous Goods Code）。
3. 美國聯邦法規第49條（Code of Federal Regulations），第100至177節部分。
4. 國際海洋汙染會議（International Conference On Marine Pollution）1973年，附錄2之附件i至iv之決議12-15。

雖然法律規定的危險品物質應進行標記、標牌或文件記錄（Documented），但各國有些船舶並不能正確識別。因此，在進行貨物審查時，應謹慎為之。

航行至港口船舶大多是懸掛外國國旗。在許多情況下，船員們可能不會說英語。船舶滅火計畫應有能協助溝通之口譯人員清單。

11-6 滅火期間操作和控制船舶轉向問題

在滅火期間操作和控制船舶轉向（Handling and Control of A Casualty Heading During Firefighting），如何局限（Contained）與控制船上火災，風和天氣條件可能有重大影響。透過風、運動產生相對風和氣流（Drafts），可以增加火勢蔓延速度和船上火災面積，或是來減緩火勢蔓延。船的航向（Heading）和速度的改變，可能可以協助局限和控制船上火災，迫使火災和燃燒產物吹往下風處之無害區域（Casualty）。

因此，處理和控制船上受害區域之轉向，是相對於風和火的位置，由船上滅火的兩個主要考量情況：

1. 在引擎和轉向設備之完全或部分能使用的情況下（Casualty With Complete Or Partial Control of Engines and Steering）。

2. 沒有引擎或轉向設備，完全失去動力和漂流在水中。

岸上消防人員在進行滅火期間，是不能改變火場周遭之風或天氣模式。在船上搶救滅火隊員，在許多情況下，可以定位（Orient）船舶轉向和相對方向，使風和天氣條件有利於火勢局限和控制行動。

因此，建立一個早期和正面控制（Early and Positive Control）燃燒造成船舶損害之航向和相對於風速度，是局限火勢蔓延並建立火災邊界（Fire Boundaries）的一個關鍵因素。

在引擎和轉向設備的完全或部分能使用之情況下，及早採取有效的行動來控制引擎和轉向，往往能限制火勢蔓延。操縱（Maneuvering）船舶以有利於滅火行動和損失控制，是一個熟練的航海技術和判斷相對風險（Relative Risks）之問題。

操縱船舶應考量因素如次：

(1)快速評估火災的範圍和面積，其中是否可以局限（Contained）火勢。

(2)一邊操縱，一邊評估其影響。

(3)當風的變化（Wind Shifts）與在火勢燃燒前線（Fire Fronts），滅火人員從最初的防禦性改變爲進攻的戰術，來評價（Appreciating）這種操縱船舶的情況可能繼續改變。

(4)透過操縱船舶轉向來限制火勢蔓延的關鍵因素，是火勢位置與越過船舷之相對風向和風速的一種快速評估。操縱的目的是調整船的航向和速度。

(5)防止火勢蔓延至未受影響的地區（Unaffected Areas）。

(6)提高滅火人員的控制和攻擊火勢的能力。

(7)分散的火焰、熱量和燃燒產物，遠離船舶的最直接的路線。

(8)防止火焰、熱量和燃燒產物，遠離席捲（Sweeping）船舶。

(9)操縱船舶轉向的結果，橫跨火災影響區域的相對風速應不超過 12 至 15 節。

(10) 速度必須予以規範，以避免煽動加速火災，同時仍確保大多數火焰和燃燒產物能吹離船舶外。操縱船舶轉向類型是由發生火災的位置所主導。其他事項包括海上活動區域（Searoom）、應用戰術的現狀和存在船舶交通量之一定的影響。

操縱船舶轉向

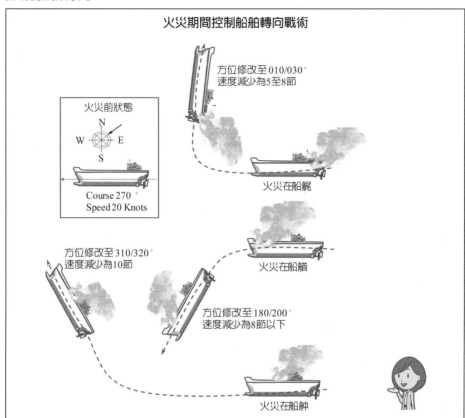

火災期間控制船舶轉向戰術

方位修改至 010/030°
速度減少為5至8節

火災前狀態

N
W　E
S

Course 270°
Speed 20 Knots

火災在船艉

方位修改至 310/320°
速度減少為10節

火災在船艏

方位修改至 180/200°
速度減少為8節以下

火災在船舯

1. 在船艉火災（Fire Aft）
操縱使船舶直接進入風向，或使微風在適當船艏處（Bow），以創造一個適宜的相對風速，來引導火焰和火勢朝向船尾蔓延，並進行調節速度，以避免不必要去煽動加速（Fanning）火勢。

2. 在船舯火災（Fire Midships）
使船舶橫樑（Beam）到風向或使風對著船上燃燒面積，並進行調整速度，以避免創造一個相對風速，迫使火勢往船尾。

3.在船艏火災（Fire Forward）
帶著風往船艏處，進行調整速度以保持火勢局限在船艏位置。速度通常是減少到最低限度，在這種情況下，有時是必要的，以防止火災突然吹回（Blowing Back）船尾處。但這些操縱船舶不是適用於每一次船上火災形勢。然而，在操縱失去動力船隻過程中這些基本原則是能經常作應用。
基本的操作，其中一艘船原本熱氣騰騰在270度的真實描繪，從東北方向20節風與20節的速度。

11-7 船舶火災後活動問題

在船舶火災後活動（Post-Incident Activities）問題，如次：

1. 火勢撲滅（Fire Extinguished）

火災撲滅後，消防單位主管在海洋事件可能會被要求證明（Certify）危險已經過去。對船舶進行全面殘火檢查（Overhaul）可能需要幾個小時甚至數天。事件指揮官需謹慎以避免草率的決定（Hasty Decision）來證明火勢已被撲熄。

2. 安全進入（Safe Entry）

通常情況下火災撲滅後，在美國，消防官於海上火災事件會詢問，如果火場進入非消防人員、平民或船員，是否能安全。以往船舶產業在火災發生後，進入有毒或缺氧（Oxygen-Deficient）的火場中，導致許多人死亡的情況案例。因此，產業界已發展出，由法院所認可和接受能力測試及認可的海洋化學家（Marine Chemists），進行人員可進入火場的安全認證（Certifications）。消防官強烈建議，是否能安全進入火災後船舶，由海洋化學家予以決定之。

3. 船舶與現場控制（Vessel/Scene Control）

留在船舶上人員，如果船長或船員，或兩者都有，他們仍然在控制船舶。參與海上火災或事故消防單位主管相信船舶火災後可能仍會有復燃的危險（Continued Hazard），但火災後可能沒有權力來採取行動。這些保留意見（Reservations）應與船長作溝通，如果不採取減災行動，這些專業意見應能在得到港務局長（Cotp）授權下，來採取適當的行動。

4. 清理（Cleanup）

船上火災撲滅後，許多隨後作業如次：

(1) 一般的表面和碎片冷卻，包括翻面燃燒殘骸（turning over fire debris）和搜索局部區域的熱點（hot-spots）和悶燒物質的殘火處理等。

(2) 設置復燃警戒人員和燃燒邊緣巡視（boundary patrols），以防止進一步的火災復發。

(3) 艙室氣體如一氧化碳測試，並在適當的情況下，進行煙霧擴散和氣體釋放換氣作業。

(4) 局部修補、密封、防水和協助雜物移除作業。

(5) 進行排出船上任何空間在滅火行動期間的積水問題。

(6) 消防設備的拆卸保養、清潔、維護和修理工作。

船舶火災後問題

船舶受損漂流

船舶火災可使推進器和船舶控制系統等失去動力（Immobilize）。由於電力喪失，該船舶失去航行動力，並開始根據當時的天候而漂移（Casualty Drifting）。在精確的角度和風力縱橫比例，任何漂流船舶可假設是由幾個因素支配，包括：

1. 船舶受風的面積和分布（Sail Area and Distribution）。
2. 船舶吃水船體區域（Immersed Hull Area）的阻力，也就是船舶附屬物（Appendages）形態、數量及布置。
3. 額外的水下阻力（Resistance）或由吃水部分船體損害所形成的阻力（Drag）。
4. 縱傾與橫傾（Trim and List），尤其是一種或另一種是相當極端的情況。
5. 風和海浪的方向之間相對夾角，產生更大風和波浪的方向之間的角度，則會有更大角度的漂移方位。
6. 這些因素之間的關係是複雜的，超出本書的範圍。
7. 船舶漂移方向可能會妨礙滅火行動，原因如次：
   (1) 船漂流會造成漂移角度變化（Drift Angle），導致風向加速船上火勢朝向尚未燃燒的地區蔓延。
   (2) 由於風驅動火焰、熱氣和燃燒產物，飄向正進行火勢局限和控制操作的區域，而阻礙（Hamper）搶救作業活動。
   (3) 如海面上有大面積的油燃燒，可能使船舶也會陷入部分遭火包圍。
   (4) 這些問題可能是單獨或以各種因素組合，對船上任何人皆構成威脅。

火災後監視值班（Fire Watch）

火災後進行船舶上監視值班作業，通常是在全面殘火檢查（Overhaul）期間或之後來進行。火災監視重點在火災甲板層和其直上方及直下方甲板層。值班是一種船員輪班方式（In Shifts），通常維持48小時或更長時間來進行火災監視工作。此外，該船舶的水帶線已布置好（Laid Out），水帶已充滿水（Charged）的情況下，以備當全面殘火檢查努力不足的情況下，仍有火災復燃情況時，應及時滅火予以壓制。

11-8 燃燒船隻進港和移動問題

在燃燒船隻進港和移動（Port Entry and Movement of a Burning Vessel）的基本考量上，是否允許燃燒的船隻進入或向港口內移動，是主管單位一個很難的決定。各種可能情境方案進行規劃，以決定可能的結果。一般以整體安全性與港口安全為考量重點。燃燒船舶可能沉沒在航道上或延燒到其他船隻或港口設施（facilities），港口不應為搶救一艘船舶而受到損害的風險實在是太大。在規劃過程中，應採風險評估（risk Evaluation），在適用的情況下之成本效益分析（Cost-Benefit Analyses）。主要的考慮因素，如次：

1. 火災的位置和範圍。
2. 船上所涉及貨物的種類及數量。
3. 爆炸的可能性。
4. 船舶的沉沒及傾覆（capsizing）的可能性。
5. 目前的位置對船員或其他資源的危害。
6. 天氣預報。
7. 船舶操縱性（Maneuverability of Vessel）。
8. 對環境的危害。
9. 假使船舶是不允許進入港口或移動，替代措施如何（alternatives）。

在船隻位置重要性（The importance of the vessel position）方面，事故船所在的位置，是船上滅火工作的成功或失敗的一個條件，如果船隻位置偏遠或以其他方式無法接近，有可能少有機會能拯救。有海巡單位、消防單位、港務管理單位與其他相關單位等必須作協調，在事故船舶選擇停泊、拋錨或擱淺區域。

一、停泊位置（Moorage Locations）注意事項

1. 碼頭結構和連續設施（Contiguous Facilities）的易燃性。
2. 能提供充足的水源供應。
3. 前往救援之船隻和車輛能否接近。
4. 盡量減少航道阻礙（Impeding Navigation）的風險。
5. 對港口設施或船隻之低風險位置，必須移動船舶的距離最小化。

二、錨定或擱淺位置考量（Considerations For Anchoring Or Grounding Locations）

1. 船底部材料與形狀（Formation）不應在船舶的船體破裂時，造成不應有的危險
2. 水的深度應該是淺的，該事故船隻不會下沉至主甲板（Main Deck Level）以下的水平。但也足夠深，為消防船、救助駁船（Salvage Barges）和拖船能接近。
3. 環境條件：強風或潮流可能會妨礙滅火、救助或其他的搶救工作。潮汐（Tidal）的影響及河流水位波動也必須加以考慮。

船舶火災後問題

受災船舶進入港口

在允許受災船進入或移動之前，船隻應作檢查（如果可能的話，與其他相關單位），以確定其條件。

1. 船上火勢已經局限住或控制。
2. 船上火勢蔓延的可能性不大。
3. 由港口內現有設備，在船上發生二次爆炸或火災蔓延之前，火勢能被撲滅存有更大的可能性。
4. 所有有關單位（All Appropriate Parties），包括被指定官員已進行諮詢磋商。
5. 一旦已決定允許進入港口或移動的船隻，應考慮到：
   (1) 安全廣播和航海通告（Safety Broadcast and Notice to Mariner）。
   (2) 受災船將涉及規劃區域，命令其他船隻或貨物存儲在該地區應先作排除。
   (3) 定位船舶以能方便使用滅火可用的設施（Facilitate）資源。

故意弄沉船隻

當船隻及其貨物被推定視為因火災全損時，替代進一步的滅火和搶救工作，可能是將船隻弄沉沒，以作為最後的手段。除了在極端緊急情況時，當船舶處置弄沉已謹慎考慮，作為一個可行的選擇，船的船旗國與其他有可能受到影響的利益團體，應被諮詢。

11-9 滅火活動期間積水問題（一）

在火災發生期間或殘火處理，無論何時使用水或其他液體進行滅火時，必須仔細注意這些液體流向。由於這些原因，進行火災控制階段期間，船上是必須建立和維持足夠排出積水作業體系（Dewatering systems）。滅火行動增加速度，從局限火勢到控制和滅火的階段，即使是訓練有素的消防隊員可以很容易地集中全部注意力在滅火作業，而忽略排出積水（Dewatering）考慮。滅火工作是密集的（Intensive）和危險的工作，在滅火活動之早期階段必須考慮排出積水問題（Dewatering Problems）。

水本身問題（Water Discipline）

水是最普遍的滅火劑。水抑制火災是透過吸收大量熱，當水轉變蒸汽來取代火勢周圍的空氣，會產生窒息效果（Smothering Effect）。在一般情況下，$0.03m^3$ 的水將能產生 $48m^3$ 的蒸汽量，在理想條件下足以窒息 $6m^3$，在實際情況下也有接近 $3m^3$ 的火勢容積。然而，不分青紅皂白地使用水，特別是在船隻火災時，因為火勢可能是危險的。在考慮使用的水與其他滅火劑，潛在的觸電危險、任何與水發生反應的材料、積水的問題（Flooding）和穩定性存在等相關問題，必須先回答上述問題，然後再考慮是否繼續使用。

在最好的情況下，不適當（Indisciplined）水的使用可能會導致過多的水損（Water Damage）和破壞火災內部的熱平衡（Thermal Balance），導致能見度降低，從而產生大量的蒸汽致高熱的環境條件（Severe Heat Conditions）。在火災室之熱平衡狀態是可辨別出空間上部受熱燃燒氣體中和空間下部之相對較冷空氣之間分離隔層（Separation）。加熱後的氣體可能會超過 704℃。只要透過直接和間接的攻擊火勢技術（Attack Techniques）的正確應用，就可能避免火災室熱平衡狀態之破壞。

在最壞的情況下，無視在船上滅火所釋放水量，將惡化船舶穩定性（Stability）。4 公升（1 加侖）海水的重量為 3.9 公斤（8.6 磅），在流速為 6 升／秒（L/S）或 100 Gpm 的情況下，於 1 平方米（12 ft²）的艙內約 5 分鐘將被淹沒（Flooded）0.152 mm 的空間，亦就是此空間加入約 2 噸重量。於船上常見的天氣甲板上之一消防水帶（hose）口徑 64mm（2½ In），能提供 2 L/s（250 GPM），相當於每小時約 60 噸水量，而在水帶（hose）口徑 38mm（2½ in）情況下，通常艙內消防站（Fire Stations）能提供每小時約 30 噸水量。

移出積水作業

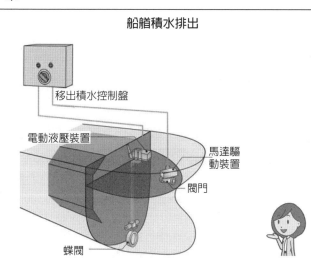

船艙積水排出

移出積水控制盤

電動液壓裝置

馬達驅動裝置

閥門

蝶閥

積水是一種任何搶救受損船舶中的重大危險源，因其可能經由以下方式導致船舶的損失：

1. 船舶儲備浮力（reserve buoyancy）損失，如果規模足夠廣泛，可能會導致船舶下沉情況。

2. 船舶失去穩定度，可能會導致傾覆情況。

船舶從原來的水位線，由於滅火水量積累將使維持船隻穩定性逐漸喪失，必須盡快排出船舶積水量。

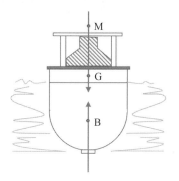

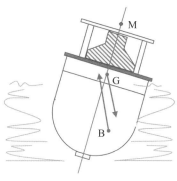

11-10 滅火活動期間積水問題（二）

移出積水（Dewatering）

一般船隻移出積水，基本上有 3 種主要方法：

1. 從露天甲板之外部排水管。
2. 內部排水。
3. 泵裝備。

船舶在原來的水位線（Water Line）以上，由於滅火水量積累將使船隻穩定狀態逐漸喪失。出於這個原因，移出水量是船舶滅火成功後一個重要的規劃問題（Planning Issue）。通常情況下，船舶移出積水設備（Dewatering Equipment）是有其限量（Limited Amount）的。這種裝備往往會由一個固定泵（Pump）和吸水系統（Suction System）等組成，來處理在汙水積聚之船艙底處（Vessel's Bilges）和位於水線以上甲板區域汙水進入排水孔，允許水量直接流出舷外或流入到船艙底排水設備。有時使用船上便攜式消防泵（Portable Pumps），但其能力有限，無法大幅輔助船內移出水量。去除廁所和淋浴設備，以改善排水到保溫水箱水線以下的水就流了下來。雖然水的重量仍然是船舶穩定性的因素，由於重量的轉移到貨艙將使船舶的重心降低，並提高船隻橫向穩定性（Transverse Stability）。

在極端的情況下，在船艛上排水孔（Drainage Holes）可能會被切除（Cut）。然而這種作法，在沒有經過船東的許可或其他適當的授權是非常危險的和不應該的作法。在船舶移出水量最終規劃，必須考慮排出水的質量和遏制的需要。

移出積水作業

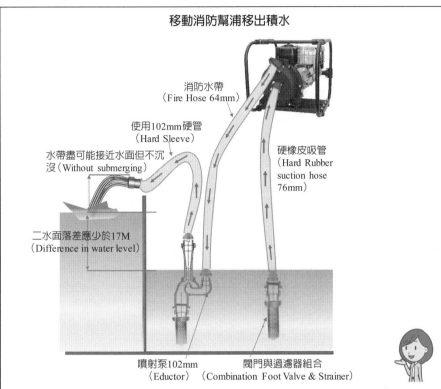

移動消防幫浦移出積水

消防水帶
（Fire Hose 64mm）

使用102mm硬管
（Hard Sleeve）

水帶盡可能接近水面但不沉
沒（Without submerging）

硬橡皮吸管
（Hard Rubber
suction hose
76mm）

二水面落差應少於17M
（Difference in water level）

噴射泵102mm　　　閥門與過濾器組合
（Eductor）　（Combination Foot Valve & Strainer）

滅火射水無論是進行邊界冷卻、控制火災或滅火射水，將使船上液體水密艙累積消防水。這些鬆散的水將形成自由液面效應（Free Surface Effect），往往比水的重量對船舶穩定度更具破壞性。滅火用水所造成積水是特別危險的，因為：
1. 積水可能是在船上較高位置上，並地板水累積在空間，形成高位而偏離船舶重力中心（Center Weights）。
2. 甲板水可能向下流，影響了幾個甲板層，並在各空間形成自由表面效應。
因此，消防滅火射水問題，除利用船舶本身排水設施，也可使用移動手提式消防幫浦輔助移出積水問題。

一消防水帶口徑64mm，能提供250GPM，相當於每小時約60噸水量，應注意船上積水問題。

Note

第12章
各國船舶火災海事戰略

　　隨著經濟不斷發展,全球航運業愈來愈發達,船體之規模及構成亦愈趨於多元與龐大。以船舶作為海面運輸工具,獨特功能和結構特徵,即已決定了船舶一旦發生事故所具有的特殊屬性。船舶火災係屬海上特殊環境,接近即屬困難亦需一段時間,通常很難在初期動員處理,再加上消防人員登上火災船進入起火點時,會因船舶內部結構複雜的規劃和狹窄的通道等因素,造成消防活動上諸多的問題。因此,船舶火災消防活動有其相當困難度。本章蒐集各國們在船舶火災之海事對策與戰略特性。

12-1 德國船舶火災海事戰略（一）

德國船舶災害戰略特性上，設置有海事應變指揮中心（Central Command Maritime Emergency, CCME）及下轄的海事災害戰略隊編制，負責德國岸邊或海上所有船舶災害，重視各不同隸屬單位聯合救災及演練，於後勤方面有完備需求－供應鏈管理（Demand-Supply Chain）；於船舶災害戰術描述上，並沒有如日韓一樣有深入詳細的規定，而是採取原則性方向，在災害現場上由接受相當教育訓練及具專業素養之指揮官，依現場實際環境狀況，指揮所屬人員一切搶救行動；事實上，災害指揮決定是一種動態過程，如何依現有力量，以及即時可動用資源作最佳化運用是致勝之要素。

1. 設置海事巡防署（German Federal Coast Guard）

為執行海事船舶安全之非軍事執法聯邦單位，係以任務編組方式成立。為整合資源設置聯邦海巡協調中心（Kustenwache），各單位派駐人員共計 200 人，中心設於基爾（Kiel），下轄 2 個分部。可協調德國公私部門海事資源整合，其常態性有 27 艘船及許多直升機與定翼式飛機等，其中每艘船殼以三種顏色作單位區分，藍色係屬聯邦警察局、綠色屬聯邦海關局、黑色屬聯邦農業糧食署與聯邦航運署。

2. 設置海事應變指揮中心（CCME）

在國際海事組織章程規範下，德國政府已進行許多變革，設置海事安全之中央機構，並賦予延伸一定權責。因此，在德國災害應變指揮工作上，建立了海事應變指揮中心（Central Command Maritime Emergency）；基本上，其工作任務有海事應變運作計畫、整備訓練、應變等功能，為具有相當能力之德國中央機構。一旦在災害緊急狀態時，能有效指揮協調緊急情況，並整合政府與民間組織之相關資源。

3. 成立海事戰略分隊

德國為加強海事安全工作，沿著北海與波羅的海海岸線，以漢堡為主要基地，建置了 11 個海事消防分隊，每一分隊有 1 位分隊長、1 位小隊長、8 位海事消防隊員，基本配備有防護衣、救生衣、針對火災救援與危險物品及人命救援用貨櫃裝箱器具、海運用貨櫃或大型裝箱容器、空運特殊吊籃等應勤裝備。隨後並以相同方式亦設置了 10 個緊急醫療分隊（每一分隊有 1 位緊急醫師協調官、1 位緊急醫師、4 位穿戴防護衣及救生背心緊急醫療技術員）。

在海上救助作業平臺上，CCME 亦能調度交通部門所屬多功能救助船（Multi-Functional-Ships）或其他船艇，如救生艇或漁業部、邊境警察機關所屬巡洋快艇等調整為救災使用。在岸上應變指揮結構為應變指揮中心指揮官→應變指揮中心職員→岸上各應變單位。另在海上應變指揮結構，船舶火災狀況為災害現場協調聯絡官→消防隊指揮官（隊長）→火災救援分區指揮官（火災時）→海上火災救援隊出勤。如為緊急醫療狀況為現場協調聯絡官→消防隊指揮官（隊長）→醫療救助分區指揮官→海上緊急醫療隊出勤。

德國海事應變中心

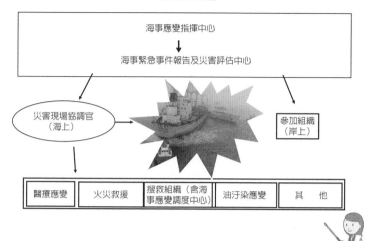

CCME 功能

海事應變指揮中心

↓

海事緊急事件報告及災害評估中心

災害現場協調官
（海上）

參加組織
（岸上）

| 醫療應變 | 火災救援 | 搜救組織（含海事應變調度中心） | 油汙染應變 | 其　他 |

德國海事應變指揮中心工作任務有：協調與執行各項計畫、整備與指揮及操演、拯救生命、控制與對抗海洋汙染、船舶火災搶救、提供醫療救援、在危險複雜情況下提供緊急拖曳及扮演適當公共關係活動等。

德國船舶災害後勤方面有完備需求－供應鏈管理

德國執行船舶安全為海事巡防署，為非軍事執法聯邦單位，以任務編組方式組成

戰略分隊裝備針對火災與危險物品及人命救援用貨櫃裝箱器具、海運用貨櫃

德國戰略為了任務出勤能快速有效與安全，將大量救災裝備運輸到現場

12-2 德國船舶火災海事戰略（二）

　　爲了任務出勤能快速有效與安全，如何將大量救災裝備運輸到現場爲一重要問題。因此，德國設置許多前述戰略分隊及特殊裝備器具機組。主要目標不外是能符合直升機搭載或吊掛運輸，且能與船船或船艇作連結配置。而所有分隊是被設置在沿著德國海岸線的一個重要戰略據點上，直升機能快速進行吊掛或垂降之安全作業，無論是火災、其他災害或緊急醫療需求，能與陸地後勤作業進行充分連結運作。基本上，依德國海事安全時間要求，每個分隊爲因應各項災害搶救需求，皆必須在 60 分鐘內集結完成整備出勤作業。

4. 現場協調官重要角色

　　在德國船舶災害指揮體系，救災人員必須根據不同災害規模，設置不同職責之指揮所。在德國災害現場，有一個重要角色就是「現場協調官」，其具一定決定權能負責空中及海上統籌協調，各援助船之間協調，且其對整個救災行動無論內外，都必須能予以通盤了解之災害現場關鍵人物，並提供必要資訊與資源，以確保每位成員能有效率與安全地作業。

5. 重視聯合救災演練

　　按照慣例，德國海事戰略分隊成員每年都會與德國海軍，舉行聯合救災及消防演練 6 至 9 次。別外，每年與北大西洋公約組織海上水雷防爆部隊舉行聯合演習作業。亦即，救災人員必須與可能所有參與救災各種類型船舶、政府組織（交通部水上暨船舶警察、邊界警察、海關部門、漁業部；國家領海爲內政部、海巡署）及非政府組織（德國民間海事搜救組織（Dgzrs））進行聯合演練。在不同的船舶會有不同的問題。所以當發生眞實之災害搶救執行時，才開始去學習就已經太晚了。

　　通常演練情境一開始是其中一艘船上發生爆炸狀況。船員必須打電話給當地消防隊與聯絡海事應變隊，接著海事應變隊成員到達現場。演習中假設狀況與眞實狀況無異，所以演習人員被訓練成所有情境狀況都是眞實的，使第一線救災人員能從情境中學習並有收獲。基本上，演習中假設狀況有：

　　(1)語言問題。

　　(2)來自不同單位混合編組救災。

　　(3)推舉出編組中指揮者。

　　(4)最佳方法及最佳步驟爲何。

德國船舶災害通訊體系

通訊體系

```
            德國船舶災害通訊體系

           災害現場協調聯絡官

  衛星電話        超高頻無線       衛星電話

 海事應變                          岸上
 指揮中心    →  消防隊指揮官  →  消防分隊

           插／分多路復用器無線電

   火災救援分隊    ━━━━━    醫療救援分隊
```

德國通訊作業上，採用ADM無線電、VHF超高頻與衛星電話。事實上，通訊是搶救船舶災害成功之關鍵。假使沒有良好通訊設備，搶救任務注定是失敗的；基本上應勤背包在通訊方面有手機、衛星電話與海事通訊設備等配備。

德國戰略分隊裝備設有海運用貨櫃或大型裝箱容器、空運特殊吊籃等應勤裝備

直升機能快速進行吊掛垂降，各種災害需求能與陸地後勤作業充分連結運作

德國船舶災害聯合救災演練建立現場指揮權一元化體制

德國船舶災害聯合救災並注意遇難船舶穩定性

12-3 德國船舶火災海事戰略（三）

6. 船舶災害戰略上

(1)建立現場指揮權一元化（Establish Command）：由消防單位最高指揮者擔任，考量各單位所扮演之角色為何？各單位所能提供資源為何？

(2)搶救決策（Conduct Size – Up）：判斷何種搶救資源並運送至遇難船舶之能力評估？船舶本身應變能力及初步處理如何？海上風勢影響造成蔓延助長，或是否能孤立局限火勢？遇難船舶甲板未受災害影響之作業平臺空間還有多少？船舶傾斜度與穩定性如何？

(3)布置水線（Establish Water Supplies）：判斷遇難船舶是否失去動力，或因其他災害導致船舶失去消防幫浦能力之情況，水線如何有效布置及動力如何提供等？

(4)局限災害範圍（Establish Boundaries）：現場水線進行有效率冷卻作業，並注意遇難船舶穩定性。當不再冷卻時，船舶鋼鐵受高熱軟化或射水滅火艙底大量積水，遇難船舶可能會很快失去其穩定性。在沒有任何防護設施，如消防撒水設施之情況下，進入救災人員就需有充滿水線之瞄子掩護。

(5)考量固定式消防系統使用（Consider Fixed Fire Suppression Systems）：當固定式消防系統在正常情況及正確位置，考量何種消防設施或混合使用（與船舶組員滅火或登船進入消防人員滅火組合）能達到最佳滅火效果。而德國海事應變隊成員出勤前往海上途中，就必須重新建構遇難船內部所有設施，可能在救災過程所扮演之功能角色。

在船舶戰略分隊消防活動如次：

A. 海事戰略分隊決策戰術。

B. 執行人命搜救。

C. 受災者救助。

D. 局限火勢。

E. 船上消防設備使用。

F. 滅火攻擊。

G. 通風策略。

H. 全面檢視。

德國海上應變指揮結構

海上應變指揮結構

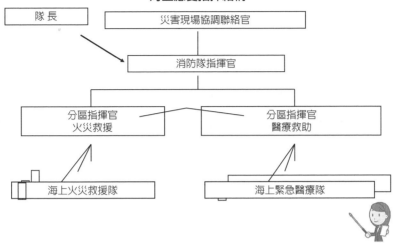

海上應變指揮結構，船舶火災狀況為災害現場協調聯絡官→消防隊指揮官（隊長）→火災救援分區指揮官（火災時）→海上火災救援隊出勤。如為緊急醫療狀況為現場協調聯絡官→消防隊指揮官（隊長）→醫療救助分區指揮官→海上緊急醫療隊出勤。

德國船舶災害聯合救災由海事戰略分隊決策戰術。

德國船舶災害指揮體系救災人員必須根據不同災害規模，來設置不同職責之指揮所。

12-4 日本船舶火災海事戰略（一）

日本船舶災害由消防單位負責停留在碼頭（岸邊）、駛近（岸邊）中及河川湖泊中之船舶，而上述以外之情況則爲日本海上保安廳負責。在戰略特性上非常重視情報蒐集工作、聯合支援體系組織工作，於戰略戰術上有相當仔細深入描述，所有搶救人員皆注重現場紀律及具旺盛戰鬥精神。

1. 設置海上保安廳（Japan Coast Guard, JCG）

海上保安廳爲執行海事船舶安全之半軍事及執法單位，負責日本海上法令之執行、海上犯罪防治、海難救助及海洋汙染防治與災害防止等。年度預算爲 167 億日元（平成 15 年，平均每人預算 1341 日元，如以美國巡防署相較，美國每人預算達 3000 日元）。享有司法警察權限，編組有 12258 位人員組成，其中女性有 330人。於日本海域航行船隻可利用國際 VHF 無線電話通報、國際海事通訊衛星系統（INMARSAT）、無線通話則經由電信局連接到一般電話撥 118，24 小時向海上保安廳作緊急求援。爲加強船舶救災作業，設二個應變執行單位，特殊警備隊（Special Security Team）與特殊救難隊（Special Rescue Team）。下設 11 個管區爲地方機構，如第三管區海上保安本部橫濱海上防災基地，是日本最大規模的海上保安廳巡邏船艇大約 100 艘，飛機約 30 架。

2. 整備通報聯絡工作

通報幾乎都是來自於與受災船及相關人員或機關，因此，確實整理通報內容並從中獲得消防行動所需資訊。此外，發生船舶火災時，應聯繫締結相互支援或業務合作關係的相關機關，從平時就得確立相關機構間的聯絡體系。通報主要爲：碼頭或靠岸中船舶可由一般電話通報、船舶離岸時可由國際 VHF 無線電話通報、設在岸邊電話連結器與船舶電話相連接可供停留在岸邊船舶使用、利用船舶電話通報透過各地區基地臺轉接，無線通話則經由電信局連接到一般電話、利用國際航海通訊衛星（Inmarsat）可進行船隻與陸地或船隻相互之間的電話通訊、利用汽笛警鈴通報以汽笛或警鈴響 5 次長音（海上碰撞預防法規定）通報、利用信號通報如利用光（色彩或形象）等視覺信號及利用聲音之聽覺信號方法。

3. 重視情報蒐集體制

船舶火災消防活動，必須進行情報蒐集以決定滅火行動之方針。

(1) 與相關機關情報體制：船舶火災時，消防機關、海上保安廳、警察機關及港灣管理機關等多個行政機關都會出動救災，災害現場這些相關機關相互密切的聯繫，應在現場設置指揮所，建立使各機關獲得的情報能夠互相確認的體制，特別在海上時，指揮部可能設於船上，消防艇等船舶應配置國際 VHF 無線電或船舶電話，積極活用從相關機關獲得的資訊。

(2) 報案資訊蒐集體制：基本資訊蒐集內容有發生日期時間、受災船狀況、待救助者狀況、裝載物品類型態、有無危險物品、有無二次災害的危險及火災的型態。

日本海上保安廳

海上保安廳執行業務

1. 警備業務：與海相關犯罪搜查、警備等的海上公共安全警察、警備警察的業務。
2. 海難救助業務：海難救助、離島急患搬送、船舶救火、汙染防止等，海上消防機關業務。
3. 海洋情報業務：海圖製作、潮流測定、為防災的海底火山、海底斷層調查等，海上測量機關業務。
4. 交通業務：燈塔的設置、管理、航行支援系統等、海上交通警察、海事情報提供機關業務。

日本海上保安廳船舶除碼頭（岸邊）、駛近（岸邊）中及河川湖泊中之船舶外，餘皆由其負責。

日本海上保安廳船舶與其他機關合作滅火時安全管理進行密切聯絡，設置現場監查人員。

12-5 日本船舶火災海事戰略（二）

(3)外國船舶蒐集體制：一般商船上，英語為溝通共同語言，船長或大副基本上都會說英語（船員資格相關國際公約規定）。船舶指揮權在船長身上，因此形成各種資訊集中在船長一人身上，因此，一開始應找到船長並從其身上取得相關資訊。

4. 重視相關單位聯合救災體系

由於消防機關消防艇數量有限，需建立海上相關機關間相互支援體系。如海上保安廳、警察機關、海關部門、港務局、漁業公會、領航員公會、拖船公會及渡輪船公司。在整備該單位內容，應事先整理成一覽表，如船艇狀況（有無消防能力）、救助用設備器材狀況、滅火用設備器材狀況、除去障礙物器材狀況。並在單位簽訂支援協助等，如支援內容、聯絡體系、支援程序、支援指揮體系及經費負擔等。

5. 現場安全管理工作

船舶火災行動對策，由於船舶的特殊結構與一般建築物不同。應特別留意下述消防行動上的安全對策，並研擬相關滅火對策。

(1)進入船舶時的事先安全確認，同時有必要針對該狀況發展相關的對策，尤其應先向船長、機艙長等船員或船主確認船內狀況後再進入，這點非常重要。

(2)為確保安全，進入船內時切斷火災區域附近的電源，在船內多人同時一起展開消防行動。為避免進到船內後迷路，應先向熟悉船內狀況的人取得必要的資訊，確保資訊流通的方法。

(3)射水時安全確認，船舶可能因射水過多而失去平衡。又船舶內通道狹窄且由鋼板製成，向灼熱的鐵板噴水時，容易被彈回水滴燙傷，需注意噴水方向及部位。

(4)與其他機關合作滅火時的安全管理，安排與其他機關密切聯絡，應設監查人員，避免有造成整體合作活動阻礙的情形。

6. 戰術性優先順序

(1)搶救人命（Rescue）

(2)防止延燒（Exposures）

(3)圍堵作業（Confinement）

(4)滅火攻擊（Extinguishment）

(5)防止復燃（Overhaul）

(6)通風作業（Ventilation）

日本船舶火災海事戰略

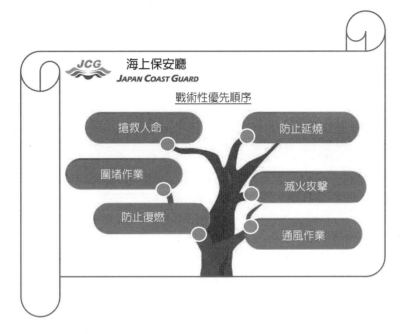

日本海上保安廳船舶演練建立海上相關機關間相互支援體系。

日本海上保安廳與山口縣警察進行年度聯合反恐演習。

12-6 韓國船舶火災海事戰略 (一)

韓國船舶災害由消防單位負責,但海上停泊和運行中船舶發生火災時,韓國海警、海洋水產廳與港灣公社等單位皆有必要加入支援救災。在戰略特性上建立指揮體系一元化作業、聯合支援體系組織工作、重視直升機救援與裝備組成,於戰略戰術上亦有相當仔細深入描述並製作船舶災害手冊(厚達 800 頁)供救災人員研讀。

1. 設置海洋警察廳 (Korea Coast Guard, KCG)

韓國海洋警察廳為執行海事船舶安全之半軍事及執法中央單位。組織結構分 5 個局 (Bureau)、13 個地區海洋警察署 (Station),人員組成包括警察、公務人員及戰鬥警察(服警察役之軍人)等三種,目前人員數量約 8500 名。洋警察廳艦艇計有 250 艘及配置 12 架直升機,執行海上任務,海洋警察廳所有船艦之艦艇指揮權歸屬於地區海洋警察署之署長。

2. 設置海事應變中央指揮中心

在國際海事組織章程規範下,設置海事安全中央機構,將韓國海洋事務暨漁業部、外交部、行政自治部、國防部及警察署之海事資源作整合。為加強船舶救災作業,韓國於整個沿岸及水域上,有地方管轄警察官署、地方海洋水產廳、國外海事應變控制總部,為統一整合資源,於中央指揮中心下設海事應變控制次中心,執行單位除海洋警察廳外,有漁業無線局、救難無線局、船艇隊等進行船舶救災工作。

3. 建立指揮體系一元化

韓國消防與海軍單位製作海上火災等災害因應手冊,由相關機關共享,並定期實施共同訓練,建立消防本部綜合情報室和有關機關船舶間順利通訊方式,以建構完整各機關現場一元化指揮體系。

4. 相關單位聯合救災體系演練

建立海上相關機關間相互支援體系,如釜山海洋警察所(狀況室)、海警特殊救援團、釜山拖船協會、韓國海洋汙染防治協會釜山分部、釜山地方海洋水產廳管制室、釜山港灣公社、港灣營運團第 2 船舶中隊、韓國潛水協會及韓國海洋救援團等進行聯合演練。

5. 重視直升機救援與裝備組成

與德國一樣,有整備直升機各項救援裝備,如救生吊籃,結合吊掛裝置等必要設備,並安裝空氣呼吸器及防撞等相關裝備。直升機無法降落情況,使用救生吊籃進行救援。救援隊員應攜帶必要的設備(擔架、急救箱、待救人員安全帶等),能使用吊掛裝置接近待救人員等。

韓國海洋警察廳

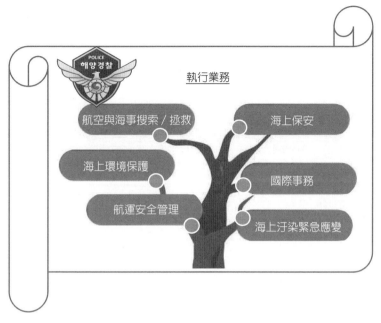

執行業務

- 航空與海事搜索／拯救
- 海上保安
- 海上環境保護
- 國際事務
- 航運安全管理
- 海上汙染緊急應變

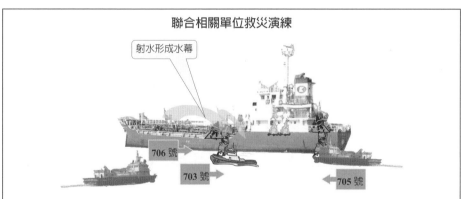

聯合相關單位救災演練

射水形成水幕

706 號

703 號

705 號

建立海上相關機關間相互支援體系，由韓國海洋警察廳主辦，救災演練建立海上相關機關間相互支援體系

韓國海洋警察廳為執行海事船舶安全之半軍事及執法中央單位。

12-7 韓國船舶火災海事戰略（二）

6.船舶火災執行順序

(1)人命搜救

以 2 人爲 1 組，利用照明機具和繩索等進行搜索。結束後使用事前約定標示（如螢光棒、檢查結束板等），並防止發生檢查的死角地帶。

(2)進入起火樓層

進入船舶時務必確認火災控制圖（Fire Control Plan），掌握進入階梯和船內消防安全設備等消防現場活動相關資訊後，再使用迅速安全的通道進入起火點。並確認艙內（外）階梯、逃生門的位置後，考量火災和待救援人員的情況等再決定入口。

(3)確認起火點

濃煙會根據不同的燃燒物發出獨特的氣味，可透過氣味掌握起火點。濃煙是呈現起火點狀態的主要線索。然而，船舶火災不能將濃煙處判定爲起火點。於下方甲板層發生火災時，濃煙大部分往開口部位滯留在高樓層。

(4)確認燃燒物

確認燃燒物可助於滅火及決定要使用水還是其他滅火藥劑滅火。觀察燃燒的速度以推測燃燒物，當火災急劇擴大時可推測是油類、氣體或是其他類似的危險物燃燒。濃煙是推測什麼物質在燃燒的重要線索。也就是說由濃煙的顏色、量、氣味和密度等推測出可能燃燒物。如黑煙是指油類或橡膠等物燃燒、大部分木材或乾草會產生灰色煙、艙內火災會產生較濃灰煙、黃或紅色等特殊顏色煙可推測爲化學物質、氫類燃燒時不產生煙、褐色煙大部分是在車庫和擺放潤滑油處發生火災。

(5)確定火災範圍

船舶火災的情況和一般建築物火災相左，具不同的特徵。船舶的材質大部分是鋼板，即使沒有開口部也會因熱能傳導和輻射熱燃燒擴大至鄰近隔間。因此，於船舶火災時，尋找火災範圍和起火點是相當困難的。

(6)阻止火勢擴大

防止船舶的火災擴大，最主要的目的是在內部以垂直和水平方式蔓延進行防堵作業。

(7)殘火處理

殘火處理的方法，主要以低壓射水爲主，對射水後仍難以滲透可燃物者，因有復燃可能性，應移出屋外用水充分噴灑。殘火處理時，因救災人員累積的壓力和精神緊張感解除，所以行動時很容易鬆懈，需多留意意外發生。殘火檢查應在關係人參與下實施。並由指揮者指定的區域開始，從外到內、從上層到下層及從高到低依序實施。

韓國船舶火災海事戰略

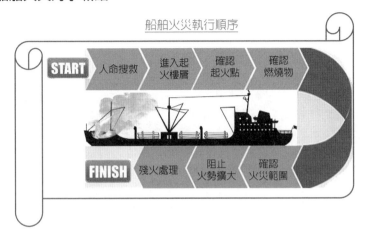

船舶火災執行順序

START　人命搜救　進入起火樓層　確認起火點　確認燃燒物

FINISH　殘火處理　阻止火勢擴大　確認火災範圍

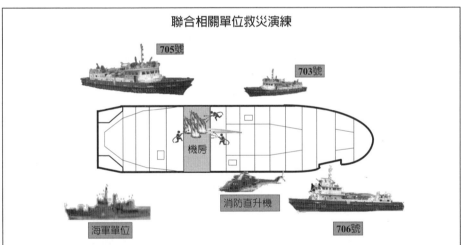

聯合相關單位救災演練

705號　703號

機房

消防直升機

海軍單位　706號

韓國海洋警察廳救災演練有整備直升機等各項救援裝備，如救生吊籃，結合吊掛裝置等必要設備。

韓國海洋警察廳重視直升機救援與裝備組成，以執行快速救援行動。

12-8 英國船舶火災海事戰略（一）

英國於中央設置搜救策略委員會（UKSAR Strategic Committee, UKSARSC），由運輸部、國防部、內政部、海事巡防署、消防委員會、衛生急救委員會、皇家救生艇協會（RNLI）等共同組成。

作法上，於交通部下設置海事巡防署（Maritime and Coastguard Agency, MCA），負責英國海域船舶安全工作；國防部（MOD）為英國軍事行動及提供救災設施；於消防單位係英國滅火工作法定職掌，包括海上、空中及陸上等救災工作。基本上，於岸上或港口水域船舶災害，海事巡防署與郡消防局或港務局，由應變中心值日指揮官（MCA Incident Officer, MIO）派海事災害通訊官（Maritime Incident Communication）保持通訊，負責分區工作；另派海事傷亡控制官（Marine Casualty Officer, MCO）登船管制工作，派事件聯絡官（MCA Liaison Officer, MLO）與消防單位聯絡官（FRS Liaison Officer）共同協調，並進行救災整合作業。

1. 設置海事巡防署

海事巡防署納入海岸防衛隊（Her Majesty Coastguard）與海事安全署，於英國整個沿岸上設置 6 個分區海事災害應變中心（MRCC），又為加強船舶作業設置 14 個分區海事災害應變次中心（MRSC）。於英國海域航行船隻可利用數位 VHF, MF 及數位 MF 無線頻道等撥 999 緊急電話，緊急傳真 PSTN 或海事衛星電話（INMARST）或全球海上遇險暨安全系統（Global Maritime Distress Safety System, GMDSS）等，於 150 浬海域範圍內 24 小時向海事巡防署作緊急求援。在作業上使用整合性通訊系統，以自動辨識軟體（Automatic Identification System, AIS）及搜救資訊軟體（SARIS），能指出受災船所在之海域位置、巡航路徑、航速、船舶種類、船舶大小並查出裝載風險貨物性質等，另可用電子郵件 Outlook 方式來傳遞 MSI 資訊。

2. 成立海事應變隊（Maritime Incident Response Group, MIRG）

海事應變隊前身為皇家海岸防衛隊（HMCG），負責英國海域船舶火災搶救、船舶化學災害事件控制與船舶工業事件等救災作業。海事應變隊擁有 2 架皇家海軍式、6 架皇家空軍式及 4 架海岸防衛式等 12 架搜救直升機，232 艘快艇（RNLI Lifeboats），1 架重型搜救飛機（RAF SAR Nimrod-A/C H24）；另有輔助性海岸防衛隊組織係民間自願性組織，設 403 個搜救分隊。此外，更與民間救災專業部門訂定契約，以 5 年為一期，提供搜救直升機之服務。

3. 三方指揮體系

位於港區船舶救災，指揮體系區分為三方面：

(1)船長（Ship Captain）。

(2)港務局長（Harbor Master）。

(3)消防隊長。

船舶災害三方聯絡體系

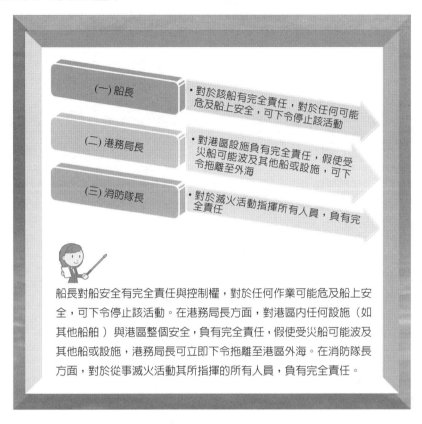

（一）船長 ・對於該船有完全責任，對於任何可能危及船上安全，可下令停止該活動

（二）港務局長 ・對港區設施負有完全責任，假使受災船可能波及其他船或設施，可下令拖離至外海

（三）消防隊長 ・對於滅火活動指揮所有人員，負有完全責任

船長對船安全有完全責任與控制權，對於任何作業可能危及船上安全，可下令停止該活動。在港務局長方面，對港區內任何設施（如其他船舶）與港區整個安全，負有完全責任，假使受災船可能波及其他船或設施，港務局長可立即下令拖離至港區外海。在消防隊長方面，對於從事滅火活動其所指揮的所有人員，負有完全責任。

Maritime and Coastguard Agency

海事巡防署執行業務

· 透過英國海岸救援隊（HMCG）協調英國搜索及拯救行動。
· 確保駛入英國水域的各船隻符合英國及國際安全標準。
· 監測及防止英國近岸水質汙染。
· 擔任英國商船隊船長和船員合格證明書的測試／簽發組織。

12-9 英國船舶火災海事戰略（二）

4. 現場協調聯絡官角色

現場協調聯絡官（Liaison Officer）是一個涉及不同隸屬單位整合及決定性之角色。如受災船、消防單位、港務單位、海岸巡防署或其他救災等不同單位間協調聯絡事宜，而此種緊急聯絡事項必須事前作成計畫，並清楚劃分每一單位所需扮演之角色與執行。一般而言，聯絡官是相當有壓力的，災害初期為得到船長資訊，聯絡官必須盡快進行協調。假使受災船是屬於外國船舶，溝通資訊更形重要。

5. 金銀銅指揮系統特色

英國災害現場指揮體系可分為三種等級，分為銅系戰技（Bronze Operations）、銀系戰術（Silver Tactics）與金系戰略（Gold Strategy）指揮系統。

在銅系戰技方面：

(1)進行評估船舶災害事件波及規模、可用資源、辨識現場風險與危險（Hazards and Risks）。

(2)考量災害相應指揮官等級層次。

(3)目標優先等級。

(4)考慮標準作業程序與動態風險評估（Dynamic Risk Assessment, DRA）之發展。

(5)通訊與控制計畫。

(6)最後進行計畫之有效性評估。如果救災作業涉及許多不同隸屬單位，往往會啟動所謂銀系戰術指揮系統。

銀系指揮官角色一般如次：

(1)管理整體事件、決定救災活動優先等級。

(2)分配救災資源、獲得額外所需之救災資源及協調其他救災單位。

(3)考量災害規模是否提高至金系戰略層次。假使災害規模遠超過戰技與戰術指揮系統之能力，如船舶火災失控、大規模洪水災害或地震災害，此時金系戰略指揮系統必須介入執行。

金系指揮官通常為具相當資深之人員，亦可能是組織中最高層級，從戰略角度管理整體救災現場，角色一般如次：

(1)決定不同隸屬單位之統一指揮所位置。

(2)制定災害事件整體管理工作之架構。

(3)制定政策能搭配銀系指揮系統作業，如設定戰術參數等。

(4)決定戰略目標與修正。

(5)提供救災資源與決定現場資源投入容量限制。

(6)決定資源分配優先等級。

(7)確保救災通訊暢通與順序。

英國船舶災害海事戰略

英國海事救災責任官特色

| 船舶穩定度聯絡官(stability liaison officer) | 資源官 (resources officer) | 後勤官 (equipment & logistics officer) | 進入滅火控制官 (firefighting teams control officer) |

| 空氣呼吸器控制官 (BA control officer) | 岸邊前線搶救控制官 (quayside forward control officer) | 通訊官 (communication) | 安全官 (safety officer) | 水域官 (water officer) |

英國海事巡防署

Maritime and Coastguard Agency

1. 透過轄下英國海岸救援隊安排搜索及拯救和其水上安全行動。
2. 管理英國船舶註冊。
3. 向國際海事組織提供海事標準發展的意見。

英國海事巡防署與民間救災專業部門訂定契約，提供搜救直升機服務。

12-10 英國船舶火災海事戰略（三）

6. 事件決策管理模式（Decision-Making Model）

英國在大規模或嚴重災害事件中，如船舶滅火戰略上，各級指揮官在指揮與管理上，必須進行動態事件決策模式。而災害搶救中各幕僚幹部必須不斷提供最新資訊給指揮官，進行回饋修正之動態管理。從災害事件資訊、救災資源資訊與危害暨安全資訊整合至指揮官思維（Think），來設定所欲達成優先目標順序（Prioritise Objectives），制定救災計畫（Plan），經過有效溝通通訊（Communicate）及控制（Control），最後達成效果（Outcome），再經過評估（Evaluate），來修正思維決策動態循環之管理模式。而執行此種管理模式非常重視救災成員之情緒過程（Emotional Process）與認知狀態（Cognitive）。如此模式亦很類似為「計畫、執行、檢核、行動」（Plan, Do, Check, Action）循環體制，如此體制能有效協助指揮官達成所欲執行目標。

7. 進行災害動態風險評估（Dynamic Risk Assessment）

英國在船舶災害事件中，指揮官應進行動態風險評估。此模式與英國各消防局所執行的解析式風險評估（Analytical Risk Assessment）是一樣的。由於災害現場環境不斷在改變中，所以指揮官應不斷作檢視。而評估主要因子如次：

(1)潛在環境中之風險，風險發生可能性與風險嚴重度，有誰或什麼事物是處在如此風險中。

(2)當下所執行災害控制措施及另外引入災害控制措施之評估。

(3)確認動態風險評估及戰術模式是正確無訛的。

基本上，組織戰略目標體系是一種系統化過程，從一般風險評估至標準作業模式，後進入動態風險評估至戰術模式至解析風險評估，後再回饋至戰術模式中，災害現場各幕僚幹部必須不斷提供實際資訊回報，回饋至組織戰略目標修正。

8. 現場安全管理工作

為使災害現場救災人員能安全執行，在英國有一重要角色—事件安全官（Safety Officer）。擔任安全官人員必須具有相當救災經驗，負責下列工作：

(1)辨識災害現場風險及提供相關資料給事件指揮官。

(2)觀察災害現場動態環境，進行確認災害初期消防活動之正確性與保持救災工作安全範圍。

(3)與其他單位安全人員聯絡並進行資料交流。

(4)進行確認災害初期風險評估之有效性與記錄工作。

(5)進行解析式風險評估工作之校正。

(6)確保所有救災人員配備相應防護裝備（PPE），並監控救災人員安全性與體能狀況，並試著了解災害發生可能原因。

(7)與事件指揮官（IC）或作戰指揮官（OC）保持救災通訊頻道聯絡。

英國船舶災害海事戰略

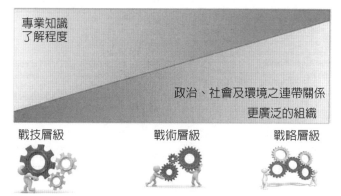

戰技層級需較多專業知識，戰略層級需較多政經及環境等廣泛知識。

船舶災害動態風險評估

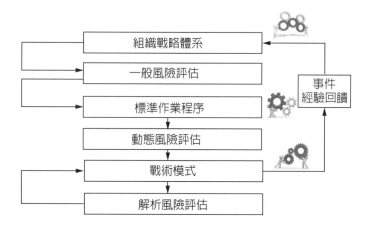

通訊聯絡

英國海事巡防署通報可利用數位VHF、MF及數位MF無線頻道等撥999緊急電話，PSTN、INMARST或GMDSS等。

12-11 英國船舶火災海事戰略（四）

9. 船舶災害戰術方面

英國船舶災害戰術如次：

(1)邊界冷卻（Boundary Cooling）

消防指揮官必須衡量，如進行邊界冷卻所獲得有利面及冷卻後地面竄流水（Run-Off Water）所造成不利面之關係。

(2)邊界移除可燃物（Boundary Starvation）

為預防火勢熱傳導透過船壁（Bulkhead）或甲板蔓延，搬移火災室週遭可能透過熱傳導或輻射之任何可燃物質；這是以免火災室造成火勢延燒隔壁空間路徑的一種有效戰術。

(3)使用廣角水霧（Wide-Angle Fog Branches）

為能排除濃煙及避免地面形成逕流水，使用廣角水霧攻擊是一種有利戰術，能快速吸收空間內溫度。此種戰術使用最有利是使用相當少量的水，以及進入未排煙通風之路徑。

(4)使用船上現有系統（Using The On-Board Systems）

派出一聯絡官，盡可能利用船上現有消防系統。如火災艙內無人員受困，第一時間即可使用全域式 CO_2 滅火系統快速壓制火勢，再派出空氣呼吸器滅火小組（BA Teams）進行殘火處理，以防火勢有再復燃之可能。

(5)通風（Ventilation Techniques）戰術

消防指揮官應決定採取攻擊或防禦方式，如一旦找到火勢位置時，應即採取攻擊方式；而進行時必須利用艙口與其他開口，以使用廣角水霧或手提風扇，強力驅除熱煙層流，是一種相當有效的排煙方法。

英國船舶火災攻擊及防禦

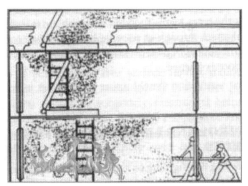

上面艙口蓋打開，水帶線充滿水，打開艙門後隨即在較低位置使用廣角水霧攻擊戰術

隔離局限火勢位置，以免火煙竄流至其他空間。外面空氣能從開放甲板門口引入，形成一排煙流路徑。而火災艙內火煙能從導管或艙口蓋引出

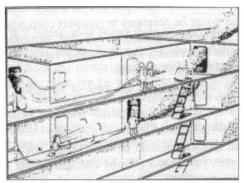

火災室垂直開口採取關閉狀態，在火煙路徑上放置強力風扇，引入外界空氣，驅除火煙至所預先設計的路徑上；另再使再廣角水霧作輔助，以防護入內BA滅火小組，以保持火煙流路徑通暢度

12-12 美國船舶火災海事戰略 (一)

於國土安全部 (Department of Homeland Security) 下設置美國海事巡防署 (United States Coast Guard, USCG),負責國際、美國海域及國內水域船舶安全工作。另為水域搜救而整合美國公、私部門力量資源,於聯邦層級設置國家搜救委員會 (National Search and Rescue Committee)。在船舶火災應變方面,如於岸上或港口水域船舶災害,將與消防局、港務局,進行救災整合作業,如在港口外將由美國海事巡防署主導,請消防局共同執行救災工作。

1. 設置海事巡防署

為執行海事船舶安全之軍事與執法並行聯邦單位,為美國第五種軍事力量,平時隸屬運輸部,戰時依據總統令,接受海軍部長指揮,成為海軍之一部分。作業系統使用「Rescue 21」而集電腦 (Computing)、指揮 (Command)、控制 (Control) 與通信 (Communications) 之 4C 系統。USCG 成員有 42000 位現役人員、8100 位後備役軍人、7000 位行政人員、30000 位民間志工及 252 艘巡邏艇、1600 艘船及 210 架直升機及巡邏機。USCG 與加拿大皆設有義工制度,約有 34200 人,協助海岸防衛隊執行救災、安全教育等任務。

2. 搜救應變中心 (Rescue Coordination Centers, Rccs)

於美國整個沿岸上、關島、夏威夷及阿拉斯加,設置有 13 個搜救應變中心,其中主要分為太平洋與大西洋二大區域,可協調美國公、私部門海事資源整合。在作業上使用搜救最佳規劃系統 (Search and Rescue Optimal Planning System, SAROPS),能指出受災船所在之海域位置、巡航路徑、航速、船舶種類、船舶大小等。

3. 搶救目標優先順序

災害管理優先順序 (人命安全性、事件穩定度、財物搶救、環境保護) 及火災搶救目標優先順序 (人命救助、火災波及處搶救、局限火勢、燃燒位置滅火、通風、殘火處理與全面檢視),上述二者優先順序在船舶滅火搶救與建築物搶救是一樣的。

4. 船舶滅火特殊考量

船舶滅火考量與建築物火災是不同的,特殊考量如次:

(1) 選取登船及進入滅火位置:假使不是岸上船舶,至登船位置可能就需動用到商業資源,如接駁船、拖船與補給船 (Supply Vessel) 作為運輸平臺,以運輸救災人員、泡沫桶與救災裝備等;上述運輸用船供應透過港務局長等人協助取得。登船時可利用繩索、三節延伸梯,但應謹慎使用及確保安全。

(2) 多方不同隸屬單位之責任性與協調:當各方救災陸續到達後,應即制定各單位責任工作與所應控制措施。確認該單位人員確能有權責,可代表該單位之決定,限制無關人員登上受災船。

(3) 船艙排水 (Dewatering Operations):船舶滅火射水應謹慎進行,無效率射水會妨礙滅火作業與船舶穩定度之問題。

美國海岸防衛隊

美國海岸防衛隊

美國海岸防衛隊是美國軍隊的一個分支，亦是美國七個聯邦制服部隊之一。海岸防衛隊作為海事軍隊，專責處理各類海事執法事宜（職權涵蓋12哩領海及國際水域）及執行聯邦管制規定，地位特殊。和平時期部隊受國土安全部管轄，如有需要美國總統可下令部隊移交美國海軍部指揮，國會亦有權在戰時下達相同命令。

船舶滅火射水潛在問題

1. 射水後積水會造成船舶穩定度問題。
2. 滅火水可能流入衛生設施等容器內，造成飲用水生物上汙染問題。
3. 滅火水落入石化產品容器等，造成汙染風險問題。

12-13 美國船舶火災海事戰略（二）

(4)汙染預防與控制：港域港務局長應盡可能控制及協調港區汙染問題。

(5)船舶負載調整與穩定度：從過去經驗中得知，如此項目標不及時進行，最後將會造成所有救災人員撤離之決策。受災船穩定度考量，會影響進行中減火戰術之改變；如減火水一直積在受災船較高位置，致船舶重心不穩，將使減火射水量受到嚴格管制。

(6)後勤管理：災害事件規模愈大，相對地後勤問題將更形重要。因此，在災害早期即要制定事件管理體系（IMS）中後勤功能。基本上，船舶火災常易形成長時間救災，救災人員之更替等應作考量，食物飲用水、衛生設施供應。受災船在岸邊更需要起重吊桿設施，以吊搬救災機具裝備或貨物吊離等，而起重設施操作需由有經驗者來從事。

5. 船舶火災戰略（Shipboard Firefighting Strategies）

(1)制定指揮權：設定指揮權程序是依所謂標準作業程序所規範。

(2)災情評估（Conduct Size-Up）：

 A. 能得到船舶救災資源之能力程度。

 B. 受災船周遭可能受波及之船隻。

 C. 海上風勢對火勢加強之影響。

 D. 船舶乾舷（Freeboard，指船舷甲板線上緣垂直向下量度至水面的距離）位置：

  (a) 假使船舶吃水線在水面上較高位置，是輕裝載情況，但船舶穩定度可能是一個問題。

  (b) 假使船舶吃水線在水面下位置，如此是重裝載或裝滿燃料情況而可能即將準備出發。

  (c) 假使船舶是重裝載及海水是退潮，滅火射水累積可能會使受災船觸底。

 E. 受災船傾斜與平穩調整（List & Trim of The Vessel）

  (a) 假使受災船是傾斜的或嚴重難保平穩（Heavily Trimmed），事件指揮官應了解是什麼原因造成此現象。

  (b) 在一嚴重難保平穩受災船，滅火逕流水或泡沫等液體，應流向船內最底端，使船舶重心得以降低。

 F. 停靠在岸邊其他船舶可能受火勢波及情況。

 G. 受災船結構狀況。

(3)設定水線供應（Establish Water Supplies）。

(4)設定周界防護（Establish Boundaries）。

6. 船上固定式滅火系統使用（Consider Fixed Fire Suppression）

 假使船上人員已使用固定式滅火系統，這是一重要問題，因其已使用，代表已有一難以撲滅之火災。

船舶火災搶救要領

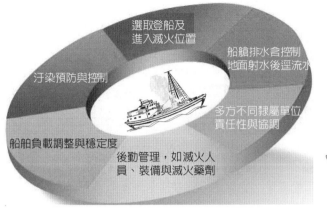

船舶滅火搶救影響考量

選取登船及
進入滅火位置

船艙排水含控制
地面射水後逕流水

汙染預防與控制

多方不同隸屬單位
責任性與協調

船舶負載調整與穩定度

後勤管理，如滅火人
員、裝備與滅火藥劑

消防射水問題

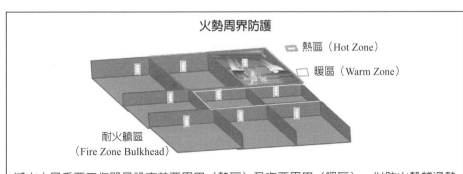

2-1/2吋水帶每分鐘可射出946公升水量，如進行30分鐘，船內就有35.5噸積水。又多條水帶或水域消防船同時射水將導致受災船翻覆後果。因此，事件指揮官應派出排水作業人員，使用船上設施或手提幫浦進行排出。

火勢周界防護

🔲 熱區（Hot Zone）
⬜ 暖區（Warm Zone）

耐火艙區
（Fire Zone Bulkhead）

滅火人員重要工作即是設定首要周界（熱區）及次要周界（暖區），以防火勢越過熱區時，而進行第二次圍堵作業。

12-14 美國船舶火災海事戰略（三）

7. 船舶火災搶救戰術

(1)人命救助（Search and Rescue）

救助人員能將受困者先帶離火煙流可能侵襲處至另一相對安全區，是比設法穿越熱煙風險更安全。救助者在濃煙中如以手接觸沿著船艙壁前進，假使不模著船壁或方向改變時，將會造成空間迷失感之風險。而船舶典型是通道狹窄、凸起艙門邊框（Door Coaming）及陡直階梯，將造成受困者移出之困難度。

(2)周界防護（Establish Boundary）

於等級 A 或等級 B 之艙壁及甲板，設定首要周界（Hot Zone）並關閉火災室所有開口；以及使用次要周界（Warm Zone）作為熱煙流周界，以設定火災周界。

另一方面，使用防煙垂幕、一般毯、防火毯或厚帆布等，豎直在通道與艙口位置，以使煙流達到最小化。當消防人員進入暖區位置時，能使用排煙扇以形成煙流路徑，以最小化濃煙流進入暖區內部。

基本上，火災室之六面皆為金屬艙壁，受火災熱傳導與輻射，將形成大量熱。

(3)船上固定式滅火系統（Fixed Fire Suppression System）

(4)火勢攻擊戰術（Fire Attack）

消防人員可考量使用船上相關裝備，如船上所配置適合船舶通訊之手提無線電，一般是比消防隊本身所使用無線電更適合使用。假使受災船是為油輪，應注意艙內或甲板之油氣，在使用排煙扇或有電氣裝備時，可能產生油氣爆炸之發火源。因此，油輪上通常是使用氣壓式或液壓式工具與裝備，其使用時是不會產生發火源的。

A. 水線深入（Advancing Fire Hoses）

B. 熱區進入（Hot Zone Entry）

    (a) 使用熱影像顯示儀（Thermal Imagers）或感溫量測裝置。

    (b) 在艙壁或甲板面上貼上一種特殊顏色筆（Crayons），如達一定溫度時將會產生融化現象。

    (c) 水線快速往艙壁或甲板射出水霧後即關閉，即時觀察其所產生蒸氣量。

    (d) 從艙壁受到高熱後會膨脹，觀察壁面油漆起泡變化程度。

(5)設定水線供應（Establish Water Supplies）

A. 船舶設計依國際海事組織所規定消防栓水壓，是較低於消防隊所使用之水線壓力。

B. 船舶所提供消防設備如與消防隊裝備連接混合使用可能有問題。

C. 進行攻擊時可能會因船舶動力減低或災害問題產生動力失效，導致火場中水線突然停水之風險。

D. 如需使用船舶消防設備時，僅能用於邊界冷卻（Boundary Cooling）與殘火處理時。

船舶火災搶救戰術

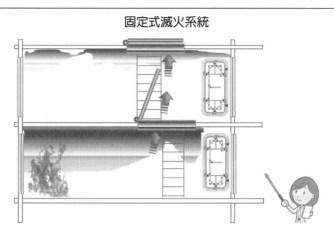

固定式滅火系統

固定式滅火系統使用時應注意，如先關閉上面開口，將迫使燃燒生成氣體快速往通道流出，形成充滿熱煙氣體，使救災人員難以接近。

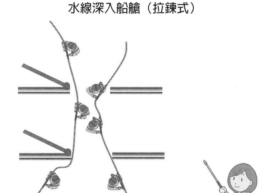

水線深入船艙（拉鍊式）

1. 規劃出火勢攻擊小組之路徑選取。假使可以應選取上風處進入。
2. 所有水線攻擊亦應從同一方向進入。
3. 攻擊小組皆從火災室下一層或同一層進行水線伸入。
4. 確認人員退出路線及設定緊急撤退之信號及程序。
5. 謹慎估計水線長度，在狹窄通道內過長水帶將會造成水流折彎問題，及過長水帶翹起，會形成人員障礙與勾倒。
6. 人員交替作業。在狹窄空間進行此項作業，將具困難。使用拉鍊式（Zipper）或交錯安排法（Stagger）。如此是將所有交替人員位在二條水線中間。

12-15 愛爾蘭船舶火災海事戰略

於交通部下設置愛爾蘭海事巡防署（Irish Coast Guard, IRCG），負責愛爾蘭海域及英國北愛爾蘭船舶安全工作。港務局係港口之法定權責單位，消防單位係消防滅火法定職掌，每一消防單位均運用其自身所有資源，用來執行海上、空中及陸上等救災工作。因此，在船舶火災方面，愛爾蘭海事巡防署人員並沒有接受滅火訓練，船舶滅火工作如於岸上或港口水域，由郡消防局主導與港務局進行救災整合作業，如在港口外將完全由消防局負責執行救災工作。基本上，愛爾蘭在船舶滅火戰略上大多沿用英國體系。

1. 設置海事巡防署

從愛爾蘭海軍分離出之單位，為執行海事船舶安全之非軍事單位，為愛爾蘭政府 4 個緊急反應單位（消防局、救護局、警察局）之一。IRCG 分 Dublin 主要海事搜救應變中心（MRCC）與 Malin 及 Valentia 二個海事搜救應變次中心（MRSC），而分布於全國海岸應變站計有 825 個。IRCG 有 700 艘遊艇、64 艘船、270 艘漁業用船及 3 架搜救直升機。另設置海岸志工應變隊（Coast Guard Team），計有 54 個分隊，成員有 950 位男女人員組成，配置初期快速反應裝備。

2. 船舶救災責任官特色

愛爾蘭沿襲英國船舶滅火戰略，消防指揮官及派遣許多責任官如同英國一樣，負責各重要工作之幹部。上述船舶穩定度聯絡官與進入船舶滅火控制官是不同於其他，是一種獨立作業。而該任務編組人員多寡是依事件規模大小及衝擊程度而決定。

3. 船舶指揮戰略特色

首先，船舶滅火指揮考量上，主要視受災船是在岸邊或外海位置。假使受災船是在外海位置，指揮戰略如次：

(1)消防指揮官派出一資源官與聯絡官，集結相關救災資源與人力，準備運至受災船上；以及進行聯絡及評估所需之消防活動。

(2)派出進入船舶滅火控制官去確保作業時能得到適當消防控制、安全與人員暨裝備之供應等活動。

(3)派出一裝備暨後勤官評估救災所需裝備，以及船上所能提供之消防裝備設施，列出一清單（List），並能符合現場資源官之所需項目。

4. 船舶火災控損作業（Damage Control）

船舶內火災在戰略上可視為一六面體金屬容器內火勢燃燒情況。消防人員應盡可能防止火勢擴散出去，透過可能船艙壁體或船艙門。所以，火災室六面壁體皆應被監控，以及導管（Ducts）、管道（Pipe）或纜線（Cable）亦應被檢視。在控損作業上有一項重要戰術是自由液面效應限制（Limitation of Free Surface Effects），因滅火進行中必有大量水往下逕流，而使用船底幫浦或緊急救助幫浦（Salvage Pumps）進行早期排水工作；另在船艙走廊使用隔板以限制積水之移動。

愛爾蘭海事巡防署

愛爾蘭海事巡防署

岸邊指揮戰略

1. 派遣一資源官（Resources Officer）進行整合及管理所有到場之裝備機具與救災人員在一組合地點及部署。
2. 派遣一水域官（Water Officer）進行水域上設定供給點。
3. 派遣聯絡官與船長接洽，取船舶結構及火災控制圖（Fire Control Plan）。
4. 聽取船長完全簡報狀況，綜合各種資訊來評估所需消防活動。
5. 基於所得到資訊動態修正資源之部署。

愛爾蘭全國海岸應變站計有825個，海域航行船隻可利用VHF、MF、HF與Navtex無線電、撥112或999。

指揮官派出一資源官與聯絡官集結相關救災資源與人力，以及進行聯絡與評估所需之消防活動。

12-16 加拿大船舶火災海事戰略

於交通部屬海洋暨漁業局（Department of Fisheries and Oceans）下設置海事巡防署，負責加拿大海域船舶安全工作。加拿大爲全球海岸線最長的國家，於聯邦層級上設置國家搜救委員會。在船舶火災應變方面，加拿大海事巡防署人員並沒有接受船舶滅火訓練，其所扮演功能僅爲提供船舶、裝備、運輸與人員避難等協助角色，船舶滅火工作如於岸上或港口水域，則由消防局與港務局負責，如在港口外將完全由消防局負責執行救災工作。基本上，加拿大在船舶滅火戰略上大多採用美國體系。

1. 設置海岸防衛隊（Canadian Coast Guard, CCG）

爲執行海事船舶安全之非軍事及非執法聯邦級單位，專責於搜救、海洋環境保護及助航等海事服務，有關執法任務則由其他機關負責。海事巡防署與交通部、國防部、皇家騎警隊、移民局、海關等各機關共同合作，最近年度預算有 28500 萬加幣。CCG 將全國劃分五大主要應變區域，設置聯合救災協調中心與海事救助執行中心，57 個救災應變站，另有 5000 名義工，義工制度初期由加拿大公民自發性的參與海上救援，慢慢形成協助救災之義工制度。海事巡防署有 2400 位成員、130 艘巡防艦艇、5 艘氣墊船與 30 架飛機，其中飛機所有權隸屬海事巡防署，但飛機駕駛員維修等則由加拿大交通部負責。

2. 現場協調官角色

指揮官必須盡速指定能夠負責參與救災的單位、船隻、飛機的現場協調官。

(1) 何時指定與指定誰擔任現場協調官。

(2) 由第一個抵達現場的救災單位擔任。

(3) 選定現場協調官的考量

　　A. 曾受救災訓練與經驗。

　　B. 通聯與通訊設備之能力。

　　C. 現場協調官能維持在救災現場的時間長短。

(4) 執行的連續性

　　現場協調官必須有能力持續在現場維持一段長時間。

(5) 運作權責

　　現場協調官隸屬於事件指揮官，擁有所賦予在現場掌控任務、完全運作的指揮協調權責，被指定爲現場協調官責任自指定開始，到解除或任務結束爲止。

3. 船舶火災決策管理（Decision Management）

在以下情況，是採取船舶滅火攻擊戰略（Offensive）之時機：

(1) 船上人員受困且有威脅到生命，正需救助時。

(2) 火勢是相對小的，而到場救災資源是相當足夠時。

(3) 船上固定式滅火系統藥劑已噴完，爲防護受波及之風險貨物時。

(4) 進行攻擊戰略能局限燃燒中火勢至一區域或爲防護船上重要設施時。

(5) 火災室有足夠清晰度時。

加拿大海岸防衛隊

加拿大海岸防衛隊管轄

加拿大海岸防衛隊依「海洋法」和「加拿大航運法」，主要任務如次：
1. 航行支援協助。
2. 海上通信和交通管制。
3. 破冰和海洋冰山管理。
4. 海峽航行管理。
5. 海洋探險／救援。
6. 海洋汙染預防。
7. 提供船舶和飛機等災害支援協助。

加拿大海岸防衛隊管轄區域202080公里海岸線，是世界上最長。海岸防衛隊船隻和飛機巡行範圍約2300平方海浬的海洋和內陸水域。

艙房火災射水應用戰術

1. 應用瞄子快速打開（為2至3秒），進行快速點放直接攻擊火勢位置。

2. 艙門打開前蹲姿戰術，使用現有開口或切割一洞口（瞄子口能伸入）。

3. 假使頭帽上方熱煙流呈現有火焰現象時，則使用連續水柱流或水流方式（Solid Or Straight）進行短暫掃射。

船舶火災戰術

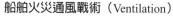

船舶火災通風戰術（Ventilation）

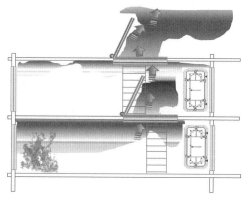

1. 船上通風體系（Vessel Ventilation System）
   考量船上通風繼續供應新鮮空氣，陷在內部房間乘客得以呼吸。
2. 天然通風戰術（Natural Ventilation）
   天然通風是沒有機械輔助之空氣自然作水平或垂直移動。
3. 正壓通風戰術（Positive-Pressure Ventilation）
   PPV是消防人員在開口進風處作控制，使用一高排出空氣量，以形成空間內部比外部較高壓方式。
4. 負壓與液壓通風戰術（Negative-Pressure and Hydraulic Ventilation）
   負壓戰術將排煙風扇置在出口處，以促使煙熱氣流因負壓而排出。而液體通風戰術是直接使用水霧流（30°與90°）方式，迫使煙流往所設定開口流出。

接近火災室戰術（Methods of Approach）

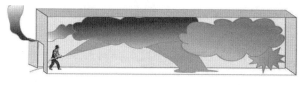

從火災室同一層或下一層之位置進入火災室，是較安全的，但仍有許多空間位置是必須在其上層作進入，如垂直進入至船底火勢區，應考量如次：
1. 應常交替水線人員，避免熱衰竭（Heat Exhaustion），應記住人員忍受高熱環境是無法超過10分鐘時間。
2. 站在火災室正上方甲板，可能比蹲低或爬行時所感受是較少熱量（Heat Stress）。
3. 站在火災室正上方甲板進行冷卻作業時，這是非常風險的。因蒸氣及高燙滴下的水往往會進入消防鞋內，而造成足部燙傷現象。
4. 因垂直進入火災室需穿越上方熱煙氣體，位於空間上部金屬梯扶手，將是非常高熱。消防人員下梯時需摸著扶手，因此需穿著二個防護手套，始能避免燙傷。

Note

第四篇
船舶火災檢討復原篇

第13章
無外援船舶火災案例

目前隨著船舶的現代化程度不斷提高，船舶救災必然在更大程度上亦依賴科技進步，而人員的訓練和消防教育也要不斷追蹤火災科學和高科技的最新成果，對改善目前船舶救災效率，具有某種特別重要之意義。

從火災原因研究方面，能得到一些船舶火災預防上重點問題所在，俾免重蹈覆轍。本章探討在沒有任何外援介入的情況下，船上人員僅能靠自行努力將火勢予以撲滅，以實際發生過程作探討，以使讀者了解真實案例經驗；鑑往知來，以備船上火災時，緊急應變上能安全並有效地進行。

（孟加拉籍船長與作者合影）

13-1 卡呂普索號客輪火災（一）

2006 年 5 月 6 日凌晨 3 時 30 分，1 艘註冊塞浦路斯（Cypriot）的卡呂普索號（Calypso）客輪（Cruise），發生引擎機艙火災（Engine Room Fire），當時此艘客輪正通過法國 Guernsey 地區的 Peter 港 Tilbur 海峽，船上有 462 位乘客和 246 位船員。此次火災無人傷亡，最後使用拖船予以拖回港進行調查。

事故概況

本案由值班工程師人員採取初步應變行動，是有效的撲滅火勢，雖然船隻失去了所有緊急電源與動力，致漂流在多佛（Dover）海峽分向航道。船的右舷主引擎已受火勢影響而產生嚴重受損。後來為免航道交通受阻，由拖船緊急拖走，最後到達南安普敦（Southampton）港。

螺栓問題

本案隨後的調查中發現，火災是由右舷主引擎（Wartsila Vasa32 型）已故障的低壓燃料管法蘭（Low Pressure Fuel Pipe Flange）所引起的。缺乏有效的防範，使燃油噴到毗鄰的渦輪高溫增壓器（Turbocharger）和排氣管（Exhaust Piping）所引燃起火。Metallurgical 專家分析顯示，2 個口徑 10mm 法蘭螺栓（Flange Bolts）問題，可能是由於金屬疲勞（Fatigue）所致。在過去類似發生事件，曾在 10 年前，Wartsila 引擎公司已察覺到法蘭設計的弱點，從 1995 年已發出技術手冊，建議修改低壓燃油管法蘭。這份公告（Bulletin）分發至各服務工程師和船上有配置 Wartsila Vasa32 型引擎之船東。本案可能是由於船舶所有權時常更換，以致該公告和 1999 年份另一個修正版本，未能有效地確保卡呂普索號進行必要的修改。

滅火反應

船上火勢是猛烈的（Intense），和隨後的滅火反應過程，凸顯一些高級船舶人員的知識、經驗和訓練是不足與有所缺陷。船上成員認為，大火已由快速使用固定式二氧化碳窒息滅火系統予以成功撲滅。其實，火災撲熄主要是延燒中燃料缺乏（Fuel Starvation）所致，由於值班工程師（Watchkeeping Engineer）快速行動的結果。然而，船上對於火災正確反應行動，並未遵循一般所公認的滅火慣例程序（Recognised Good Practice）進行。為嘗試釋放的二氧化碳滅火氣體是到二氧化碳儲存鋼瓶室，並沒有就近到合適的遠端操作站。嘗試釋放二氧化碳人員並不是緊急編組表上（Muster List）所指定的人員。在二氧化碳釋放之空間後不久，認為二氧化碳已釋放，資深幹部人員重新進入機艙，但並沒有穿著適當的防護設備與人員布署消防水帶（Fire Hose）支援（Back-Up）措施，一旦打開艙門後隨之而來新鮮空氣供應至火勢，可能出現再復燃之火勢風險。

卡呂普索號客輪火災

火災原因

卡呂普索號客輪火災原因調查，於火災發生後，迅速實施右舷主引擎檢查，起火原因是由於內側氣缸室（Inboard Cylinder Bank），連接低壓燃料回程管線法蘭鬆開。法蘭鬆開是因2個10 mm法蘭螺栓已失效了。其失效使法蘭產生稍微鬆開，從而造成「O」形密封圈（Ring Seal）脫落現象。因此，在高達10 Bar的壓力下液體燃料，透過法蘭間隙噴灑濺出（Spray）現象。

液體燃料形成液滴和油霧濃度，在失效法蘭附近發現有許多高溫熱點（Hotspots），如進氣口到渦輪增壓器之排氣歧管（Exhaust Manifold）和渦輪增壓器（Turbo Charger）本身。燃料僅要接觸到這些熱點之一，又有足夠數量燃料狀況下就能被引燃，以維持燃燒情況。從失敗法蘭造成燃料的持續供應至火勢燃燒，直到三管輪停止燃油增壓泵（Fuel Oil Booster Pump）和關閉閥門為止。在缺乏燃料繼續供應和機艙通風系統被關閉後使氧氣缺乏情況，火勢燃燒最後停止了。

卡呂普索號客輪火災事件無造成人員傷亡，事故後由拖船帶到安普敦港

13-2 卡呂普索號客輪火災（二）

乘客反應

在滅火進行期間，乘客們保持消息暢通，集合在小船甲板上（Boat Deck）穿著救生衣，但甲板空間很快就擠滿了（Quickly Accounted）。救生艇到登乘甲板（Embarkation Deck）上沒有發生任何意外。儘管大部分乘客是老人，在夜間經歷了甲板上外面寒冷的氣溫，乘客們仍是信任船長和船員作為，沒有人受到身體上任何不適。最終，當船長相信火勢已完全熄滅了，確定是安全的狀態，讓乘客們返回到船上住宿區（Accommodation）。

本案已作出建議到塞浦路斯（Cyprus）和英國海事部門（UK Maritime Administrations），並依國際海事組織文件，就明確確定固定二氧化碳裝置的控制措施，以及如何提高船員對二氧化碳滅火系統打開前和使用後（Pre and Post Use）之檢查程序與相關知識。

金屬疲勞

一個合格的冶金學家（Metallurgist），進行本案 10mm 法蘭螺栓失敗現象調查，進行了初步的冶金分析。2 個螺栓都被標記為 8.8，顯示其生產中所使用鋼材等級。這是符合 Wartsila 公司操作手冊中指定所需要的等級。本案在分析過程中進行的螺栓硬度測試證實，它們都擁有超過 8.8 級鋼所需 800 N/mm^2 之最小極限抗拉強度（Ultimate Tensile Strength）。這種平均等效螺栓一個極限抗拉強度為 880 N/mm^2 和另一個為 885 N/mm^2。

不當改裝

由 Wartsila 公司出版 3217T011GB 和 3217T044GB（01）技術公告，提供本案有關全面性建議，包括更換法蘭 2 個螺栓為法蘭 4 個螺栓及其他修改工作，旨在抑制燃料供應系統之壓力脈衝和振動現象。但在卡呂普索號尚未進行修改。在這之前，船上一個油噴濺防護板（Sprayguard）是位於失敗螺栓法蘭上方，但其已被修改過（Modified），以致其不再能夠具備防護作用。

卡呂普索號客輪火災分析

不當改裝油噴濺防護板

高溫曲軸箱

分析顯示，卡呂普索號客輪右舷軸溫箱（上圖右），螺栓失效是金屬在長期振盪載荷下形成裂紋最終破裂情況。而防護板（上圖左）是為了符合SOLAS要求，防止燃油與熱表面之直接接觸。本案發現油噴濺防護板距離失敗法蘭很近；然而，不知是否火災前、火災期間或火災後脫落的（也有可能為滅火射水時脫落）。這是很有可能的，即使其仍留在修改過之位置上，仍無法防止本案在壓力下液體燃料之噴濺，勢必會超出其防護範圍。本案事故是多種綜合因素之組合，起初是由燃油管法蘭上鎖緊螺栓疲勞所致失效，以及不當改裝、鬆散之油噴濺防護板和緊接近高溫熱表面，而導致火災發生之起因，致機艙火勢延燒。如果已遵循Wartsila公司技術公告內所載指示，這場火災本是可避免的。

卡呂普索號客輪火災延燒受損渦輪機（左）與上層區域（右）

＋知識補充站

溫度、壓力與體積關係

蓄水池

室內消防栓

消防幫浦

英美室內消防栓系統

13-3 卡呂普索號客輪火災（三）

低水霧滅火系統失效

當時引擎控制室已充滿了嗆人煙霧，由三管輪（Third Engineer）停止引擎動作，進入引擎機艙和停止燃油增壓泵，並關閉其相關閥門。三管輪考慮到欲操作低壓水霧系統前，需要內部人員先撤出機艙空間。而引擎控制室（Engine Control Room, ECR）並沒有依照 MSC/Circ 1082 所規定，具有 A60 耐火等級艙壁之受保護的空間作區劃（Bounded）。這意味著在引擎控制室低壓水霧系統控制點位置，無有效區劃而沒有滿足 SOLAS 要求，而 MSC/CIRC 913 規定要求低壓水霧系統操作控制站位置，必須設在防護空間以外之位置。

本案也顯示卡呂普索號對這寶貴滅火設備安裝要求是一種誤解。假使有低壓水霧控制點（Control Point）是安裝引擎控制室外部，或裝在安全室（Safety Room），極有可能輪機長能在火勢早期的機會時就能使用滅火系統，而發揮其應有之控制作用，以達到火勢冷卻之目的。

值班人員反應

火災時船上人員反應，於當日 12～16 時值班三管輪（Watchkeeping Third Engineer）指出，從其所在位置看到引擎控制室（Engine Control Room）出現火焰現象，隨後迅速作出反應。其確認這可能是燃料油燃燒的火勢情形，需要盡快停止引擎和燃料供應來源。三管輪這樣做，儘管有相當大的風險，但能保證引擎機艙（Engine Room）的工作人員是安全的。三管輪對火勢初期行動和反應速度，是值得稱讚，並考慮到二氧化碳不能先進行釋放動作，可能區劃空間還沒有完全密封狀態下，會造成二氧化碳量耗盡及產生無法滅火之窘況。

船長反應

船長抵達駕駛艙（Bridge）後不久，收到值班人員（OOW）呼叫，船長依其專業經驗，以冷靜與多方考量來處理此一緊急事件。特別是讓乘客知曉船上緊急狀況，安全地進行召集起來，其實船長這樣做，是安全正確的。

安全官反應

船上安全官扮演著機動協調角色，按照緊急編組表（Muster List）作為統籌整個事件任務分配。安全官進入機艙幾分鐘後，認為二氧化碳已被釋放，之前他曾接受培訓，但本案事發當時他只是臉上披著濕毛巾，這是危險錯誤作法。他進入引擎機艙行動，可能造成新鮮空氣送至火勢區域，提高緊急事件程度，同時亦將其陷入二氧化碳中毒死亡風險。也許他是幸運的，因本案事件中二氧化碳根本就沒有被釋放出來。於當時幾分鐘後，他再次單獨進入機艙空間，這時他已穿戴空氣呼吸器，但並沒有告訴任何人。這是錯誤危險作法，可能造成問題更加劇情況。

卡呂普索號客輪火災分析

螺栓金屬疲勞

失效
O型環

法蘭螺
栓遺失

　　　　分析顯示，鬆開螺栓O型環致燃料透過法蘭間隙噴灑濺出。螺栓斷裂處非常精細，其中一個螺栓顯示金屬疲勞失效之證據。沒有發現螺栓是過度鎖緊之任何證據，因此，螺栓失效得出的結論是金屬疲勞所致。而金屬疲勞是一項長期的過程，導致金屬在振盪載荷下形成裂紋。在本案分析過程中未能確定出金屬疲勞何時就開始失效，但其仍會出現一些潛在的可能起源，如金屬局部材料缺陷、製造本身上缺陷（Defects）、局部區域受損、平常的引擎振動（Vibration）或從燃料油噴射泵之壓力脈衝（Pressure Pulses）所致之起因。

低壓水霧滅火系統（Low Fog Water Spray System）

卡呂普索號客輪低壓水霧滅火系統控制盤火災時系統並沒有被啟動。客輪低壓水霧滅火系統已在2006年3月進行安裝，以符合海上人命安全國際公約的要求，以專門設計為防護這種事故類型。不幸的是，這次滅火系統沒有被啟動，如果其正常啟動，能幫助減少火災期間所遭受的損失程度。

13-4 卡呂普索號客輪火災（四）

輪機長反應

　　輪機長（Chief Engineer）被呼叫時反應迅速，其直奔安全室（Safety Room），並正確地採取了滅火反應。在組織滅火反應人員他不照著緊急編組表編排，他選擇可以信任之機組成員來完成這項危險性任務。例如，他下令總電工技術人員（Chief Electrician），而不是緊急編組表上（Muster List）指定的 8 至 12 時值班人員，來負責釋放二氧化碳系統動作。這一決定，是最終導致二氧化碳釋放到受影響空間失敗的一個因素。他亦暴露出缺乏二氧化碳系統之專業知識，他指示電工技術人員釋放二氧化碳氣體至機艙和鍋爐房。但鍋爐房並沒有火災，且這個空間是由 A60 級艙壁所區劃保護著。

　　這一決定將嚴重稀釋（Diluted）注入機艙之二氧化碳氣體濃度。通常其應與安全官（Staff Captain）一起，但本案輪機長決定進入機艙後不久，他認為，二氧化碳已注入到機艙空間。他穿著空氣呼吸器，且和總電工技術人員陪同，但沒有其他人員進行安全援助，也沒有通知船長。這是一個危險的行動，根據不同的情況下，可能造成人身傷害及事件嚴重緊急升級。雖然我們認識到，輪機長在這一行動的動機是能夠盡快重新啟動發電機，以限制火煙對乘客的不適（Discomfort）影響範圍，他不應該忽視了之前他所接受之消防培訓經驗。

　　大約一個小時後，輪機長單獨重新進入機艙內，決定脫下他空氣呼吸器之面罩，而以其鼻子嗅出大氣成分（Sniff The Atmosphere）。事後，他承認這是一個危險的舉動。然而，其已發現機艙內空氣仍適合呼吸，他不明白，假使是二氧化碳有釋放進入此空間事實，他會受到二氧化碳的嚴重影響。如果他確認，大氣中只有煙，但他質疑其中有可能是二氧化碳氣體，如此更不應該脫下空氣呼吸器之面罩。再次進入是因他主要關心是機艙的重新再啟動，但他冒了如此不必要的風險，來實現這一意義不大之目標。

　　在機艙被封閉期間，輪機長所給的指令，是任何人如沒有他的同意下，誰都不應該進入機艙。此指令是不夠清楚，亦沒有傳達周知，且安全官（Staff Captain）亦沒有接到此項指令。不管什麼原因，可以明確指出，本案船上滅火反應小組的兩個主要關鍵成員幹部之間溝通，是沒有效能與效果的。

　　總之，輪機長是努力來應對此項緊急事件情況，但他的一些行動是沒有幫助的，並可能加劇事件的情況。基本上，輪機長必須具備船上滅火系統之知識、熟稔滅火程序及充分理解、不能無視於船上緊急應變計畫，因其船上一旦發生火災時，輪機長角色任務是不可或缺的，其必須能確保在緊急事件情況下，能得到最佳作法（Good Practices）。

卡呂普索號客輪 CO_2 滅火系統

卡呂普索號 CO_2 滅火系統

　　卡呂普索號火災時，當試圖釋放CO_2的人員搞錯了，假使船上CO_2大鋼瓶啓動方式是氣動式（上圖左），其必須先啓動小鋼瓶（Pilot Cylinders）釋放氣壓後，再自動啓動各大鋼瓶，隨後釋放（Transpired）至船上哪個空間就不了解其去向（上圖右），但實際上並沒有任何CO_2被釋放。在火災發生時CO_2滅火系統釋放並沒有人進行檢查（Checked）和實施保安措施（Secure）如CO_2艙口關閉情況，是否有人員仍留在CO_2滅火系統所釋放之各危險空間（Dangerous Condition）內部。然而，本案所有CO_2滅火鋼瓶仍然是滿滿的，根本就沒有被釋放出。至於進行起火原因調查期間，船隻抵達南安普敦港口，從CO_2鋼瓶室（Bank of Cylinders）卻意外被釋放進入引擎機艙。在該事件中，3名機組人員幸運地躲過一劫，而沒有發生喪失人命的傷亡事故。

卡呂普索號客輪CO_2系統鋼瓶室

13-5 卡呂普索號客輪火災（五）

低壓燃油管路問題（Low Pressure Fuel Pipes）在類似客輪已由英國海事事故調查局（Marine Accident investigation Branch, MAIB）發現。

1. 薩莉星號（Sally Star）客輪

(1)1994 年 8 月，駛上駛下型（Ro-Ro）薩莉星號客輪，通過橫跨多佛（Dover）海峽時，於機艙起火。連接至 4 號主引擎的低壓燃油系統之法蘭螺栓（Bolted Flange）接頭失效，致使易燃性燃料油蒸汽接觸到高溫引擎排氣系統（Exhaust System）。大火最終在船上啓動緊急反應後 3 小時努力滅火始被撲滅。

(2)調查結果顯示，2 個螺栓（Bolts）是有破損，其是固定「低壓燃油管法蘭」結合 Wartsila Vasa32 型 12 氣缸引擎軸溫箱（Hotbox）。發現螺栓由一種緩慢進展疲勞裂紋，在許多負載週期，導致失效。毗鄰高壓燃油泵，疲勞負載誘發高頻率循環負荷應力，誘導出瞬間最高壓力脈衝（Peak Pressure Pulses）現象。

(3)Wartsila 公司進行 Vasa32 型引擎進行了瞬態壓力測量，結果是 45 Bar。後來 Vasa32 型引擎產品重新改良，最後低壓燃油管更改爲 4 支螺栓法蘭（Bolt Flange）作結合，並發出 3217T011 號安全公告週知。

(4)海事安全局建議：「考慮進行一項研究計畫，以確定是否有需要引入更嚴格的要求，有關中等速度（Medium Speed）柴油引擎低壓燃油系統，以保證燃料供應管道能承受運轉期間預期之最高壓力（Peak Pressures）脈衝」。

2. 南極光號（Aurora）考察船

(1)1999 年 1 月 14 日，澳大利亞 1 艘南極考察船南極光號火災，起因涉及一個低壓燃料管道洩漏，隨後火災發生在引擎上面。然而，在南極光號的情況，是已執行了 Wartsila 公司所推薦的 4 個螺栓法蘭修正，以及燃油噴濺防護蓋（Spray Over）已牢固地作安裝，但仍發生火災事故。

(2)澳大利亞運輸安全局（ATSB）調查發現，2 個法蘭上螺栓已破裂，剩下 2 個其中 1 個是鬆開而另 1 個已失去鎖緊能力。但不能確定是否螺栓過緊所造成的。此外，燃油噴濺防護蓋不是 Wartsila 公司供應產品，其是由岸上承包商所製作（Fabricated）。事件發生時燃油噴射已越過其防護範圍。

3. 北歐皇后號（Nordic Empress）客輪

(1)2001 年 6 月 15 日 1 艘北歐皇后號客輪，前往紐約途中引擎機艙火災。由美國海岸防衛隊調查，火災起源於 Wartsila 12 氣缸 Vasa32 型主引擎前端。在引擎一側軸溫箱（Hotbox），螺栓所固定低壓供油管法蘭連接至供應／返回（Supply/Return）管路，此螺栓失效，致使燃油噴到高溫排氣歧管。

(2)北歐皇后號客輪在 Wartsila 公司公告後，已修改爲 4 個螺栓。調查發現，北歐皇后號是由不正確大小和不同質量幾個螺栓合併一起使用。

MAIB 調查結論

01 儘管已指示二氧化碳釋放，當時不為人知的幹部和船員仍進入到可能二氧化碳已釋放之機艙空間，來實施滅火作業。

02 二氧化碳系統定時器氣瓶（Timer Bottles）與啓動用小鋼瓶（Pilot Gas Cylinders）之間相似性，二者目的易導致人員混淆。

03 火災發生後二氧化碳系統處在危險條件，期間可能觸發二氧化碳直接意外釋放，幾乎造成機艙內3名船員發生死亡事件。

04 務實作法是規定二氧化碳或其他人命安全設備，檢查後閥門、控制開關和其他設備等，應確認是否返回到安全狀態位置。

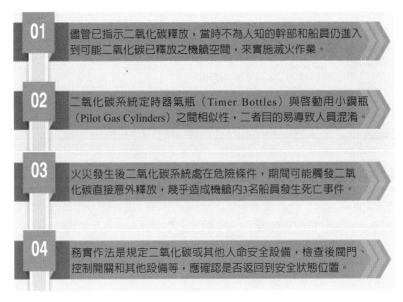

不正確固定式二氧化碳滅火系統

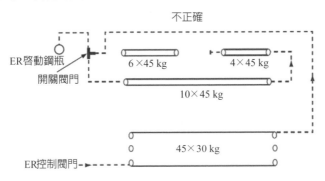

13-6 卡呂普索號客輪火災（六）

調查報告事件

本案由英國海事事故調查局進行調查報告如次：

1. 如果沒有科學的冶金（Metallurgical）分析，是不可能來確定明確火災原因，發現燃油管路法蘭螺栓失敗。由火災後檢視發現，失效的法蘭裝配組件（Assembly）並未遵守 1995 年技術公告中所列出的規定。

2. 不同質量與不同大小的螺栓被使用。使用不同的螺栓會有特定（Specific）和不同的緊縮過程，從而增加了安裝不當的可能性。

3. Wartsila 公司 1995 年技術公告並不表示，在 2000 小時保固期間，使用扭矩扳手（Torque Wrench）作快速固定是正確的。而僅以視力檢查在確定各種螺栓連接鬆緊度或相關螺栓的扭矩值，是不適當的。

4. 目前沒有能完全防禦（Defenses）措施，來最小化（Minimizing）壓力下燃料意外洩漏釋放的影響或阻止它到達有起火源任何一點位置。因燃油可能產生跳飛（Ricocheted）和在防護蓋下燃油即產生高溫霧化，如此可能立即接觸到引擎其中排氣管高溫表面體。如此受熱燃料能被加熱至其自燃（Autoignition）溫度，而產生燃燒及隨即在鄰近引擎的前端區域，作快速火勢傳播現象（Fire Propagated）。

5. 2002 年 9 月 2 日，1 艘駛上駛下型（Ro-Ro）Norsea 號渡輪，遭遇引擎機艙（Engine Room）火災，從船艉柴油機所驅動低壓燃料管磨損產生失敗（Fretting Failure），形成燃油洩漏，此是 Wartsila Vasa32 型發電機，為一個不完全的防護設備所形成之結果。

6. 本案由英國海事事故調查局進行調查，並建議 Wartsila 公司：「對其引擎使用用戶，應提供明確作法，有關在例行性安全檢查 Vasa32 型的軸溫箱（Hotboxes）低壓燃料管之方式」。

7. 因此，由以上事件強調包括卡呂普索號，在一個火災危險事件中顯示船員迅速而有效的行動，以防止船隻的損失擴大，及可能造成的生命損失與隨之而來的海洋汙染。

8. 1999 年發行的 Wartsila 公司技術公告明確指出，有可能很多像這樣的螺栓仍在 Wartsila Vasa32 型引擎上使用，造成低壓燃油管之法蘭螺栓接頭發生故障事件，可能沒有形成火災，因此沒有被報導公告出來。因此，技術公告是重要的，達到預期來防止可能同樣事件再度發生之目的。

正確固定式二氧化碳滅火系統

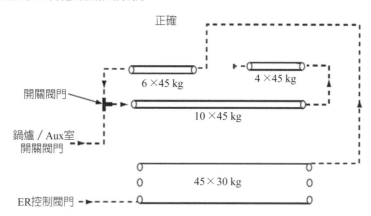

MAIB 調查建議

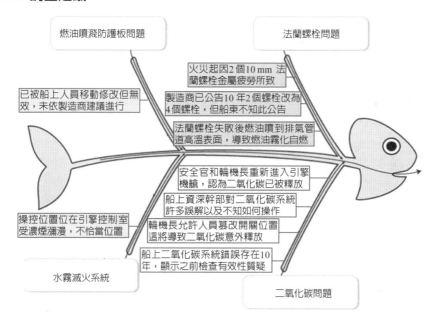

13-7 公主星號客輪火災（一）

2006 年 3 月 23 日凌晨 3 時 9 分（UTC +5），1 艘百慕達（Bermuda）公主星號（Star Princess）客輪，從開曼群島（Grand Cayman）航行到牙買加 Montego 港途中，於外部客艙（Stateroom）陽臺處開始起火發生火災，大火還蔓延到客艙內部；船上人員計有 2690 位乘客及 1123 位船員。最後，導致 1 名乘客吸入濃煙而死亡，13 人受濃煙的影響必須接受治療。

火災調查

大火在 1.5 小時後才被撲滅，船員分別從外部相鄰區域及從內部走道（Alleyways）區，使用消防水帶水源來滅火。由於陽臺區域結構與分隔牆（Partitioning），使延伸消防水帶到達火災區域必須經歷種種困難。火災發生後，共有 79 個客艙是受損嚴重（Condemned），另有 218 個客艙是受到火、煙或水損壞，船上受損區域含蓋甲板 5 區上方 3 個垂直防火區。本案火災調查由英國海事事故調查局代表百慕達大海事局（Bermuda Maritime Administration），與美國海岸防衛隊、美國國家運輸安全委員會合作調查。本案初步調查結果，提請注意客輪運營商透過英國海事調局和國際客輪理事會（International Council of Cruise Lines, ICCL）發出安全公告。英國海事調查局安全公告（Safety Bulletin）中包括旨在修訂 1974 年海上人命安全國際公約，以確保在船舶外部區域進行防火保護設計，如陽臺。擬議的修訂旨在確保陽臺分區不燃化，及客艙陽臺上可燃性材料的使用限制，並要求船舶附屬陽臺上傢俱情況，必須裝上固定式火警探測和滅火系統（Fixed Fire Detection and Extinguishing Systems）。此項海上人命安全國際公約修訂建議，將考慮 2006 年 12 月在海事安全委員會進行表決通過。

火災位置

確定火災位置（Seat of The Fire），隨著監視器證據顯示，從時間、地點、一系列偵煙和熱探測器啟動、乘客的描述（Accounts）及火災損害調查相關資料，顯示火災起源於甲板 10 區之 C316 與 C318 的客艙陽臺附近處開始。在這些客艙的火災警報是在住宿區率先啟動，從火警啟動序列顯示，火勢是向上方和朝船艉方向進行蔓延。C316 是火災影響地區的最低（Lowest）位置和最前沿的客艙處。在 03 時 11 分從甲板 11 區之 B302 視頻證據證實，火災燃燒處是在這些客艙附近。這也證實，大火被充分發展使 C316 陽臺門玻璃受到高溫破裂，引燃 C318 窗簾，當時陽臺門是打開情況。鑑於 C318 的乘客只看見發光影現象（Glowing Strand），而不是火焰情況，這是有可能的，火是接近 C316 陽臺的尾部邊界層有較大發展。這光影現象可能是從陽臺分隔區（Partition）或陽臺門燈蓋之受熱熔化材料（Molten Material）產生的現象。

公主星號客輪火災

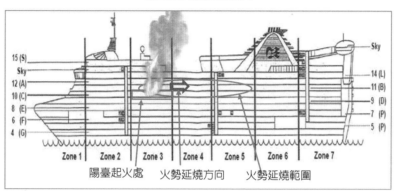

陽臺起火及延燒擴大

陽臺起火處　　火勢延燒方向　　火勢延燒範圍

在船上左舷第3區（Main Vertical Zone）中心之甲板10外部客艙（Stateroom）陽臺處開始起火。火災可能來自於陽臺上被丟棄煙頭引燃可燃物質所致，約20分鐘悶燒（Smouldered）後產生火焰。火勢迅速蔓延至相鄰陽臺，由甲板上的強風給氧助燃，快速延燒至甲板11及12，並在6分鐘內火勢到達第3區和第4區的客艙陽臺。再24分鐘後，火已蔓延到第5區。大火還蔓延到客艙內部，火災高熱亦使陽臺門玻璃受高熱破碎（Shattered），但每個客艙內有固定式窒息滅火（Fire-Smothering）系統，此限制火勢進一步延燒。由於火災的進展，從陽臺與陽臺分區上可燃材料燃燒產生大量濃煙。這種濃煙進入相鄰的客艙和走道間，阻礙乘客人員疏散，特別是在甲板12區。最後，1乘客死亡及13人受傷。

公主星號客輪火災1名乘客死亡13人必須接受治療，218個客艙受到火災煙或水損

13-8 公主星號客輪火災（二）

類似案例

有關與本案類似案例（Similar Accidents）方面，於本次調查的過程中，英國海事調查局在客輪陽臺上察覺有 6 處獨立火點（Six Fires），分別於塑膠椅子或沙灘毛巾（Beach towels）等。火災發生後，據一名乘客指出在航程中有人將菸頭隨意丟棄，落在其陽臺塑膠椅子上，留下了焦痕。其他幾個乘客亦指出，丟棄的菸蒂也落在他們陽臺上。在 20 時 03 分，客輪上火勢開始後，延燒可燃性填料坐墊（Padding）到一個滾輪溜冰鞋（Roller Skating Track）。甲板上風速超過 30 海浬，火勢進一步迅速朝船艉蔓延。但上述陽臺上坐墊填料和裝飾材質，在 SOLAS 並沒要求是阻燃或不燃化的，但後來發現其是高度易燃填充材料。

類似火災於 1998 年 7 月 20 日，在利比里亞（Liberian）註冊的 1 艘搖頭丸號（Ecstasy）客輪發生火災。大火調查由 MAIB 進行，確定火勢開始在洗衣間（Laundry Space），蔓延到船艉繫泊甲板（Mooring Deck）並穿越通風系統保溫棉絨（Lint）。MAIB 調查報告得出的結論是，這是分類為一個開放的甲板空間，船艉繫泊甲板上缺乏自動滅火系統，以致火災進一步擴大造成重大的損失。客輪業主和經營者，包括公主星號和嘉年華（Carnival）公司，報告建議如次：對於類似嘉年華客輪，繫泊甲板設計上的現有船隻，能擺置高火災荷載量（Fire Loads）如桌椅等在繫泊甲板上，應必須安裝火災探測和滅火系統，但目前都沒有火災自動保護設備；並對客艙和乘員艙安裝緊急呼叫系統，使火災緊急事件時，被困住的人能發出自己位置信號的一種手段。

緊急反應

緊急反應（Emergency Response）的 3C 即：指揮、控制與通訊（Command, Control and Communication），可以說是非常幸運的，本案火災能由船上人員予以控制與熄滅，假使火災是沒有得到遏制，屆時才發送緊急通報（PAN PAN）消息至外部援助應變單位，這種通報延遲所造成災害擴大將是非常顯著的。在 3 時 09 分警報後所採取的初步行動，包括集合評估小組（Assessment Party）、對船員警報和緊急應變站（GES）發出信號，這些行動按照船舶的書面所述之反應程序，應是妥當的。防火捲簾（Fire Screen Doors）關閉、停止通風空調，並準備救生艇和救生筏（Liferafts）的行動也很及時。藉由在火災現場大副準確的報告和建議，隨著船舶的安全管理體系協助，使船長和其幕僚人員得以了解火災屬性與滅火工作的優先順位（Prioritised）。大火最後能被船員予以控制和熄滅，算是相當幸運的。當時船長經由頻繁連絡和船上全面的廣播，並透過船舶與海事應變中心之間開放式電話聯結，使在召集站乘客人員能夠聽到船長應變處置而充分得知。因此，公主星號管理體系也讓船上人員能充分了解到如此應變行動。

外部開放區域防火問題

　　本案許多因素已被確定，雖然陽臺符合 SOLAS 第 II-2 之防火要求，但這一規定基本原則並不適用客輪其他外部開放地區，如次：

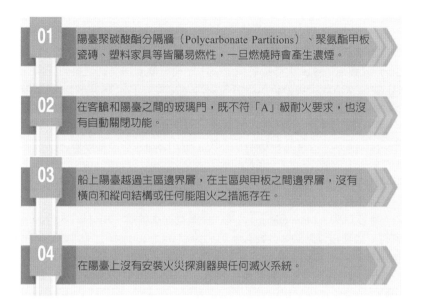

01 陽臺聚碳酸酯分隔牆（Polycarbonate Partitions）、聚氨酯甲板瓷磚、塑料家具等皆屬易燃性，一旦燃燒時會產生濃煙。

02 在客艙和陽臺之間的玻璃門，既不符「A」級耐火要求，也沒有自動關閉功能。

03 船上陽臺越過主區邊界層，在主區與甲板之間邊界層，沒有橫向和縱向結構或任何能阻火之措施存在。

04 在陽臺上沒有安裝火災探測器與任何滅火系統。

陽臺菸蒂

客輪陽臺上察覺有6處獨立火點於塑膠椅子或沙灘毛巾

13-9 公主星號客輪火災（三）

火勢擴大

船上火勢擴大（Propagation）方面，從偵煙和熱探測器警報指示，在甲板 10 第 3 區中央部位之客艙陽臺火勢開始蔓延，於 6 分鐘後到達甲板 10、甲板 11 陽臺與客艙，於 30 分鐘到達第 5 區火勢延燒情況幾乎一模一樣。由英國建築研究所（BRE）在 Warsash 實驗室重建火災分析，藉由一系列火災探測警報啓動序列，與環境條件爲變數所進行的測試顯示，火勢迅速蔓延是由於兩個主要因素。首先，在陽臺家具、甲板上的瓷磚和分隔牆壁材是易受到火焰點燃，並產生大量輻射熱量。甲板瓷磚下方的砂漿膠層（Screed），也可能導致火災荷載（Fire Load）和局部燃燒。其次，一旦火災成立，在甲板上的強風提供了充足的氧氣，在分隔牆（Partitions）上面和下面縫隙間，燃燒擴展熔化、燃燒火碎片以及局部火炬（Local Blow-Torch）效應，皆增加這些地區的火燒溫度。

雖然船上應變對策（Manoeuvring）是在船長抵達駕駛艙（Bridge）5 分鐘內開始，這是火災第 1 次警報啓動的 8 分鐘後，直到凌晨 3 時 20 分海上風向轉移到船艏右舷（Starboard Bow），從而不再正向助長火勢。在此期間，火勢已覆蓋最後受損的區域之一半面積了。一系列火災警報發出頻率，於 3 時 20 分顯著減少了，此也強調外部火災的發展和成長，受到相對風影響的重要性，在火勢受風速加快現象外，亦需盡快考量執行火災應變之策略。

乘客警覺

火災發生時乘客警覺（Alerting of Passengers），在甲板 10 和 11 之客艙與走道火災所造成影響，雖然發生在半夜時刻，顯然乘客早已有警覺，並能及時安全地採取避難動作。其中在凌晨 3 時 16 分甲板 12 之 A342 外面之手動警報機（Manual Call Point）被觸動，當時在這甲板上乘客並沒有充分意識到這種緊急情況，一直到 5 至 7 分鐘後才驚覺火災發生。在船艉走道上首次發現濃煙是在 3 時 17 分，並在 03 時 20 分煙已成爲飽和狀態，同時緊急應變站（General Emergency Station, GES）發出信號。假使緊急應變站在較早時發出信號，使甲板 12 第 3 區的乘客意識到（Instilled）有更大程度之緊迫感，之後乘客能更迅速採取撤離動作。然而，評估小組（Assessment Party）已搜尋受影響的甲板上客艙區域，因爲沒有顯著跡象甲板 12 區第 3 處走道上已有濃煙侵入，直到 4 分鐘後，機組人員警報信號（Alert Signal）響起；而船上人員滅火工作，可能會在乘客們恐慌（Panic）和混亂情況下受到阻礙。

公主星號客輪火災原因

火災原因

在起火原因（Cause of Ignition）上，沒有證據顯示現場是使用縱火促進劑（Accelerants），如油類等來進行縱火，陽臺上唯一的電器配件是陽臺門上方之封閉型燈具（Enclosed Light Fittings）。於C316和C318陽臺上燈具的損害是暴露於外部的熱源所致；沒有證據顯示出火災前之電線有電弧（Arcing）或破損之跡象。在沒有任何相反證據的情況下，本案被認為最有可能的點火源是一個丟棄的高溫煙頭（Cigarette End）所致（下圖左）。

火勢燒出異味首先在凌晨2時50分由值班人員（OOW）接到通報，3時09分火災手動警報機（Manual Call Point）被啓動，由一系列火災探測器啓動順序，判斷火災經過20分鐘悶燒（Smouldered）後，才發展出火焰（Flames）情況。這是一致的，被廢棄的菸頭接觸到可燃材料，在強風下最後悶燒成火焰狀態。雖然公主星號毛巾布材料，在BRE的測試毛巾受到燃燒中菸頭引燃實驗，但其並無法複製現場情況，因小規模的菸頭樣本，很難去模擬3月23日船上甲板環境大氣條件。實驗複製同樣的毛巾布樣品，結果是能以這種方式點燃。此外，在BRE實驗中同樣做了一些與C316陽臺上的合成材質服裝（Synthetic Garments）一樣，在這些物質至少能從悶燒中菸頭蓄熱狀態，轉變（Transition）到火焰出現。

細水霧滅火系統

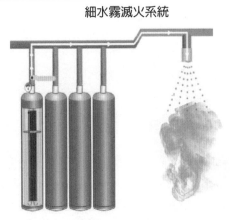

細水霧滅火系統

細水霧（Water Mist）滅火系統和法規限制客艙中可燃物質的使用之結合效應
（Combined Effect），阻止大火進一步蔓延到船上其他部位，儘管在陽臺溫度已達
550℃以上（熔化鋁結構所需溫度）。細水霧滅火系統能有效進行滅火與冷卻受火災影
響區域溫度（下圖左），如與在水霧系統沒有運作C510區（下圖右）所造成損害作比
較，能得到清楚對比，當火勢重新引燃後到客艙，其水霧滅火系統成功運行，使火勢
受到抑制而熄滅；因此，有些波及鄰近客艙能悻免於難。

客艙內部受到火災較低溫度也顯示水霧系統有效性。儘管9個水霧噴頭失敗，很可能超
出法規所要求細水霧滅火系統所含蓋280平方公尺之最低要求。本案在火災受影響區計
有168個水霧噴頭啟動，覆蓋超過2000平方公尺的等效面積，雖然系統啟動更多的噴頭
動作，其壓力已低於正常水平（Normal Levels），但能保持必要最低足夠的壓力，仍
可有效遏制了火災蔓延。比較系統如未能啟動實際所造成的火災損害程度（Mount of
Damag）而言，這已是非常幸運的。

周邊部位溫度300˚C

中心部位溫度700～900˚C

調查結論

由 MAIB 調查結果已確定以下的安全問題。

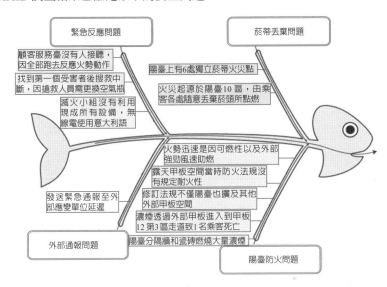

公主星號客輪火災分析

陽臺分隔鋁框，設有細水霧系統啓動，但數噴頭動作致水壓低，但能保持必要最低足夠壓力，而限制火災蔓延

濃煙透過客艙外部甲板進入到甲板12第3區走道如此妨礙許多乘客安全疏散動線

13-10 新阿姆斯特丹號客輪火災（一）

2000 年 5 月 23 日上午，於荷蘭註冊的新阿姆斯特丹（Nieuw Amsterdam）號大型客輪，於前往冰川（Glacier）國家公園途中，在船艙（Cabin）發生火災，船上人員有 1169 名乘客和 542 名機組人員。火災造成 1 名乘客，因濃煙導致吸入性嗆傷，需要後送至醫院進行額外醫療，以及財產損失估計超過 36 萬美元。

滅火編組

滅火反應（Firefighting Efforts）方面，當火災警報響起，船上動員進行滅火作業，包括在指定的集合區域（Muster Area）穿上消防衣帽鞋，依新阿姆斯特丹號之緊急應變程序，有 2 隊滅火組織，即阿爾法（Alph）應變隊和布拉沃（Bravo）應變隊；每個應變隊由兩個攻擊小隊組成。阿爾法應變隊負責有關船舶輪機（Engineering）以外之空間，其中包括船員住宿區；而布拉沃應變隊則負責有關船舶輪機空間。

滅火反應

新阿姆斯特丹號火災發生後，駕駛艙下令阿爾法隊人員至 WD16 區就定位，準備進行滅火作業，但只有阿爾法應變隊其中之一小隊前往火災區。阿爾法 1 小隊有三位成員，包括帶隊之三副（Fourth Officer）和兩名船員執行消防水帶作業。他們前往 D 甲板進行攻擊火勢，另阿爾法應變隊之指揮官和助理指揮官（Assistant Commander）也到達該區。在 C 甲板上小組成員，尚未穿上空氣呼吸器（SCBA）時有遇到煙霧狀態。

一旦到達 D 甲板上拉起消防水帶。阿爾法應變隊助理指揮官，返回到 C 甲板去關閉 WD15 和 WD16 電源。阿爾法應變隊指揮官和助理指揮官，均攜帶超高頻（UHF）無線電，能與駕駛艙（Bridge）和布拉沃應變隊，進行連絡溝通。在此期間，船長下令布拉沃應變隊在 WD15 區就定位，以支援阿爾法 1 小隊作業。布拉沃應變隊指揮官（二管輪）也為布拉沃 1 小隊編組人員，應變隊助理指揮官為三管輪。三管輪有一個超高頻無線電，能與船長及阿爾法應變隊進行溝通訊息。布拉沃 1 小隊從鍋爐房拉起消防水帶朝向 WD15 區延伸。當布拉沃 1 小隊成員從 C 甲板向下層進行，他們遇到大副（Chief Officer）和輪機長。大副指示二副，在甲板上以充滿水之消防水帶，往 WD15 區作延伸，準備撲滅火勢。輪機長則回到引擎控制室之緊急站，而大副則返回到駕駛艙，執行船長對滅火作業指示。大副指出當時在導航甲板（Navigation Deck）途中，他觀察到 C 和 B 甲板上已有煙霧充斥現象。

大約於 9 時 29 分，阿爾法 1 小隊和布拉沃 1 小隊從無線電接到船長指示，分別向前至 WD16 和 WD15 船舺區。船長下令阿爾法 1 小隊進行攻擊火災。阿爾法應變隊指揮官說，他打開 WD16 艙門，有大量的黑煙衝了出來，能見度降到幾乎為零。應變小隊必須穿越 FSD D1 區進入至通道，射出大量水至艙頂板和船艙壁板。

新阿姆斯特丹客輪滅火作業

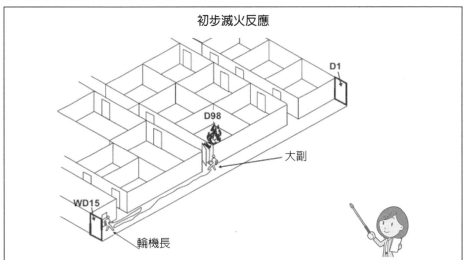

D98船艙火災已完全發展，但大副與輪機長並沒有穿著消防衣。船長下令大副將消防水線拉進D98船艙，船艙開後火煙衝出，致大副放下所有消防水線退出去，但沒有關閉D98艙門，致火勢往外延伸。

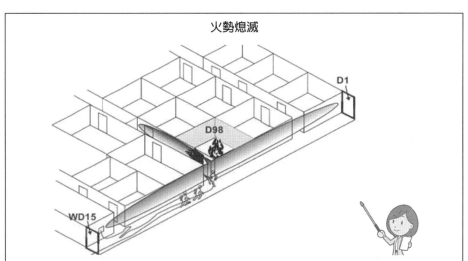

所有消防水帶則繼續射水，直到D甲板上所有火焰都熄滅為止。於10時前，所有的通風已恢復，並驅離煙霧，以提高能見度。阿爾法應變隊指揮官則向駕駛艙報告，火勢已得到完全控制。隨後進行船艙及管道之細部殘火檢查，直到10時22分左右，火災被宣布完全撲滅。

對撲滅火災和煙流蔓延作業上，由於不成熟之滅火行動，又缺乏適當的裝備和支援人員。火災發生於甲板上，雖然後來沒有越出此等範圍；然而，防火簾幕（Fire Screen Doors）未及時關閉，導致火煙流蔓延至8個甲板空間，形成船員和乘客之船艙危險環境條件。最後是由船上擁有適當裝備之滅火隊，將火災予以撲滅。

13-11 新阿姆斯特丹號客輪火災（二）

帶隊之三副跟隨在消防水帶後方，應變隊指揮官表示帶隊之三副是船上新來不久前報到的，指揮官跟著她（指三副）來監視她的行動。當團隊成員至通道（Passageway）幾英尺前發現三副已倒在地面，而指揮官亦同時趕快去扶持她，帶她穿越 WD16 區；而阿爾法小隊其餘人員亦跟隨其後，並撤至 WD16 區。阿爾法應變隊指揮官指示助理指揮官（Assistant Commander）代理指揮。

在 9 時 30 分，無意中聽到的阿爾法應變隊與駕駛艙（Bridge）之間無線電通訊，駕駛艙並指示布拉沃 1 小隊前進至 WD15 區。二副指出，其持消防水帶噴嘴並主導這支小隊進行火勢攻擊。而二管輪（Second Engineer）則手持手電筒（Flashlight）和一個 UHF 無線電進行巡查。

布拉沃 1 小隊成員蹲低姿勢進入通道，二副指出，主通道中已瀰漫著濃濃的黑煙，但有一條微微光線並察覺出有空氣流入。他指出當朝上方艙壁射水，他看到壁漆垂了下來（指示濃煙中帶有相當溫度），但沒有火焰現象。他並沒有看到通道上有任何火焰出現，然而，他聽到在上方艙壁有吵雜聲音，他以為是壁面油漆燃燒高溫產生冒泡之聲音（Bubbling Sound）。

布拉沃 1 小隊走近至 D98 機艙，二副發現火災已越出「起火室」至機艙外面。他指出主要通道與左舷走廊上（Portside）溫度持續上升，並可以看到甲板上有火焰燃燒著。他發現到 D98 大門是被打開的，並看到機艙內的火焰燃燒。二副指出，當接近 D98 機艙的同時，朝主要和其他通道上射水，並從鍋爐房拉出消防水帶，但已無法繼續拉到更遠處。隨即，收取消防水帶線，大副（Chief Officer）指示放棄此處，另朝甲板和上方壁板射水降溫冷卻。然後，至 D98 機艙內部攻擊火勢，並於幾分鐘後火勢燃燒已撲滅，艙室不再可見火焰情況出現。

雖然布拉沃 1 小隊攻擊機艙火災，布拉沃 2 小隊從鍋爐房拉出第二條消防水帶線，抵達 WD15 區並開始向 FSD D1 區進行射水噴灑其通道上火勢。布拉沃 2 小隊的一名成員，返回到引擎機艙（Engine Room）處進行啟動換氣扇（Ventilation Fans）。當二副的空氣瓶低壓警報響起，二管輪請其先撤離。

事故原因

本案可能原因（Probable Cause），據國家運輸美國運輸安全委員會（NTSB）調查指出，新阿姆斯特丹號火災原因可能是開始於 D98 客艙，客艙擅自使用電器，在無人看管情況下插入到電源插座。本案在船長和高級管理幹部人員之不當（Breakdown）消防指揮和控制，加促火災損失和濃煙之蔓延程度。

新阿姆斯特丹號火災影響範圍

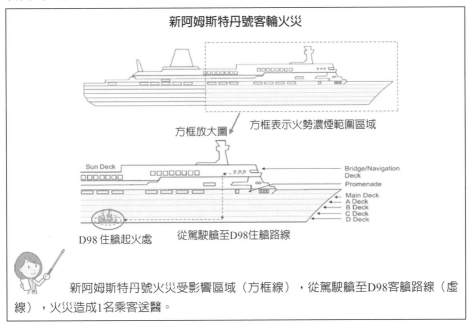

新阿姆斯特丹號火災受影響區域（方框線），從駕駛艙至D98客艙路線（虛線），火災造成1名乘客送醫。

調查建議

美國運輸安全委員會（NTSB）在新阿姆斯特丹號事故調查報告。

- 修訂船上演練項目包括火災應變職責、指揮原則和船上滅火活動之控制
- 修改船上應變程序包括控制火災濃煙納入積極主動措施，確保甲板上逃生動線環境
- 制定和執行具有不同火災場景之緊急事件演練，以測試幹部和船員不同條件下之應對能力
- 修改船上火災事件指揮、控制訓練和演習，以及控制煙霧蔓延之作業程序有效性
- 船員擅自使用電器及反應到火煙控管政策和程序進行適當的修改

新阿姆斯特丹號客輪滅火反應

新阿姆斯特丹號客輪起火處

偵煙探測器0911時第一
次啟動於D98 船員住艙

0917 時偵煙探測器第二
次啟動於D1 艙門附近

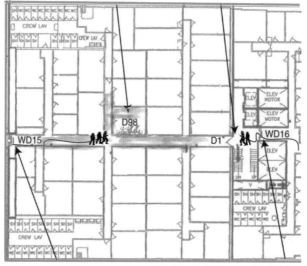

布拉沃1小隊及2小隊從
WD15 艙門進入至火勢區域

阿爾法1小隊從WD16 艙門進入至火勢
區域，然後撤出，因帶隊之三副倒地

　　新阿姆斯特丹號客輪D甲板部分，火災開始於D98住艙擅自使用電器起燃，偵煙探測器首先啟動反應，應變小隊分別從WD15及WD16進入滅火攻擊作業。

瞄子反動力公式

瞄子反動力$F = 1.5d^2\sqrt{P}$

能量不滅定律
反作用力 = 射出動量
水的密度$1000kg/m^3$

$F（單位N） = \dfrac{m}{t}V(m/sec) = \dot{m}V = \rho AV^2 = \rho QV$

$= 1000(kg/m^3) \times 0.653d^2\sqrt{P}\ (L/min) \times \dfrac{1\,m^3}{1000\,L} \times 14\sqrt{P}\ (m/s) \times \dfrac{1\,min}{60\,sec}$

$= 0.152d^2P$

又F單位N改為kg，d單位mm改為cm

$F（單位kg） = 0.152 \times (10d)^2 \times P \times 1/9.8 = 1.55d^2(cm)P\ (kg/cm^3)$

✚ 知識補充站

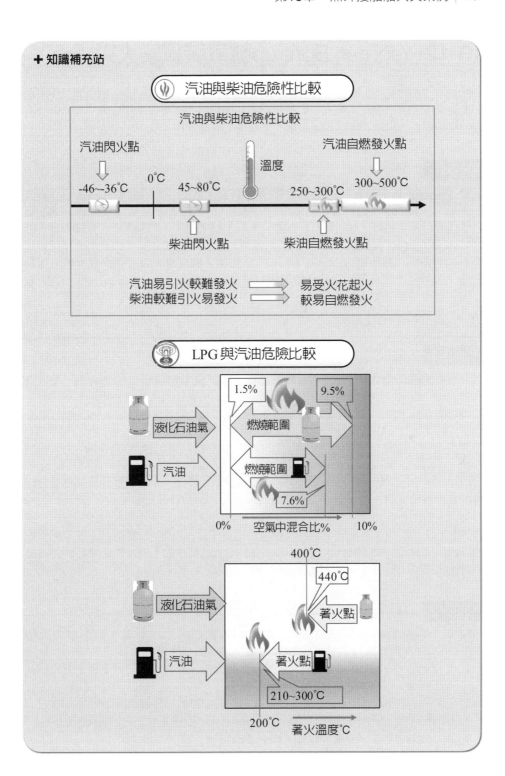

13-12 Yeoman Bontrup號散裝貨船火災（一）

2010 年 7 月 2 日，1 艘註冊巴哈馬（Bahamian），Yeoman Bontrup 號自卸式（Self-Unloading，SUL）散裝（Bulk）船在貨物裝載期間發生重大火災和爆炸。火勢迅速蔓延造成船隻重大損壞。幸運的是，本次事件僅人員受輕傷。

事故概況

於 Yeoman Bontrup 號卸載後所作例行調查，其卸貨料斗（Cargo Discharge Hopper）經檢查確定需要維修作業，但需抵達 Loch Linnhe 之 Glensanda Quarry 港時才能進行熱工燒焊（Hotwork）作業。後來，15 時 19 分作業時於垂直貨物輸送帶（Vertical Cargo Conveyor Belt）底部附近發現火災。雖然嘗試了將火勢進行撲滅，但蔓延到相鄰引擎機艙（Engine Room）。此種火勢規模，迫使船上進行船員疏散動作。火勢迅速蔓延至住宿區和掌舵機室（Steering Gear Compartment），其中包含各式各樣的船上使用的化學品。一陣劇烈的爆炸聲後，摧毀了船艉樓甲板（Poop Deck）部位。

燒焊作業

最有可能的起火原因，是從料斗維修燒焊工作高溫掉落焊渣（Hot Debris）造成垂直輸送帶的起火。雖然船隻依規定的標準建造，但火勢仍迅速蔓延。這是因為沒有早期偵測的有效手段，沒有辦法將較大的貨物裝卸區（Cargo Handling Area）予以區分作防火區劃，且貨物裝卸區也沒有固定式滅火系統來撲滅火勢。

調查發現，這是時常發生的，因此在船上例行性的熱工燒焊（Hotwork）維修作業，Yeoman Bontrup 號已違反公司程序，是屬於不安全事項。此外，輸送帶（Conveyor Belt）材質是高度易燃的。但目前對船舶行業，並沒有任何有關輸送帶材質的具體標準。調查還發現在火勢區有具放射性之料位計（Silometers）器具，此沒有被列入對船上有害材料清單中，在風險評估尚未確定前，其不受任何控制程序，這將對船上人員造成潛在危害。事後，船上管理者（Manager）已提高熱工程序的合規性（Compliance）和風險評估（Risk assessment），修改船上使用的化學品儲存區排列方式，並擴大範圍進行消防應變演練。

船舶安全

船東（Ship Owner）已成立一個的自卸式船舶（SUL）業主和運營商論壇（Forum），檢討有關行業的安全問題；並提出建議，目的是為了：
1. 在自動裝卸（Self-Unloading）船的貨物裝卸區，檢討和提高火災探測能力和滅火的標準，以及制定標準的輸送帶系統。
2. 制訂放射性同位素（Radioactive Isotopes）船舶使用和控制之國際標準。
3. 檢討船上使用化學品裝卸（Chemical Stowage）之全國性指南（Guidance）。
4. 指出能滿足熱工作業處理程序（Procedures）。

Yeoman Bontrup 號自卸式散貨船料斗（Hopper）工作區域圖

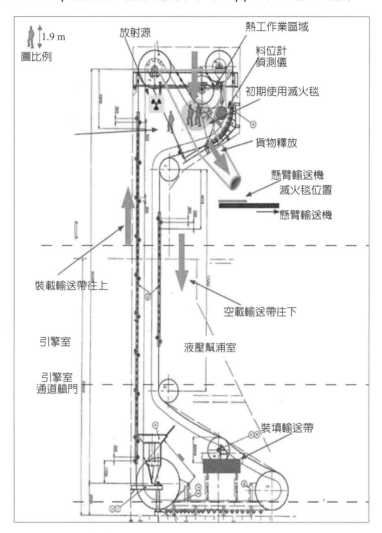

Yeoman Bontrup號自卸式散貨船貨艙輸送帶起火後，蔓延至引擎機艙、住宿區及掌舵機室。

13-13 Yeoman Bontrup號散裝貨船火災（二）

船舶設計

1. 船舶設計（Ship Design）上雖然是依照規定標準來建造船隻，但這起事故已確定了一項重要的缺失，限制了船員在貨物裝卸區火勢狀況處理能力。Yeoman Bontrup 號與大多數船舶一樣，機艙和貨物處理設施鄰近燃油槽（Fuel Oil Tanks），來進行相鄰位置設計和建造。其他一些自卸式的船隻輸送系統與卸載系統是位於前方，以遠離高危險地區。

2. 船舶設計意味著，發生火災的早期偵測是必不可少的，為了有足夠的資源部署，以防止火勢升級擴大；一旦發現，最重要的是需要進行局限火勢，藉由現場消防設備、手提式滅火設備，或固定式滅火系統盡快啟動，這些都可以積極攻擊火勢。重要的是，這些要求是被確認的，船舶的設計上盡量使風險存在最小化，並使船員進行適當的培訓。而自卸式船舶業主和運營商論壇已同意撥款，以檢查這些要點，發起一個建設性步驟以提高自卸式船舶行業安全性。然而，仍然需要更多的正式監管，以實現共同的安全標準（Common Safety Standard）。

火勢偵測

當時探測器已探測火災，其已在輸送帶上形成火焰，並透過引擎艙之艙壁（Bulkhead）進行大量傳熱。Yeoman Bontrup 在自卸式系統塔配備了三個偵溫式探測器（Heat Detectors），但並沒有偵煙式探測器（Smoke Detectors）；此是由 SOLAS 所提供探測器型式選項，因預期在卸貨過程中產生高粉塵量，會造成偵煙式探測器誤報，從而危及船員對探測器系統信心。由英國海事調查局所委託輸送帶火災試驗，指出一旦失火會產生延燒發展，而火災發現之前會出現大量的煙量。假使有合適的偵煙探測器被安裝，早期偵測將是可能的。這能在火勢早期船員就對小火進行滅火，並能防止其蔓延和更有機會滅火成功。

滅火系統

不論是 Yeoman Bontrup 號，或其姊妹船 Yeoman Bontrup 號，皆需依 SOLAS 規範，在貨物處理場所應裝置一固定式滅火系統。調查顯示，雖然對其他同樣大小類型的船舶，已有固定式滅火設備之火災防護裝置，但很少有自卸式船隻配置這樣的滅火系統，Yeoman Bontrup 號初期火勢是沒有被偵測到，直到火勢已有相當發展情況，因火勢規模與高溫濃煙，阻礙了任何現場實際滅火，或移動式設備（Portable Appliances）之滅火行動。沒有安裝固定式滅火系統，會顯著危及船員的搶救火勢能力。倘若有一固定式滅火系統安裝，滅火工作可能會更有效，來達成滅火之目的。

Yeoman Bontrup 號自卸式散貨船 SUS 塔輸送帶配置

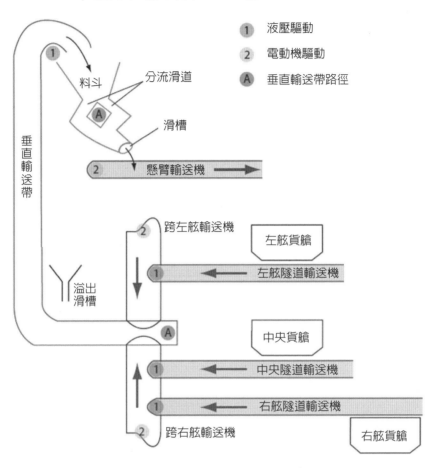

起火位置

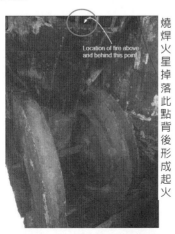

燒焊火星掉落此點背後形成起火

Yeoman Bontrup號自卸式散貨船貨艙內部進行氧乙炔燒焊維修，造成垂直貨物輸送帶底部附近起火，因整個貨艙未有固定式滅火系統及防火區劃空間，造成船隻重大損壞，人員遭受輕傷。

13-14 Yeoman Bontrup號散裝貨船火災（三）

火勢局限

1. 貨物管道（Cargo Tunnels）和垂直輸送帶塔（Vertical Conveyor Belt tower），占船舶總長度的72%；此外，塔高約36m。沒有辦法區隔如此大的空間，來達到局限火勢的目的。如果有，火勢的蔓延將可能會被降低。

2. 又從自卸式系統塔火勢透過「A-0」級艙壁，熱傳導（Conduction）轉移到機艙（Engine Room）。然而，火勢也能蔓延到機艙工作間（Engine Room Workshop），然後至開放式液壓泵（Hydraulic Pump）空間之出入門（Access Door）。此門不容易被關閉，特別是從工作間，假使沒有插入一個固定栓（Securing Bolts），其並不能被保持在閉合位置。因此，會有大量的熱量堆積，和濃煙充斥區域幾乎沒有能見度，船員為使門在關閉位置，在所給時間內船員進行此項動作機會是不大的。因此門是開放情況，而大大妨礙了船員去局限火勢的努力，而火災蔓延到機艙已是無可避免的（Inevitable）。

船員滅火

　　船員們對控制火勢作出很大的努力，進行塔周圍和住宿區（Tower and Accommodation）邊界冷卻作快速部署，並經過深思熟慮，使用消防水帶和泡沫發生器（Foam Generator）進入塔內主甲板右舷門。不幸的是，那時火勢已是完全發展（Well-Established），以致滅火措施無法達到滅火之目的。

　　輪機長和他的團隊特別勇敢對管道內的火災進行攻擊。不幸的是，他們的努力受到阻礙，因為火勢透過管道空間與垂直終端敞開之開口所形成的煙囪效應，送入大量空氣，使火勢燃燒得很旺盛。

　　一旦船長吩咐大管輪和二管輪離開機艙時，船長審慎地立即關閉所有機艙開口，啟動機艙二氧化碳滅火系統。這些措施是可能控制火災局限於機艙空間，並防止其蔓延到掌舵機室（Steering Gear Compartment）。但船長這一行動為時已晚，因當時熱量和濃煙程度，已迫使輪機長（Chief Engineer）無法驅近操作該系統之機會。

　　當輪機長攻擊在管道內火勢的結果是樂觀的，他不知道大火透過船舶艙壁已蔓延至多遠。但船長是清楚的，大火已使滅火人員難以達成滅火之目的（Overwhelming），船長決定撤離船上人員，後來一直至大火結束後才發現，這項指令是一個謹慎和安全（Prudent and Safe）的正確行動結果。

Yeoman Bontrup 號自卸式散貨船 SUS 塔輸送帶配置

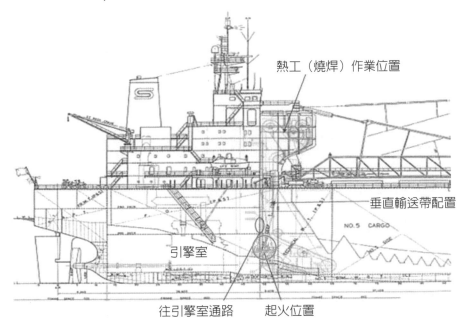

熱工（燒焊）作業位置

垂直輸送帶配置

引擎室

往引擎室通路　　起火位置

火災搶救

Yeoman Bontrup號自卸式散貨船SUS塔火燒輸送帶，透過「A-0」級艙壁熱傳導轉移到機艙，火勢沒有被早期偵測直到火勢發展，在火勢規模與高溫濃煙下，阻礙了現場滅火工作。

13-15 Yeoman Bontrup號散裝貨船火災（四）

船上演習

　　船上演習有效開展和嚴格的評估，是一個重要的管理工具，以確保在緊急情況下船員有安全性行動本能，此為船員、船舶管理者和所有者所公認。在輸送帶、管道、自卸式系統塔及鄰近可能之危險槽體，構成了一個顯著的火災風險。此項之消防演習應列在船上管理系統（V.Ships Management System,VMS）計畫清單上。然而，處理自卸式系統貨物裝卸區火災方式，是沒有被具體化，也沒有被演練實行過。船長應有決策自由空間（Latitude）來確定演習的類型和範圍。但識別出特別高風險區域，應指定相關聯合演習，並列在年度演練清單上，這才是明智的。

風險評估

　　徹底和完整的風險評估（Risk Assessments）是一個公司程序的整合部分，以確保其履行人員健康和安全的義務。只有通過風險識別（Identifying The Risks），可以到位（Put in Place）進行適當措施，以對人員和設備受損之風險值最小化。假使沒有「Shipsure」電腦軟體，船員們是必須展開文件式風險評估作業（Paper Risk assessments）。但是，不同的數據庫的文件系統，並沒有要求已初步控制措施後的剩餘風險（Residual Risk）評估。此過程中的缺陷，會誤以為導致的風險是可以接受的，即使重新評估（Re-Assessment）很可能已經確定。因此，需要進一步的控制措施（Control Measures），將風險降低到可接受之水平。船舶管理者對熱工（Hotwork）作業要求的風險評估進行了檢討。料斗（Hopper）熱工的評估從「Shipsure」數據庫（Database）所制定，是一個通用型的風險評估，並已多次使用，但並沒有由工作人員或船舶的管理者，進行適當檢討及修正作業。

調查結論

1. 船舶管理者能加強以完全符合船上管理系統（VMS）熱工指示規定（Hotwork Instructions）的需要，船員就能依指示來實施此種高頻率的熱工維修作業。
2. 自卸式散貨船的貨物裝卸區和設備，目前並沒有列在船級協會（Classification Society）或 SOLAS 的相關規定。
3. 機艙工作室與液壓泵空間之門設計，是防止被輕易關閉（Easily Closed），確保雙邊空間有可通行情況，但此項因氧氣供應，妨礙船員滅火之努力。
4. 有一個廣泛的化學品存放在操舵機室，造成火災程度升級（Escalated），以及產生最初的爆炸現象。雖然在船上管理系統有指示，但船上使用的化學品儲存方式，幾乎沒有任何正式的指導資料。
5. 管理不善（Poor Housekeeping）導致化學品和油桶被存放在人行通道及工作室間，增加火勢蔓延的風險；此現象在 Yeoman Bridge 號更是很明顯。

調查結果建議

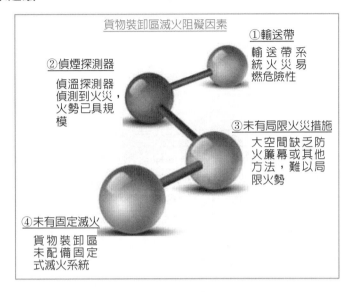

貨物裝卸區滅火阻礙因素

①輸送帶
　輸送帶系統火災易燃危險性

②偵煙探測器
　偵溫探測器偵測到火災，火勢已具規模

③未有局限火災措施
　大空間缺乏防火簾幕或其他方法，難以局限火勢

④未有固定滅火
　貨物裝卸區未配備固定式滅火系統

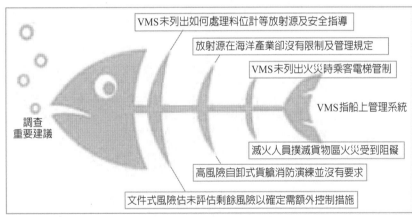

調查重要建議

VMS未列出如何處理料位計等放射源及安全指導

放射源在海洋產業卻沒有限制及管理規定

VMS未列出火災時乘客電梯管制

VMS指船上管理系統

滅火人員撲滅貨物區火災受到阻礙

高風險自卸式貨艙消防演練並沒有要求

文件式風險估未評估剩餘風險以確定需額外控制措施

瓷磚

氧乙炔火炬槍柄

滅火使用消防水帶泡沫，及火災後現場遺留燒焊機具。

13-16 Algocanada號原油輪爆炸（一）

2009 年 7 月 24 日，Algocanada 號原油輪（Petro-Chemical Tanker）在加拿大安大略（Ontario）湖東部出發向西航程中，於船艏推進器艙室（Bow Thruster Compartment）發生爆炸，導致船艏推進器艙室（Bow Thruster Compartment）和船艏艙室（Forecastle）遭受部分損壞。本案幸好無人員受傷，船隻仍可繼續其航程。

船舶描述

Algocanada 號貨船建造於 2008 年，是 Algonova 號貨船之姊妹船。這兩艘船都是建於土耳其之埃雷利（Eregli）港，由 Algoma 油輪有限公司經營建造。Algocanada 號係屬雙船體（Double Hull）結構，有 14 個貨油艙和 2 個汙油艙（Slop Tanks）。

船舶布置

甲板上船艛（Deckhouse）和艦橋駕駛艙（Bridge）位於船艉且該船裝有一個船艏推進器。貨物、惰性氣體和貨艙烘乾管線（Tank-Drying Lines）則設置於主甲板（Main Deck）的一封閉艙室（Trunk）內部。由船艏艙室（Forecastle）的階梯和艙門可進入船艏（Forecastle Head），而船艏下有一通道可進入艏側（Bow）推進器艙室。此艙室配備一個恆溫控制（Thermostatically）的加熱器（Heater）設施、電氣照明裝置和空調風扇。這些裝置都沒有防爆功能，也不是法規（Regulation）所要求的法定項目。

此船最初配有一核准的貨艙烘乾系統（Tank-Drying System），以及用於通風的可攜式水驅動風機（Portable Water-Driven Air Fans）。貨艙烘乾系統包括一個風扇單元（位於船艏鄰接到船艉的艙壁）。這風扇單元連接到管道，並穿透艙壁，依次設置逆止閥（Non-Return Valve），坐落在圍堰甲板上（Deck Trunk）。

Algocanada 號原油輪在貨艙配備有一個固定式惰性滅火氣體系統（Fixed IG System），惰性滅火氣體系統雖然可操作但火災時並沒有被啟動使用。設計惰性氣體滅火系統之目的，是藉由惰性氣體送入，稀釋所支持燃燒之氧氣濃度，來防止貨艙中易燃氣體（Flammable Atmosphere）達到爆炸濃度範圍。

爆炸因素

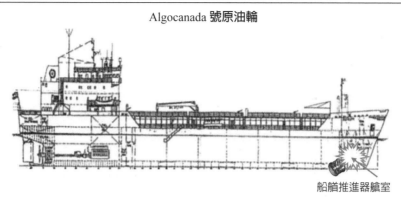

Algocanada 號原油輪

船艏推進器艙室

可燃性氣體來源與起火分析,欲發生爆炸需存在三要素:即燃料、氧氣和點火源。在本案這種情況的發生,於甲板上明顯外在風越過船艏,艙門是開著的,形成了一個較低壓在船艏艙室。此外,再加上已開放之壓力/真空(Pressure/Vacuum)閥門,誘導油蒸汽流動從貨艙到船艏艙室通過貨艙烘乾系統和改裝過逆止閥(Non-Return Valve)。

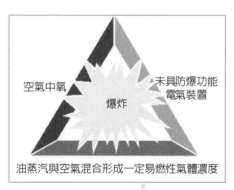

空氣中氧

未具防爆功能
電氣裝置

爆炸

油蒸汽與空氣混合形成一定易燃性氣體濃度

一旦較重之油混合氣體通過貨艙烘乾系統單元,之後沉澱並向下進入到船艏推進器艙室累積。該推進器艙室包含一加熱器單元,由一恆溫器(Thermostat)自動地控制,隨著電氣照明裝置和一通風風扇,其中沒有一個是具防爆功能(Explosion-Proof),此電加熱器(Electric Heater)極有可能是為本案之點火源。

13-17 Algocanada號原油輪爆炸（二）

程序及配置手冊

1973 年防止船舶汙染國際公約，於 1978 年修改有關議定書（防汙公約）附件 2 第 2 之四，要求各認證船舶之散裝運輸有毒液體物質，應當提供「作業程序及配置手冊」（Procedures and Arrangements Manual）。此本手冊為處理海洋環境方面之貨物裝卸（Cargo Handling）、清洗貨艙，以及和從這些處理中的殘留物和混合物之排放（Residues and Mixtures）規定。此手冊目的不是一本安全指南（Safety Guide），也沒有為船上安全隱患（Safety Hazards）作專門評估（Specifically Evaluate）之設計。

在建造者移交船隻時，除了同時遞交標準的文件和合格認證外，建造者亦需提交一個「程序及配置手冊」（P&A Manual）給 Algoma 船公司。這本已通過國際船級局（Bureau Veritas）之船級社（Classification Society）所予以批准的手冊，但在本案調查時在船上並未發現。然而，在同樣裝備的姊妹船 Algonova 號所發現的手冊是明確規定貨艙通風（Venting of Cargo），是使用移動式水驅動風扇（Portable Water-Driven Fans）來進行。

發現危險

本案經調查發現船舶作業危險（Findings as to Risk）如次：

1. 船隻貨艙沒有實施惰性氣體或未按照公認的程序，來進行清洗和油艙內部通風換氣，進而增加火災和爆炸的危險，特別是在密閉空間所必要性之通風作業（Critical Ventilation Operations）。
2. 在緊急事件發生時，船上沒有將災害事件報告給有關應變當局（Appropriate Authorities），導致事故船無法獲得及時（Timely）且合適的外援資源。

貨艙烘乾系統與船艏艙室布置圖

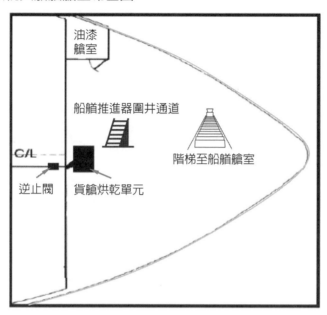

一般正常通風布置情況

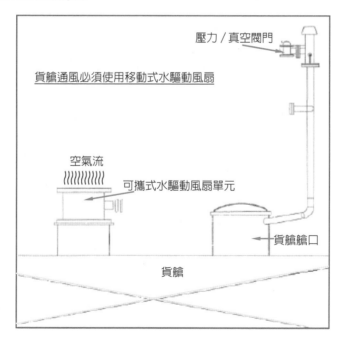

易燃性混合氣體從貨艙到船推進器艙室之流程

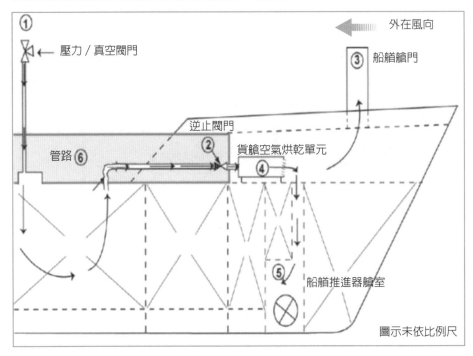

逆止閥門之頂板被移開，使爆炸性油蒸氣
產生外漏

不適當彈性收縮管至貨艙烘乾系統，進行
貨艙通風作業目的

Algocanada 號原油輪爆炸

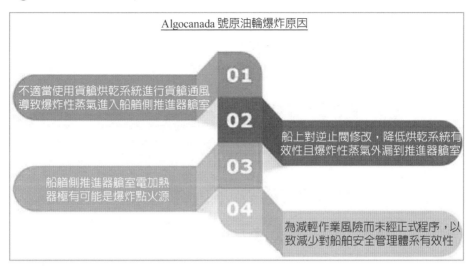

Algocanada 號原油輪爆炸原因

01 不適當使用貨艙烘乾系統進行貨艙通風導致爆炸性蒸氣進入船艏側推進器艙室

02 船上對逆止閥修改，降低烘乾系統有效性且爆炸性蒸氣外漏到推進器艙室

03 船艏側推進器艙室電加熱器極有可能是爆炸點火源

04 為減輕作業風險而未經正式程序，以致減少對船舶安全管理體系有效性

船舶爆炸輕損

Algocanada號原油輪之船艏推進器艙室爆炸僅受輕微損壞情況。

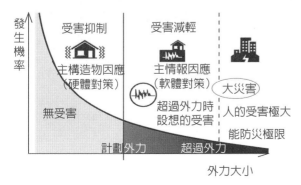

發生機率

受害抑制

主構造物因應（硬體對策）

無受害

受害減輕

主情報因應（軟體對策）

超過外力時設想的受害

大災害

人的受害極大

能防災極限

計劃外力　　超過外力

外力大小

船舶火災安全管理可分二措施：防止主結構受災害引發的外力抵抗（硬體如消防設備強化、防火構造等），以及透過知識與體制來提高防災能力措施（軟體如全船防火文化養成與訓練等）。如果外力小，則可以透過硬體對策來防止，但外力愈大，軟體措施則變得愈加重要。

Algoma 號船公司改善行動

1. 固定式貨艙烘乾系統關閉並裝上鎖

2. 出口盲板防止貨艙烘乾系統連接到艏側貨艙烘乾系統

3. 逆止閥板，進行了重新安裝

4. 風扇和其分配系統之間裝有盲板法蘭於固定式貨艙烘乾系統

5. 氣體監測系統已延伸到船艏艙室和船艏推進器空間

6. 風扇裝在貨物區域外側且不是用於通風目的

7. 修改船上安全管理手冊包括碼頭作業程序及通風換氣之指南

8. 船上全體人員分批進行培訓

9. 岸上與船上機組成員為對象進行惰性氣體培訓

10. 惰性系統製造商工程師到船上進行系統檢查和培訓說明

11. Algoma 船公司所屬船舶配有惰性氣體系統進行培訓

12. Algoma 船公司所屬船舶進行事件檢討和加強變遷管理

13. 惰性氣體系統和貨艙通風系統已添加到關鍵設備清單

14. 每艘船「程序及配置手冊」送到外部相關當局進行審查

15. 「程序及配置手冊」再提交給船級社進行認可及審查

✚ 知識補充站

油類蒸氣雲爆炸燃燒

大規模油氣蒸發

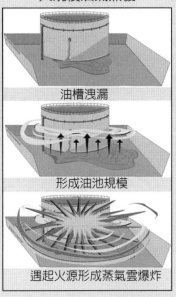

油槽洩漏

形成油池規模

遇起火源形成蒸氣雲爆炸

原油提煉依沸點不同蒸餾出不同氣（液）體油質

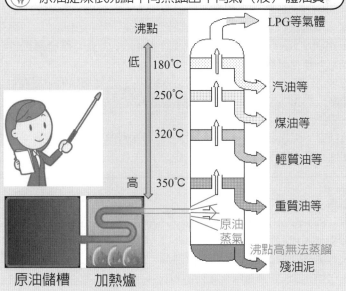

沸點

低　180°C

　　250°C

　　320°C

高　350°C

LPG等氣體

汽油等

煤油等

輕質油等

重質油等

原油蒸氣

沸點高無法蒸餾

殘油泥

原油儲槽　　加熱爐

13-18 尼爾斯B號雜貨船爆炸（一）

2006 年 4 月 22 日，1 艘尼爾斯（Nils）B 號雜貨船（General Cargo），於加拿大魁北克之薩格奈（Saguenay）港 Grande-Anse 碼頭，於卸載爆炸物質（Explosive Goods）之貨物過程，在底層船艙（Lower Hold）發生一個小規模的爆炸。2 名裝卸工人（Stevedores）被送往附近的醫院進行檢查，確定沒事後出院，而船隻也未受損。

緊急反應

在緊急反應（Emergency Response）方面，港口當局人員從其辦公室，距離碼頭之船隻約 400m 處，聽到了爆炸後，並看到船上貨艙（Hold）冒出煙霧，以及在碼頭上 3 名裝卸工人（Stevedores）、大副（Chief Officer）和承租人代表（Charterer's Representative）等皆趕到現場查看。

在貨艙起重機（Crane）操作工人們，仍然在他們的崗位上。一批人到達現場後使用手提式甚高頻（VHF）無線電進行通話連絡。現場沒有緊急報案，也沒有任何警報響起（Alarms Sounded）或撤離命令。由於沒有重大的物質損失或嚴重受傷，被認為不必要啟動港口的應變計畫（Port Emergency Plan）。這起事故並沒有通報當地消防局或加拿大交通應變中心（Canadian Transport Emergency Centre）。

爆炸調查

爆炸發生之後，裝卸作業暫停，開始進行搜索，檢視貨物與貨物間布置規劃，以確定爆炸的原因。雖然在處理爆炸物品有很多年的經驗，無論是工人們的經理、港務局專家和承租人代表，都希望找出原因。後來大夥得出的結論是為未申報之貨物（Unspecified Cargo），於其金屬架鐵籠（Metal Cage）觸碰鋼製甲板面（Steel Deck），始意外產生爆炸情形。

該甲板區域清洗過而置放膠合板（Plywood），而金屬架鐵籠是置在較低位置。當船上進行卸載作業 30 分鐘後，一直至貨艙見底卸完（End of the Hold）後，已是當日 12 時 30 分左右。

事後，薩格奈（Saguenay）港調查人員於碼頭和倉庫，蒐集和保存各種爆炸材料的樣品，以便進行爆炸起因調查。

起火源分析

在起火源（Source of Ignition）分析上，本事件中的樣品被認定為炸藥，且經實驗分析發現這些樣品一旦經過碰撞（Impact）、摩擦（Friction）或受熱（Heat）皆有可能引爆。經查本案附近並沒有摩擦或熱源，爆炸的發生可能是金屬籠架與底艙板（Tank Top）上爆炸性物質接觸火花所導致。

尼爾斯 B 號雜貨船之貨物與貨物間布置規劃

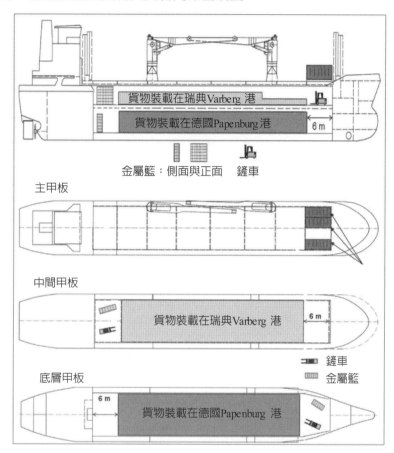

港口貨物裝載

從瑞典港口雙層堆疊裝載情況,因關閉可移動的甲板間面板,阻止撒水滅火系統釋放至底艙貨物

在德國港口已受損之包裝,導致爆炸性物質外漏於艙底甲板上

13-19 尼爾斯B號雜貨船爆炸（二）

滅火系統

尼爾斯 B 號船上滅火系統（Fire Suppression System）方面，在海上危險貨物（Dangerous Goods）運輸需具有合乎規定之申請文件，這是強制性要求（Mandatory）。就尼爾斯 B 號雜貨船而言，在某些情況下，是可以允許運輸爆炸性之貨物。這些允許情況是，第 1 類爆炸品必須存放在貨艙艙口蓋下，有設置自動撒水滅火系統（Sprinkler System）並在其撒水防護範圍內。因此，任何貨物堆裝在底艙（Lower Hold），撒水頭下面不能有任何障礙物，如甲板間的面板（Panels）在整個航程中是保持開放。

2006 年 4 月至 6 月期間，尼爾斯 B 號雜貨船被檢查到，關閉可移動的甲板間面板。這會阻止從船上自動撒水滅火系統，釋放撒水至底艙（Lower Hold）貨物處。

潛在危險

理論上船長與大副需確保整個操作過程是安全的，但在實務上他們依靠搬運工人（Stevedore）和承租人代表（Charterer's Representative），來進行船上實際之裝載和卸載工作。在許多情況下，尼爾斯 B 號之船員和相鄰碼頭（Adjacent Terminal）是一直處於風險中，如下所示：

1. 留下船員在毫無準備的情況下，緊急應變程序（Emergency Procedures）不易全面進行，如在貨艙中發生洩漏（Spill）或火災。
2. 事故之貨艙中間甲板（Tween Deck）和底層船艙（Lower Hold）是使用可移動面板予以隔離。這阻止了內建的自動撒水滅火系統有效釋放水到達貨艙所有貨物上。
3. 透過可操縱（Manipulating）具有相當重量之可移動甲板（Removable Deck），直接覆蓋在對衝擊敏感（Impact-Sensitive）之貨物上面，致使船上人員處在可能遭遇爆炸的風險。
4. 尼爾斯 B 號並沒有配備專門的設備和處理危險品的貨物裝備。相反地，碼頭裝卸公司（Stevedoring Company）提供標準的設備、工具，但船長並沒有進行驗證，以確保其是防止火花（Spark-Proof）或作業本質是安全的設備（Intrinsically Safe）。

事故原因

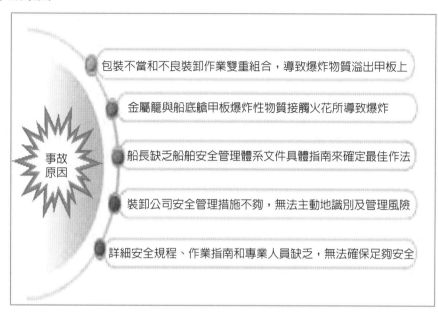

事故原因

- 包裝不當和不良裝卸作業雙重組合，導致爆炸物質溢出甲板上
- 金屬籠與船底艙甲板爆炸性物質接觸火花所導致爆炸
- 船長缺乏船舶安全管理體系文件具體指南來確定最佳作法
- 裝卸公司安全管理措施不夠，無法主動地識別及管理風險
- 詳細安全規程、作業指南和專業人員缺乏，無法確保足夠安全

不安全條件

22/04/2006

斷裂及爛掉之貨墊，處於不安全的條件下，對客觀觀察者將視為異常或不能接受，但船員卻接受為正常事件。

重金屬架碰觸火花

金屬籠架與洩漏於底艙板上爆炸性物質接觸火花導致爆炸事故。

13-20 尼爾斯B號雜貨船爆炸（三）

安全管理體系

尼爾斯 B 號船上安全管理體系（Safety Management System）文件中，只包含一句提供到裝載危險貨物（Dangerous Goods）的一般說明。但在裝卸過程中的危險貨物、貨物在航行中監督（Cargo Surveillance）及貨運業務方面，尼爾斯 B 號船長僅得到非常有限之實際指導資料。

在不安全的條件下，這種情況卻被視爲是正常，安全標準慢慢地衰減，結果使尼爾斯 B 號船處於不安全條件下，客觀觀察者視爲異常或不能接受，卻被接受爲正常的事件，因此沒有報案。這種情況，碼頭工人們並不認爲他們處理爆炸性貨物方式是危險的。

強而有力的懲罰措施（Powerful Disincentives），能減少可能的危害事件之發生。有效的安全管理措施是相當重要可作爲克服潛在風險的。組織需要積極主動的機制以識別和減輕危害（Identify and Mitigate Hazards），進行確認和管理風險（Recognize and Manage Risk），且培訓（Training）是必須的，能使船上人員來作確認並管理風險，以及作業過程中有系統作監控與所有人之經驗能作回饋（Feedback of Experience）並進行安全管理體系修正。

不安全條件

在上述情況下，裝卸公司根據其內部的安全管理系統（In-House Safety Management System），已建立了安全工作實務作法。然而，在大多數情況下，這些沒有明確指出（Address）與此相關的貨物安全實務作法，且尼爾斯 B 號船上員工也沒有認識到一些不安全的條件，如次：

1. 含有爆炸性物質的紙板箱（Cardboard Boxes），到達碼頭時發現有損壞，或是在之前卸載過程中造成損壞。
2. 員工用一些非標準材料，來修理貨物包裝。
3. 用來替換損壞的外包裝紙箱的原本目的，不是用於會產生洩漏（Spilled Product）或能正確識別出（Properly Identified）之包裝。
4. 新的識別是在更換包裝箱上（Replacement Boxes）使用手寫之不恰當方式（Hand-Written）。
5. 工作場所的內務管理（Housekeeping）不足，員工難以檢測到該區域的洩漏（Spillage）溢出物、漏出的材料類型及其來源。
6. 在尼爾斯 B 號卸貨期間與事件發生的嚴重性評估不足，此種情況結合致使碼頭操作員和裝卸公司的安全管理，對主動識別風險和管理風險（Identify and Manage Risks）是不夠的。

調查結論

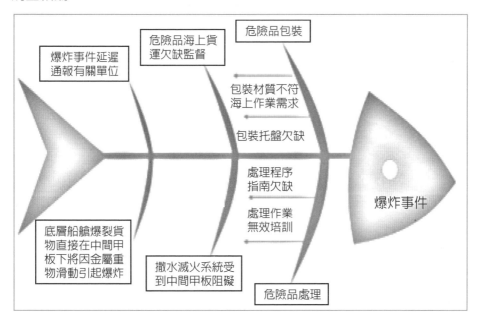

薩格奈（Saguenay）港Grande-Anse碼頭看到尼爾斯B號雜貨船上貨艙爆炸冒出煙霧。

尼爾斯B號雜貨船在底層船艙發生少量爆炸性物質洩漏於底板，產生小爆炸致2名工人送醫。

13-21 Punjab Senator號貨櫃船爆炸火災（一）

2005 年 5 月 30 日 7 時 23 分，1 艘德國 53324 噸 Punjab Senator 號貨櫃船（Container Vessel），從新加坡前往斯里蘭卡（Sri Lanka）科倫坡市（Colombo）途中，其中一個貨櫃發生爆炸事件，其位於引擎室隔壁第 6 貨艙（Hold）處。本案事件未有人員傷亡，貨物和船隻損害影響是大的，但海洋環境未遭汙染現象。

事件過程

於 2005 年 5 月 28 日清晨 5 時 18 分，1 艘 53324 噸 PUNJAB SENATOR 號貨櫃船離開新加坡。船上攜帶了 31604 噸（有 20 呎與 40 呎貨櫃）的貨物，前往斯里蘭卡科倫坡市之海面上。至 2005 年 5 月 30 日 7 時 23 分，其中一個貨櫃發生爆炸事件。當發生爆炸後，船員啓動緊急應變並控制火勢，大規模使用固定式二氧化碳滅火並持續冷卻。而事故貨櫃是儲放商業用標準型式小粒充電式電池（Rechargeable Batteries）。發生爆炸時，船上人員已覺察到船隻震動。過了一會兒，偵煙式火警探測器已啓動，其指出於 Bay 58 處。

船員反應

船上火災警報啓動，並已通知船員準備應變處置。首先，通過艙口（Hatch）進入 Bay 58 處以目視檢查並確認火警，然後關閉和保安之艙口，準備 2 具空氣呼吸器，召集船員，集合所有人員待命，準備進行滅火動作，切換關閉所有通風扇，關閉 Bay 58 處所在第 6 貨艙之電源。當時在 7 時 28 分已準備 CO_2 系統，關閉所有通風閘門（Ventilator Dampers），使用 3 條消防水帶準備射水冷卻，但從 Bay 58 號處煙流竄出有愈多愈密集之嚴重情況。

滅火行動

當時已明確確定沒有人在貨艙內，CO_2 系統在 7 時 30 分啓動釋放，進行第一次滅火。同時，該地區已有 7 條消防水帶從外部進行射水冷卻。之後 1 小時期間，進行監控並重複量測貨艙各個位置溫度情形。於 8 時 55 分當溫度量測到再次上升趨勢，船長命令決定進一步使用 40 支二氧化碳鋼瓶進行釋放。在此期間，船員們在通風閘門進行切洞，以便能焊接緊密結合消防水帶之瞄子頭（Nozzle）。在 10 點 40 分這個特殊通風閘門結合消防水帶之瞄子頭已製作完成，使射水能直接射入貨艙內，氧氣並不會透過閘門進入貨艙內部。而貨艙底汙水泵（Bilge Pump）能將艙底汙水再次蒐集起來。約一小時後，測量貨艙溫度已明顯下降。

電池反應生成氣體

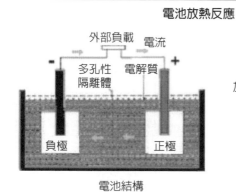

電池放熱反應

電池結構

加速反應率　放熱反應

熱量

向周邊熱傳

由於電池放熱反應發生，在同一時間，並不是貨物每個位置皆會處於相同之強度（Same intensity）。因此假設第一火勢發生，是受到最大熱應力所觸發的，且傳熱到外部可燃包裝所引燃的。由於外部紙箱包裝密封（Self-Locking），化學反應中因缺乏氧氣供應，因此衍生一種悶燒火災（Smouldering Fires）。這些悶燒火勢導致毗鄰貨物部分受到熱傳（Thermal Processing），釋放電池中氫，從而增強近似密封之貨櫃空間內部氣體，持續增加可燃性與爆炸性之空氣混合危險氣體生成。如此過程是在貨物包裝密封完全情況下，於今日貨櫃貨艙偵測技術上是無法被檢知發現的。

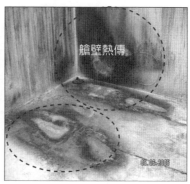

由1號貨櫃損壞更證實了此一過程。在1號貨櫃火災使用二氧化碳滅火系統，幾乎完全予以撲滅掉。這是由於爆炸使貨櫃容器呈現開放情況，使二氧化碳能無障礙予以撲滅。如與2號貨櫃相較之下，因貨櫃仍處於關閉狀態，使二氧化碳氣體無法進入，2號貨櫃幾乎完全受內部火勢高溫所燒毀。

13-22 Punjab Senator號貨櫃船爆炸火災（二）

火勢控制

在當日 12 時 15 分已航向科倫坡港，火勢在 15 時已得到控制。船上成立防火監視值班，監視工作一直到達目的地之科倫坡港爲止。在第二天早上 8 時 54 分到達科倫坡，但該港務局長（Harbour Master）禁止船隻進入港口，直到從科倫坡港派出消防專家進行審查船隻爲止。於 11 時 30 分輪機長曾報導，船上貨艙溫度再次上升。因此再使用貨艙中另外 20 支二氧化碳鋼瓶予以釋放。由於溫度進一步上升，密集的射水工作又重新開始。約 14 時 30 分已確定溫度下降了。17 時 20 分科倫坡港務局長要求，夜晚時該船隻應停於港口外海一段距離，在 18 時 36 分船隻始進行錨定（Anchor）。

持續冷卻

PUNJAB SENATOR 號船長指示，在夜間由兩名水手對貨艙不斷進行冷卻，並注意外海之海盜們（Pirates）可能來襲。在隔日早上 8 時，從科倫坡港各種不同檢查者（Inspectors）進行登船，其中包括一些科倫坡消防隊人員。在 10 時 40 分輪機長又報告說，溫度再次上升。船長隨即發出指令改變冷卻水之射水方向，往貨艙前邊（Forward Edge），以及再使用兩個額外之消防水帶。於 11 時 30 分溫度急劇下降。在這之後不久，消防專家們再次離開該船隻。後來，於 13 時 25 分港務局長已批准 PUNJAB SENATOR 號於 15 時後能進入港口。一小時後在 16 時 30 分由引水人（Pilot）登船，船隻已快速抵達停泊碼頭。

事故貨櫃卸載

於 6 月 2 日在科倫坡港消防隊的監督下，進行 PUNJAB SENATOR 號 Bay 58 號貨櫃卸載至碼頭上。在卸載過程中觀察出有兩個貨櫃受燒，並確認火災已熄滅。受到火災爆炸毀壞的貨物，是標準規格鎳氫（Nimh2）充電電池 AA HR6 型式。在 6 月 3 日時，確認會同貨主及相關人員，以便採取進一步其他貨物後續送達作業。

事故關鍵

本案分析 PUNJAB SENATOR 號貨櫃船火災原因，是儲放鎳氫（Nimh）充電電池之貨櫃處，緊接近船隻本身熱源，即 2 號沉澱槽（Settling Tank）。這個成因是缺乏案例交流信息及無知所造成的。事件關鍵點如次：

1. 在第 6 貨艙（Hold）前緣儲放空間特殊條件。
2. 鎳氫充電電池的安全運輸規定之要求。

重油 2 號沉澱槽邊界剛好面對第 6 貨艙處，以一個正常運作而言，其會產生高於其他艙內溫度，此種常識爲一般機組成員所知。這無疑能從船上安全需知及圖紙上可獲得此項信息。

德國 BSU 貨櫃溫度實驗

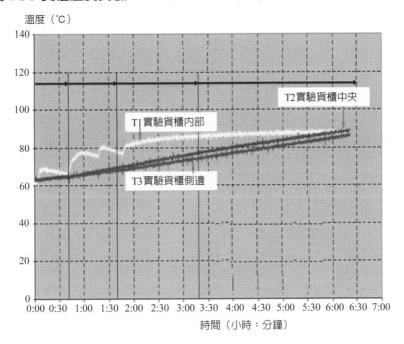

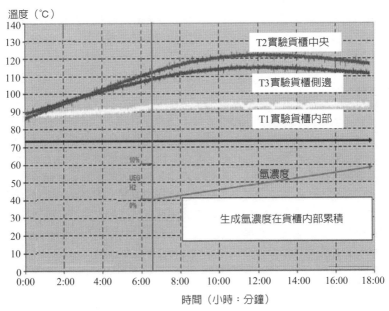

13-23 Punjab Senator號貨櫃船爆炸火災（三）

事故原因

　　進一步促成災害因素是貨艙內充電電池，其包裝暴露於貨艙室已有 14 日之久，且裝載這些電池之貨櫃，是直接與重油 11 號沉澱槽僅隔金屬材質之艙壁（Partition Wall）接觸。致重油 2 號沉澱槽熱能傳導至裝載電池之貨櫃受熱，亦就是透過空氣熱輻射（Thermal Radiation）與金屬材質艙壁之熱傳導（Thermal Conduction）。但在近似完全封閉貨物艙，通風管道間閘門（Ventilation Dampers）關閉情況，使貨艙溫度無法與外界冷空氣形成對流，且處在一過剩壓力環境下，導致幾乎沒有熱損失，艙內溫度必然地逐漸蓄熱至某一高溫點。

　　在熱帶地區，發生事故的海域，儲存溫度平均在 30℃ 以上。此種溫度經充電電池製造商表示，一般貨物運輸上屬於正常之情況。然而，這僅能說明此儲存溫度只會維持充電電池之性能效率，並不代表其會釋出有害氣體而造成危害。這就是為什麼即不是熱帶地區環境溫度的影響，也不是製造商的指定儲存溫度，是造成事故之災害原因。由一系列實驗顯示艙內邊界層溫度（Boundary Temperature）竟可達到 85～88℃。如此顯示，這是鎳氫充電電池放熱（Exothermic Reaction）反應開始所造成的。換句話說，從外部供給的熱能，導致充電電池內部化學反應，這導致充電電池的溫度顯著增加，從而最終導致充電電池發生爆炸性之氫／空氣混合氣體（Hydrogen/Air Mixture）。即使低於溫度 85℃ 情況下，這種充電電池的放熱反應也會發生且在相對長期間持續反應。此外，特別是高容量的鎳氫充電電池，更有可能會促進此項反應快速發生。

未列入危險品

　　船舶指揮命令處置僅知貨櫃發生爆炸，並不知真正具體受影響物體是什麼，因其貨櫃載運特別注意事項並沒有明示出此項目。可見這些貨物所產生化學反應生成氣體，並沒有在目前國際海運危險品（IMDG）規則所載貨物清單內。然而，就船舶的安全性和特殊貨物處理之安全因素而言，船舶工作人員應盡可能使船上危險貨物或貨物必須正確冷藏在貨艙內。船隻安全體系也應有危險貨物處理上所必要的訊息（文件、電氣或實驗數據）。為直接引起船舶安全體系的注意，特別是貨物儲存時所依賴適當溫度，如鎳氫充電電池即是，這些都必須指定視為相應的危險貨物（Correspondingly as Dangerous Cargo）或貨物必須被冷卻存放。

調查工作密切合作

　　最後，火災爆發後，船員的優秀應變行為，應在此提及。此外，此次船隻操控執行官、可充電電池製造商以及德國海事災難聯邦調查局，進行良好密切合作，在此更值得一提。

事故調查建議

德國海事聯邦調查局對本案調查建議

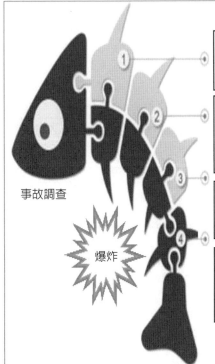

電池製造商 應在產品包裝上作出強烈醒目事項，注意其產品儲存和運輸環境及可能造成的潛在危險。

化學物質需在貨物包裝紙上作宣告並應引起特別注意形式之表達。此能幫助船員和岸上單位採取適當措施，特別是在海洋環境條件上。

充電電池於國際海運危險品規則中，將其列入第8類危險物質，並接受委員會進行規範審查。

增進海上運輸中所涉及災難事件之信息，所有單位相互間能彼此交流共享，特別是關於特殊物質結構特性，如本次事件，其能進一步加強所有船舶運輸航運之安全。

事故調查

爆炸

PUNJAB SENATOR號貨櫃船事故之鎳氫充電電池大量發熱。

鎳氫充電電池並沒有在事發當時的IMDG規則所載貨物清單項目。

13-24 馬士基新港號貨櫃船火災（一）

2008 年 11 月 10 日午夜，1 艘英國馬士基新港（Maersk Newport）號貨櫃船，從 Le Havre 航行至 Algeciras 港途中，海面上有 4 至 5 級大風。在左舷船艏推進器室（Bow Thruster Room）船殼板，發現有破洞進水。船隻繼續航行，至 11 月 13 日抵達 Algecira 港進行貨物裝卸和維修。因燒焊引起火災，本次火災事件中沒有人受傷，火災損害僅限於甲板區域上。

事故概況

於 2008 年 11 月 10 日，海面上天氣惡化，船速減慢，於 12 時前風速進一步增強 8 至 9 級風，海面形成波濤洶湧，於 12 時 50 分船艏推進室艙底警報響起，由於船舶繼續在波濤洶湧的大海航行，因錨（Anchor）問題影響，對船體造成損害。後來發現，5 個毗鄰艙室也進水。儘管能預測到惡劣天氣條件卻沒有執行具體的惡劣天氣檢查；那時船長認為，派人員到甲板上檢查是太危險的，所以錨安全配置設施（Anchor Securing Arrangements）並沒有檢視。左舷錨鏈條（Port Anchor Chain）綁紮失敗，使錨鏈管蓋（Hawse Pipe Cover）沒有被安裝妥當；後來造成船艙破洞進水。

船隻繼續航行，至 11 月 13 日抵達 Algecira 港進行貨物裝卸和維修。

由不知名船員進行氧氣／乙炔（Oxy/Acetylene）切割金屬作業，當船進行貨物裝卸作業期間，由岸上承包商安排維修工作。至 11 月 15 日 0 時 55 分，承包商之安全監督人員離開甲板，於 01 時 10 分，左舷捲揚機絞盤纜繩（Port Windlass Winch Mooring Rope）與 15 支乙炔鋼瓶附近有火災現象發生。其中 1 支氧氣瓶與 2 支乙炔瓶在火中產生爆炸，火勢至 05 時 46 分始予以撲滅。本次火災事件中沒有人員受傷，損害僅限於甲板區域上。起火原因可能是拋棄煙蒂點燃纜繩和乙炔鋼瓶軟管附近之承包商衣服。

缺乏有效通訊

本案缺乏有效通訊，沒有登船許可證與熱工（Hot Work）計畫管制措施，和承包商的安全監督人員沒有緊急通信連絡方式（Communication Link），其離開安全崗位，沒有工頭（Foreman）的允許，以致火災已發生 15 分鐘延遲發現。乙炔氣體切割組件經測試沒有洩漏情形，使用中（In Use）鋼瓶與未使用鋼瓶仍共同擺置一起，致火勢蔓延的危險性增加。事故發生沒有向英國海事調查局或管理公司岸上部門（Designated Person Ashore, DPA）報告。

甲板配置圖

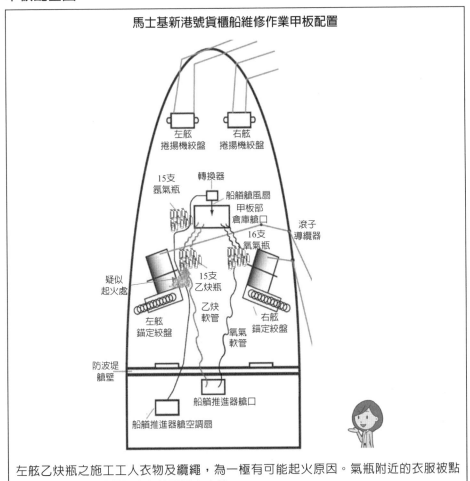

左舷乙炔瓶之施工工人衣物及纜繩，為一極有可能起火原因。氣瓶附近的衣服被點燃，並延燒到乙炔軟管和左舷纜繩之火勢。

高壓、低壓與超低溫度化鋼瓶型態

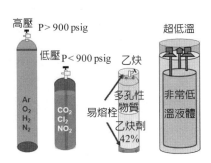

13-25 馬士基新港號貨櫃船火災（二）

火災分析

　　火災分析（Fire Analysis），由於惡劣天氣所造成船體的損害與火災意外事故，都沒有向英國海事調查局作報告，因此，事故調查進行被拖延。特別是有關火災的情況下，因其有較多火災現場物理化學證據，會隨著時間流逝。重要的是，船艏（Forecastle）電工／安全監督人員於 01 時離開，之後火災發生卻沒有人親眼目睹起火源或火災的初始發展過程。直到 01 時 10 分工頭發現火光，可能來自於燃燒中纜繩，警告其有火災發生，但已燃燒約 10 分鐘之久。而起火的原因是一個火災發展情況下所推論（Speculation）的事件，而非目睹事件。

乙炔瓶誤處理

　　為乙炔瓶誤處理（Mishandling of the Acetylene Bottles），如果乙炔鋼瓶是被丟棄，這是有風險的，因乙炔分解成碳和氫原子部分，易引起爆炸現象；這是因為乙炔自行分解會產生高熱反應，產生的氫氣快速膨脹，當膨脹量足夠時，壓力高到鋼瓶無法承受，就會發生爆炸現象。這通常是經過劇烈的振動（Vibrating）和加熱鋼瓶所產生的。在這種情況下，使用前鋼瓶一直在船上約 24 小時，也沒有跡象表明他們是被棄置不管的。雖然爆炸 2 支乙炔瓶，第 1 支是火災發生後才開始，此由船上終端安全攝影機影像所證明，這證實了是由火災所造成之爆炸，而不是爆炸引起火災現象。

火災原因

　　本案結論是火災最有可能的原因是一個丟棄的煙蒂。煙蒂可能造成悶燒情況，又有外界強風助燃，然後點燃了左舷起錨機絞盤聚丙烯纜繩（Port Windlass Winch Polypropylene Mooring Rope）及附近的衣服，並沿著乙炔軟管延燒，引導致船艏推進器艙（Bow Thruster）空間。甲板上衣服裝可能引燃纜繩，又沿著乙炔軟管燃燒，造成乙炔／空氣混合氣體被點燃大火，或反過來是先延著乙炔軟管燃燒，然後再延燒至纜繩，這些現象是極有可能的。

　　在上述兩種情況之一，火會輕鬆快速地蔓延到乙炔鋼瓶區域，亦會很快燒毀船艏艙（Forepeak）毗鄰的已打開供氣乙炔軟管，使乙炔逸出並引燃可燃性氣體。由於火勢加劇，乙炔瓶的壓力將有所增加，造成其中 2 支爆炸和鄰近許多鋼瓶扭曲和破裂（Split）。輻射熱（Radiated Heat）是能夠在短距離很容易熱轉至氧氣鋼瓶存放區，並造成鋼瓶受高熱爆炸。據了解，至少發現一個乙炔鋼瓶橫臥於甲板上。這會造成乙炔鋼瓶中之丙酮（Acetone）因鋼瓶傾倒致流出和乙炔氣混合並點燃，增高火勢強度，及造成甲板高溫變形（Distortion）。

乙炔瓶作業風險

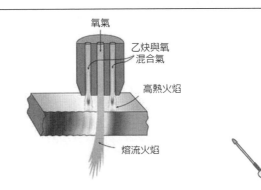

在一定條件下乙炔能與銅、銀和汞形成爆炸性的乙炔混合氣體，可以透過熱、摩擦或撞擊引爆。沒有任何證據，這些材料與乙炔氣體接觸，並再次發現先有火災，隨後才產生爆炸。因此，得出的結論是爆炸性的乙炔混合氣體（爆炸）不是本案起火原因。

乙炔瓶洩漏（Acetylene Gas Leak）上，據了解，承包商沒有實施乙炔或氧氣瓶之連接至鋼瓶控制閥，進行任何洩漏測試作業。這是有可能的，當氣體洩漏可能發生在氣體打開連接後，開始工作之一些位置點。乙炔氣體是略低於空氣重量，且能與空氣容易混合。乙炔／空氣混合爆炸範圍是2.4%至83%間，是屬於一種易燃性混合氣體。而當時整個晚上有一個相當強勁海風橫跨甲板上，而任何乙炔洩漏氣體很可能在完全開放地區很快消逝於大氣中。然而，艏舷牆（Forecastle Bulwark）是高聳和甲板上有很多障礙物。雖然很遙遠，它是可能的，可能在甲板上氣體口袋地形（Gas Pockets）上已經累積了混合氣體，點燃追溯到洩漏鋼瓶，導致火勢蔓延到其他鋼瓶、軟管和纜繩（Mooring Ropes）。

13-26 馬士基新港號貨櫃船火災（三）

起火源分析

起火源（Ignition Sources）分析，在電氣（Electrical）問題上，承包商的電氣設備是處於一種良好狀態，其被證實裝備實體本質是安全的，但並沒有證據排出電氣短路所導致電弧火花（Spark）現象。在火災時，停泊捲揚器（Mooring Winches）是自動拉緊張力，所以電線上有電路流通與承包商也有打開與關閉動作。所有的接觸點和接線盒之盒蓋是被拆除的，但沒有證據顯示有短路或接地條件所引起火花現象發生。因此，從電氣設備造成乙炔／空氣混合氣體被點火，或電氣體造成地面上衣服被引燃之可能性是低的。

在甲板上其他熱工作業（Other Hot Work on Deck）方面，當時火災事件前，船上的工作人員或承包商並沒有進行任何其他熱工作業，如艏樓甲板（Forecastle Deck）上進行金屬研磨（Grinding）等作業，所形成高溫火花所造成悶燒情況，以及隨後造成衣服或纜繩之起火現象，如此可能性是低的。

在維修工作（Repair Work）方面，插入鋼板接合燃燒之燒焊過程中，會產生高溫焊渣，其中一些火花焊渣將被拋出至舷外（Overboard）。由於焊渣被強風吹散是不會太集中密集的，且會直接下降至海面上。而插入鋼板孔研磨會產生火花，又有些拋出至舷外，並在風中掉落至地面上距離過程中濕度會迅速冷卻下來。雖然這個點火源不能完全被排除，但這種現象是最不可能的，因為所涉及的距離，透過研磨作業所產生的火花，會快速被寒冷大氣環境所冷卻下來。

在拋棄菸蒂（Discarded Cigarette）方面，電工／安全監視者是一個非吸菸者，但承包商其他三個工人都是吸菸者。衣服與食物被發現距離起火處相當近，該地區作為工作休息區，而該區可能有吸菸行為。然而，沒有證據來證實任何承包商已在該地區有吸菸現象。而電工／安全監視者對於另外 4 位裝卸工（Stevedores）是否在該區吸過菸，是不確定的。如果有被丟棄的菸蒂是可以很容易在該地開始形成悶燒，點燃乾燥衣物在一相對短時間內（有強風氧氣供應），這是有可能的。此外，也有可能被丟棄的香菸點燃有乙炔／空氣混合氣體口袋（Pocket）地形位置，這個是不能排除的，但其被認為可能性少得多，因為任何氣體洩漏可能被強風稀釋耗散。

在靜電（Static Electricity）方面，眾所周知，纜繩聚丙烯材質（Polypropylene）危險是會產生靜電，而造成氣體或粉塵之點火源。但不太清楚的是，是否聚丙烯纜繩，在自動張力狀態（Auto Tension Mode），能夠產生和釋放足夠的能量火花，去點燃爆炸範圍內之乙炔／空氣混合氣體濃度。透過測試結果得出結論，當纜繩受到外部誘導電荷（Electrical Charge），經過環境溫度和相對濕度地區，將以非常快速度作退化（Degraded）。沒有任何證據證明纜繩張力支持靜態電荷，且有足夠的能量強度，導致易燃的火花，造成在自動張力模式中纜繩起火之可能性。因此，這種起火源之可能性是相當低的。

氧乙炔燒焊作業

回火現象

本案在0時55分燒焊設備承包商關閉焊槍，這是正常運行情況。如果有回火（Flashback）發生並引起火勢，這種情況是必須沿著乙炔連接軟管作燃燒，但其內部設有回火防焰器裝置（Flame Arrestor）（回火防焰器能自動切斷氣源，有效地堵截回火往氣流方向回燒，防止乙炔發生爆炸）。然而，甲板上電工／安全監督人員當時並沒有看到任何不尋常現象。回火防焰器、逆止閥（Non Return Valves）、安全熔栓也發現是功能齊全（乙炔瓶內有一到二個安全熔栓，其由低熔點之合金所製成，當氣瓶內之溫度高達100℃時熔化，使鋼瓶內之氣體自塞上之小孔逸出，而不致發生鋼瓶爆炸）。重要的是，沒有證據顯示回火現象在乙炔軟管內部有碳渣遺留儲存（Carbon Deposits）跡象；因此，這個原因可能性是排除的。

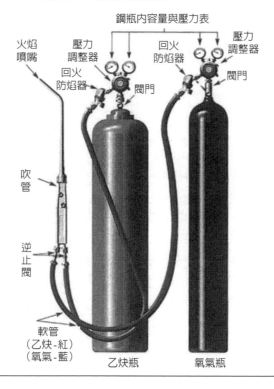

13-27 馬士基新港號貨櫃船火災（四）

滅火反應

在滅火行動（Fire-Fighting Actions），從這起事故顯示進行消防演習之重要性，以致於在一個真正的火災對應情況下能有安全且有效作反應處理。船員能適當地反應到一般火警警報，於艙壁（Bulkhead）後面的避難位置對抗處理火災事故。纜繩上的大火能迅速撲滅，這是毫無疑問的，在戰術上必須能優先冷卻乙炔鋼瓶，減少其高熱致爆炸產生更多風險，進一步造成船上嚴重損害。

承包商思維敏捷，儘管高熱環境，先將乙炔燃燒器使其離開船艏推進器（Bow Thruster）艙位置，再試圖關閉乙炔瓶閥門。承包商後續嘗試使用船舶的消防水帶進行滅火動作，也值得讚許（Commendable）。不幸的是，這是不成功的，因為船舶消防主水管道系統（Fire Main System）卻是沒水的，這意味著，該系統是沒有被啟動加壓的情況。

建議改進措施

本案已經向 A.P. Møller Maersk AP 集團作建議，其中包括檢討內部和外部的通信程序、承包商作業控制、動火工作安排和事故報告程序。已建議維修承包商，為確保沒有可燃性物質遺留於易燃鋼瓶附近，其工人需配置有超高頻（VHF）無線電裝備，安全監督人員應隨時在現場，鋼瓶氣體連接組件需進行洩漏測試，使用中鋼瓶應與其他未使用鋼瓶有分開儲存之劃分區域。

纜繩物質熔點

物質	熔點（°C）
聚丙烯	160
聚乙烯	120
聚酯纖維	260

調查結論

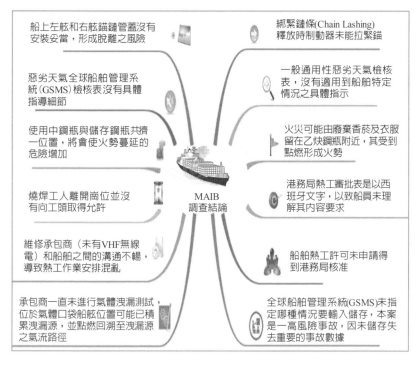

船上左舷和右舷錨鏈管蓋沒有安裝妥當,形成脫離之風險

惡劣天氣全球船舶管理系統(GSMS)檢核表沒有具體指導細節

使用中鋼瓶與儲存鋼瓶共濟一位置,將會使火勢蔓延的危險增加

燒焊工人離開崗位並沒有向工頭取得允許

維修承包商(未有VHF無線電)和船舶之間的溝通不暢,導致熱工作業安排混亂

承包商一直未進行氣體洩漏測試,位於氣體口袋船舷位置可能已積累洩漏源,並點燃回溯至洩漏源之氣流路徑

綁緊鏈條(Chain Lashing)釋放時制動器未能拉緊錨

一般通用性惡劣天氣檢核表,沒有適用到船舶特定情況之具體指示

火災可能由廢棄香菸及衣服留在乙炔鋼瓶附近,其受到點燃形成火勢

港務局熱工審批表是以西班牙文字,以致船員未理解其內容要求

船舶熱工許可未申請得到港務局核准

全球船舶管理系統(GSMS)未指定哪種情況要輸入儲存,本案是一高風險事故,因未儲存失去重要的事故數據

MAIB 調查結論

馬士基新港號燒焊引起火災無人傷亡

馬士基新港號貨櫃船左舷艙室破洞

乙炔管線內如積碳可顯示有回火跡象

衣服點燃後延燒乙炔軟管和纜繩

13-28 瀚智號汽車船火災（一）

2008 年 10 月 14 日，瀚智（Pyxis）號汽車船（Vehicles Carrier）（總噸數 43425 噸）裝載 3900 輛汽車，航行於日本宮城縣石卷市東部之公海上，在 9 時 48 分於貨艙汽車甲板層發生火災，船上有船長、輪機長（Chief Engineer）、觀察員（Observer）與 19 名機組成員。雖然大火為汽車甲板層貨艙內固定式二氧化碳滅火系統所撲滅，但卻造成輪機長死亡。此外，財物損失為船舶上汽車甲板之 4 層結構框架材料高溫變形，以及 2800 輛汽車受火焰傷害及煙塵汙損之不等程度損害。

火災原因分析

1. 電氣設備

有關 DK10 汽車貨艙起火是由電氣設備引燃的可能性，由艙內照明 220 V 交流電源線之螢光燈。但仔細分析，判斷由交流電 220 V 線路起火是不太可能的，因沒有發現照明線路絕緣電阻有短路破損現象，且事故發生前 6 個月亦曾進行過全面電氣線路檢查；從螢光燈掉落處，並沒有發現其是位於最嚴重燒毀汽車下；以及漏電警報（Insulation Degradation Alarm）是在火警後約 11 分鐘才響起的；可見，由電氣線路起火可能性是低的。

2. 吸菸

至於吸菸起火的可能性，經認為是不太可能，因貨艙區為非吸菸區；人員是禁止攜帶香菸離開住宿空間。此外，考量其他工具如打火機等，亦是被禁止的。

3. 汽車引擎高溫

本案汽車起火的可能性，因位於 DK10-07 汽車之引擎室起火，其呈現出最嚴重燒毀跡象，損壞情況是以 DK10-07 汽車為中心圍繞處向外擴大，火勢亦透過高溫傳導波及至其直上層之甲板上車輛。判斷起火處之 DK10-07 汽車油箱內部並沒有遭到損壞，雖然幾乎所有的管路被燒毀了，但剩餘燃料仍在內部和燃料連接管路（Connectors）內。本案認為當其中一部汽車引擎保持長時間運行，該排氣系統內（Exhaust System）並不會產生異常高溫之現象。根據上述，顯示不太可能是由燃油系統或排氣系統，所造成火災之原因。

4. 汽車電力系統

至於電力系統方面，認為有可能對地線終端電氣熔融的損害，但由電纜線連結附著和在引擎室之電池燒掉了部分，是由於火災起火後所造成二次短路，因類似電纜附著和電池燒毀部分在其他車輛上實驗結果發現，主要地線端子熔體的損害是無法重製情況（Reproduced）作實驗。根據上述，在 DK10-07 車輛起火的原因，無法確定起火是由電力系統所引起的，因由於引擎艙內部遭到嚴重破壞和燒毀了，主要地線端子電氣熔體損害，是無法進行電氣一次痕或二次痕之鑑定實驗。

但起火處已被確認位於 10-07 汽車引擎室起火，然而該車為何起火之原因，如上述所指仍無法完全確定出。

汽車火災事故樹分析

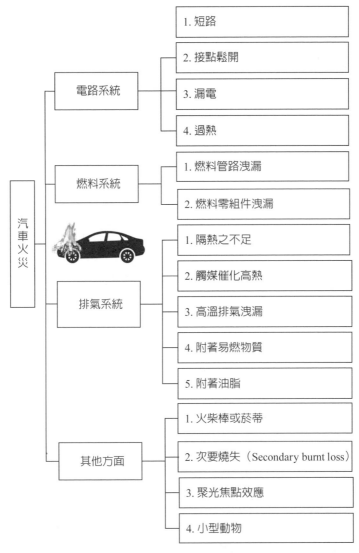

電路系統
- 1. 短路
- 2. 接點鬆開
- 3. 漏電
- 4. 過熱

燃料系統
- 1. 燃料管路洩漏
- 2. 燃料零組件洩漏

排氣系統
- 1. 隔熱之不足
- 2. 觸媒催化高熱
- 3. 高溫排氣洩漏
- 4. 附著易燃物質
- 5. 附著油脂

其他方面
- 1. 火柴棒或菸蒂
- 2. 次要燒失（Secondary burnt loss）
- 3. 聚光焦點效應
- 4. 小型動物

汽車火災

火災造成輪機長死亡2800輛汽車受損

汽車甲板層火災受損情形

13-29 瀚智號汽車船火災（二）

事件導致事故

本案由事件導致事故，於日本近海之公海航行，左舷 DK10 汽車貨艙 1 部車輛引擎起火，啓動固定式二氧化碳滅火，因火勢蔓延到 DK10 至 DK12 和 DK10 以上汽車甲板，雖大火撲滅，但發現輪機長躺於 DK7 處，呈現二氧化碳中毒死亡跡象。

船員滅火行動

本案駕駛艙（Bridge）第三位值班人員指出，由空氣取樣偵煙探測系統（Smoke Sampling Detector System）之受信總機所顯現，是位於貨艙中汽車貨物室。船長雖然進入 DK11 使用手提式化學滅火器，實施初步滅火，但受到火勢嗆鼻及濃煙持續增加所逼退，放棄手提滅火動作而改用固定式二氧化碳滅火系統來進行撲滅。船長將二氧化碳釋放至 F 區，然後再釋放到 E 區和 D 區；之後指示大副（Chief Officer），實施關閉通風閘門（Dampers），然後宣布所有人員到召集站（Muster Station）進行集合，並確認人員集合情況。之後船長又進行二氧化碳第二次釋放和使用所有剩餘二氧化碳儲存量進行完全釋出。

人員死因與減災措施

在輪機長死因與減災措施上，本案推論輪機長曾獨自留在引擎控制室，亦知道二氧化碳即將釋放，穿著緊急逃生呼吸裝置（EEBD），但卻沒有攜帶手電筒及無線電（Flash-Light and Transceiver），從引擎控制室撤出至進入 DK7，但其艙內照明已喪失，無法在黑暗中自由移動，亦沒有任何的通信手段，遇到二氧化碳將釋放，並無法在緊急逃生呼吸裝置有效時限內（15 分鐘）逃出。

本案判斷當火勢已被撲滅後，輪機長被發現於 DK7 處，呈現二氧化碳中毒造成窒息死亡現象。本案亦指出船員接收到船長重要指示後進行撤離行動，但並沒有得到進一步有關如何在緊急情況下，進行撤離行動。又輪機長沒有按照沿路指示逃生路線之引導標誌進行撤離，亦沒有按照船長指令至召集站（Muster Station）進行集合。本案亦顯示出，船上並沒有船舶釋放二氧化碳之消防演練紀錄，但這是海上人命安全國際公約所規定必要的訓練項目，以模擬在緊急情況下之船上人員實際操作應變處置。

事故發生原因

本案認爲可能原因是發生意外，而船舶航行在 Kinkazan 東部近海之公海領域上，因爲在左舷 DK10 之其中一輛汽車引擎室起火，並蔓延到直上層汽車甲板上。而該汽車引擎室起火眞正原因，是不太可能由貨艙或吸菸的電氣設備引起火災，但亦不能確定是否由汽車電力系統所造成的火災。

調查結論

01
貨艙一輛汽車引擎起火蔓延其他車輛，但起火車輛過於嚴重，致原因未被確認

火災探測相繼啓動，二氧化碳亦接受火災訊號並開始進行釋放。輪機長卻發現死於DK7處，死因為二氧化碳中毒死亡 **02**

03
船長已多次指示準備釋放二氧化碳，輪機長仍進入DK7，但卻無攜帶無線電之重要工具

04
船公司平時應確認二氧化碳釋放區域是否確定安全，並指示管理下船隻進行演習模擬實際緊急情況程序

05
船公司應讓船員對防火安全更謹慎，防火處理上執行更嚴格貨物檢查電氣設備

06
汽車引擎室火災原因不明，有可能是船舶電氣設備或吸菸，或是汽車電氣系統，但以上是不能完全被排除

07
汽車製造單位應更多地考慮汽車海運中，有更嚴格防火保護措施

起火汽車毀損過於嚴重，致真正原因未被確認

船上沒有釋放二氧化碳消防演練紀錄，這為SOLAS所規定必要項目

Note

第14章
有外援船舶火災案例

　　目前隨著船舶的現代化程度不斷提高，船舶救災必然在更大程度上亦依賴科技進步。本章探討有外援船舶火災案例，對船舶火災在外援介入之消防單位搶救過程之真實案例，來得到啓示與鑑往知來之效，使船舶滅火之消防及船舶等單位，更能熟稔船舶火災之應變作業及消防搶救上之活動要領及注意事項。

　　國內於 2005 年 6 月 29 日於高雄港維修巴拿馬籍「皇家太平洋號」客輪，因焊接不慎引發大火，消防隊動用大量人物力仍難以控制，終致沉沒及 200 多噸油嚴重汙染。事實上，船舶火災其牽涉之層面即深且廣，在其船舶穩定度、複雜多樣化、深層化環境及救災作業競合中為能適切對應，整體搶救戰術即顯得相當重要。一般而言，災害指揮決定是一種動態過程，事件指揮者（Incident Commander）如何依現有力量，以及即時可動用資源作最佳化運用是不可或缺之致勝要素。如孫子兵法所云：「知己知彼，攻無不克」，所謂知己就是能掌握所擁有滅火戰鬥能力，不知己就不會正確使用力量；而滅火戰鬥能力不僅是裝備器材、滅火藥劑與救災單位人員數量之表現，還有整體組合與發揮之程度。而知彼更是要完全掌握滅火作戰對象（構造及屬性）、潛在危險程度與對象物可資利用之救災資源等等。

　　就某種意義上而言，只有在知己知彼的情況下，指揮正確事件與整合技術發揮，船舶火災搶救戰術運用才有其明顯實際效果。

14-1 超級弗萊特號客輪火災（一）

2004 年 08 月 22 日 17 時 08 分，1 艘紐西蘭超級弗萊特（Superflyte）號客輪，左舷機艙發生火災，其從懷赫科島（Waiheke Island）之 Matiatia 出發到奧克蘭（Auckland），船上計有 6 名機組人員和 311 名乘客。本次火災事件中，沒有乘客或船員需要就醫治療。

滅火過程

船長發出了求救訊號，船上所有乘客實施緊急疏散，並號召呼應附近其他船隻進行援助。船上二氧化碳滅火系統試圖將大火撲滅，但由於系統故障導致滅火無法有效。大火最終在岸上消防局、船員、援助船舶共同努力下，以手動射水方式予以撲滅。一些乘客在疏散時遭受了輕微擦傷和挫傷，亦有遭受輕微的吸入性嗆傷。

火災分析

本案火災分析如次：
1. 在客艙發生火災警報隨即響起，雖然駕駛艙火災探測面板沒有發出聲光警報（Audible Alarm）功能，駕駛艙之船長已發現到火災探測面板（Fire Alarm Panel）和閉路電視系統（CCTV）有狀況。
2. 之後，警覺到火災發生，船長按照公司手冊中規定的程序。然而，該手冊沒有有關超級弗萊特號現有的設備作業程序（Vessel-Specific Procedures）。船長經驗豐富，能確定自己和他的船員能力，進行最充分地利用現有的設備，從而減少乘客和機組人員的事故風險。
3. 當氣缸頭螺栓破裂後，燃燒氣體、未燃燒的燃料和潤滑油，會噴在高溫之排氣歧管（Exhaust Manifold）上，導致火焰發生。因為，排氣歧管表面溫度是已在上述的燃料和潤滑油之自動點火溫度以上。
4. 冶金學家（Metallurgist）調查指出，由於螺栓過度或不足擰緊所導致疲勞度，形成斷口裂紋形貌。然而，螺栓的腐蝕又可進一步導致疲勞裂紋的傳播，透過在表面形成的凹坑，這引起了在該點的應力所形成裂紋傳播擴大。
5. 螺栓斷裂後的金相組織檢驗（Metallographic Examination）表明，微點蝕刻（Micro-Pitting Corrosion）在線性過程的破裂啟動區是存在的。從斷口表面傳播的二次裂解表明，有一個腐蝕裂紋擴展機制。一些局部腐蝕，是呈現出螺栓前向和後向的表面裂紋，這可能是破裂前的腐蝕現象（Pre-Fracture Corrosion）。
6. 由於氣缸蓋螺栓斷裂（Post-Fracture）後所造成損傷的程度。然而，腐蝕（Corrosion）在失效機制（Failure Mechanism）中所扮演角色如何，目前仍不能準確被確定。如果腐蝕是一個顯著的因素，失效是由於長久操作所發生的應力所造成腐蝕疲勞度。但是，如果腐蝕是失效一個較小的因素，如不足或過度螺栓緊固等異常操作應力，才是主要導致（Initiated）和傳播疲勞之機制。

超級弗萊特號客輪火災

起火原因

Superflyte號客輪起火原因是左舷引擎B6汽缸第2個汽缸蓋螺栓斷裂，產生熱潤滑油滲出、燃燒的氣體和未燃燒的燃料，從氣缸逸出並觸及高溫廢氣歧管表面。

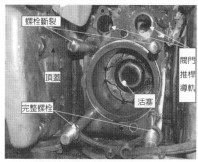

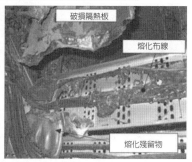

火勢發生在引擎體頂部附近，易燃燃料觸及高溫排氣歧管而點燃火勢。

超級弗萊特號客輪二氧化碳滅火系統進行釋放方向POD配件之自行修改。此外，發現CO_2室受損艙門。

14-2 超級弗萊特號客輪火災（二）

1. 當船長操控二氧化碳的排放，首先，通風閘門（Ventilation Flaps）關閉，火災開始逐漸消耗引擎空間內部氧氣。然而，因系統第二個端口（Second Port）沒有插入正確，使其繼續釋放，以致沒有足夠二氧化碳量，進入機艙將大火予以撲滅。

2. 在維修過程中，在引擎工作室（Workshop）系統可能會先檢查，然後在船上進行測試。根據船級協會（Classification Society）的規定壓力爲 0.7 Mpa，這種是小於防塵帽（Dust Caps）脫落所需壓力。該系統依規定會進一步檢查並於每年定期測試，但測試可能在一個開放管路到所述引擎室，但所使用壓縮空氣（Compressed Air）仍小於撞出防塵帽所需的壓力。

3. 雖然系統單端口（Single Port）釋放方向操縱閥門（POD）是滅火系統適當組件，裝雙端口的釋放方向操縱閥門能適當提供了未使用端口正確插入方式。本案超級弗萊特號船齡已有 8 年期間，是有充分的機會來發現和糾正未插入的端口問題。然而，各方檢查皆沒有注意到雙端口（Dual Port）釋放方向操縱閥門之情況，以及缺乏正確的塞栓（Blanking Plug）。

4. 船上服務部主管（Service Supervisor）進入機艙，採取滅火行動是值得稱讚的。根據海商法（Maritime Rules）的規定，超級弗萊特號船舶是不需要有消防衣，或自給式呼吸器設備。本案此項設備提供該服務部主管，能處在火災熱量和煙霧環境中受到相當防護作用。然而，消防衣和呼吸器可以提振該服務主管信心，使其較安全進入引擎室和去撲熄火勢，但船上只有一套，假使該名服務部主管被受困（Deprived）在火煙區域，就沒有任何形式的備份能提供支援（Backup），以進行救援受困人員。

5. 火勢發生在引擎體頂部附近，可能是空氣過濾器的碎物受到洩漏油浸泡（Oil Soaked）（引擎頂部漏油），使成爲易燃之燃料，並觸及高溫排氣歧管而點燃火勢。

6. 當機組人員被告知到緊急集合站（Emergency Stations），穿上救生衣並幫助乘客穿著救生衣。然而，船員與所有乘客都穿著同樣救生衣變得無法區分。使得船員在緊急應變程序（Emergency Procedures），難以獲得控制現場和進行指導乘客。

7. 穿上救生衣方法標示牌（Signage）方面，是裝置在客艙的艙壁上和在外部甲板救生衣櫥櫃上。在乘客入船旅程一開始，船長就已提醒（Announcement）乘客注意尋找最近的救生衣，但沒有提及任何指示，如關於如何穿上救生衣。然而，許多乘客也沒有採取機會，去熟悉自己的位置或如何穿上救生衣的指示。

調查發現

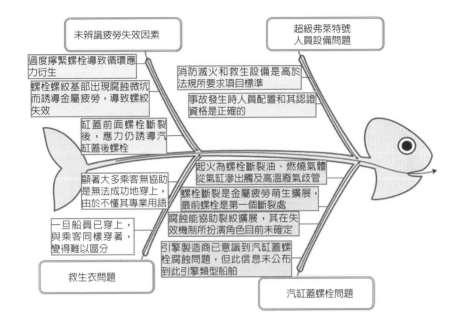

未辨識疲勞失效因素

超級弗萊特號
人員設備問題

過度擰緊螺栓導致循環應
力衍生

螺栓螺紋基部出現腐蝕微坑
而誘導金屬疲勞，導致螺紋
失效

消防滅火和救生設備是高於
法規所要求項目標準

事故發生時人員配置和其認證
資格是正確的

缸蓋前面螺栓斷裂
後，應力仍誘導汽
缸蓋後螺栓

起火為螺栓斷裂油、燃燒氣體
從氣缸滲出觸及高溫廢氣歧管

顯著大多乘客無協助
是無法成功地穿上，
由於不懂其專業用語

螺栓斷裂是金屬疲勞萌生擴展，
最前螺栓是第一個斷裂處

一旦船員已穿上，
與乘客同樣穿著，
變得難以區分

腐蝕能協助裂紋擴展，其在失
效機制所扮演角色目前未確定

引擎製造商已意識到汽缸蓋螺
栓腐蝕問題，但此信息未公布
到此引擎類型船舶

救生衣問題

汽缸蓋螺栓問題

Superflyte號客輪火災援助船舶及
岸上消防局共同協助下撲滅。

星弗萊特　　　超級弗萊特　　　警巡邏艇　　　海巡署巡邏艇

14-3 超級弗萊特號客輪火災（三）

8. 當乘客被告知穿上救生衣時，一些乘客無法足夠接近去看到一個如何穿著之標示牌說明書（Instructions）。基本指示是印在救生衣上，且需要簡潔說明（Succinct），如果是繁瑣可能使船上乘客不易理解。

9. 救生衣穿法是依紐西蘭和國際法規的指示。但若時間允許，船上能提供乘客更周到如有物理或視頻演示（Physical Or Video Demonstration），有關救生衣穿法和緊急出口標示位置。

安全修正

本案安全建議（Safety Actions）程序上，於事故發生後，福樂集團有限公司執行以下行動：

1. 所有的汽缸蓋螺栓（Cylinder Head Studs）在 2 具引擎更新及修理後工作，能確實防止冷卻液產生的洩漏（Coolant Leakage）現象。

2. 二氧化碳滅火系統進行釋放方向操縱閥門（POD）配件之修改。

3. 二氧化碳滅火氣體系統噴嘴孔（Escape Aperture），應增加其口徑大小。

4. 在主客艙座位下的救生衣組件（Lifejacket Pockets），進行了修改，提供更簡單打開方式。

5. 設計兒童救生衣（Lifejackets）的尺寸，提供了更大的選擇。

6. 安裝新式火警探測系統，使能取消客艙警報，而不會使系統的偵測能力失效，該系統還包括在駕駛艙的可視化警報（Visual Alarm），以及增加聲響部分（Audible）。

7. 修正引擎控制系統（Engine Control System），包括一個開關，從而允許在緊急情況下，當其中一具引擎失效時，能獨立地控制任一具引擎情況。

8. 重新修訂船舶遇難棄船作業程序。

安全問題

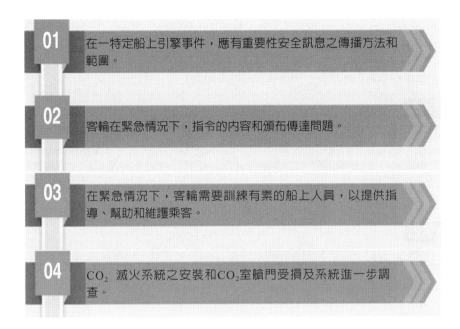

01 在一特定船上引擎事件，應有重要性安全訊息之傳播方法和範圍。

02 客輪在緊急情況下，指令的內容和頒布傳達問題。

03 在緊急情況下，客輪需要訓練有素的船上人員，以提供指導、幫助和維護乘客。

04 CO_2 滅火系統之安裝和 CO_2 室艙門受損及系統進一步調查。

結論與教訓

結論教訓

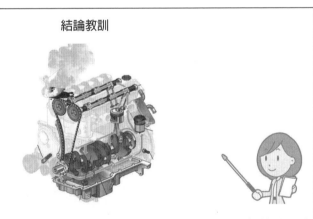

本案由汽缸蓋螺栓斷裂致熱潤滑油滲出觸及高溫廢氣歧管起火，這是海上船舶所要引以為惕的。再者，滅火時二氧化碳系統第二個端口沒有插入正確，而停止繼續釋放，以致二氧化碳量不足以將機艙火勢撲滅。如此，對於機艙重要滅火設備，操作人員應非常熟稔及具可能故障之排除能力。又船上僅有一套消防衣，假使該名人員受困在火煙危險區域，就沒有任何形式能提供支援；因此，海上船舶之自衛消防能力應至少有二套滅火裝備。

14-4 心醉神迷號客輪火災

1998 年 7 月 20 日 17 時 10 分，1 艘心醉神迷（Ecstasy）號嘉年華客輪，距美國佛羅里達州 Miami 海岸 2 哩處發生火災。此次事件沒有造成人員死亡或嚴重受傷情形，但有 54 人遭到濃煙嗆傷，其中 20 人需送醫治療。估計火災造成船上受損 3000 萬美元，並經修理至當年 9 月時，始再返回航線服務。

電焊起火

火勢發現是由 2 位技工人員，其準備前往船尾 2 號甲板上洗衣間，進行焊接工作。這 2 位技工並沒有開始焊接，但要打開焊接裝備開關時，其中一條電極接觸到輥式板材機（Mangle）之金屬部位，造成電弧火花於輥式板材機下方形成小火情況，技工們使用水及滅火器試圖去撲滅火勢，但火勢已蔓延進入此板材機上方之通風開口，火煙並經由通風管向上至 4 號甲板（停泊甲板層）。

乘客廣播

在 17 時 30 分船上廣播要求旅客遠離船艉（Stern）區域，火勢於當日 21 時 9 分熄滅，Ecstasy 號嘉年華客輪於翌日清晨 2 時 20 分返回停泊於 Miami，船上所有乘客在 6 時前，皆已安全下船。

海岸防衛隊

17 時 30 分美國海岸防衛隊並沒有接到前往協助之任何通知，但稍後海岸防衛隊從 Miami 海岸守望（Watchstander）哨報告，觀察到大量黑煙來自於 1 艘客輪。於 17 時 32 分與 Ecstasy 號客輪建構起通訊頻道，並確認火勢來自於船上無訛，但 Ecstasy 號客輪對海岸防衛隊說明其可控制，並不需要其前往協助。惟於 17 時 40 分第 1 支海岸防衛隊單位仍前往現場搶救。

外援滅火

顯著滾滾黑煙從 Ecstasy 號船艉位置冒出，在 18 時許 Ecstasy 號發出滅火之協助要求，有資格能力之消防人員從現場附近拖船進行登船。

滅火設備

Ecstasy 號客輪所有甲板是由自動水沫（Water Spray）設備所防護，除了 4 號甲板（停泊甲板層）外，4 號甲板之所以沒有自動水沫設備防護之理，是考量開放式甲板，且海上人命安全國際公約並沒有要求在開放式甲板設置自動水沫設備。此次火災造成 Ecstasy 號失去動力與操舵功能，而海岸防衛隊搶救、防火門即時關閉與自動水沫設備動作，使火勢僅局限於船尾位置。

熱工作業規定

由電焊作業導致事件發生之主因，船上這些技工並沒有得到高溫作業之合格證照，現場亦沒有配置防火警戒人員，嚴重違反熱工作業規定。

航行路線

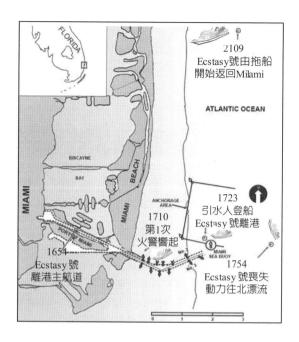

調查結果

調查分析結果

01	船上電焊作業技工竟沒熱工作業證照
02	現場亦無配置防火警戒人員，這已嚴重違反熱工作業規定
03	船上應有足夠火災防護設備及船上乘客安全作業，包含緊急事件狀況及應變計畫
04	嘉年華客輪疏忽管理等相關方面，應作全面檢討改善

Ecstasy號嘉年華客輪火災54人遭煙嗆傷，其中20人需送醫治療，估計船舶受損3000萬美元。

14-5 漢薩聯盟號客輪火災

1966 年 9 月 7 日 7 時 30 分，1 艘德國籍漢薩聯盟（Hanseatic）號客輪停泊於美國紐約 North River 港 84 號碼頭，甲板 B 層柴油發電機艙發生火災。本次事件造成財物損失 100 萬美元，無人員受傷。

滅火過程

火災發現於上午 7 時 30 分在柴油發電機艙，有 3 位船員於現場區域，分別拿取手提乾粉與泡沫滅火器，試圖撲滅火勢，之後火警警鈴於輪機長辦公室響起，輪機長警覺後迅速前往下層與其他幾位船員隨同，使用較大型之半手提式（Semi-Portable）泡沫滅火器，從 2 號鍋爐房試圖撲滅火勢。於 7 時 45 分關閉燃料槽，此時船上失去所有動力，於 7 時 50 分紐約消防局人員抵達並前往燃燒區進行滅火。

火勢擴大

火勢擴大原因為 4 號柴油發電機之管路漏油造成起火燃燒。然後火勢透過一個進氣空調機（Intake Ventilator）竄燒 7 個甲板。於火勢發生後 1 個小時期間，消防人員已意識到此區劃空間是配備有固定式二氧化碳滅火設備，然而，如此設備在啟動後竟未能熄滅火勢。後來，於當日 14 時 30 分經紐約消防局控制火勢。

二氧化碳滅火設備

在 Hanseatic 號客輪上二氧化碳滅火設備有 3300 磅（1497 kg）之儲量，並連接管路至 1 號及 2 號鍋爐房、柴油發電機室等區劃空間。因火勢是位於艙底（Bilge）上方幾公尺處，如此滅火系統是不能被啟動撲滅火勢，因此處另有艙底全區淹沒式（Flooding）滅火系統。但於柴油發電機室之所有機械與電機部分，卻受到火勢高溫，遭到毀損使該滅火系統失效未能發揮應有之滅火功能。

自動撒水滅火設備

自動撒水系統是安裝在乘客艙房及幾個公共服務區域，然而其僅啟動在右舷通道上（Starboard Passageway），且其撒水之水壓是來自於重力水槽（Gravity Storage Tank），一旦水槽之水量供應完畢即形成無水狀態，進一步照理應由幫浦啟動抽水接續供應，但大火使電源遭到毀損而失效，造成現場火勢壓抑不成而擴大延燒範圍。

火災原因

由紐約消防隊人員與船上人員所報告內容，指出 Hanseatic 號客輪上火災原因是起源於 4 號發電機艙，當時油類燃料濺出觸及引擎前端排氣歧管。但由於大範圍火災燃燒波及嚴重燒損，並不能判斷出該區域是否燃料管路破損是真正導致火災之起火原因，抑或是其破損是遭火災所燒致。

調查結論

 美國海岸防衛隊之海事調查委員會結論

 火勢經由船體垂直延燒，限於鋼製船艙區域內惟其高溫經由鋼製壁體直接熱傳導至所有甲板層

 不適當滅火裝備造成火勢竄燒而失控

 船上人員亦缺乏足夠消防應變能力

 船上火災發生延遲通報至船長

 火勢高溫熔化發電機電纜線，造成電力失效使船上二具消防幫浦無法發揮功能

火災損失

德國籍漢薩聯盟（Hanseatic）號客輪停泊於美國紐約North River港84號碼頭，甲板B層柴油發電機艙發生火災，造成財物損失100萬美元，無人員受傷。

14-6 特快2號客輪火災（一）

2004年10月17日，1艘美國特快2號（Express Shuttle II）65呎長小型客輪（Small Passenger Vessel），於佛羅里達州 Richey 港 Pithlachascotee 河口附近，發生機艙（Engine Room）火災，致船隻全毀、1名水手送醫治療。

事件過程

美國特快2號從墨西哥灣例行航線，當時已載運78位乘客到近海之賭博船（Casino Boat），乘客下船後返航至 Paradise 島。當船上發生火災時，只有船長和2名水手。第一時間沒有機組人員去啟動船上固定式二氧化碳滅火系統。船員們試圖以手提式滅火器來撲滅火勢，但火災失控時，只能選擇棄船。後來，此3位機組人員被1艘剛好經過之休閒船（Recreational Boat）予以救上。船長和2位水手其中1位有受傷必須上岸，由岸上救護車運送到當地醫院進行治療。這名水手受到嗆傷情形（Smoke inhalation），需過夜觀察並於翌日後出院。後來，特快2號（Express Shuttle II）客輪火災是由 Richey 港及 Pasco 郡消防人員予以撲滅，此艘價值80萬美元船隻最後全毀。

火災擴大原因

美國運輸安全委員會調查特快2號火災，推測原因是引擎燃料管線斷裂（Fractured）導致事故，因右舷引擎內側燃料管線（Fuel injection Line）不當之安裝，使柴油噴射到高溫引擎上，造成起燃火災。基本上，火災原因歸屬到未落實執行一預防性維修計劃（Preventive Maintenance Program），這確定了該公司船舶燃料管線一直持續存在的問題，如此有問題燃料管線導致本案火災的發生。又船上火災防護動作失敗，促成進一步損害程度，則可歸因於已故障之火災探測系統，以及船員未具備海上消防滅火之技術能力（Marine Firefighting Technique）。

火災關鍵因素

美國運輸安全委員會在其調查的過程中，另確定了以下幾項安全問題：
1. 預防性維修執行情形（Preventive Maintenance）。
2. 船員對火災事件緊急應變處置（Crew Response To Fire Emergency）。
3. 火災探測系統（Fire Detection Systems）。

船員滅火反應

在緊急情況人員反應方面（Crew Response To Fire Emergency），當船上2具引擎均告失效後，特快2號火災發生的第一個跡象，是水手們（Deckhands）看到來自甲板下冒出白色煙霧。水手們試圖找出這些煙霧的來源，打開舉起（Lifting）至引擎空間之進入艙口（Access Hatch）。在打開艙口之前，他們並沒有事先通知船長或先行準備滅火器等採取預防措施。

起火因素

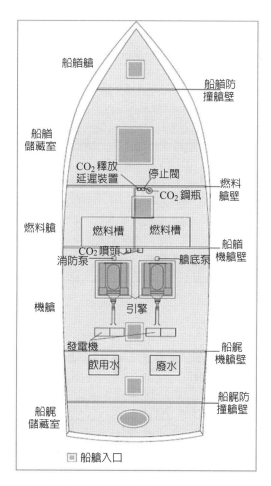

（右舷引擎內側燃料管線不當安裝使柴油噴射到引擎上致起火）

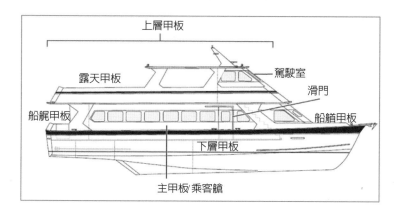

14-7 特快2號客輪火災（二）

　　但此一打開艙口動作，卻給予大量空氣中氧供給至火勢燃燒區，而增加火災大幅發展。從水手告訴調查人員，甚至有可能，他們離開後仍讓艙口（Hatch）處在打開狀態。

　　之後船長目睹機艙濃煙通知其中 1 名水手，請另 1 名水手繼續採取行動，但卻加劇了（Exacerbated）火災和濃煙發展條件。首先，水手打開在右舷引擎（Starboard Engine）更大的艙門，那裡正是火焰上方，得以使火焰產生對流發展。然後，船長來到機艙（Cabin），他和 1 名水手再次打開了較大艙口，而另 1 名水手站在旁邊準備使用手提式滅火器。他們這一行動給予更多大量的氧氣，使火勢充分燃燒生成煙流瀰漫至整個機艙空間。

　　即使水手釋放手提式滅火器，也不能接近至火災燃燒區域範圍內，且滅火器是必須近距離釋放至火點才是有效的。但手提式滅火器有一限定距離的範圍，朝火災燃燒區域，如僅朝濃煙流機艙處噴射是無法達到滅火效果的。這些水手們的動作顯示，他們沒有適當消防訓練，因水手們亦無法告訴本案調查人員，他們到底是使用什麼型式的手提滅火器來撲救特快 2 號火災，可見其對各類滅火器的使用和限制也不熟稔；且船上火警探測器又有問題。

船長滅火反應

　　船長的行動表明對特快 2 號消防設備使用有問題，顯示其此方面訓練是太過缺乏。船長發現火災的嚴重程度，他離開了機艙去尋找消防水帶，然後意識到假使引擎不運行情況，消防泵亦是不能啟動。這是可能的，船長那時也能使用固定式二氧化碳滅火系統來進行滅火，其控制開關是位於燃料室（Fuel Room）。然而，當時船長意識到，消防水帶是不能使用的情況下，機艙內已充滿了濃煙，應通知船員不得不撤離。

　　船長告訴調查人員，他已做了必要的消防演習至少每月一次，當船上有新進水手時，會做得更多的，船長確信水手們知道如何去打開消防水帶，並在火災發生時如何指導乘客（Direct Passengers）協助撤離。然而，船長敘述在特快 2 號火災當日，他從來沒有對其中任何一位水手進行過消防演練，因他們是剛來的。船長指出，緊急演練紀錄必須記載在船隻工作日誌簿上，但公司並沒有保持消防演習紀錄之複寫本文件。由於大火燒毀了船上航行及工作日誌，因此美國運輸安全委員會無法確定，該公司最近日期有否依照規定，進行了必要的消防演練。

引擎配置與火警系統圖

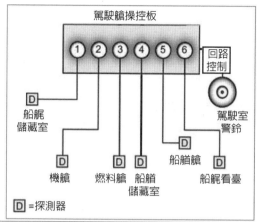

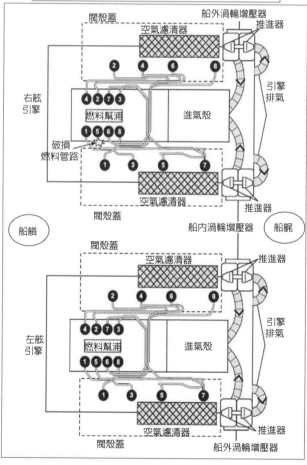

14-8 特快2號客輪火災（三）

消防演訓規定

美國運輸安全委員會得出結論，特快 2 號火災當日，航行上並沒有依照海岸防衛隊法規（Coast Guard）所規定，船東、船舶經營者或船長對水手人員（Deckhands）在緊急狀況，如火災發生時之應變處置責任。所以水手們亦不知如何進行緊急應變，尤其火災控制措施等作法。美國海岸防衛隊法規要求船東、船長、承租人（Charterers），船長或管理運營人，必須指示每位組員，當人員第一次僱用在一個特定的船隻前，以及僱用後每三個月至少進行一次，有關船舶發生緊急情況下他們的職責是什麼。在美國海岸防衛隊法規規定，要求船長進行足夠的消防演訓（Fire Drills），以確保每位成員在火災發生時，能熟悉他或她的職責。但特快 2 號船上水手既不曾受過發生任何緊急情況之訓練，包括消防演習，即使他們在 Richey 港 Paradise 島已工作有 1-2 個月之久。

缺乏海事滅火訓練

美國運輸安全委員會調查以往過去小型客輪的意外事例，其中船員在消防緊急應變程序的訓練是一個安全問題。在 Port Imperial 號曼哈頓火災事例報告，美國運輸安全委員會發現，船舶上船員並沒有具備適當的滅火技術（Proper Firefighting Techniques），因此，他們在控制或滅火時是難以有效果的。他們沒有採取適當的行動，以防止火災之煙流和高熱蔓延到船舶其他區域，而危及自身安全和船上乘客的安全。在美國運輸安全委員會看來，機組人員沒有能力去適當反應此一緊急情況，其直接主因是缺乏足夠的滅火訓練。

根據消防安全專業人員和訓練教材，如有效海事滅火（Marine Firefighting）課程指出，要求機組人員了解各種火災分類（A 類火災為紙張和其他常見的可燃材料、B 類火災為易燃液體和氣體、C 類火災為有通電狀態之電氣類、D 類火災為可燃性金屬如鎂、鈦等）、火災基本化學（燃料、熱、氧、化學反應），和正確使用各種滅火劑（水能冷卻燃燒物質、化學乾粉能抑制化學反應或二氧化碳能窒息氧氣滅火）。

滅火失敗主因

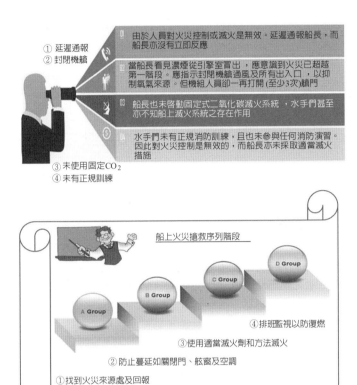

① 延遲通報
② 封閉機艙

由於人員對火災控制或滅火是無效。延遲通報船長，而船長亦沒有立即反應

當船長看見濃煙從引擎室冒出，應意識到火災已超越第一階段。應指示封閉機艙通風及所有出入口，以抑制氧氣來源。但機組人員卻一再打開(至少3次)艙門

船長也未啓動固定式二氧化碳滅火系統，水手們甚至亦不知船上滅火系統之存在作用

水手們未有正規消防訓練，且也未參與任何消防演習。因此對火災控制是無效的，而船長亦未採取適當滅火措施

③ 未使用固定CO₂
④ 未有正規訓練

船上火災搶救序列階段

D Group

C Group

B Group

A Group

④排班監視以防復燃

③使用適當滅火劑和方法滅火

②防止蔓延如關閉門、舷窗及空調

①找到火災來源處及回報

CO₂ 系統圖

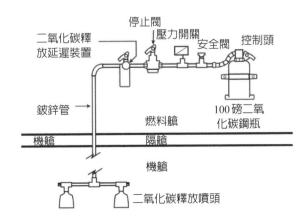

停止閥
二氧化碳釋放延遲裝置
壓力開關
安全閥
控制頭
鋇鋅管
100磅二氧化碳鋼瓶
燃料艙
機艙　隔艙
機艙
二氧化碳釋放噴頭

14-9 特快2號客輪火災（四）

1. 特快 2 號船舶火災因素（Factors），由天氣、操作人員過度疲勞或非法藥物等項皆可排除。
2. 雖然機組人員沒有實施事故後酒精測試，但酒精不是本次一個可能因素。
3. 由船舶火災後損害類型與程度表明，火災一開始位於右舷引擎之內側部位（Inboard Side）。
4. 火災最有可能起火情況，是從燃料管線破裂噴出柴油燃料到高溫引擎零組件，而點燃火災。
5. 火災來源初始燃料是柴油，為其管線連接到右舷引擎之燃料管線（Fractured Fuel Line），形成已斷裂情況發生，導致柴油大量濺出。
6. 右舷引擎第 5 缸燃料管線產生裂紋，是因為過度振動（Excessive Vibrations）產生金屬疲勞，導致管路接頭鉗緊（Clamp The Line）失敗。
7. 特快 2 號應定期更換燃料管線，此亦顯示該公司並沒有正確安裝檢修及燃料管線管理工作。
8. 如果天堂港（Paradise of Port）之 Richey 公司能依照書面所記述預防性維修計畫之規定作業，就能事前發現燃料管線之問題，而予以消除管線故障的根本原因，從而避免特快 2 號火災發生。
9. 在 Caterpillar 引擎維修手冊（Engine Service Manual）有缺陷，因它沒有包括取代單一燃料管線所需的步驟，也沒有清楚地表明，燃油管線接頭鉗緊（Fuel Line Clamps）之正確位置。
10. 火災當日，航行並未依照海岸防衛隊法規所規定，船東、船舶經營者或船長對水手人員，在緊急狀況如火災發生時之應變處置責任。
11. 機組人員（Crewmembers）在火災控制或撲滅等工作是無效的，因缺乏足夠的消防訓練。此外，船長亦沒有採取適當的滅火應變措施。
12. 特快 2 號火災探測系統，是不符合海岸防衛隊之規定內容。
13. 在事故發生時，船上火災探測系統未能正常運行。
14. 特快 2 號之故障火災探測系統，無法早期發現火災產生警報訊號，致使船上喪失火災初期壓制之有效時機。

事故擴大

事故擴大主因

美國運輸安全委員會調查特快2號火災，原因推測是燃料管線斷裂（Fractured）所導致事故，因不當安裝右舷引擎內側燃料管線（Fuel injection Line），而使柴油噴射到高溫之引擎上，而起燃火災。本案火災原因歸屬到一預防性維修計劃，這可能已經確定了該公司船舶燃料管線一直持續存在的問題，此有問題燃料管線至最後導致火災發生。船舶上火災防護失敗而加劇進一步損害程度，則可歸因於故障的火災探測系統，以及船員未具備海上消防滅火之技術能力。

結論與教訓

結論教訓

本案船舶上火災防護失敗而加劇進一步損害程度，則可歸因於故障的火災探測系統，以及船員未具備海上消防滅火之技術能力。首先，在封閉機艙方面，機組人員卻一再打開（至少3次）艙門（Hatches）到機艙，每次給予大量之所需氧氣量。而船長也沒有嘗試啟動船上固定式二氧化碳滅火系統，水手們甚至不知道該船上滅火系統之存在作用。且水手們亦無正規的消防訓練，也沒有參與任何消防演習，以致機組人員對火災控制是無效的，而船長亦沒有採取適當的滅火措施。

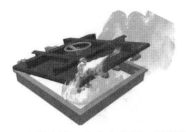

打開火災室艙口應注意火煙突然竄出

14-10 哥倫比亞號渡輪火災（一）

2000 年 6 月 1 日 12 時 7 分（阿拉斯加夏令時間），於阿拉斯加海岸航路體系（Alaska Marine Highway System, AMHS）哥倫比亞號（Columbia）418 呎長渡輪（Passenger/ Car Ferries），於引擎控制室主配電板（Main Switchboard）發生火災。這艘渡輪上計有 434 位乘客、1 位偷渡者（Stowaway）及 63 位船員，火災撲滅後沒有造成人員受傷或死亡，渡輪失去動力形成漂流情況。

事故救援

哥倫比亞號渡輪航行於 Chatham 海峽上，位於阿拉斯加 Juneau 西南約 30 海浬處（Nautical Miles），是 Juneau 港到 Sitka 港之定期航線船舶。此次火災造成船隻失去主推進力（Main Propulsion）和電力而漂移。首先獲悉哥倫比亞號火災者為美國海岸防衛隊（Coast Guard）Anacapa 號，該船正好於附近巡邏，派出滅火隊到哥倫比亞號上。於當日 14 時 25 分左右，火災撲滅沒有造成人員受傷或死亡。不過，哥倫比亞號仍在漂流。後來，海岸防衛隊直升機載送 3 名乘客送醫，其在火災事件前這些乘客就已有身體不適情況。其餘乘客被安全分別轉移到另一 AMHS 號渡輪及 Taku 號船上。約於當日 20 時 30 分，Taku 號抵達 Juneau 號港進行乘客下船。最後，哥倫比亞號於 6 月 7 日被拖曳到同一個地點進行調查。

事故原因

美國運輸安全委員會調查，哥倫比亞號火災原因可能是未能有效維護和檢查電氣（Electrical Switchboards）執行方案，產生電弧（Arcing）現象導致配電盤火災，最有可能的原因是由於一線路連接錯誤（Faulty Connection）或存在導電物體（Conductive Object）狀態。

主要議題

本案報告中所討論的主要議題如次：
1. 適當的電力系統檢查和維護程序。
2. 適當的維護程序及安全監督管理。
3. 適當的滅火程序。

滅火設備

哥倫比亞號滅火設備有消防水帶、消防斧頭、消防泵和不同消防設備器具，包括固定式滅火系統，其延伸管路噴頭至主機艙、輔助機艙、緊急發電機艙、油漆更衣室、食堂、車輛裝載區、餐飲沙龍區等處。整艘哥倫比亞號有超過 60 具手提式與半手提式（Semiportable）滅火器。根據 AMHS 總經理所述，在火災時，該船有 7 組滅火人員裝備可以同時進行滅火，每組皆有消防衣、褲、靴子、手套、頭盔以及空氣呼吸器。

發生火災主配電板配置圖

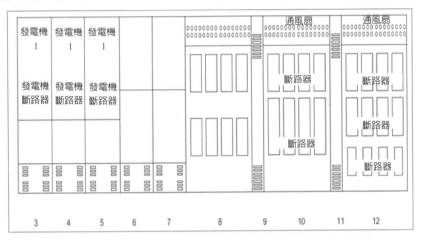

						通風扇		通風扇
發電機 1	發電機 1	發電機 1						
發電機 斷路器	發電機 斷路器	發電機 斷路器				斷路器		斷路器
								斷路器
						斷路器		斷路器

3　　4　　5　　6　　7　　8　　9　　10　　11　　12

主配電盤產生電弧導致配電盤火災　　火災後失去動力形成漂流

事故螺栓

哥倫比亞號渡輪主配電盤事故螺栓，船上應有預防性維修計畫，於任何連接故障需予以修正，避免可能火災發生。

14-11 哥倫比亞號渡輪火災（二）

乘客避難

　　船舶遭遇事故後，人命安全因素（Survival Factors）方面，於 Columbia 號有三個集合站，分別是船舶休息室（Forward Lounge）、小吃酒吧臺及餐廳，上述全部位於船甲板上，由總事務長（Chief Purser）負責集合乘客。緊急應變隊（Emergency Squad）是直接集合在車輛配載區之緊急艙室（Emergency Locker），其位於機艙甲板層上面，領取滅火裝備準備滅火行動。

　　總服務員（Chief Steward）指導服務人員（Stewards）進行搜尋乘客特等艙，並把毛巾置於門把手，或在門底部，表示特等艙已被搜查過之意。然後總務主任向總事務長簡報目前搜索乘客的狀態。

　　於 12 時 10 分後，船長試圖使用駕駛艙（Bridge）大眾廣播系統；但出乎他的意料，已無法動作。而依靠手持 VHF 無線電機直接與船員作溝通。他也使用一個 VHF 頻道與大副（Chief Mate）（負責消防業務）溝通。此外，船長使用另一個頻道進行乘客疏散協調工作，並依賴總事務長所回報乘客狀況，總服務員與第二服務員管理集合所有乘客，並進行疏散動作。船長使用各個不同無線電頻道是一個新的作業程序，且運作起來亦非常良好。透過 VHF 無線電機使用，船長也能透過他的工作人員，去發送消息給乘客。為了確保乘客皆能被知會，各種機組人員在現場吵雜的聲音中來傳達指示；現場沒有擴音器（Loud Hailer）或類似設備使用。總服務員敘述一些乘客抱怨不能夠聽到船上所給之指示，而一些乘客也非常困惑，不知下一步要做什麼，然而大部分乘客仍是平靜聽候指示。在 12 時 22 分集合乘客完畢，開始分發救生衣（Lifejackets）給乘客。

救援船隻避難

　　哥倫比亞號船長與 Taku 號船長、Anacapa 號船長、美國海岸防衛隊搜救控制官（SAR Controller）與 AMHS 總經理進行協調，準備轉載乘客和機組人員。哥倫比亞號船長手機接獲 AMHS 總經理許可，其指示 Taku 號沿著他的船隻並轉載乘客。船長允許乘客去他們的特等艙和車輛，以拿取個人財物，然後指示他們穿上救生衣，並繼續通過前向樓梯（Forward Stairwell）至轉載集合點。14 時 19 分開始進行乘客轉載，至 15 時 23 分完成。而機組人員則是沿著樓梯至 Taku 號路線間，所有人員到達定位，以協助引導乘客。

主配電盤火災

引擎控制室主配電板

工作室

右舷艙門

上

下

鍋爐

上

工作室

輔助發電機

1號

2號

3號

控制室

主引擎室

起火位置

主配電盤

逃生天窗

左舷艙門

電氣工作室

機械室

燃油供應槽

火災時派出船員沒有穿適當防護衣進入暴露在火煙而可能遭受嚴重傷害的潛在環境，顯示輪機長之決策考慮是非常不周全的

哥倫比亞號主配電盤產生電弧現象導致配電盤火災

14-12 哥倫比亞號渡輪火災（三）

滅火程序

在滅火程序上，火災發生時，輪機人員迅速啟動機艙消防行動，並通知船長。他們也使用二氧化碳滅火，關閉空調並將火災所在位置的控制室艙門關閉，以隔離煙和火焰。NTSB 認為，船上輪機人員對火災的初步反應是適當的。但美國運輸安全委員會所關切的是，船員的後續行動是有點隨意和即興的。因船員行動並未反映預期，原先所妥善規劃之訓練和控制室火災消防演練執行方式。

任務編組表

哥倫比亞號應變組織編組提供了船員緊急集合時的任務編組表（Muster List），註明在發生火災或其他緊急情況時，每位組員必須按位置就定位，並確定他／她集合站（Station）工作和責任分擔（Duty Assignment）。一般而言，緊急集合時任務編組表清楚列出每位組員的職責和工作，旨在提供船上幹部和其他機組人員緊急應變任務之快速指南（Quick Guide）。緊急集合時任務編組表不會對任何個人的角色和責任進行深入規定，或給予有關反應船上火災時所作政策、程序和計畫之細節作描述。哥倫比亞號緊急集合時任務編組表指定船長負責在駕駛艙指揮船上一切作業，而大副則負責現場應變隊滅火作業，但其各自的職責和工作，於任務編組表單中並沒有詳細說明。這份編組表指出，現場應變隊組成由未認證之船員使用 2 條消防水帶和未認證之其他人提供後備和支援（Backup And Support）。任務編組表中沒有顯示一個單獨的應變隊，如何應付機艙火災，或是機艙人員是被分配到應變隊去執行消防水帶操作。此外，哥倫比亞號在這次火災前 2 年期間，並未舉行過對機艙火災之滅火訓練演習。任務編組表中也指定輪機長（Chief Engineer）是負責機艙和監督釋放二氧化碳進行滅火程序，以防護機艙動力系統，且當二氧化碳釋放是必要的情況下。然而，他在機艙火災中扮演的角色並沒有列出任何細節。在其他輪機部門人員則有各種指定負責艙底泵、消防泵、操作自動撒水滅火系統（Sprinkler Systems），並關閉空調系統，但沒有列出任何具體的滅火工作責任。未分配職責（Off-Watch）第三助理工程師和未分配職責之初級工程師，他們的角色只限於為緊急應變隊的相關人員，提供後勤所需工具。根據任務編組表，緊急應變隊是在大副指揮下，負責撲滅船上火災。然而，應變隊主要由甲板部門人員所組成，對機艙細節並不熟悉，且其也從未參加過控制室（Control Room）消防訓練演習。在引擎控制室火災環境常是缺乏照明和充滿大量黑煙，從而減少了能見度至幾乎為零之程度，使滅火工作增添更多障礙變數。另一方面，輪機部門人員對引擎控制室配置（Layout）較為熟悉。從邏輯而言，他們應該承擔來主導這場火災之滅火行動。

船上消防防護計畫

消防防護計畫

一正確全面性消防防護計畫，是描述了在船舶不同空間的各種火災情景（Fire Scenarios），以及在每種情況下如何進行滅火。該計畫充分說明了緊急應變反應人員分擔之角色和責任，以建立滅火行動時指揮鏈。為了戰略和戰術指揮執行，在所有可預見的情況下作出明確和毫不含糊敘述，包括在甲板上與機艙之火災情況。如果有必要，獨立和分離出組織形成，以便在甲板上和機艙火災之滅火行動上進一步運作。

此外，消防防護計畫包含緊急行動及程序，包含關閉電源、關閉各種船舶空間之空調，以及建立火災周界防護（Fire Boundaries）和保持水密完整性（Watertight integrity）之檢核清單（Checklists）。在一個特定的空間或艙室的火災，所預定的行動與消防防護計畫，在非急迫（Non-Urgent）環境下，是更有可能運用較佳判斷力。火災的發展，船上主管人員可以參考這個計畫，並採取適當的行動。然而，正如一位權威人士指出：「最全面和精心設計的消防防護計畫，如果他們不用於訓練方面，其價值是不大的；當實際發生火災時如果他們也不使用，此等防護計畫甚至更沒有任何價值」。

另一方面，船上消防防護計畫，能提供重要信息；然而，消防防護計畫不是法規所要求的，並非所有船隻都有制定這樣的計畫義務。哥倫比亞號有消防防護計畫，但它不是全面的，僅提供了船隻消防資源、各區域進入門徑所在和消防設備位置等，僅作一簡要描述。該計畫沒有說明該船隻的消防組織，或指定的船員滅火分擔角色和責任。此外，該計畫亦沒有詳細說明，如何對船隻特定部分之火災採取哪項滅火行動。

然而，缺乏一個全面的消防防護之詳細的滅火人員職責和工作分配，再加上缺乏對機艙火災訓練之應變隊的組合訓練，這些因素減少船員能有效地撲滅火災之能力。

14-13 哥倫比亞號渡輪火災（四）

滅火防護欠妥

為應變火災，輪機長派出當日二管輪未穿著空氣呼吸器的情況下，即進入控制室，打開主配電板和緊急用配電板（Emergency Switchboard）之間母線連結斷路器（Bus Tie Circuit Breaker）。其遇到困難，當天第三個工程師隨即支援。他和第一助理工程師進入控制室，打開船舶輔助發電機與主配電板之間迴路斷路器（Circuit Breakers）。兩人背著從應變隊借來之空氣呼吸器，但卻沒穿消防衣（Protective Clothing）。

美國運輸安全委員會指出，船上派出船員在沒有穿適當防護衣的情況下，進入一個燃燒猛烈的火災現場，讓他們暴露在火煙而可能遭受嚴重傷害的潛在環境，顯示輪機長之決策是非常不周全的。第一助理工程師打開兩個迴路斷路器，並打開他的手電筒，這是一個輕率的行動。考量電氣產生電弧現象（Electrical Arcing）和配電盤（Switchboard）火災，「控制室」內的能見度很差，其所選擇的作業工具，可能會讓他受到重傷。美國運輸安全委員會的意見，認為第一助理工程師對配電板火災（Switchboard Fire）之滅火行動顯示，實缺乏適當的消防訓練。

滅火檢討

第一助理工程師打開第三迴路斷路器後，他和二管輪退出控制室，而輪機長決定以手動關閉 1 號輔助發電機，其仍然可供應電源至配電盤中。在美國運輸安全委員會的意見，以手動關閉發電機去消除電力輸入配電盤的行動過程中，應是擺在第一優先考量工作。手動關閉發電機是比派出一個人進入一個黑暗且濃煙繚繞之房間，去打開母線連結斷路器（Bus Tie Circuit Breaker）之行動是更安全的。

一旦駕駛艙已通知工程師們有火災發生，且一般火災警報已經響起，有受過電氣火災的防治技術訓練之滅火隊，應派去主導引擎控制室火災之滅火行動。這樣一支滅火隊很可能會較迅速和將風險降到最低之方式，來撲滅如此大火。就這起事件而言，因工程師們所需的專業知識，和可有效撲滅控制室火災之專家，這些專家應該是船上滅火隊人員組成的一部分。

在美國運輸安全委員會意見，如果哥倫比亞號已有全面性消防防護計畫，包括撲滅控制室火災的程序，和機組人員已接受適當妥善訓練以及對該計畫有實際演練過，事件一開始他們就知道如何有效來處理；如各組員所扮演之滅火角色、已預定職責和實際演練過、主配電盤電源已迅速和徹底隔離、工程師們不會沒有適當的防護裝備被送到環境惡劣之控制室等。因此，滅火人員的危險，就能予以大幅降低，而火災亦能更早予以撲滅。

調查發現

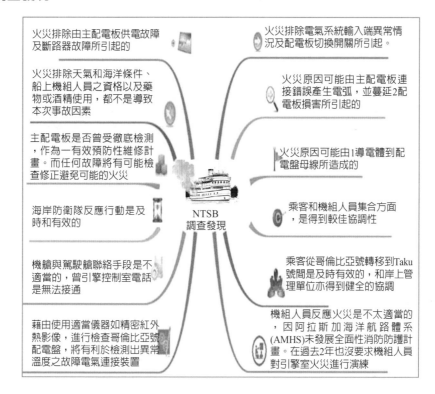

火災排除由主配電板供電故障及斷路器故障所引起的

火災排除電氣系統輸入端異常情況及配電板切換開關所引起。

火災排除天氣和海洋條件、船上機組人員之資格以及藥物或酒精使用，都不是導致本次事故因素

火災原因可能由主配電板連接錯誤產生電弧，並蔓延2配電板損害所引起的

主配電板是否曾受徹底檢測，作為一有效預防性維修計畫。而任何故障將有可能檢查修正避免可能的火災

火災原因可能由1導電體到配電盤母線所造成的

海岸防衛隊反應行動是及時和有效的

乘客和機組人員集合方面，是得到較佳協調性

機艙與駕駛艙聯絡手段是不適當的，曾引擎控制室電話是無法接通

乘客從哥倫比亞號轉移到Taku號間是及時有效的，和岸上管理單位亦得到健全的協調

藉由使用適當儀器如精密紅外熱影像，進行檢查哥倫比亞號配電盤，將有利於檢測出異常溫度之故障電氣連接裝置

機組人員反應火災是不太適當的，因阿拉斯加海洋航路體系(AMHS)未發展全面性消防防護計畫。在過去2年也沒要求機組人員對引擎室火災進行演練

NTSB
調查發現

結論與教訓

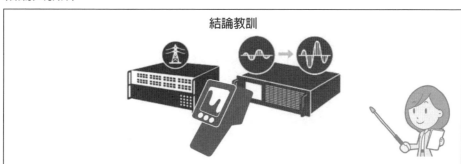

結論教訓

本案使用紅外熱影像檢查船上重要配電盤，將有利於檢測出異常溫度之故障電氣連接裝置，是值得推廣學習。案內機組人員反應火災能力是相當不足的，且沒有進行訓練及演練。誠如NTSB所言，如果本案機組人員已經接受適當妥善訓練以及對該計畫有實際演練過，事件一開始他們就知道如何有效來處理；且滅火人員的危險就能予以大幅降低，而火災亦能更早予以撲滅。

14-14 麥克連堡號滾裝客輪火災（一）

2010 年 11 月 19 日 20 時 35 分，一艘麥克連堡（Mecklenburg-Vorpommern）號滾裝客輪（Ro-Ro Passenger Vessel），其定期航行於瑞典特瑞堡（Trelleborg）至德國羅斯托克（Rostock）船班，途中於第 4 甲板上福斯廂型車（HGV）發生火災。當時麥克連堡號已駛入德國漢薩（Hanseatic）市羅斯托克（Rostock）國際港口航運上之迴轉區（Turning Circle）。由一名船員早期發現火源，立即啓動滅火行動，發生火災處（重型貨車拖車）是有利接近位置和鄰近港口設施，而能即時防止更嚴重損害擴大，以及陸地上消防隊協助下，使火勢得到控制。在當晚 22 時 16 分，據消防隊通報，船上大火已完全撲滅。最後，船隻火災輕微受損，無人員傷亡。

初步滅火活動

在滅火（Firefighting）活動方面，第 4 甲板和其他封閉甲板上，該船配備了一個廣泛偵煙探測器。當煙霧探測器被觸發，在船橋顯示中央火災報警系統發出的聲音和視覺警報。

所有的機組人員分配到以下應變小組之一：
1. 指揮組（Ship's Command Team）。
2. 應變組（Response Team）。
3. 支援組（Support Team）。
4. 乘客照護組（Passenger Care Team）。
5. 預備組（Reserve）。

每個機組成員的具體任務，皆已列示在應變部署表之中。火災除了煙霧探測器偵測到，當時也由一名船員看到火焰發生。

當船員接近時，其注意到濃煙來自於 1 輛福斯廂型車上。由於門是開放的，他也能夠看到拖車裡煥發出火焰。其立即通知二副，並與其他機組成員取得了聯繫。然後都跑向船頭接近燃燒的半拖車從前面使用滅火器開始撲救。此外，有人試圖去開啓水沫系統（Drencher System）。由攝影機分析表明，這已過 6 分鐘時間。根據由船公司提供的信息，這個時間滯後（Time Lag）是由於閥門僵硬難以開啓。所有機組人員警報觸發後，應變小組的成員集合在設備區，他們穿上防護裝備和空氣呼吸器。

應變隊有 5 名機組人員，其中有 3 人試圖從船尾去撲滅火源。但從那裡是無法接近火災現場，由於在甲板上大型車輛間空間緊密，應變隊另從第 4 甲板右舷船艙樓梯開始操作滅火。

事件分析

火災原因是由於技術缺陷。是由福斯廂型車上汽車電池供應線，且拖車廂內置有服裝及家居用品等，使得火勢延燒

船隻已在港口，岸上消防單位能迅速到達該船並進入滅火行動

起火拖車位置能容易進入，及時展開滅火行動。但滅火操作是複雜的，甲板上車輛彼此間距相當小

水沫系統啓動，由於閥門僵硬影響，致滯後有6分鐘之久

滅火期間疏散行動發生技術性通訊困難，由於船舶指揮命令之間及船舶和岸上消防隊間指揮聯絡活動

水沫系統的目的是限制火災空間範圍，並防止火焰蔓延到其他可燃材料，應能快速開啓

手持式對講機是由船公司所進行船員培訓，其作為內部溝通工具，但此次過程中，多次經歷技術性問題；阻礙了彼此之間有效應對

在MECKLENBURG號滾裝客輪水沫系統劃分為15個區，每個區是可以單獨予以打開，不應延遲

船隻穩定性由於釋放滅火射水與火災殘骸，卻使甲板上洩水孔堵塞問題，仍須使用穩定性軟體來計算船舶穩定喪失程度

在德國海事應變中心指揮下，提供一快速反應單位，隨時介入支援作業，並技術援助操作培訓課程

起火物品

福斯廂型車輛起火

起火後一名船員發現，當船員接近時，其注意到濃煙來自於1輛福斯廂型車上。由於門是開放的，他也能夠看到拖車裡煥發出火焰。隨後即通知二副。然後，與其他機組成員取得了聯繫。再跑向船頭接近燃燒的半拖車從前面使用滅火器開始撲救。最後，半拖車和內部2輛車（包括福斯廂型車輛）被火勢燒損。

14-15 麥克連堡號滾裝客輪火災（二）

事件時間序列

1. 20 時 37 分二副在船尾船橋處（Aft Bridge）獲悉，由船上內部電話稱一名船員經過第 4 甲板上見半拖車正在燃燒。二副立即轉發此消息至船艏船橋（Forward Bridge）上船長及行政人員。

2. 20 時 39 分，火災也由火災探測系統確定並發出警報聲響。

3. 20 時 43 分船長透過 VHF 無線電通知船舶交通服務局（Vessel Traffic Service, VTS）船上發生火災，並要求港口消防隊至其船泊位準備進行滅火。

4. 20 時 44 分，二副被告知其代表船長發出公共廣播乘客有關火災發生，以德語和英語方式指示乘客前往第 5 甲板集合。

5. 20 時 45 分船長接獲，火災發生甲板水沫火災防護系統啓動。

6. 20 時 49 分，二副根據船長的指令向船運公司（Shipping Company）報警。與此同時，第 4 甲板上換氣通風扇打開以移除火災煙，船上滅火隊已到第 4 甲板開始進行滅火。

7. 20 時 59 分，港口消防隊已在該船泊位（Berth）64 號碼頭處待命。

8. 21 時 07 分消防隊已在船隻上進行滅火部署，並要求是否能從船隻系統來使用水進行滅火操作。

9. 21 時 14 分，消防隊在第 4 甲板上開始從船尾的方向進行滅火作業。不久後，消防隊人員也開始檢查第 3 甲板。

10. 21 時 16 分，波羅的海（BALTIC）應變中心通知 40-3 消防艇（Fireboat），使用熱影像儀（Thermal Camera）來掃瞄該船外殼板（Shell Plating），結果沒有發現溫度上升現象，因此進行散熱是不必要的。

11. 21 時 22 分，船上火災通報已控制（Under Control）。當時，決定打開船艏側艙門，使消防隊人員能從那裡進行火勢包圍撲滅作業。

12. 21 時 27 分船首側艙門已打開。在同一時間，在第 4 甲板右舷側通風扇則關閉。

13. 21 時 43 分，船上所有乘客撤離船上至岸上結束。

14. 21 時 50 分左右，第一位消防隊人員到達船橋中控室。

15. 21 時 55 分消防隊與船長討論後接管船上整個滅火活動，船上機組成員全部退出。第 4 甲板仍充滿濃煙並移交給消防隊，當時仍多次燃起明火（Fire Flare）現象。

16. 22 時 03 分消防隊已將火勢徹底撲滅。

17. 22 時 06 分船上水沫系統進行關閉。最後，福斯廂型車輛遭火勢燒毀，半拖車和內部 2 輛也被火勢燒損；停在相鄰另一個半拖車也遭火煙損壞；在半拖車上方艙頂板上受到火煙傷害影響。

調查結果

2010年三個案件都是甲板上起火車輛，由於車輛連接船上電源以及技術性缺陷問題

火災一發生已由人員發現與偵煙探測器所探測而能進行應變程序與消防單位配合快速反應

隨著船上滅火活動運作，沒有發現有培訓相關問題可以進一步被提出作檢討

陸地上消防隊趕到現場後，船舶指揮系統與消防隊滅火團隊之間通訊作業，初期發生困難通訊層

船舶指揮系統試圖與消防隊進行接觸，無法各自透過VHF無線電設備，卻需透過海上無線電

燃燒拖車之位置有利於滅火人員能直接接近

拖車間縫隙空間僅30公分，有利於火蔓延，戴上呼吸器等設備，滅火活動只能在有限範圍展開

水沫系統在很大程度上能防止火災蔓延。如以手動來局限火勢將是不可能的，因拖車間是相當狹小

儘管有兩種專長小組進行調查，起火原因仍未絕對把握，僅能歸屬於器具技術缺陷問題

甲板上車輛空間緊密

甲板上大型車輛空間間緊密，使穿載SCBA消防人員難以通過

第4甲板船艏側門打開後見有大量累積濃煙釋出

14-16 麥克連堡號滾裝客輪火災（三）

裝載情況

在事件調查（Investigation）上，於船上人們方面，據該船航海日誌記載，船上計有 176 人。在船上裝載情況（Load Situation）方面，在第 3 甲板上裝載有 37 輛半拖車（Semi-Trailers）和 5 輛其他車；於第 4 甲板有 35 輛半拖車和 17 輛無人陪伴半拖車；於第 5 甲板有 33 輛半拖車及其他 8 輛汽車。

火災原因

在火災原因（Cause of the Fire）方面，根據貨運單據，所有車輛均是準備進一步運往非洲，車輛前方和後方滿載使用的物品，如傢俱、電器和服裝。此外，三個使用的汽車發動機是位在福斯廂型車上。

於 1 輛福斯廂型車上起火，其中上半部分幾乎完全燒毀，嚴重火災區域是在駕駛室和後方發動機上，其所有四個車輪遭到燒毀。另外兩輛車，只有車輛中間後部緊鄰該輛福斯廂型車遭到火災波及損失。調查顯示，在 20 時 37 分左右，火災點燃福斯廂型車上半拖車。大副是直接在現場指揮撲救，並組織供應壓縮空氣氣瓶以及支援隊。第 4 甲板從一開始使用呼吸防護裝備進行滅火操作，由於火災發生濃煙造成能見度等於零。2 條消防水線滅火人員在車輛的兩側壁上進行滅火操作。在 21 時 20 分從裝載甲板之排水閥打開以排至舷外，以確保船舶穩定性，使射水滅火沒有產生不利的影響。

消防隊接管

當船舶靠泊後陸地上消防指揮官在第 3 甲板與船上人員初步接觸後，同意消防隊來取代現場滅火工作；當時船上滅火人員已更換 3 次空氣呼吸器鋼瓶，船上機組成員已慢慢達到自己極限，並可能成為安全隱患，置本身處在一個現實的危險，因整個滅火過程是處在濃煙瀰漫環境中。當時船上人員已局限住火勢發展，後由陸地上消防隊予以完全撲滅。

結論教訓

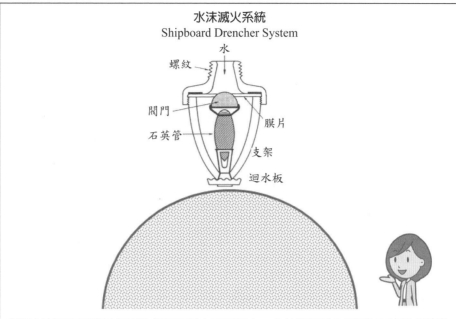

水沫滅火系統
Shipboard Drencher System

水
螺紋
閥門
石英管
膜片
支架
迴水板

如同本案已有同樣三個案件都是甲板上車輛起火,由於連接船上電源以及產生相關技術性缺陷,致發生火災,應引以為惕。案內水沫系統發揮實質功效,使火勢延燒僅擴展到相鄰近區域,在很大程度上能防止火災之擴大蔓延。而在本案調查報告送出後,有關單位能採取改善的行動,以進一步改善問題,使船舶火災安全,更臻以完美,這是值得各國學習的。

第4甲板船艄側門打開後消防人員進入進行滅火活動;有2條消防水線滅火人員在車輛的兩側壁上進行滅火操作。

14-17 麥克連堡號滾裝客輪火災（四）

疏散乘客

在疏散乘客方面，由於滾裝客輪已駛入國際（Rostock）港口，火災被發現時是沒有必要部署救生艇來疏散乘客；因乘客們能夠直接從船上走上岸。

就錄影機資料分析，發現在滅火期間疏散乘客措施，在船上通信技術性質的問題，是由於無線技術和手持式收發器的數量不足。有時，欲指示乘客照護組（Passenger Care Team）人員動作，有時應以船上公共廣播系統爲之。

消防隊滅火活動

在消防隊滅火作業（Fire Brigade Operation）方面，火災是在 20 時 45 分報告到 MECKLENBURG-VORPOMMERN 救援協調中心，於 2 分鐘後通知消防隊。20 時 54 分消防隊第一梯次人員趕到滾裝客輪泊位（64 號碼頭），計有 16 輛消防車 81 名消防人員和消防船進行現場滅火活動。

消防隊人員發現火災現場都是濃煙環境。但在 21 時 20 分變得清晰，但從第 4 甲板上船尾的方向是不可能進行滅火操作。這是由於重型貨車彼此間距離非常小（小於 30cm）空間，穿上空氣呼吸氣和一般滅火裝備是難以通過的。

在 21 時 30 分船首側門被打開了，有 2 條消防水線人員開始進行滅火。在 23 時 21 分，消防隊消防警戒值班人員，現場則交給水上警察人員（Waterway Police）。

改善行動

在本案調查報告送出後，採取改善的行動（Actions Taken）方面如次：

1. Scandlines 公司方面

基於 Lisco Gloria 號駛上駛下型船與本次 Mecklenburg-Vorpommern 號滾裝客輪滅火經驗的基礎上，Scandlines 公司已採購及納入新的消防科技。這種新型技術，可提供消防單位選擇不同的滅火射水流程度（Extinguishing Jet）系統，也能選取最有效滅火藥劑（水、泡沫、二氧化碳泡沫、二氧化碳），並直接噴在火源上。

2. 漢薩（Hanseatic）市羅斯托克（Rostock）港消防和救援辦公室

漢薩市羅斯托克港消防和救援辦公室，對於本案通訊問題進行改善，並增加採購更多手持海上無線電收發器給船上業務單位，以增加緊急情況下，改善船上人員彼此之間多方通訊不足問題（Communication Deficits）。

新型技術

新型滅火槍

輪架式新型滅火槍與高壓軟管組合之滅火機具，不受到空間限制，這種滅火裝置具有一個100m長的高壓軟管，其可以是手提式或裝在輪架上。由於其小尺寸，可以很容易地透過船上升降機來吊運使用。

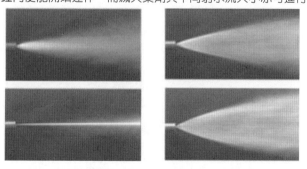

比起傳統的滅火技術，其具有高壓軟管的長度、寬度和靈活性，選擇多元滅火劑的選項，以及滅火手槍大小、重量和形狀，使其在密閉條件下能更有效地利用，且該滅火裝置能在幾秒鐘內便能開始運作。而滅火藥劑與不同射水流大小亦可進行調整選擇。

由於精細霧化（Atomization）水壓力下，從而增加較大的水分子/水粒子表面，比起一般滅火設備需要更少的水量，使滅火造成損害（Extinguishing Damage）減低，即使快速冷卻也使火災熱曝露時間予以縮短，並大幅降低滅火水對船舶穩定性威脅程度。

14-18 馬士基多哈號貨櫃船火災（一）

2006 年 10 月 2 日午夜後不久，1 艘英國馬士基多哈（Maersk Doha）號貨櫃船，航行在美國維吉尼亞州（Virginia）諾福克（Norfolk）港附近。於輔助鍋爐內部爐管發生火災，最後以消防水帶射水撲滅，無人員傷亡事故。

事故裝置

在 0 時 30 分機艙（Engine Room）警報響起，顯示蒸汽系統壓力過低。船員調查警報原因，發現蒸汽是從輔助鍋爐（Auxiliary Boiler）的進氣口（Air intake）逸出。他們關閉燃燒器並打開爐門。蒸汽逸出後，能清楚看到輔助鍋爐內部爐管（Furnace Tube）被嚴重扭曲和產生破裂情況。

此問題解決是有一些延遲情況，因輪機長之前就已被通知有關輔助鍋爐內部問題，且也進一步拖延向駕駛艙船長作報告。廢氣節能器（Exhaust Gas Economiser, EGE）安裝在漏斗形廢氣管道（Funnel），以便吸收在主引擎廢氣中的餘熱（Waste Heat），從輔助鍋爐利用循環水來產生蒸汽。在 2 時左右，發現廢氣節能器溫度迅速上升，輪機長了解到廢氣節能器外殼內部有火勢燃燒現象。

船員反應

火災後隨即通報駕駛艙，在 2 時 30 分啓動船上緊急警報。從廢氣節能器火勢輻射熱引燃艙壁上燈具（Light Fittings）、電纜、漏斗形廢氣餘熱吸收裝置（Funnel Uptakes）上油漆等，船員試圖使用消防水帶和手提滅火器來滅火。但他們受到機艙熱量和濃煙流出而退出。

滅火人員重新進入「漏斗形廢氣餘熱吸收裝置」，開始使用消防水帶冷卻廢氣節能器箱形外殼（Casing）；但滅火領隊人員認爲此舉可能會增長漏斗形結構崩潰，於是滅火動作撤回。改啓動主機艙二氧化碳氣體滅火系統，但二氧化碳氣體未能正確執行。此時收到來自公司總部訊息，廢氣節能器箱形外殼使用消防水帶水從漏斗管道的頂部並透過內部閘門，進行射水澆灌及冷卻外殼邊界層，使用如此方式最後終於將火勢撲滅。

語言問題

最初船上人員以不適當的技術滅火，因爲船員對廢氣節能器構造並沒有足夠了解，及如何有效地來處理內部火勢情況。除輪機長之外，船員皆來自東歐國家，儘管馬士基多哈號船能符合並獲得相當英國認證，能夠使用該船舶的工作語言的要求，但這麼多東歐船員聚在一起，能恢復到他們原先使用共同母語的傾向（Tendency）。因語言問題，這會產生與不同國籍之輪機長產生隔離情形，並阻礙了輪機長在緊急事件時，理解和控制事故的能力。

蒸氣發電系統廢氣節能器起火

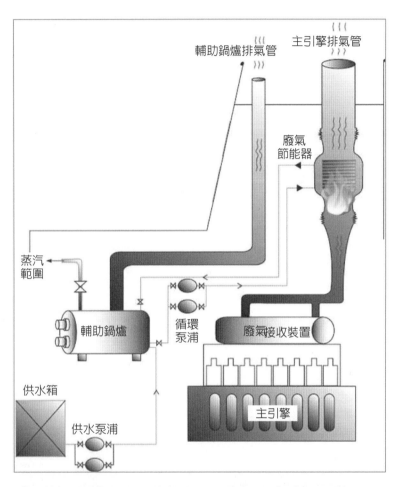

漏斗形廢氣餘熱吸收裝置區EGE因煤灰在內部囤積受高溫引燃起火

14-19 馬士基多哈號貨櫃船火災（二）

煤灰問題

馬士基多哈號安裝現代柴油引擎，產生煤灰（Soot）是不可避免的。廢氣節能器入口位置（Inlet）在引擎排氣溫度預期範圍是 240～270℃，煤灰囤積預計在引擎進行高功率運轉下，將會進行燃燒掉，這是設計的一部分，以幫助保持廢氣節能器清潔。然而，如果煤灰吹灰器沒有定期執行，煤灰仍會持續積累。假使煤灰受到引擎潤滑油影響，成為潮濕狀態，這將更易燃燒。煤灰之閃火點（Flash Point）是在 300～400℃範圍，但煤灰在一定潮濕條件下，能降低到 150℃，在極端條件下低至 120℃，煤灰就可達到閃火現象（Flash）。

廢氣節能器設計盡量讓管表面積最大化（散熱效果），從引擎廢氣傳導散熱。在馬士基多哈號管內配備有風扇裝置，內部設計每個對接格柵效果（Grille Effect），以增加廢氣通過其鄰近表面。引擎安全運行依靠在煤灰囤積能被定期清除，與管內水能繼續循環冷卻，以防止廢氣熱量逐漸累積，達到煤灰閃火點溫度。廢氣節能器能操作在沒有水通過循環管情況，但只有當它是在煤灰沒有囤積情況條件下。良好的「廢氣節能器」設計，能預防煤灰囤積，藉由「廢氣節能器」設計，從而創造高排氣速度通過其歧管（Finned Tubes），進而使煤灰揚長而去。但在馬士基多哈號是難以實現的，因其在廢氣節能器入口前，直接排氣主管道（Exhaust Trunk）呈現 90 度的彎曲。在這種情況下，氣體流量結構會被破壞，導致局部地區煤灰產生囤積情況。為了防止煤灰積累，廢氣節能器製造商建議應定期吹掉煤灰，每天至少 2 至 3 次，並考慮沖水洗滌，這是一個定期維護的一部分。然而，上述吹掉煤灰和以水洗滌實施頻率，應根據實際廢氣節能器定期檢查，來評估其清潔維持程度；然後，依實際清潔狀況再作相應調整其實施頻率。

基本上，微小煤灰（Small Soot）火災是常見的，尤其是當引擎在低功率運行情況，其燃燒效率低。假使水的循環失敗或火災能在大量煤灰囤積程度區域發展，將使廢氣節能器的溫度持續增加。如此將在歧管本身材質較薄弱位置形成失敗破裂，造成管內水洩漏出來。從引擎製造商研究表明，如果溫度達到 1000℃時水分子將分解成氫氣和氧氣，造成所謂氫氣火災現象（Hydrogen Fire）。這不僅提供了火災中燃料（氫），也提供了燃燒所需要氧氣，使火勢可以成為自我維持狀態（Self Sustaining），而不需外界來供應額外氧氣。在溫度高於 1100℃，在管內鐵鏽物質能被氧化反應產生熱量（因鐵和氧氣之間反應是伴隨產生大量的熱量釋放），（$2Fe + O_2 \Rightarrow 2Feo + Heat$）、（$Fe + H_2O \Rightarrow Feo + H_2 + Heat$），它也可能在不同的過程中產生熱量致形成水蒸汽狀態。整體而言，這兩種反應被稱為鐵火災（Iron Fires）。這樣的自我維持燃燒狀態，只能用大量的水冷卻在 1000℃以下的火勢。然而，以數量較少的水欲撲滅火災，其即能使溫度持續，及可提供火災中額外的燃料（$2H_2O \Rightarrow H_2 + O_2$、$H_2O + C \Rightarrow H_2 + CO$，即氫氣與一氧化碳）。

火災應變問題

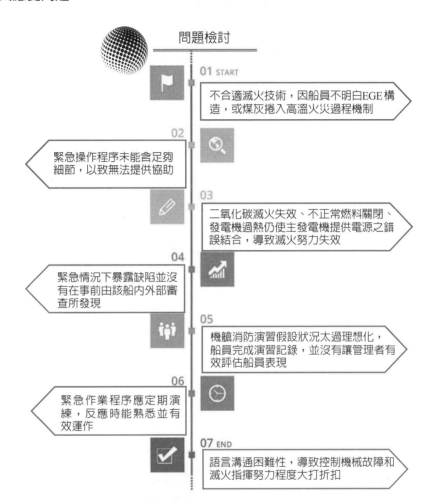

問題檢討

01 START

不合適滅火技術，因船員不明白EGE構造，或煤灰捲入高溫火災過程機制

02

緊急操作程序未能含足夠細節，以致無法提供協助

03

二氧化碳滅火失效、不正常燃料關閉、發電機過熱仍使主發電機提供電源之錯誤結合，導致滅火努力失效

04

緊急情況下暴露缺陷並沒有在事前由該船內外部審查所發現

05

機艙消防演習假設狀況太過理想化，船員完成演習記錄，並沒有讓管理者有效評估船員表現

06

緊急作業程序應定期演練，反應時能熟悉並有效運作

07 END

語言溝通困難性，導致控制機械故障和滅火指揮努力程度大打折扣

輔助鍋爐系統供應冷卻水過少致過熱，形成囤積煤灰渣火災。

14-20 馬士基多哈號貨櫃船火災（三）

滅火反應

在滅火反應（Fire-Fighting Response）方面，依照船公司規定，包含輪機長、2 位甲板、2 位引擎室人員比例組成，向駕駛艙船長報告，其中 2 位已穿著消防衣和空氣呼吸器。2 位滅火人員穿著空氣呼吸器進入「漏斗形廢氣餘熱吸收裝置區」，通過「A 甲板」門，並試圖使用消防水帶射水冷卻「漏斗形廢氣餘熱吸收裝置區」和廢氣節能器箱形外殼（Casing）。在 2 時 48 分，在其一大塊保溫板脫落倒塌後，他下令滅火人員退出離開。

此時建議船長在機艙使用二氧化碳滅火系統。船長同意此舉，指示輪機長和三管輪在機艙內的燃料和潤滑油槽上快速關閉閥門（Quick Closure Valves, QCV）和關閉機艙防火閘門。在 2 時 52 分，以遠端遙控操作閥啓動二氧化碳滅火系統釋放到機艙。到機艙外之二氧化碳釋放管道上，可見因二氧化碳液體膨脹，吸收大量潛熱於管道壁形成冷凝結冰現象。又可見這條管道油漆剝落，這是由於二氧化碳釋放時造成溫度結冰因素。

火災控制

在倫敦總公司之十二生肖海事機構（Zodiac Maritime Agencies）獲悉廢氣節能器火災，通過電話和電子郵件使用預先安排的緊急報告格式。輪機長試圖通過電話與技術人員有關廢氣節能器詳細情況進行討論。總公司技術人員發現很難理解輪機長所描述狀況，並要求他寫下來，透過電子郵件發送。技術人員然後與船長對談，建議使用射水方式對「廢氣節能器」箱形外殼滅火，且必須透過入口閘門（Access Doors），直接噴水滅掉裡面燃燒中火焰，但需注意不要讓開口氧氣進入。當二氧化碳釋放時，緊急消防泵先行關閉。在 4 時左右，啓動緊急消防泵供水恢復廢氣節能器邊界層冷卻工作。但卻沒有任何水供應出來，大副發現，消防泵並沒有吸入壓力（Suction Pressure）現象。於是上報至倫敦總公司，然後指示船員恢復機艙中使用主要消防泵（Main Fire Pumps），來供應消防水帶水壓，進行滅火作業。

在總公司的工作人員懷疑並停止 3 號發電機，其中二氧化碳氣體並沒有正確釋放。然而，輪機長和一個 A/B 穿著空氣呼吸器重新進入機艙，他們到控制室（Control Room）遠端啓動一號消防泵，使消防水帶恢復供水狀態。

約 6 時左右，英國海事緊急應變隊（Marine incident Response Team, MIRT）拖船趕到現場，而漏斗形外殼周圍的邊界層射水冷卻也已恢復。船長拒絕了外部消防人員的援助，因其認為船員已控制了局勢，但允許消防隊長和海洋化學專家上船協助。

調查指出安全議題

安全議題

1. 輔助鍋爐爐管扭曲開裂,是由低水位而持續過熱,因鍋爐自動控制裝置失效

2. 輔助鍋爐給水失敗,使通過廢氣節能器無循環水作用,導致溫度過熱增加

3. 引擎低轉速造成煤灰囤積在廢氣節能器積聚,一旦EGE過熱將引燃累積煤灰渣

4. 機艙主引擎運行情況下留置船員,會增加潛在人員傷亡風險

5. 向駕駛艙通報延誤和缺乏船長指示,加劇了最初機械故障所造成問題

6. 使能採取下錨和停止主引擎運轉,能避免輔助鍋爐故障所帶來風險

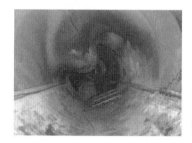

供應冷卻水過少致燃燒器過熱,使輔助鍋爐爐管高溫扭曲

CO$_2$ 滅火系統

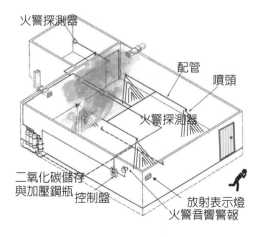

火警探測器
配管
噴頭
火警探測器
二氧化碳儲存與加壓鋼瓶
控制盤
放射表示燈
火警音響警報

14-21 馬士基多哈號貨櫃船火災（四）

　　從 MIRT 拖船上消防隊長帶了熱影像儀（Thermal Imaging Camera），這是用來顯示廢氣節能器外殼邊界溫度最熱之區域，來協助現場冷卻作業。一條消防水帶是延長至其頂端，使用水射入漏斗形外殼頂部之主引擎「廢氣餘熱吸收裝置區」（Exhaust Uptake）。消防隊長以熱影像儀顯示出，對廢氣節能器射水如此方式，將增加了火災的溫度，當消防水帶射水被關閉，以減少艙底機艙的積水，火勢開始降溫。約 07 時 01 分，廢氣節能器外殼是足夠冷，能打開其較低側閘門，以水直接噴到管內進行冷卻，後繼續冷卻廢氣節能器中間區域，最後打開廢氣節能器上部門，更多的水噴到管內各個位置。在 12 時 30 分終於宣布撲滅火勢。然後，再由海洋化學家對機艙大氣成分進行測試，證實內部已是安全的狀態。

緊急事件反應

　　於緊急事件反應（Emergency Response），從最初的機械故障至發現火災的反應級別，有緩慢的狀況升級。這是值得商榷的，輔助鍋爐主推進裝置（Propulsion Plant），其故障是一種緊急情況，但輪機長被通知獲悉前，仍然有 15 分鐘時間輔助鍋爐才被關閉掉。當給水失效，使情況更惡化（Deteriorated），但即使輪機長後來參與，繼續以同樣的方式作反應處置（狀況並未升級）。只有在廢氣節能器（EGE）火勢被發現後，那時反應事件狀況才升級，但火勢造成嚴重破壞程度，已是不可避免的。

　　當緊急柴油發電機關閉，進一步的技術問題是顯而易見的。冷卻系統的給水是不充分的，引擎仍持續處於過熱狀態。然而，如此失敗可能是形成災難性後果。由於二氧化碳滅火失效、不正常的燃料快速關閉閥門、當緊急柴油發電機過熱時，仍允許 3 號主發電機繼續提供電源之上述錯誤結合。又緊急消防泵吸取海水亦是吸入的故障，造成其他更複雜問題，如延遲進行滅火冷卻作業等一系列錯誤影響。

火災原因

　　火災最可能的原因是輔助鍋爐控制機制失效所致，使燃燒器在鍋爐水太少而繼續燃燒導致過熱燒燬故障。這種爐管內過熱，造成的扭曲和燃燒管（Fire Tube）開裂。因廢氣節能器供水的失敗，導致過熱。煤灰（Soot Deposits）已在廢氣節能器內部一直囤積，然後受高溫引燃現象，此可能是促使廢氣節能器溫度上升足夠高，造成氫和鐵火災（Hydrogen and Iron Fires）發生及熔融現象。

結論教訓

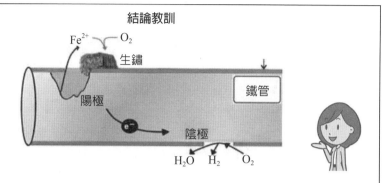

結論教訓

在溫度高於1100℃，管內鐵銹物質能被氧化反應產生熱量致形成水蒸汽狀態

$$2Fe + O_2 \Rightarrow 2Feo + Heat$$

$$Fe + H_2O \Rightarrow Feo + H_2 + Heat$$

上述兩種反應稱為鐵火災（Iron Fires）。

這樣的自我維持燃燒狀態，只能用大量水冷卻在1000℃以下的火勢。

然而，以量少的水欲撲滅火災，可提供火災中額外燃料，即氫氣與一氧化碳

$$2H_2O \Rightarrow 2H_2 + O_2$$

$$H_2O + C \Rightarrow H_2 + CO$$

造成所謂氫氣火災（Hydrogen Fire）。

這不僅提供了火災中燃料（氫），也提供了燃燒所需要氧氣，使火勢可以成為自我維持狀態，而不需外界來供應額外氧氣。這正是本案吾人所要學習之教訓。

漏斗形廢氣餘熱吸收裝置區高溫燒損

14-22 美森蘭妮號貨櫃船火災

1997 年 8 月 30 日 10 時，1 艘美森蘭妮（Manulani）號貨櫃船停泊於美國西雅圖 Harbor Island 發生火災，經燃燒搶救 2 小時後轉變為深層悶燒型態（Smolding Fire），並持續數日之久。火災搶救中，除了 1 位消防人員因熱衰竭（Heat Exhaustion）送醫治療外，其餘人員無傷亡，船舶甲板遭受火災嚴重損害。

火勢擴大

因火點區域難以接近，火勢位於近船舯部位，約有 50 個貨櫃所局限住。美森蘭妮號貨物大部分是家庭用之商品，船上人員試圖撲滅火勢，但在其中一個貨櫃發生爆炸後，大量煙流使船員不得不從船艙（Hold）退出。

岸上消防

大約有近 100 位西雅圖消防局人員與美國海岸防衛隊人員共同參與本次火災搶救，現場使用水與泡沫來圍堵火勢，以及使用二氧化碳滅火設備來窒息區域內火勢，此次火災使甲板上計有 16 個貨櫃遭燃燒火煙波及而受損。

LPG槽

火災是來自船舯之甲板下方一個貨櫃內部，且其附近有液化石油氣儲槽設施，此設施令在場消防人員非常重視，以直線射水流保持儲槽冷卻。

燒焊作業

火災原因可能起因於燒焊作業掉落高溫火星，觸及附近未加防護可燃物品造成起火。

官方調查

本案經美國交通運輸安全局官方調查，但報告並未公布。

美森蘭妮號貨櫃船火災

火災應變過程

船舶燒焊作業掉落高溫火星，觸及附近未加防護可燃物品造成起火，這已是相當典型的船上火災原因。在本案甲板上貨櫃遭燃燒火煙波及，在滅火上有其接近難度與局限性，需動用大量消防力，方足以有效滅火，因此需考慮長時間消防活動及完備之後勤作業。

貨櫃船火點區域難以接近，貨物大部分是家庭用商品，使用二氧化碳滅火設備來窒息區域內火勢。

於附近有LPG槽，以直線射水流保持儲槽冷卻，搶救應變時造成1位消防人員送醫，船舶甲板嚴重損害。

➕ 知識補充站
美式泡沫滅火設備

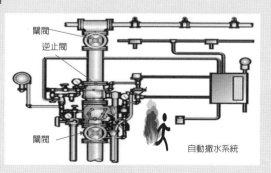

14-23 三井繁榮號貨櫃船火災

2009 年 7 月，巴拿馬籍日本三井繁榮（MOL Prosperity）號貨櫃船，裝載著 2900 個貨櫃，在駛離香港前往新加坡及馬來西亞途中，於香港水域以南約 70 公里處，發生火災事故，最後造成 263 個貨櫃受到不同程度的燒損、煙燻、水損及 10 個冷凍櫃受斷電影響。

發現火勢

船員發現甲板內層第 6、7 號艙貨櫃堆放處，冒出陣陣濃煙起火現象。

發出求助

香港海事處接報後要求該船返港並向消防部門發出求助，再安排該船停泊在南丫島錨地東南面水域，由岸上消防人員進行滅火處理。

岸上消防

經卸下該起火貨櫃後，岸上消防人員能更深入起火源頭，發現起火位置是 7 號艙，本案從起火至最後岸上滅火，前後歷經 1 星期之久。

難以滅火

事後調查，貨櫃船運載有大量貨櫃，共有 9 層高，起火在中間位置，冒出大量濃煙，溫度相當高。且船上通道狹窄，船上及消防人員很難趨近進行滅火，又不能灌水太多使船艙失去穩度；本案排除是由危險品貨物引致。

三井繁榮號號貨櫃船火災

結論教訓

大多數貨櫃船運載有大量貨櫃，如同本案起火在中間位置，且船上通道狹窄，無論是船上及消防人員，皆很難趨近進行滅火，又不能灌水太多使船舶失去穩定度，如何有效滅火，這是值得主管單位正視思考之問題。倘若滅火階段是相當困難之工作，是故應將重點置於火災預防階段之貨櫃檢查與防火工作上。

三井繁榮號貨櫃船火災致263個貨櫃受損及10個冷凍櫃斷電

船舶穩定度

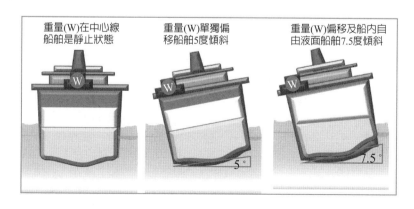

重量(W)在中心線船舶是靜止狀態

重量(W)單獨偏移船舶5度傾斜

重量(W)偏移及船內自由液面船舶7.5度傾斜

14-24 ○○號貨櫃船火災

2009 年 9 月 5 日 11 時 40 分，1 艘 17878 噸○○號貨櫃船，於○○港 32 號碼頭即將停靠時發生悶燒火災。本案為海運危險品事故，無人命傷亡。

船上反應

即將停靠○○港 32 號碼頭之○○船，船上人員發現船艙內貨櫃出現悶燒冒煙情形，船長指示需要岸上消防單位支援，請派岸上消防人車前往搶救。

事故櫃

冒煙之編號 TGHU 337439 貨櫃於 2009 年 9 月 4 日於○○港裝船，預定載往越南胡志明市。由海關艙單顯示貨主為某樹脂公司。櫃內危害分類物品混合存放，分別有易燃性液體、氧化性物質及可燃性物質等物品，火災造成擺放出口側物品部分燒燬。事故櫃內倒出之物品顯示，貨櫃燃燒集中在開口側，內側物品無受損。

消防滅火

船舶第 2 貨艙冒出濃煙布滿整個艙間，濃煙往上飄升，濃煙中帶有臭酸味，但無明火燃燒情形。立即布水線進行射水降溫，並將貨櫃逐一清查吊離，清查後於第 19 區貨艙底，發現編號 TGHU 337439 貨櫃受熱變色、變形，疑似為起火點，煙霧由該貨櫃冒出。該櫃吊離貨艙後，由○○公司派車將其移至 33 號碼頭空地，由岸上消防單位水車庫持續出水降溫警戒。海關人員 15 時 30 分到場且同意開櫃，開櫃時岸上消防單位持續降溫射水，過程中貨櫃曾出現小規模明火，火舌由貨櫃上半部往外衝出，但火勢隨即被壓制並熄滅，後動用起重機將該櫃物品（多種化學品）倒出，貨品倒出時無明火，僅少許白煙，消防車持續出水降溫冷卻。

火災原因

冒煙位置在第 2 貨艙第 19 區，且貨櫃吊出後勘查船艙周遭，僅存放編號 TGHU 337439 貨櫃位置（底層往上第 2 格）南側船體管件有受熱碳黑，餘物件均無受燒痕跡。顯示起火處在第 2 貨艙第 19 區編號 TGHU 337439 貨櫃。因此，事故原因明顯以化學物品混合反應發熱致發生自燃之情形較大。

調查結果

1. 貨櫃內存放物品達 15 種，於起火處受燒物品中，代號 8649（丙酮氯粉混合液）、雙氧水、環己烷、分散助劑（二甲苯）、環氧樹脂接著劑、樹脂等分別具易燃及氧化特性，且兩者物品在一起，易起化學反應加劇起火。另貨櫃內物品以桶、罐、箱、包等型態，液體、固體等混合存放，致物品擺放有不紮實情形。
2. 貨櫃由臺南封櫃至船舶進入○○港發現火災，期間該貨櫃需經多次搬移，極有造成物品傾倒外漏可能。再者，貨櫃為鋼製材質，門關上時僅左右兩側留一小通氣孔，蓄熱條件好。
3. 業主樹脂化學公司托運 2 只貨櫃，涉及海上裝載危險品，應依 SOLAS 危險品裝運規定處理，但隱匿漏報致未依 SOLAS 規定存放。

○○號貨櫃船火災

結論教訓

危險品貨櫃漏報，致未依SOLAS規定存放甲板位置，且貨櫃內物品外漏，經化學反應發熱起火。日後，應加強此方面檢查作業，防堵船載危險品可能漏洞。

○○號貨櫃船火災為海運危險品事故，有岸上搶救資源致損失能大幅減小。

貨櫃船吊離事故櫃至碼頭貨品倒出，由人員射水降溫。

裝載危險品為隱匿漏報致未依SOLAS規定存放，火災原因明顯以化學物品反應發熱致發生自燃。

14-25 大使號散裝貨船火災（一）

1994 年 12 月 31 日 2 時 20 分，1 艘大使（Ambassador）號自動卸載散貨船（Self-Unloading Bulk Carrier），於加拿大 New Brunswick 港進行卸下磷礦（Rock Phosphate）貨物。於船上輸送帶管道間（Conveyor Tunnel）發生摩擦起火，導致整個輸送機組嚴重受損。此次幸運的是沒有造成港埠設施嚴重受損，無人員受傷。

火災警報

在當日 1 時 15 分卸貨操作停止，船上輸送帶在 2 時 5 分時關閉，以致讓粉塵（Dust）在輸送帶管道間能沉澱。操作期間有時常會被突然停止，因貨物溢出與粉塵關係。在 2 時 20 分偵溫式火警探測器在轉換帶區域位置，出現火警訊號警報，以及火煙冒出。

火災原因

當時輸送帶之一部分已著火，可能原因是輸送帶接觸到過熱之滾軸；而滾軸過熱是來自於軸承故障（Bearing Failure）或卡住（Jammed）問題，但當時環境溫度是 -13℃，而大氣冷風低至 -23℃。

滅火設備

當船上火災被發現，在迴圈輸送帶之上方自動撒水設備啟動，以及所有輸送帶管道間之通風設施同步停止，但令人遺憾的是，自動撒水滅火設備對控制如此火勢卻無效。而消防栓方面，除了船上甲板消防栓沒有結凍外，其餘岸上消防栓均遭結凍。後來調查大使（Ambassador）號船上滅火設備，亦發現許多不合格。

人工滅火

船上人員受到濃厚黑煙層層冒出限制，無法進入火點區域撲滅。初期現場布置 3 條水線進入輸送帶迴圈區試圖撲滅火勢，其中 2 條水線繞至輸送帶引擎室、堆貨區至火勢區，並通知當地消防局，共有 7 個消防分隊 115 人共同參與這場火災搶救活動。船舶人員與陸上幾個消防局人員共同參與火災搶救，火勢於經過 28 小時最後被撲滅。

極端天氣影響

極端天氣顯然妨礙船上人員滅火之努力程度，大使號船員應了解消防水管受到酷冷天氣之影響。因極端寒冷天氣會造成消防水管受到冷凍而失效，而此次僅有 1 處外部甲板上消防栓能供滅火人員使用，其餘均已處於結凍狀態。

大使號散裝貨船火災

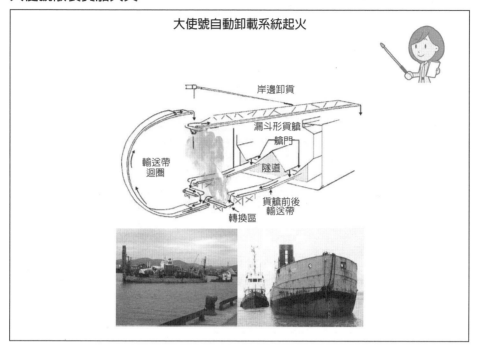

火災原因

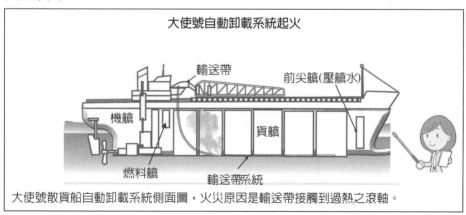

大使號散貨船自動卸載系統側面圖，火災原因是輸送帶接觸到過熱之滾軸。

14-26 大使號散裝貨船火災（二）

滅火過程

一開始消防人員試圖從出入通道直接進入火勢區，但遭遇高熱煙流而不得不退出。有 1 條大口徑水線從碼頭抽取海水試圖以灌水淹沒（Flooding）火點，此條水線發揮奏效撲熄輸送帶縱向部分 90% 區域；至 11 時火勢徹底受到控制。船上人員相信此時最佳方法是現場持續冷卻，但陸上消防人員認為其火勢能隨後就熄滅，船上人員建議先不要立即實施抽氣通風作業，因此至 13 時 30 分進行輸送區內通風排煙，在 14 時 30 分當人員正要進入前，從管道間煙流又再度冒出，火勢復燃且相當猛烈，高溫透過傳導至艙壁（Bulkhead），使堆貨區造成燃燒。從第 1 次火警訊號出現經過 28 小時火勢才完全撲滅。

灌水淹沒戰術

以灌水淹沒（Flooding）火點之滅火方式，不應使用在火勢非常迫切之場合，且又牽涉到船之載重平衡及穩定性方面。決定以灌水淹沒輸送帶管道間火勢，是一種缺乏船舶結構應力與穩性方面知識，但此舉後來卻受到港務局表揚其滅火為成功方式。如此情況亦很有可能產生另一不同結果，因船舶是一種處於動態環境，可能遭受海浪或風吹襲產生運動，而有不同更嚴重後果出現。

封閉缺氧戰術

火勢曾經受到搶救控制情況，船上曾接受船舶滅火訓練之管理階層人員，希望火勢區域保持封閉缺氧狀態（Sealed），並以水霧持續作冷卻動作即可，然而此舉遭到陸上消防人員（未曾受過船上滅火訓練）否決，陸上消防人員相信火勢區域應打開，並實施排煙通風以進行火堆翻出（Overhaul）之清理火場作業。但船上人員卻沒堅持當初想法，因陸上消防人員並沒有受過船上滅火訓練，致沒能阻止或削減第 2 次復燃之產生。

消防演練

由加拿大交通運輸安全局（TSBC）調查期間發現。

調查結果

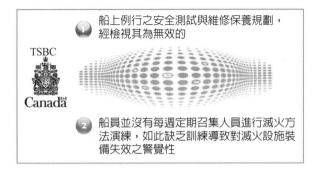

① 船上例行之安全測試與維修保養規劃，經檢視其為無效的

② 船員並沒有每週定期召集人員進行滅火方法演練，如此缺乏訓練導致對滅火設施裝備失效之警覺性

結論與教訓

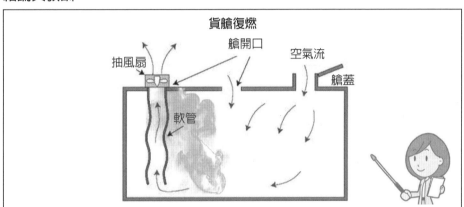

本案輸送帶迴圈區域設有固定自動撒水滅火設備，但並沒有能力來控制其所產生之火災情況。船員沒有每週定期召集人員進行滅火方法演練，導致人員警覺性不足。在滅火方面，船上曾接受船舶滅火訓練之管理階層人員，希望火勢區域保持封閉缺氧狀態，並以水霧持續作冷卻動作即可，然而陸上消防人員（未曾受過船上滅火訓練）否決，陸上消防人員相信火勢區域應打開，並實施排煙通風以進行火堆翻出，致最後滅火失敗，此讓岸上消防人員記取教訓並引以為惕。

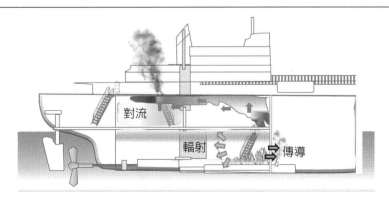

14-27 ○○號散裝貨船火災

2009 年 6 月 4 日 22 時 21 分，1 艘 42785 噸○○號大型散裝貨船，於○○港 30 號碼頭進行煤炭卸貨時發生悶燒火災，無人命傷亡，財產損失不大。

船上反應

○○號散裝貨船，於 2009 年 6 月 3 日 5 時駛進○○港停靠，船上甲板層之監控室，內設有 24 小時監控煤炭貨艙溫度之監視設備，當第 7 貨艙進行開艙卸貨時，人員發現濃煙陸續從內部竄出，船上人員使用甲板上消防栓設備，實施布水線搶救射水防護，並通報岸上消防單位。

火災原因

以煤炭自燃之可能性較大，因煤炭能在常溫下吸附空氣中的氧而氧化，產生一定的熱量。若氧化生成的熱量較少能及時散失，則煤炭溫度不會升高；若氧化生成的熱量大於向周圍散失的熱量，煤溫將升高。隨著煤溫的繼續升高，氧化急劇加快，從而產生更多的熱量，煤溫也急劇上升，當煤溫達到著火點時，煤炭即會形成自燃發火現象。

船長作為

2009 年 6 月 4 日 15 時 20 分，因準備卸貨才開艙發現貨艙煤炭冒煙情形，位於第 7 貨艙內部冒煙，船長指示立即關閉艙門，並以船上消防栓進行貨艙周遭撒水降溫。因貨艙溫度一直無法下降，且有上升狀況，船員無法控制，才決定於 22 時 15 分通報○○港務局信號臺轉報消防單位。貨艙有溫度監控設備，但發現冒煙時艙溫僅達攝氏 35 度。

消防派遣

岸上消防單位受理報案後派遣各式消防車輛 11 部，人員 28 名出勤救災（含鄰近消防局支援）。現場為貨艙所載煤炭悶燒、無明火，無人員受困及船體危害情況。

消防滅火

岸上消防單位派遣消防雲梯車，船上人員進行引導協助滅火。火災發生時第 7 貨艙內尚存放 6464 噸煤炭，消防人員為攻擊煤堆深層火點，進入貨艙梯子入內撲熄火點。並於貨艙煙量較少時，由船方派機具將火點上層煤炭移出貨艙，並進行散熱。最後，終將深層（Deep Seated）火勢滅熄。

搶救過程

1. 船長為免火勢發生失控，一開始即利用靠港之優勢，請求岸上消防隊支援，以消防專業人員來處理煤炭火勢之問題。
2. 雖然僅是貨艙冒煙情況，岸上消防單位仍派遣優勢消防力到場。

○○號散裝貨船火災

火災應變過程

○○號散裝貨船第7貨艙煤炭形成自燃發火現象。

船長為免火勢發生失控，一開始即利用靠港之優勢，請求岸上消防隊支援，船長也指示立即關閉艙門，並以船上消防栓進行貨艙撒水降溫。

船方亦派機具將火點上層煤炭移出貨艙，並進行散熱。最後，始能迅速將深層火勢徹底滅熄。

14-28 ○○號雜貨船火災

2008 年 3 月 10 日 7 時 51 分，1 艘 1094 噸○○號雜貨船（General Cargo Ship），於○○港 23 號碼頭發生起火燃燒；本案無人命傷亡，財產損失亦小。

消防派遣

岸上消防單位受理報案後派遣各式消防車輛 5 部，人員 17 名出勤救災，消防單位到達現場救災，觀察到一艘雜貨船有冒煙但未見火焰情形，準備布消防水帶登船。

消防滅火

岸上消防單位抵達時，火災時該船舶未進行卸載作業，火勢已由該船人員撲滅，燃燒處位於輪機長室，燃燒面積不到 1 坪，整艘船呈現無動力狀態，但仍布署消防水帶警戒中。

船員反應

○○號於 2008 年 3 月 8 日 19 時，由金門抵達○○港並停泊事故地點，船停泊後包括船長在內之本國籍船員即下船休假，船上有 6 名外國籍船員留守。本案船上留守人員，其中水手長於 7 時 45 分左右電話告知船長，船上有冒煙狀況，後來船長回電查詢起火狀況，經找到事故甲板上第 2 層之輪機長房間後，立即以滅火器（二氧化碳）及肥皂水進行搶救，於 7 時 50 分左右將火勢撲滅。

事故原因

經查輪機長最後一次離開房間是 3 月 8 日 19 時 40 分。電扇、日光燈及收音機等離開時均沒關閉。現場勘查發現，日光燈組件燃燒嚴重，配線燒斷後兩端均呈受熱碳化嚴重，且其燈組下方桌面擺放藤籃、打火機、文件等多項可燃物。

綜合本案日光燈組係自行組裝，因配線接合不當或長時間使用，造成配線或安定器線圈等短路引起火災之可能性。

結論與教訓

1. 船上發生火災時，立即組織滅火人員進行布水帶射水滅火，將火勢局限某一範圍內，此是因船員皆有自衛消防編組演練實務經驗，故能發揮緊急應變能力。
2. 本案船上易產生火災原因之機械及電氣等設備設施，以非標準規格之改裝，其需經專業技術人員詳加評估，勿任意進行變換負載容量設施。
3. 平時確保船上防火區劃之完整，人員離開應將防火門及房間門保持關閉狀態，以使初期火勢燃燒受限於氧氣供應而受到抑制。

調查結果

火災時即組織滅火人員進行水帶滅火，將火勢局限。機組成員平時訓練能發揮效果

船上電氣設備非標準規格改裝，任意進行變換負載容量設施

船上未裝置火災自動警報設備，僅能由人員察覺火災發生

船上防火區劃完整，人員離開應關閉艙門及不使用電氣設備

事故調查

住宿艙火災

○○號雜貨船通道入口，當岸上消防單位抵達時火勢已由該船人員撲滅。

輪機長房間改裝電燈設施因配線接合不當或長時間使用，造成配線或安定器線圈等短路引起火災。

14-29 ○○號水泥船火災

2003 年 1 月 19 日 9 時，1 艘 879 噸○○號水泥船（Cement Carrier），由菲律賓載運 24 萬噸水泥，於○○港 28 號碼頭卸載時發生起火燃燒。本案無人命傷亡，燒毀一部泊港用絞纜機設施。

發現火勢

船上 1 名水手發現，船首甲板下層絞纜機之機艙冒出濃煙，隨即呼叫通知船上人員發生火災訊息。

消防派遣

岸上消防單位受理報案後派遣各式消防車輛 8 部，人員 23 名出勤救災，轄區消防單位到達現場後，觀察到○○號水泥船有冒出陣陣濃煙情形，準備布消防水帶登船。

消防滅火

岸上消防單位抵達時，初期搶救受現濃煙無法判斷起火點，分別打開船首各艙門進行布置消防水帶射水降溫。後經確認起火處在在船首甲板下層左側之絞纜機艙，即請水手們協助搬移位機艙內之大量油漆及易燃性溶劑。最後經 1 個多小時後完全撲滅火勢。

安全意識不足

船舶機艙因引擎高溫，又有燃料油供應，致易為船舶發生火災之處所，但該輪機艙卻仍存放大量油漆及溶劑，依船長所述，平時需船身補漆取用方便，故就近擺放。由於溶劑屬於芳香族溶劑，其閃火點低約 38°C，加上油漆原料均含有有機溶劑，於常溫即會蒸發易燃性氣體之特性，尤其是高溫之船舶機艙空間。

火災原因

機艙內絞纜機、油箱、電力開關箱、操作開關箱及牆上所遺燒跡，均呈現距地面約 80cm 以上高度受煙炭黑嚴重。且機艙內電力設施雖未發生電線短路跳脫等情形下，仍不排除絞纜機啟動時之瞬間火花，引燃油漆等產生之易燃氣體燃燒。

結論與教訓

船舶機艙因引擎高溫，又有燃料油供應，致易為船舶發生火災之處所，卻仍存放大量油漆及溶劑，這是人員極為缺乏防火安全觀念。

海上航行船舶應具基本自衛消防能力，依 SOLAS 規定船上應組織有效滅火小組，並詳加進行演練，以應付潛在災害來臨處置。

火災調查結果

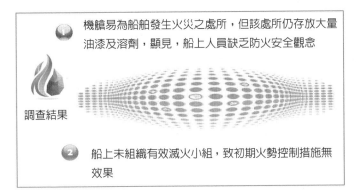

調查結果

1　機艙易為船舶發生火災之處所，但該處所仍存放大量油漆及溶劑，顯見，船上人員缺乏防火安全觀念

2　船上未組織有效滅火小組，致初期火勢控制措施無效果

火災應變

火災應變過程

船首甲板下層絞纜機機艙冒出濃煙隨即呼叫通知船上人員。

岸上消防人員初期搶救受限濃煙無法判斷起火點，分別打開船艏各艙門進行布置消防水帶射水降溫，機艙入內滅火，艙內存有大量油漆及易燃性溶劑。

14-30 ○○號礦石船火災（一）

2011 年 11 月 8 日 16 時 24 分，1 艘 20925 噸○○號礦石船（Mineral Stone Carrier），於○○港 21 號碼頭發生火災，無人命傷亡，財物為 3 間艙房通道火燒受損。

消防派遣

岸上消防單位受理報案後派遣各式消防車輛 5 部，人員 15 名出勤救災，轄區消防單位隨即於 16 時 34 分到達現場救災，觀察到 21 號碼頭之事故船，船艙有冒煙情形，準備布消防水帶登船入艙。

消防滅火

岸上消防單位抵達時，可見少許白煙由船舶居住區之第 2 層窗戶冒出，登船後船上各層窗戶有開有關，船船尚有動力，電力無跳脫情形。消防車布水線至火場警戒，但無出水。搶救時未移動物品，起火層電源已關閉，在駕駛艙右側之導風板有動火切割新痕跡。起火位置在居住區第 2 層的水手長室，因火勢已為船方撲熄，現場仍持續延長水帶警戒中。

熱工作業

為更新駕駛艙右側導風板部分，由○○修理公司 2 名工人負責修理，於 8 日主要維修動作是熱工切割導風板。維修時將貨車停放船尾處，車上載運氧氣乙炔鋼瓶，工人自車上延伸切割工具上船維修，於船上登梯處有水手看管。

水手長反應

火災發生前約 10 幾分鐘水手長進去拿鑰匙，離開時除電腦及電燈開著外，電扇是關閉的。於 11 時 45 分至 15 時 45 分值班，在房內抽煙是在 11 時 45 分以前。當時水手長在甲板層左側上油漆，有人發現，告知水手長房間冒煙。當時只有煙，沒看到明火。隨即水手長立即跑到生活區 1 樓通道，按火警警報，再跑上 2 樓房間。房間及外面通道都是濃煙，靠近窗戶下的沙發及桌子都有火焰，其餘地方因濃煙過大看不清楚。當時濃煙太嗆，僅拿到一部燒燬的電腦。

火災應變

火災應變過程

礦石船靠岸後因電焊維修作業發生火災，岸上消防單位快速前來應變救災。

礦石船熱工作業在導風板有熱工切割新痕跡，岸上消防人員布消防水帶登船入艙。

電焊掉落火星疑似飄入未關舷窗之水手長住宿艙，艙外通道受燒情形，因初期滅火受到房間及外面通道都是濃煙而受阻。

14-31 ○○號礦石船火災（二）

船長反應

於 11 月 6 日 13 時進入○○港，先停靠 29 號碼頭，於 7 日 18 時 10 分再移至 21 號碼頭停靠卸載砂石。11 月 8 日約 9 時左右，○○修理廠商派工人上船切割駕駛艙右側導風板，準備進行更新。船長提出，由大聖船東公司召商進行維修。約 16 時 10 分左右值班水手發現火勢，立即按響船上火警警報，且大聲呼救。船長當時在駕駛艙，聽到後立即拿滅火器衝到 2 樓火災現場。

到達時現場已由大副及多名水手拿滅火器在水手長房間滅火。岸上消防人員進入時，生活區通道濃煙相當大，但看不到明火，由外面窗戶才可看到火焰。因生活區濃煙相當大，請全部水手先退出，指示將生活區窗戶全部關閉，並通知船上電機員將主電源關閉，另指示將消防水帶布到現場，進入 2 樓水手長房間，現場之窗戶有關但沒關緊，實施架梯由外將水手長室窗戶打破灌水滅火。

焊接工人反應

焊接工當時在該船駕駛艙右側進行導風板切割作業，將切割下來之導風板綑綁垂下樓，同時負責澆水冷卻保護。當日有 3 人上船焊接工作，1 人負責切割導風板，1 人在樓下負責安全警戒及接放切割下來之導風板。

另 1 人負責之切割管線組，因作業中看見甲板上有船員在跑及船上發生警報聲，才緊急停工下樓查看，是 2 樓窗戶冒出煙，與同事等拿滅火器協助滅火。當時 2 樓房間煙很大，人無法進入搶救。作業時氧氣及乙炔鋼瓶組放置碼頭岸上，僅由管線延伸至船上使用。

火災原因

甲板第 5 層最後一片導風板切割位置，在第 2 層水手長室窗戶的正上方及起火處外推窗案發時雖有關閉，但因老舊關不緊，留有約 5cm 寬度縫隙情形，由以上研判，本案於生活區第 5 層實施熱工切割作業，其產生之高溫火花落下，經由第 2 層外推窗縫隙掉入水手長房間內，引燃窗簾、沙發等易燃物，肇致火災。

結論與教訓

岸上消防人員登船後，船船尚有動力，電力無跳脫情形。船上反應於發現火勢後，即組織滅火人員進行布水帶射水滅火，將火勢局限於 2 樓區域，這是平時有消防演練之進行經驗。但對熱工作業過程之作業人員未加注意，清除下方之可移動可燃物及覆蓋防火毯，對周遭可燃物加以防護，且在旁未準備滅火器具。這是大多數船舶焊接火災之典型原因，應引以為戒。

調查結論

調查
結論

發現火勢後即組織滅火人員進行水帶滅火將火勢局限

施工人員未加巡視火花掉落可能位置且未準備滅火器具

船舶未裝置火災自動警報設備

船舶木製艙壁（門）未依SOLAS之船結構防火等級規定

防火區劃完整，人員離開應將門艙及舷窗保持關閉狀態

熱工維修作業火災

熱工切割作業其產生之高溫火花落下經由第2層外推窗縫隙掉入水手長房間內引燃窗簾沙發等易燃物並往通道延燒。

未依SOLAS結構防火等級規定，以木製艙門及艙壁作區劃，火災時艙門未關閉火勢易往通道延燒。

14-32 斯堪地亞號拖船火災

1996 年 1 月 18 日 13 時 20 分，1 艘美國斯堪地亞（Scandia）號拖船在美國東北部之羅得島州（Rhode Island）（全美最小一個州）岸邊發生火災，當時是推動 1 艘無人駕駛 North Cape 號駁船（Tank Barge）。最後導致駁船上家用加熱油（Heating Oil）洩漏出 828000 加侖至海面。而拖船受損估計有 150 萬美元，而駁船受損估計有 360 萬美元，本次事件中無人員傷亡。

滅火過程

13 時 20 分發現火勢於引擎室上方空間之煙囱艙口間（Fiddley），船上 2 位人員使用手提二氧化碳滅火器試圖滅火，但未成功。

火勢無法控制

火災發生後，人員無法使火勢受到控制，於 30 多分鐘後（13 時 57 分）Scandia 號拖船人員宣布棄船，當時天氣惡劣有 10 呎高波浪及 25 節（Knot）風速。

海洋油汙染

Scandia 號拖船火災後，與所拖行之油槽駁船，後來皆擱淺（Ran Aground）。因拖船上人員未能成功將油槽駁船之錨給釋出，最後也導致油槽駁船上家用加熱油洩漏出 828000 加侖至海面。如此油類大量洩漏，造成羅得島州歷史上最大之海洋油汙染事件，並導致地方漁業活動關閉。

消防演練

船長指出自從其就職後試圖每隔 2 週舉行一次緊急演習（Emergency Dril）。演習項目涉及滅火（Firefighting）、處理船上人員落海（Dealing with a Man Overboard）、穿上救生圈及棄船行動。而一般是在星期日來舉行演習，大約於該日中午時分，盡量不干擾到船員的睡眠作息期間。消防演習，船員們部署一消防栓水帶瞄子（Fire Hydrants and the Hose），輪機長同時啟動消防泵和加壓水，至消防栓和甲板上的水帶。

滅火裝備與訓練

火勢發生後，2 位船員無法進入煙囱艙口及啟動引擎機艙之半手提式（Semi-Portable）二氧化碳系統，因受到火勢強烈火煙流所驅退。而 Scandia 號拖船上並沒有空氣呼吸器及消防防護衣帽鞋可供滅火人員使用，且船員亦沒有受過海事船舶實際滅火訓練。

火災原因

美國交通運輸安全局調查指出，火災可能是由裝有油脂之容器（Grease Container）遭到拖纜繩（Towline）碰撞而濺出至熱高溫之引擎體表面。

斯堪地亞號拖船火災

Scandia 號拖船側面圖

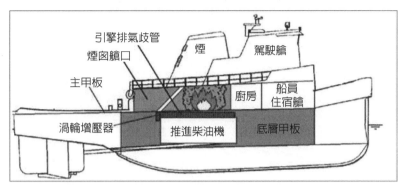

Scandia 號拖船頂視圖

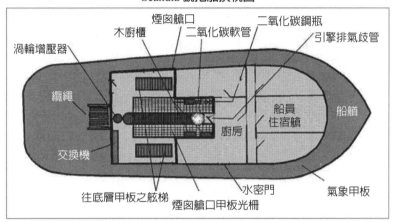

由裝有油脂容器遭到拖纜繩碰撞而濺出至熱高溫引擎體表面，火勢於引擎室上方空間之煙囪艙口間，船上人員使用手提滅火器試圖滅火未果。

結論與教訓

火災原因是一個不適當維修疏忽（Oversight）。假使船員有受過船上滅火訓練，穿著消防衣帽鞋及空氣呼吸器（SCBA），船員就能進入該空間而接近火點予以撲滅，且能避免油繼續濺出，以及後續火勢延燒擴大發展至棄船行動。

Note

專業術語（中英文）

本專業術語資料主要引用自 NFPA 1405 Guide for Land-Based Fire Departments That Respond to Marine Vessel Fires, 2006 Edition 及美國交通部 Glossary of Shipping Terms。

1. Accommodation Spaces.

Spaces Designed for Human Occupancy as Living Spaces for Persons Aboard a Vessel.
起居處所：爲人員上船所需的生活空間而設計。

2. After (Aft).

The Direction to Ward the Stern of the Vessel.
向船艉：朝向船舶尾部之方向。

3. Anchorage.

An Area Identified for Safe Anchoring.
下錨區：確定一個能作爲安全下錨之地區。

4. Athwartship.

Side to Side, at Right Angles to the Fore and Aft Centerline of a Ship.
船橫向：由船的一側至另一側，即與船艏和船尾的中心線成直角。

5. Ballast.

Weight, Liquid or Solid, Added to a Ship to Ensure Stability.
壓艙物：重的東西、液體或固體，加入到船舶以確保穩性。

6. Ballast Tank.

A Watertight Compartment to Hold Liquid Ballast.
壓艙槽：容納液體作爲壓艙之水密性空間。

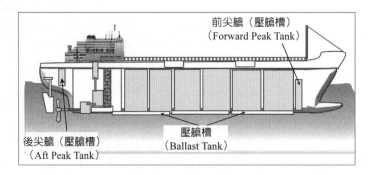

7. Barge.

A Long, Large Vessel, Usually Flat-Bottomed, Selfpropelled, to Wed, or Pushed By Another Vessel, Used for Transporting Materials.
駁船：動力爲自走式或由另一艘船作拖曳或推進，用於運送貨物之長條形平底式大型船。

8. Beam.

The Breadth (I.E., Width) of a Ship at Its Widest Point.

橫樑：船舶在其最寬處的幅度（即寬度）。

9. Berth.

(1) the Mooring of a Boat Alongside a Bulkhead, Pier, or Between Piles. (2) a Sleeping Space.

泊位：(1) 繫泊的船沿靠護岸、碼頭或纜樁間。(2) 泊宿的地方。

10. Berthing Area.

(1) a Bed or Bunk Space on a Ship. (2) a Space at a Wharf for Docking a Ship.

停泊區：(1) 船上之床舖或雙層之空間。(2) 在碼頭停靠船舶的空間。

11. Bilge.

The Lowest Inner Part of a Ship'S Hull.

船底彎曲部邊艙：船舶的船體內最低的一部分（置放船汙水地方）。

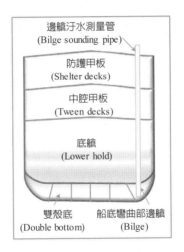

12. Bitts.

A Pair of Heavy Metal Posts Fastened on a Deck to which Mooring Lines Are Secured.

繫纜樁：在甲板上繫住泊纜繩用之一對鑄鐵製之繫柱。

13. Board

To Gain Access to a Vessel.

登船：能接近進入到一艘船舶上。

14. Boat

A Relatively Small, Usually Open Craft/Vessel a Small, often Open Vessel for Traveling on Water an Inland Vessel of any Size.

船：一個相對較小的，通常爲開放式船／船舶，開放式之任何規模的內陸在水面上行駛小型船隻。

15. Boom.

(1) a Long Pole Extending Upward at An Angle From the Mast of a Derrick to Support or Guide Objects Lifted or Suspended. (2) a Floating Barrier Used to Confine Materials Upon the Surface of the Water (E.G., Oil).

吊桿、攔油索：(1) 一支長桿能向上延伸，從主桅杆上的一個吊桿在某種角度上，來支撐或引導物體上升或懸吊作業。(2) 一個浮動的屏障（如繩索）用於局限某種物質（如油類）在水面上範圍。

16. Bow.

The Front End of a Boat or Vessel.

船艏：船艇或船舶之前端部分。

17. Break Bulk

To Unload and Distribute a Portion or All of the Contents of a Rail Car, Container, Trailer, or Ship.– Loose, Non–Containerized Mark and Count Cargo. Packaged Cargo That Is not Containerized.

散貨：從有軌車輛、貨櫃、拖車進行卸載和分配貨物的部分或全部，爲一種鬆散的、非貨櫃式和計數的貨物。亦即包裝不貨櫃化的貨物。

18. Bulkhead.

(1) One of the Upright, Vertical Partitions Dividing a Ship Into Compartments and Serving to Retard the Spread of Leakage or Fire. (2) a Fixed Pier or Wall Back-Filled to Be Continuous With the Land.

艙壁；護岸：(1) 船舶上爲區劃直立空間之隔板，作爲垂直分區艙室和減緩洩漏或火災之蔓延。(2) 堤岸上一固定的碼頭或圍牆回填接至陸地上之護岸。

19. Watertight Bulkhead.

A Bulkhead (Wall) Strengthened and Sealed to Form a Barrier Against Flooding in the Event that the Area on One Side Fills With Liquid.

水密艙壁：形成一個屏障以防止充滿液體區域之一側，大量浸入泛濫事故，所予以強化和密封防水之艙壁（牆）。

20. Watertight Transverse Bulkhead.

A Bulkhead Through Which There are No Openings and That Extends From the Tank Top Up to the Main Deck, Built to Control Flooding.

水密橫艙壁：從船舶內底板（最低甲板上）延伸到主甲板上，以形成去控制泛濫事故之一種沒有開口之艙壁。

21. Bulk Cargo

Not in Packages or Containers; Shipped Loose in the Hold of a Ship Without Mark and Count." Grain, Coal and Sulfur are Usually Bulk Freight.

散貨：非包裝物或貨櫃化；裝運一種沒有標記和計數的，保持鬆散於船舶貨艙內。通常爲穀物、煤炭和硫磺之一種散裝貨物。

22. Bulk Carriers

All Vessels Designed to Carry Bulk Homogeneous Cargo Without Mark and Count Such as Grain, Fertilizers, Ore, and Oil.

散貨船：所有船舶進行散裝之同質性貨物，是一種沒有標記和計數的，如穀物、肥料、礦石和油品。

23. Bulk Freight Container

A Container With a Discharge Hatch in The Front Wall; Allows Bulk Commodities to be Carried.

散裝貨運貨櫃：於貨櫃前壁配有櫃門，允許進行的大宗商品運輸。

24. Buoyancy.

(1) the Tendency or Capacity to Remain Afloat in a Liquid. (2) the Upward Force of a Fluid Upon a Floating Object.

浮力：(1) 以保持在液體中能漂浮的傾向或能量。(2) 使一個浮動對象在流體上能向上力量。

25. Centerline.

A Line That Runs From the Bow to the Stern of the Vessel and Is Equidistant From the Port and Starboard Sides of the Vessel.

中心線：船舶從船頭到船尾運行之一條縱向線徑，是船舶從左舷與右舷之間一直能形成等距離狀態。

26. Coaming.

The Raised Framework Around Deck or Bulkhead Openings to Prevent Entry of Water.

艙口周邊材：圍繞於甲板或艙壁的開口框架材質，以防止水滲入。

27. Cofferdam.

A Void Between the Compartments or Tanks of a Ship for Purposes of Isolation.

圍堰；沉水箱：船舶內部區劃空間或槽體之間，作為隔離目的之一種空間。

28. Companionway.

An Interior Stair-Ladder Used to Travel From Deck to Deck, Usually Enclosed.
艙梯：船舶內部從一層甲板通往另一層甲板一種階梯，通常為關閉狀態。

29. Container Terminal

An Area Designated for The Stowage of Cargoes in Container; Usually Accessible by Truck, Railroad and Marine Transportation. Here Containers are Picked Up, Dropped off, Maintained and Housed.
貨櫃碼頭：通常可以透過卡車、鐵路和海洋運輸貨物，來進行船舶裝載之指定區域。其中在此處貨櫃能予以舉起、卸下、支持前進和安置。

30. Container Yard (CY)

A Materials–Handling/Storage Facility Used for Completely Unitized Loads in Containers and/Or Empty Containers. Commonly Referred to as CY.

貨櫃堆置場（CY）：使用能處理與存置的設施，使貨櫃和／或空貨櫃能完成一整體堆置。通常簡稱為 CY。

31. Dock

For Ships, a Cargo Handling Area Parallel to The Shoreline Where a Vessel Normally Ties Up.– for Land Transportation, a Loading or Unloading Platform at an Industrial Location or Carrier Terminal.

碼頭：為船舶、貨物裝卸區，平行於海岸線，其中一艘船舶通常能繫牢狀態，以及作陸地運輸、裝載或卸載一個產業區位的作業平臺或載體之終端場所。

32. Deck.

A Platform (Floor) Extending Horizontally From one Side of a Ship to the Other.

甲板：從船舶一側到另一側之水平延伸平臺（地板）。

33. Main Deck.

The Uppermost Continuous Deck of a Ship That Runs From Bow to Stern.

主甲板：船舶上能從船頭直通到船尾之最上層連續性甲板。

34. Tween Decks.

Cargo Decks Between the Main Deck and the Lower Hold.
中腔甲板：從主甲板和下層貨艙之間貨物甲板。

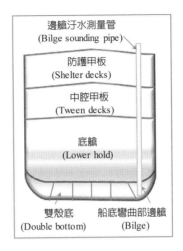

邊艙汙水測量管
(Bilge sounding pipe)

防護甲板
(Shelter decks)

中腔甲板
(Tween decks)

底艙
(Lower hold)

雙殼底
(Double bottom)

船底彎曲部邊艙
(Bilge)

35. Damage Control Locker/Emergency Gear Locker.

A Locker Used for the Storage of Emergency Equipment.
損管器材室／緊急裝備器材室：用於緊急裝備存放的儲物室。

36. Dewatering.

The Process of Removing Water From a Vessel.
排水：從一艘船舶中移除水量的一種過程。

37. Double Bottom.

A Void or Tank Space Between the Outer Hull of the Vessel and the Floor of the Vessel.
雙層底：船體外殼和船底地板之間的空間或槽體空間。

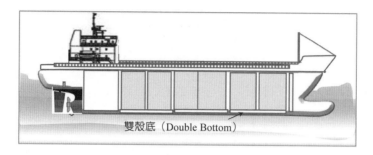

雙殼底（Double Bottom）

38. Draft.

The Depth of a Vessel'S Keel Below the Waterline.
吃水深度：船舶在水線以下之龍骨深度。

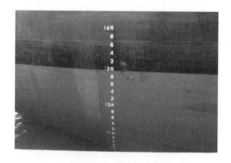

39. Drafting.

The Act of Acquiring Water for Fire Pumps From a Static Water Supply By Creating a
Negative Pressure on the Vacuum Side of the Fire Pump.
抽引力：由消防泵真空側形成負壓，進行靜態水抽吸力量，以供消防泵獲得水源
的動力。

40. Dry Cargo

Cargo that Is not Liquid and Normally Does not Require Temperature Control.
乾貨：貨物不是液體，通常並不需要進行溫度控制。

41. Dry–Bulk Container

A Container Constructed to Carry Grain, Powder and Other Free–Flowing Solids in
Bulk. Used in Conjunction with a Tilt Chassis or Platform.

乾散貨船舶：船舶結構能進行顆粒、粉末和其他自由流動的固體散裝之貨艙；其中使用配合傾斜的底盤或平臺。

42. Dunnage.

Loose Packing Material (Usually Wood) Protecting a Ship＇S Cargo From Damage or Movement During Transport.

貨墊：鬆動的墊片材質 (通常是木材) 以保護船上貨物免於在運輸過程中形成損壞或移動。

43. Escape Trunk.

A Vertical Trunk Fitted With a Ladder to Allow Personnel to Escape If Trapped.

逃生孔道：如果受困時，能允許人員作緊急逃離用，其裝有梯子之一種垂直性孔道。

44. Fantail.

The Stern Overhang of a Ship.

鴨尾艄：船尾甲板伸出之扇狀突出部。

45. Fire Control Plan.

A Set of General Arrangement Plans That Illustrate, for Each Deck, the Fire Control

Stations, Fire-Resisting Bulkheads, and Fire-Retarding Bulkheads, to Gether With Particulars of the Fire-Detecting, Manual Alarm, and Fire-Extinguishing Systems, Fire Doors, Means of Access to Different Compartments, and Ventilating Systems, Including Locations of Dampers and Fan Controls.

火災控制圖：說明各層甲板之消防控制站、耐燃艙壁和阻燃艙壁，連同有關的火災偵測、手動報警和滅火系統、防火門、不同區劃空間之接近方式和通風系統，包括匣門和風機控制之位置等一般性布置之平面圖。

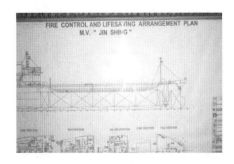

46. Fire Station.

A Location for the Fire-Fighting Water Supply Outlet, Hose, and Equipment on Board Ship.

消防站：在船上的消防供水出口端、消防水帶和滅火裝備所在位置。

47. Fire Warp.

Wire Rope or Other Fireproof Materials of Sufficient Strength to to W the Vessel in the Event of Fire.

拖船用防火纜索：在發生火災時的一種鋼絲繩或有足夠的強度來牽引船舶之其他防火索。

48. Freight

Refers to either the cargo carried or the charges assessed for carriage of the cargo.

運費：含義是指所運載的貨物或貨物運輸的費用估價。

49. Forecastle.

(1) the Section of the Upper Deck of a Ship Located at the Bow, Forward of the Foremast. (2) a Superstructure at the Bow of a Ship Where Maintenance Shops, Rope Lockers, and Paint Lockers Are Located.

前艙：(1) 在船首之上層甲板部分，在前桅之前方位置。(2) 在船艏之船艛，其可能是維修工作室、纜繩儲物間、油漆儲藏室。

50. Forward (Fore).

The Direction to Ward the Bow of the Vessel.

向前部：朝向船頭之方向。

51. Frame.

The Structural Members of a Vessel That Attach Perpendicularly to the Keel to Form the Ribs of the Vessel.

框架：船舶垂直性連接至龍骨，以形成船舶肋骨的結構構件。

52. Freighters

Breakbulk vessels both refrigerated and unrefrigerated, containerships, partial containerships, roll on / roll off vessels, and barge carriers. a general cargo vessel designed to carry heterogeneous mark and count cargoes.

貨船：從冷藏和非冷藏之散裝貨船、貨櫃船、部分貨櫃船、滾裝船、駁船。普通貨船設計能進行非同質性標示和可計數的貨物運輸。

53. Freeboard.

The Vertical Distance Between the Waterline and the Main Deck.

乾舷：吃水線和主甲板間之垂直距離。

54. Gangway.

The Opening Through the Bulwarks (Sides) of a Ship or a Ship＇S Rail to Which An Accommodation Ladder Used for Normal Boarding of the Ship Is Attached.

舷梯：在船碼頭側開放式舷牆邊暫時性通道或船舷所附加用於平常上下船之梯子。

55. General Cargo Carriers

Breakbulk Freighters, Car Carriers, Cattle Carriers, Pallet Carriers and Timber Carriers. a Vessel Designed to Carry Heterogeneous Mark and Count Cargoes.

雜貨船：散裝貨輪、汽車運輸船、牛隻運輸船、托盤集裝架運輸船和木材運輸船。其為設計能進行非同質性標示和可計數貨物的一種船隻。

56. Gunwale.

The Upper Edge of a Side of a Vessel or Boat Designed to Prevent Items From Being Washed Overboard.

船舷、甲板邊緣：船甲板側的上邊凸緣，旨在防止物品被沖出甲板外。

57. Harbor

Any Place to Which Ships May Resort For Shelter, or to Load or Unload Passengers or Goods, or to Obtain Fuel, Water, or Supplies. This Term Applies to Such Places Whether Proclaimed Public or Not and Whether Natural or Artificial.

港口：能讓船舶進行避難、裝載或卸下旅客或貨物，以及補充添加燃料、水或供應之場所。該術語適用於這些地方不論其是否有宣布爲公共或私人的，亦不論是爲天然的或是人工的。

58. Hatch

The Opening in The Deck of a Vessel; Gives Access to The Cargo Hold.

艙口：船隻在甲板上一種開口，能進入至貨艙內部。

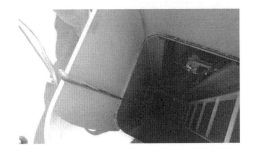

59. Heeling.

(1) Tipping to One Side. (2) Causing a Ship to List.

左右側傾：(1) 船舶傾翻一面。(2) 造成船舶傾斜。

60. Hogging.

Straining of the Ship That Tends to Make the Bow and Stern Lower Than the Middle Portion.

舯拱：船的張力，使船頭與船尾之船底面較低於船舯之船底面，造成中部拱起之現象。

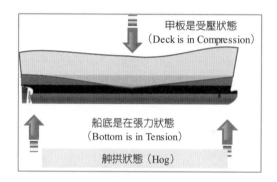

61. House.

A Superstructure Above the Main Deck.

船艛：主甲板以上的上層建築。

62. International Shore Connection.

A Universal Connection to the Vessel's Fire Main to Which a Shoreside Fire-Fighting Water Supply Can Be Connected.

國際通岸接頭：船上消防主水管道能連接至由岸上提供滅火水源通用連接之接頭。

63. Keel.

The Principal Structural Member of a Ship, Running Fore and Aft on the Centerline, Extending From Bow to Stern, Forming the Backbone of the Vessel to Which the Frames Are Attached.

龍骨：位於船頭至船尾的中心線上，爲船舶主要結構之構件，從船頭延伸到船尾，形成船舶骨幹，以連接相鄰框架。

64. Knot

One nautical mile (6,076 feet or 1852 meters) per hour.

節：每小時 1 海浬（6076 英尺或 1852 公尺）。

65. Ladder.

All Staircases, of Ten Nearly Vertical, on Board Vessels.

階梯：在船上所有樓梯，往往近乎於直立狀。

66. Lloyds' Registry

An Organization Maintained For The Surveying and Classing of Ships So That Insurance Underwriters and Others May Know The Quality and Condition of The

Vessels Offered For Insurance Or Employment.

勞氏驗船協會：能進行船舶檢驗量測和分級的一種組織，以致於保險承銷商和其他人能評價該船隻，所提供保險或僱用的品質和條件。

67. Jacob's Ladder.

A Rope or Chain Ladder With Rigid Rungs.

雅各梯：用繩索、鋼索或鏈條作成的梯子，其踏板爲木質或金屬材質，主要使用於船及碼頭上下之用。

68. List.

An Inclination to One Side; a Tilt.

傾斜：船舶往一側的傾斜；傾側。

69. LNG (Liquefied Natural Gas)

Natural Gas Will Liquefy At a Temperature of Approximately: 259 F Or: 160℃ At Atmospheric Pressure. One Cubic Foot of Liquefied Gas Will Expand to Approximately 600 Cubic Feet of Gas At Atmospheric Pressure.

LNG（液化天然氣）：將天然氣在大氣壓力下溫度約 259 F 或 160℃時進行液化。亦即在大氣壓力下一立方英尺的液體將擴大膨脹到約 600 立方英尺的氣體。

70. LNGC (LNG Carrier)

Going Ship Specially Constructed to Carry LNG in Tanks At 160 C. Current Average Carrying Capacity of Lngs Is 125,000 Cubic Meters. Many Lngcs Presently Under Construction Or On Order Are in The 210,000 – 215,000 Cubic Meter Range.

液化天然氣運輸船：專門進行 LNG 存置在 160℃槽體所建造的船舶。2008 年液化天然氣運輸船的平均載運量在 125000 立方公尺。而目前（2013）許多 LNGC 載運量已擴增至 210,000 至 215,000 立方米的範圍內。

71. Longshoreman

Individual Employed in a Port to Load and Unload Ships.

碼頭工人：在一個港口被僱用進行船舶裝載和卸載之工作人員。

72. Loose

Without packing.

寬鬆型態：沒有包裝。

73. Maritime

Business Pertaining to Commerce Or Navigation Transacted Upon The Sea Or in Seaports in Such Matters As The Court of Admiralty Has Jurisdiction.

航運：業務有關在海上或港口的商業或航運作交易事項，其受海事法院等司法管轄權範圍。

74. Master.

The Captain of a Merchant Ship.

船長：一艘商船的船長。

75. Mate.

A Deck of Ficer On a Merchant Ship Ranking Below the Master.

船副：甲板部門高級船員，於一艘商船上階級排名僅低於船長。

76. Chief Mate.

The Deck of Ficer Immediately Responsible to the Vessel′S Master.

大副：甲板高級船員直接對船長負責。

77. Mooring.

(1) Equipment, Such as Anchors, Chains, or Lines, for Holding Fast a Vessel. (2) the Act of Securing a Vessel. (3) a Location at Which a Vessel Can Be Moored.

繫泊：(1) 一種裝備，為能牢固住船舶所使用裝備如錨、鏈條或纜繩。(2) 固定船舶的行動。(3) 能停泊船舶的位置。

78. Overhead.

The Vessel Equivalent of a Ceiling.

船艙頂板：船艙內部頂端相當於艙頂板。

79. Passageway.

A Corridor or Hallway.

通道：迴廊或走廊

80. Platform.

(1) Any Flat- to Pped Vessel, Such as a Barge, Capable of Providing a Working Area for Personnel or Vehicles. (2) a Partial Deck in the Machinery Space.

平臺：(1) 任何平頂的船舶，如能夠提供人員或車輛的作業區域的駁船。(2) 在機艙內的部分甲板。

81. Port

Harbor with piers or docks.– Left side of a ship when facing forward.– Opening in a ship's side for handling freight.

港口：港口配置有防坡堤或碼頭。或是指船舶朝向前方時之左舷。

82. Port Side.

The Left-Hand Side of a Ship When Facing Forward.

左舷：船舶面向前方時之左手側。

83. Riser.

A Pipe Leading From the Fire Main to the Fire Station (Hydrants) on Upper Deck Levels.

豎管：從消防主水管之管路連接在上層各甲板消防站（消防栓）。

84. Sagging.

Straining of the Ship That Tends to Make the Middle Portion Lower Than the Bow and Stern.

舺垂：船的張力使船舺之船底面較高於船頭與船尾之船底面部分，造成船舶整體上中部凹陷現象。

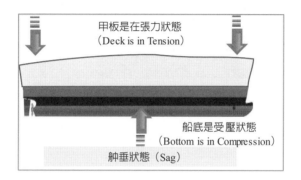

85. Sail Area.

The Area of the Ship That Is Above the Waterline and That Is Subject to the Effects of Wind, Particularly a Crosswind on the Broad Side of a Ship.

受風面積；航行區域：船舶在水線之上面積，會受風的影響，特別是受到廣泛之側風範圍。

86. Scupper.

An Opening in the Side of a Vessel Through Which Rain, Sea, or Fire-Fighting Water Is Discharged.

排水孔：在船舶甲板上側邊一個開口孔道，可使雨、海水、滅火後汙水流入予以排出。

87. Shaft Alley.

A Narrow, Watertight Compartment Through Which the Propeller Shaft Passes From the Aft Engine Room Bulkhead to the Propeller.

尾軸通道：從船舶尾部引擎機艙艙壁到螺旋槳，通過傳動軸之一條狹窄水密艙孔道。

88. Shaftway.

A Tunnel or Alleyway Through Which the Drive Shaft or Rudder Shaft Passes.

井道：船內驅動軸或舵軸通過之軸隧或孔道。

89. SOLAS.

The International Convention for the Safety of Life at Sea, 1974.

海上人命安全國際公約：1974 年所召開有關海上人員生命安全之國際公約。

90. Stability

The force that holds a vessel upright or returns it to upright position if keeled over. Weight in the lower hold increases stability. a vessel is stiff if it has high stability, tender if it has low stability. in a ship, stability is indicated by several characteristics. Initial stability is measured by the metacentric height; also known as "GM." If GM is low, the vessel makes long slow rolls, and is considered tender. When GM is too high, the vessel is considered stiff, and may return violently to the upright position when rolling, with possible damage to cargo and injury to passengers and crew. Other stability considerations include the vessel's range of stability, maximum righting arm, and the angle of heel at which the maximum righting arm occurs.

穩定性：如果傾覆時能維持船舶直立或返回到直立位置的一種力量。在底艙重量能提高穩定性。一個船舶如具有較高的穩定性則是挺直的，如具有較低的穩定性則是靈敏搖晃的。在船舶上穩定度由幾個特點作表示，初始穩定性是衡量穩心的高度，也被稱爲「GM」。如果 GM 低，將使船隻形成長期緩慢的搖晃度，爲靈敏搖晃特性。當 GM 過高，船舶被認爲是僵硬挺直的，當受到外力搖晃時可能形成猛烈地回到直立的位置，如此情況易使船上貨物受損、乘客和機組人員可能造

成受傷。其他穩定度考量包括船隻穩定性範圍、最大扶正復原力臂以及發生最大復原力臂之橫傾角。基本上，船隻形成某種角度，假定是由於外力作用稱爲橫傾（Heel）。又由於船舶內的重量轉移，船舶也可以向任何一方傾斜。又船隻所形成的角度，假設是由於內部重量移動，則稱爲傾斜（List）。

91. Starboard Side.
The Right-Hand Side of a Ship as One Faces Forward.
右舷：船舶面向前方之右手側。

92. Stern.
The After End of Boat or Vessel.
船尾：船艇或船舶之尾端部分。

93. Stevedore.
A Person Employed for the Loading and Unloading of Ships, Sometimes Called a Longshoreman.
裝卸工：僱用於船舶裝載和卸載之人員，有時也被稱爲一個碼頭工人。

94. Stowage
A Marine Term Referring to Loading Freight Into Ships' Holds.
裝貨：海洋術語，是指裝載貨物到船舶貨艙內。

95. Stripping
Removing Cargo From a Container (Devanning).
拆櫃：從貨櫃取出貨物（拆箱）。

96. Superstructure.
An Enclosed Structure Above the Main Deck That Extends From One Side of the Vessel to the Other.
船艛：在主甲板上面，從船舶一側延伸到另一側的一個封閉性建築結構。

97. Tank Top.

The Lowest Deck, Top Plate of the Bottom Tanks.
船舶內底板：船內最低的甲板上，底艙之頂板。

98. Terminal.

Either End of a Carrier Line Having Facilities for the Handling of Freight and Passengers.
碼頭：船運線之某一終端，進行處理的貨物和乘客之岸基設施。

99. Break Bulk Terminal.

A Terminal Where Commodities Packaged in Bags, Drums, Cartons, and Crates Are Commonly, But Not Always, Palletized and Loaded and Unloaded.
散裝貨碼頭：商品通常包裝成袋、桶、紙箱和木板條箱，但並非總是如此，以貨盤裝運、裝載和卸載之一個終端處理貨物場所。

100. Bulk Terminal.

A Terminal Where Unpackaged Commodities Carried in the Holds and Tanks of Cargo Vessels and Tankers and Generally Transferred By Such Means as Conveyors, Clamshells, and Pipelines Are Handled.
散貨碼頭：貨船和油輪之貨艙和容器內未包裝的貨物，以輸送帶機組、蛤殼式抓斗與管道進行傳輸的一個終端處理貨物場所。

101. Car Terminal.

A Terminal Where Automobiles Are the Commodity Handled.

汽車碼頭：以汽車為大宗商品的一個終端處理場所。

102. Container Terminal.

A Terminal That Is Designed to Handle Containers That Are Carried By Truck or Rail Car Where Transported Over Land.

貨櫃碼頭：被設計為處理由陸地上卡車或鐵路所載運貨櫃的一個終端處理場所。

103. Dry Bulk Terminal.

A Terminal Equipped to Handle Dry Goods That Are Stored in Tanks and Holds on the Vessel.

乾散貨碼頭：配備設施能處理船舶上儲槽與貨艙上乾燥貨物的一個終端處理貨物場所。

104. TEU

Abbreviation for "Twenty foot Equivalent Unit."
TEU：20 呎標準貨櫃單位之縮寫。

105. Tides.

The Periodic Variation in the Surface Depth of the Oceans, and of Bays, Gulfs, Inlets, and Tidal Regions of Rivers, Caused By the Gravitational Pull of the Sun and Moon.
潮汐：在海洋、灣口、海灣、海水入口和河流潮流區之水表面深度，受到太陽和月亮的引力所造成的海水漲退之週期性變化。

106. Towboat.

A Powerful, Small Vessel Designed for Pushing Larger Vessels.
推駁船：專為推動較大型船舶的一艘強而有力小型船艇。

107. Tug.

A Powerful, Small Vessel Designed for to Wing Larger Vessels.
拖駁船：專為拉引較大型船舶的一艘強而有力小型船艇。

108. Ullage Hole.

An Opening in a Tank Hatch That Allows Measuring of Liquid Cargo.

液面測量孔：槽體艙之開口，能進行量測液體貨物量。

109. Vertical Zone.

The Area of a Vessel Between Adjacent Bulkheads.

垂直分區：船舶相鄰艙壁之間的縱向區域。

110. Warehouse

A place for the reception, delivery, consolidation, distribution, and storage of goods/ cargo.

倉庫：一個商品／貨物進行接收、傳送、整合、配送與存儲的地方。

111. Watertight Door.

A Door That Is Designed to Keep Water Out.

水密艙門：設計成能保持水無法侵入的艙門。

112. Wharf

A structure built on the shore of a harbor extending into deep water so that vessels may lie alongside. See also Dock and Pier.

碼頭：在港口岸上建立一個結構體延伸到深水處，以致船隻能進行沿靠。也參考船塢和碼頭之定義。

113. Winch.

A Stationary, Motor-Driven Hoisting Machine Having a Drum Around Which a Rope or Chain Winds as the Load Is Lifted.

絞盤機：不移動性，由馬達驅動的捲揚機具有圍繞拉引負載繩索或鏈條之滾筒組。

114. Yard

A classification, storage or switching area.

場所：一種存放或交換區域之分類場所，如貨櫃場。

參考文獻

1. 盧守謙，火災學，五南圖書出版，2017 年 9 月。
2. 盧守謙，圖解消防工程，五南圖書出版，2017 年 9 月。
3. 盧守謙，圖解消防安全設備設置標準，五南圖書出版，2018 年 7 月。
4. 盧守謙與陳永隆，防火防爆，五南圖書出版，2017 年 2 月。
5. 盧守謙與陳永隆，水與化學系統消防安全設備，五南圖書出版，2017 年 4 月。
6. 盧守謙與陳永隆，警報與避難系統消防安全設備，五南圖書出版，2017 年 4 月。
7. 自治省消防廳特殊災害室編，船舶の火災と対策 - 船舶火災対策活動マニュア
   ル - ，海文堂，1992 年 10 月。
8. 東京消防廳警防部監修，新消防戰術 4，東京消防廳，平成 6 年 1 月。
9. 松本裕二，船舶火災探討，日本北九州市消防局警防課係長，2008 船舶災害國際
   研討會，臺中港，2008 年 6 月。
10. 寒川覚志，船舶火災，日本北九州市小倉北消防署警防課水上隊長，2008 船舶災
    害國際研討會，臺中港，2008 年 6 月。
11. Heino Peters，德國船舶災害戰略新思維，德國漢堡州立消防局分局長，2008 船舶
    災害國際研討會，臺中港，2008 年 6 月。
12. Jan Peters，船舶災害戰略，德國漢堡州立消防局上尉隊長，2008 船舶災害國際研
    討會，臺中港，2008 年 6 月。
13. Kiok Lee，韓國船舶火災研究，韓國釜山消防局副隊長，2008 船舶災害國際研討
    會，臺中港，2008 年 6 月。
14. BSU 2006, Serious Marine Casualty: Explosion and Fire on Board CMV PUNJAB
    SENATOR in Hold No. 6 on 30 May 2005 on The Way to Sri Lanka, investigation
    Report 187/05, Bundesstelle Für Seeunfalluntersuchung Federal Bureau of Maritime
    Casualty investigation, 15 December 2006.
15. BSU 2012, Fire on a Semi-trailer on Board the Ferry Mecklenburg-Vorpommern
    on the Warnow River on 19 November 2010, Federal Bureau of Maritime Casualty
    Investigation, Federal Higher Authority subordinated to the Ministry of Transport,
    Building and Urban Development, 1 November 2012.
16. BSU 2012, Very Serious Marine Casualty Fire on the Ro-Ro Passenger Vessel LISCO
    GLORIA On 8 October 2010 North-West of Fehmarn, investigation Report 445/10,
    Bundesstelle Für Seeunfalluntersuchung Federal Bureau of Maritime Casualty
    investigation, 1 February 2012.
17. Cavanagh Sean, Fire Breaks Out Below Container Ship Deck, The Seattle Times,
    Sunday, August 31, 1997.
18. Daniel Gross, Parameters Used in Predictive Modeling Smoke Spread, NBSIR 85-

3223, September 1985.

19. Drysdale Dougal 1985, An Introduction to Fire Dynamics , University of Edinburgh, UK Fire Safety Engineering.

20. FAIB, 2009, M/S LEMO, Fire in the Galley of the Vessel off Kotka on 22.11.2008, Investigation Report B3/2008M, Finland Accident investigation Board, Translation of The Original Finnish Report.

21. Fire Aboard the Tug Scandia and the Subsequent Grounding of the Tug and Tank Barge North Cape on Moonstone Beach, South Kingston, Rhode Island , January 19, 1996.

22. Harmathy T., 1972, A New look at compartment fires, Parts I and II, Fire Technoloqy, Aug 1972.

23. Harmathy T., 1978, Mechanism of burning of fully-developed compartment fires, Combustion and Flame 31.

24. IFSTA, Marine Fire Fighting, the Board of Regents, Oklahoma state University, International Fire Service Training Association, Fire Protection Publications, February 2000.

25. IFSTA, Marine Fire Fighting for Land Based Firefighters, the Board of Regents, Oklahoma state University, International Fire Service Training Association, Fire Protection Publications, July 2001.

26. IFSTA, Marine Firefighting for Land Based Firefighters, 2nd Edition, the Board of Regents, Oklahoma state University, International Fire Service Training Association, Fire Protection Publications, July 2010.

27. JTSB 2011, Marine Accident Investigation Report, MA2011-10, Japan Transport Safety Board, October 28, 2011.

28. MAIB 2006, Report on the Investigation of the Fire Onboard Star Princess off Jamaica 23 March 2006, Report No 28/2006, Marine Accident investigation Branch, United Kingdom, October 2006.

29. MAIB 2007, Report on the investigation of the Engine Room Fire on Board the Passenger Cruise Vessel the Calypso 16 Miles South of Beachy Head, Report No 8/2007, Marine Accident investigation Branch, United Kingdom, April 2007.

30. MAIB 2009, Report on the investigations of Heavy Weather Damage on Board the Container Ship Maersk Newport 50 Miles West of Guernsey on 10 November 2008 and Fire Alongside at the Container Berth in Algeciras, Spain on 15 November 2008, Report No 13/2009, Marine Accident investigation Branch, United Kingdom, June 2009.

31. MAIB 2010, Report on the Investigation of the Machinery Breakdown and Subsequent Fire Onboard Maersk Doha in Chesapeake Bay, off Norfolk, Virginia, USA 2 October 2006, REPORT NO 15/2007, Marine Accident investigation Branch, United Kingdom, July 2007.

32. MAIB 2010, Report on the investigation of the Fire on the Main Vehicle Deck of Commodore Clipper While on Passage to Portsmouth 16 June 2010, Less Serious Marine Casualty Report NO 24/2011, Marine Accident investigation Branch, United Kingdom, NOVEMBER 2011.

33. MAIB 2011, Report on the investigation of the Fire and Explosion on Board Yeoman Bontrup Glensanda Quarry, Loch Linnhe, Western Scotland 2 July 2010 Report No 5/2011, Marine Accident investigation Branch, United Kingdom, May 2011.

34. MS Al-Salam Boccaccio 98, 2012, http://en.wikipedia.org/Wiki/MS_Al-Salam_Boccaccio_98.

35. NFPA Fire Protection Handbook, National Fire Protection Association//Fire Protection Handbook 18th, 1997.

36. NFPA 1405: Guide for Land-Based Fire Departments that Respond to Marine Vessel Fires, 2007 Edition, NFPA.

37. NFPA 921, Guide For Fire and Explosion Investigations, National Fire Protection Association (NFPA).

38. NFPA 921 2010, Guide For Fire and Explosion Investigations；NBSIR 85-3223 Data Sources For Parameters Used in Predictive Modeling Smoke Spread；NBS Monograph 173, Fire Behavior of Upholstered Furniture.

39. NTSB, Fire On Board the Liberian Passenger Ship Ecstasy Miami, Florida, JULY 20, 1998, National Transportation Safety Board, Marine Accident Report NTSB/MAR-01/01, PB2001-916401. May 1, 2001.

40. NTSB, Fire on Board U.S. Small Passenger Vessel, Express Shuttle II, Pithlachascotee River Near Port Richey, Florida, Accident Summary Report, NTSB/MAR-06/02, PB2006-916402, National Transportation Safety Board, October 17, 2004.

41. NTSB, Fire Aboard the Tug Scandia and the Subsequent Grounding of the Tug and the Tank Barge North Cape On Moonstone Beach, South Kingston, Rhode Island January 19, 1996, National Transportation Safety Board, Marine Accident Report PB98-916403 NTSB/MAR-98/03. July 14, 1998.

42. NTSB, Fire on Board the Netherl and Sregistered Passenger Ship Nieuw Amsterdam Glacier Bay, Alaska, June 6, 2000 Accident Summary Report, PB2001-916402, NTSB/MBR-01/01, National Transportation Safety Board, May 23, 2000.

43. NTSB, Fire on Board the U.S. Passenger Ferry Columbia Chatham Strait Near Juneau, Alaska, June 6, 2000 Accident Summary Report, PB2001-916403, NTSB/MAR-01/02, National Transportation Safety Board, June 6, 2000.

44. Pat G. Cox, Marine Fire Studies, Mifiree, AMSAFSI, The Institution of Fire Engineers, 1997

45. Reuben Goossens, 2012, the German Atlantic Line and their First two Ships http://www.ssmaritime.com/hamburg.htm.

46. Robert J. Brady Company, Case Histories of Shipboard Fires, Marine Fire Prevention, Firefighting and Fire Safety, U.S. Department of Transportation, Maritime Administration.

47. Sasaki, et al. 2014. Numerical Modelling of Low Rank Coal for Spontaneous Combustion. Japan: Kyushu University.

48. Seattle Fire Department Web Site, 2012,
http://www.Seattle.Gov/Fire/Deptinfo/Introduction.htm

49. Thomas, P. 1981, "Testing Products and Materials for their Contribution to Flashover in a Room", Fire and Materials, 5.

50. TSB 2007, Fire in Cargo Oil Tank Shuttle Tanker Kometik Conception Bay South Newfoundland and Labrador, 08 April 2006, Marine investigation Report m06n0014, Transportation Safety Board of Canada 2007.

51. TSBC 2006, Marine Investigation Report M06l0045, Explosion General Cargo Vessel Nils B Grande-Anse Terminal, Port Saguenay, Quebec, 22 April 2006. Transportation Safety Board Of Canada (TSB).

52. TSB 2010, Marine Investigation Report Explosion Tanker AlgoCanada Near Prince Edward Point Eastern Lake Ontario, Ontario 24 July 2009, Report Number M09C0029, Transportation Safety Board of Canada (TSB).

53. TSB 2011, Marine Investigation Report M11w0063, Fire and Sinking Small Fishing Vessel Neptune II Broken Islands, Johnstone Strait, British Columbia. Transportation Safety Board of Canada (TSB), May 2011

54. TCIC 2004, Restricted Limits Passenger Ferry Superflyte, Engine Room Fire, Motuihe Channel, Hauraki Gulf, Marine Occurrence Report 04-213, Transport Accident investigation Commission, New Zealand, 22 August 2004.

55. Vytenis Babrauskas and John krasny, Fire Behavior of Upholstered Furniture, NBS Monograph 173, November 1985.

56. Wolf Alisa, Smoke on the Water, NFPA Journal, Vol. 93, No.1, January/February 1999.

國家圖書館出版品預行編目資料

圖解船舶火災安全管理／盧守謙著. ——初
版. ——臺北市：五南, 2019.04
　面；　公分
ISBN 978-957-763-307-1（平裝）
1.船舶　2.火災　3.航運　4.安全設備
557.43　　　　　　　　　108002587

5T39

圖解船舶火災安全管理

作　　者 — 盧守謙（481）

發 行 人 — 楊榮川

總 經 理 — 楊士清

主　　編 — 王正華

責任編輯 — 金明芬

封面設計 — 姚孝慈

出 版 者 — 五南圖書出版股份有限公司

地　　址：106台北市大安區和平東路二段339號4樓

電　　話：(02)2705-5066　　傳　　真：(02)2706-6100

網　　址：http://www.wunan.com.tw

電子郵件：wunan@wunan.com.tw

劃撥帳號：01068953

戶　　名：五南圖書出版股份有限公司

法律顧問　林勝安律師事務所　林勝安律師

出版日期　2019年4月初版一刷

定　　價　新臺幣680元